Baedeker
Allianz Reiseführer

Polnische Ostseeküste

Danzig · Masuren

www.baedeker.com
Verlag Karl Baedeker

TOP-REISEZIELE ★★

Der Norden Polens verspricht viel Abwechslung: Am Strand der Ostsee kann man den Alltag hinter sich lassen, Kulturinteressierten bieten sich beeindruckende bauliche Zeugnisse aus mehr als 800 Jahren und nicht minder spannender Kunstgenuss in den größeren Städten. Die Highlights Nordpolens, die Sie auf keinen Fall verpassen sollten, haben wir hier für Sie zusammengestellt.

1 ★★ Szczecin
Das Renaissanceschloss der pommerschen Greifenherzöge ist heute das wichtigste Kulturzentrum der Hafenstadt mit Oper, Operette, Theater, Museum und mehreren Galerien. ► **Seite 297**

2 ★★ Łeba
In der Nähe des ehemaligen Fischerdorfes Łeba liegt die »polnische Sahara«, der Slowinzische Nationalpark, mit über 40 m hohen Wanderdünen. ► **Seite 212**

3 ★★ Halbinsel Hel
Wie ein gekrümmter Finger ragt die Halbinsel Hel in die Danziger Bucht und lockt ihre Gäste mit quirligen Badeorten und kilometerlangen Sandstränden. ► **Seite 231**

4 ★★ Sopot
Die 511 m lange, hölzerne Seebrücke ist die beliebteste Flaniermeile des traditionsreichen Seebads. ► **Seite 277**

Halbinsel Hel
Buntes Gedränge im kleinen Hafen von Jastarnia auf der Halbinsel Hel.

Danzi
Auf der Suche nach Bernstei
in der Frauengas

5 ✶✶ Gdańsk

Mit prächtigen Patrizierhäusern, dem Rechtstädtischen Rathaus, mit Artushof, Neptunbrunnen und Krantor ist Danzig eine der schönsten Städte des Landes und trägt völlig zu Recht den Beinamen »Perle der Ostsee«. ▸ Seite 157

6 ✶✶ Pelplin

Äußerst filigran erscheinen die wunderschönen Stern- und Netzgewölbe der Kathedrale von Pelplin. ▸ Seite 314

7 ✶✶ Malbork

Die größte mittelalterliche Backsteinfestung Europas war einst die mächtige Residenz der Ritter des Deutschen Ordens. ▸ Seite 222

8 ✶✶ Frombork

Am Sitz der Ermländischen Fürstbischöfe stellte der Astronom Nikolaus Kopernikus die mittelalterliche Welt vom Kopf auf die Füße. ▸ Seite 153

9 ✶✶ Olsztynek

Im Freilichtmuseum des kleinen Ortes zeigen historische Gutshöfe, Kirchen, Mühlen und Bauernhäuser ein authentisches Bild des Lebens im ehemaligen Ostpreußen. ▸ Seite 255

10 ✶✶ Święta Lipka

Eine kunstvoll gearbeitete Orgel mit beweglichen Figuren ist das Prunkstück der schönsten Barockkirche Nordpolens.
▸ Seite 199

11 ✶✶ Masurische Seenplatte

Dank seiner faszinierenden Seenlandschaft gehört Masuren zu den beliebtesten Ferienregionen des Landes. ▸ Seite 262

12 ✶✶ Wigry-See

In den Einsiedeleien des barocken Kamaldulenser-Klosters auf einer Halbinsel des Wigry-Sees finden heute Touristen Ruhe und Erholung. ▸ Seite 290

13 ✶✶ Biebrza-Nationalpark

Polens größter Nationalpark bietet Elchen, Wölfen und Hunderten weiterer Tierarten einen geschützten Lebensraum.
▸ Seite 129

14 ✶✶ Białystok

Mit seinem großen Park gilt der barocke Branicki-Palast als das »Versailles von Podlachien«. ▸ Seite 129

15 ✶✶ Urwald von Białowieża

Europas letzter Urwald steht unter dem Schutz der UNESCO. ▸ Seite 270

DIE BESTEN BAEDEKER-TIPPS

Von allen Baedeker-Tipps in diesem Buch haben wir hier die interessantesten für Sie zusammengestellt. Erleben und genießen Sie den Norden Polens von seiner schönsten Seite!

! Theaterfans ...
... freuen sich jedes Jahr auf das sommerliche Shakespeare-Festival in Gdańsk, Sopot und Gdynia, bei dem Schauspielensembles aus aller Welt auftreten.
► **Seite 77**

! Polnisch lernen am Strand
Dass Polnisch auch für deutsche Zungen zu sprechen ist, kann man sich und anderen nach einem Feriensprachkurs im eleganten Seebad Sopot beweisen.
► **Seite 89**

! Ferien im Heu
Für Kinder ein kleines Abenteuer: In der Nähe von Ełk ist es möglich, in einer Scheune auf einer Lage von frischem Heu zu übernachten. ► **Seite 99**

! Radler-Treffpunkt ...
... in Masuren: Inmitten der Johannisburger Heide, unweit von Ruciana-Nida, bietet sich Polens erstes Radler-Resort mit komfortablen Zimmern und stilvollem Restaurant als Treffpunkt für Radler und Ausgangspunkt für Touren in die Umgebung an. ► **Seite 102**

! Segeltörn durch Masuren
Wenn man sich's zutraut, darf man beim zwölftägigen Törn durch Masuren auf einem umgebauten Zweimaster selbst die Segel setzen. ► **Seite 102**

! Wellness ...
... bei Polens Kosmetikpäpstin: Im westmasurischen Ostróda eröffnete Irina eine Wohlfühloase der Extraklasse.
► **Seite 107**

! Von See zu See
Von Augustów aus lassen sich tagelange Kajaktouren auf den umliegenden, durch einen historischen Kanal miteinander verbundenen Seen unternehmen.
► **Seite 126**

! Essen wie die Tataren
Im Dörfchen Kruszyniany, östlich von Białystok nahe der weißrussischen Grenze, kann man die traditionelle tatarische Küche probieren, z. B. Pierekaczewnik, eine mit Hammelfleisch oder Käse gefüllte Blätterteigrolle. ► **Seite 136**

! Durch die Tucheler Heide
Der nördlich von Chojnice gelegene Jezioro Charzykowskie ist Startpunkt einer attraktiven, bislang wenig bekannten Kanu-Tour, die streckenweise durch den »Nationalpark Tucheler Heide« verläuft.
► **Seite 141**

Wo geht's lang?
Ein kurzer Blick auf die Karte, und schon geht die Tour weiter.

Ganz schönes Gedränge ...
... herrscht manchmal in der Schleuse bei Ruciane-Nida.

! Kunst in der Kirche
Die renommierte »Galeria EL« in Elblg hat sich einen ungewöhnlichen Ort ausgesucht, an dem sie die Werke zeitgenössischer Künstler präsentiert: die Ruine der gotischen Marienkirche. ► **Seite 148**

! Eine Kleinbahn ...
... namens Popp, von Siegfried Lenz in seinem Buch »So zärtlich war Suleyken« beschrieben, tuckert im Sommer noch immer von Ełk nach Turowo. Gut zwei Stunden braucht das Bähnlein für die 36 km lange Strecke. ► **Seite 153**

! Polens kleinster Zoo
Angelegt im mittelalterlichen Wassergraben der Altstadt von Braniewo in der Nähe von Frombork, empfiehlt sich der kleinste Tierpark des Landes für einen (Kurz)Besuch. ► **Seite 157**

! »Goldwasser« im »Lachs«
Das edelmetallhaltige »Wässerchen« genießt man am besten dort, wo es erfunden wurde. ► **Seite 162**

! »Musica Sacra«
Klang-Kostproben von der mit 7876 Pfeifen bestückten Orgel der Kathedrale im Danziger Stadtteil Oliwa. ► **Seite 179**

! Musical-Tempel
In Gdynia erlebt man einige der berühmtesten Musicals der Welt. ► **Seite 184**

! Masurens goldene Seele
»Meschkinnes«, der masurische Honigschnaps, wurde schon von der pruzzischen Urbevölkerung recht gern getrunken. ► **Seite 185**

! Indianer in der Puszcza Borecka
In der Nähe des Wisentgeheges in der Borkener Heide haben Indianer ihre Tipis aufgebaut. ► **Seite 188**

! Landgut mit edlen Pferden
Im sanierten Schloss und Landgut von Galiny werden edle Trakehner gezüchtet. ► **Seite 218**

! Belagerung der Marienburg
Schlachtengetümmel, Ritterturniere und mittelalterliche Musik gibt's bei der alljährlichen Belagerung der Marienburg. ► **Seite 227**

! Mondänes Klosterleben
In den 700 Jahre alten Gemäuern des Zisterzienserklosters in Cedynia, etwa 50 km südwestlich von Myślibórz, werden die Gäste im Sommergarten mit polnischen Spezialitäten aus der Klosterküche verwöhnt. ► **Seite 247**

! Ermländische Gastfreundschaft
Die »Ermländische Schenke« in Gietrzwałd lädt mit regionalen Spezialitäten, Konzerten und Tanzveranstaltungen zu sich ein. ► **Seite 254**

! Schwimmendes Hotel
Mit der »Classic Lady« geht's auf Kreuzfahrt durch Masuren. ► **Seite 264**

Paddel-Tour mit »Steuerhund« durch Masurens Flusslabyrinthe
▸ **Seite 121**

HINTERGRUND

PRAKTISCHE INFORMATIONEN

Der Lange Markt mit dem Neptunbrunnen und den prächtigen Fassaden der alten Patrizierhäuser ist das Herzstück der Danziger Rechtstadt.

► **Seite 168**

TOUREN

REISEZIELE VON A BIS Z

Preiskategorien

Hotels
Luxus: ab 400 Zł (ca. 105 €)
Komfortabel: 240 – 400 Zł (62 – 105 €)
Günstig: bis 240 Zł (bis 62 €)
Für eine Übernachtung im Doppelzimmer

Restaurants
Fein & teuer: ab 100 Zł (ca. 26 €)
Erschwinglich: 51 – 100 Zł (13 – 26 €)
Preiswert: bis 50 Zł (ca. 13 €)
Für ein Menü mit Vor-, Haupt- und Nachspeise (ohne Getränke)

Morgendliche Kutschfahrt durch stille Altstadtgassen in Warschau
▸ **Seite 320**

Badespaß
am breiten Sandstrand von Kolberg
▸ **Seite 200**

Bezpieczne słońce z Kolastyną

Hintergrund

KURZ UND KNAPP, VERSTÄNDLICH GESCHRIEBEN UND SCHNELL NACHZULESEN: WISSENSWERTES ÜBER DEN NORDEN POLENS, ÜBER LAND UND LEUTE, WIRTSCHAFT, POLITIK UND GESELLSCHAFT.

TRADITION UND ZUKUNFT

Ostseebäder wie Swinemünde und Misdroy galten im 19. Jahrhundert als Badewanne Berlins, im Kurort Zoppot trafen sich in den 1920er-Jahren die Schönen und Reichen aus ganz Europa, und an den Großen Masurischen Seen entwickelten sich schon vor mehr als hundert Jahren die ersten Sommerfrischen. Heute entdecken immer mehr in- und ausländische Besucher diese traditionellen Ferienzentren im Norden Polens wieder.

Der mit Wald und Wasser reich gesegnete Norden Polens entwickelte sich in sozialistischen Zeiten zum bevorzugten Erholungsgebiet für die Bevölkerung der polnischen Industriegebiete. Hunderttausende verbrachten ihren Urlaub in ebenso einfachen wie preiswerten Ferienanlagen, auf Campingplätzen oder in Privatquartieren.

Neue Perspektiven *Rathaus und Neptunbrunnen in Danzig*

Bis heute ist die Attraktivität der Region bei polnischen Gästen ungebrochen, und jedes Jahr zu Beginn der Sommerferien wälzt sich eine Blechlawine Richtung Norden. Und zu den polnischen Feriengästen gesellen sich stetig mehr und mehr Touristen aus Deutschland, Skandinavien und anderen Ländern.

Ursprüngliches Masuren

Zahlreiche neue Hotels und Pensionen, Aquaparks und Marinas, gemütliche Cafés und Restaurants sind nach dem Wendejahr 1989 entstanden. Beim Komfort der Hotels und dem Angebot auf den Speisekarten unterscheidet sich Masuren heute kaum von anderen Urlaubsregionen des Landes. Doch außerhalb der Ferienzentren kann man noch immer viel von jener Ursprünglichkeit erleben, die der Schriftsteller Siegfried Lenz in seinen Erzählungen beschrieben hat: sanfte grüne Hügel, Felder voller Mohn- und Kornblumen, endlose Alleen und ein rauer, aber herzlicher Menschenschlag.

Neuer alter Glanz

←Idylle im Białowieski-Nationalpark

Zwar liegt das Ende des Zweiten Weltkriegs bereits über sechs Jahrzehnte zurück, doch noch immer leiden viele Orte in Pommern und Masuren unter den Folgen der Kriegszerstörungen. In Danzig dage-

Dolce far niente
Mittelmeer-Feeling an der Ostsee – zum Beispiel in einer Strandbar in Sopot

Freizeitritter ...
... spielen in Grunwald die mittelalterliche Schlacht von Tannenberg nach.

Kunstvoll verzierte Portale ...
... entdeckt man auf einem Bummel über Sopots Flaniermeile Monte Casino.

Sonne, Meer und Spaß ...
... verspricht ein Urlaub in den Badeorten an der Ostsee.

Prächtige Fassaden ...
... schmücken wieder die im Zweiten Weltkrieg zerstörte Altstadt von Stettin.

Seglerträume ...
... erfüllen sich an den Großen Masurischen Seen rund um das Seglerzentrum Mikołajki.

gen vollbrachten polnische Restauratoren bereits in den 1950er-Jahren das Wunder, die gesamte Rechtstadt im alten Stil wieder aufzubauen. Andernorts beschränkte man sich aus finanziellen oder ideologischen Gründen darauf, nur einzelne markante Gebäude zu restaurieren und die verbliebenen Lücken mit preiswerten Zweckbauten zu schließen. So dauerte es in der Hafenstadt Stettin mehr als vierzig Jahre, bevor mit dem Wiederaufbau der Altstadt begonnen wurde, und die ermländische Hauptstadt Allenstein hat erst zum 650. Stadtjubiläum im Jahr 2003 ihr Zentrum geliftet.

In die Wohnungen der geflüchteten oder vertriebenen Deutschen zogen nach dem Weltkrieg Polen, die selbst ihre alte Heimat im Osten verloren hatten. Mit den Gedanken noch am alten Ort und in der Angst, die neue Bleibe bald wieder verlassen zu müssen, lebten viele von ihnen in einem Provisorium. Erst ihre Kinder und Enkel sind in der neuen Heimat angekommen. Frei vom ideologischen Ballast der Nachkriegszeit betrachtet man die wechselvolle Geschichte und legt so das Fundament für eine Zukunft im Zentrum Europas.

Stranderlebnis
Wie in der Sahara fühlt man sich beim Spaziergang im Slowinzischen Nationalpark mit seinen Wanderdünen.

Unbekanntes Podlachien

Mit der Verwaltungsreform 1999 kehrten die alten Namen Pommern und Masuren wieder auf die politische Landkarte Polens zurück. Doch die nordöstlichste Wojewodschaft Podlachien ist die große Unbekannte geblieben. Seit Jahrhunderten befindet sich die Region im Spannungsfeld verschiedener Kulturen, Sprachen und Religionen. In den kleinen Dörfern Bohoniki und Kruszyniany, kurz vor der weißrussischen Grenze, leben seit mehr als 400 Jahren muslimische Tataren. Auch Juden, Weißrussen, Litauer und Deutsche bestimmten das Gesicht dieser Region. Ihre Spuren sind bis heute in der Hauptstadt Białystok und in vielen kleineren Orten zu finden.

Seit 1989 entwickelt sich das dünn besiedelte Podlachien zu einem gefragten Ziel für Naturliebhaber. Auf dem Gebiet der ländlich geprägten Wojewodschaft sind allein vier Nationalparks ausgewiesen, die einer Vielzahl seltener Tier- und Pflanzenarten Schutz bieten. So lebt in der Puszcza Białowieska, dem letzten Urwald Europas, die größte europäische Wisentherde. Und rund 270 verschiedene Vogelarten locken Ornithologen aus aller Welt in den größten polnischen Nationalpark, den Biebrzański Park Narodowy zu beiden Seiten des Biebrza-Flusses.

Fakten

Polens »Sahara« an der Ostsee, die Masurische Seenplatte, die riesigen Überschwemmungsgebiete des Biebrza-Flusses oder der letzte Urwald Europas bei Białowieża – der Norden Polens bietet außergewöhnliche Landschaften.

Natur

Landschaften

Ostseeküste

An der mehr als 500 km langen Ostseeküste, die die nördliche Begrenzung Polens bildet, wechseln sich breite, helle Sandstrände mit Steilküsten ab, die auf der Insel Wolin über 90 m Höhe erreichen. Hinter dem Strand erstrecken sich mit Kiefern bewachsene Dünengürtel.
Die sich beständig nach Osten bewegende Meeresströmung sowie die Winde haben im Laufe der Jahrhunderte Unebenheiten der Küstenlinie ausgeglichen. Schmale, sandige Nehrungen trennen kleine Buchten vom Meer. Im westlichen Abschnitt sind auf diese Weise Binnenseen wie der Garder See (Jezioro Gardno) oder der Leba-See (Jezioro Łebsko) entstanden, weiter im Osten trennt eine sandige Nehrung das Frische Haff (Zalew Wiślany) fast vollständig von der Ostsee ab. Die Halbinsel Hel hingegen reicht in die Danziger Bucht hinein, bildet aber kein geschlossenes Haff.

Seenplatten

In die hügelige Moränenlandschaft der **Pommerschen Seenplatte** (Pojezierze Pomorskie) und der **Kaschubischen Schweiz** (Szwajcaria Kaszubska) sind Hunderte Seen eingebettet und zum Teil miteinander verbunden. Hier wachsen vor allem Buchen- und Mischwälder, und es herrscht ein mildes Klima. Größter See ist der 83 m tiefe Dratzigsee (Jezioro Drawsko) mit einer Fläche von 19,5 km^2.
Im Gebiet der weiter östlich gelegenen **Masurischen Seenplatte** (Pojezierze Masurskie) mit ihren prund 4000 kleineren und größeren Seen ist das Klima bereits kontinental geprägt. Dort dominieren Kiefern- und Fichtenwälder. Die beiden größten Seen sind der Spirdingsee (Jezioro Śniardwy) bei Mikołajki mit über 106 km^2 und der Mauersee (Jezioro Mamry) nahe Giżycko mit 104 km^2.

Flüsse

Im Westen Polens markiert die **Oder** (Odra) einen Teil der Grenze zu Deutschland. Der 866 km lange Fluss entspringt in Tschechien und mündet in das Stettiner Haff, das über drei Kanäle mit der Ostsee verbunden ist.
Die **Weichsel** (Wisła) ist mit 1047 km der längste Fluss in Polen. Sie entspringt in den polnischen Beskiden und fließt durch Krakau und Warschau nach Norden. In seinem Mündungsgebiet spaltet der Fluss sich auf: Der Hauptarm erreicht östlich von Danzig die Ostsee, ein Nebenarm, der **Nogat**, fließt an der Marienburg, der einst mächtigen Zentrale der Deutschordensritter, vorbei und mündet bei Elbląg ins Frische Haff. Das Gebiet der Weichselniederung (Żuławy Wiślane) liegt zum Teil unter dem Meeresspiegel.

← Im Białowieski-Nationalpark fühlt sich der »König der Wälder« sichtlich wohl.

Pension Sioło Budy – Urlaubsidylle beim Urwald von Białowieża

Natur- und Umweltschutz

Nationalparks

Die Haltung zum Natur- und Umweltschutz in Polen ist zwiespältig. Einerseits gibt es insgesamt 23 streng geschützte Nationalparks, die rund ein Prozent der gesamten Landesfläche einnehmen. Dort achtet man ganz vorbildlich auf den Schutz der Natur und Umwelt. Acht von ihnen befinden sich im Norden Polens und werden bei den Reisezielen ausführlich beschrieben.
Andererseits kann man bei großen Teilen der Bevölkerung einen achtlosen Umgang mit der Umwelt feststellen. Auf wilden Deponien werden Autos oder Waschmaschinen entsorgt, reihenweise fallen alte Alleebäume in Masuren der Verbreiterung von Straßen zum Opfer. Obwohl vielfach die Heizungen schon umweltfreundlich umgerüstet wurden, wird immer noch Braunkohle von geringer Güte verheizt und macht im Winter mancherorts das Atmen zur Qual. Auch bei Investitionen zählt manchmal der vermeintlich schnelle Złoty mehr als der nachhaltige Schutz der Umwelt.

Pflanzen und Tiere

Polen hat wie Deutschland eine typische mitteleuropäische Flora und Fauna. Im Nordosten des Landes, v. a. in den von außergewöhnlicher Artenvielfalt geprägten Nationalparks, trifft man allerdings auf zahlreiche Pflanzen und Tiere, die anderswo in Europa selten geworden oder schon verschwunden sind.

Flora

◄ Küstengebiete

An der polnischen Ostseeküste findet man Salzwiesen sowie ausgedehnte Torfmoorgebiete. Dort wachsen einige seltene und vom Aussterben bedrohte Pflanzen wie die Sibirische Schwertlilie, das Sumpfveilchen oder der Gagelstrauch.
Einige der wertvollsten Teile der Küstenlandschaft unterliegen seit 1978 einem besonderen Schutz. Ein Küstenlandschaftspark umfasst große Teile der Kaschubischen Küste und der Danziger Bucht. Die Dünen sind nahe der Küste oft bedeckt mit Strandhafer und Strandroggen, auch Stranddisteln kommen vor. Auf den verfestigten Dünen gedeihen Kiefern, auch Heidekraut ist weit verbreitet.

◄ Pommern

Im Landesinneren von Pommern gibt es große Laubwälder, darunter die **Puszcza Bukowa** (Buchheide) bei Stettin sowie das Gebiet der Pommerschen Seenplatte. Die **Bory Tucholskie** (Tucheler Heide) ist mit rund 1200 km² das größte Waldgebiet Polens. Im Zuge intensiver Bewirtschaftung blieben dort aber nur wenige Bereiche im ursprünglichen Zustand erhalten. Dazu gehört das Reservat Wierzchlas, wo noch rund 4000 zum Teil über 600 Jahre alte Eiben wachsen.

◄ Masuren

Das Gebiet von Masuren war im 12./13. Jh. zu 80 Prozent von Wäldern bedeckt, heute ist noch ein knappes Viertel der Region bewaldet. Zu den größten Waldgebieten zählt die **Puszcza Piska** (Johannisburger Heide), die eine Fläche von rund 860 km² einnimmt. Auf den sandigen Böden überwiegen Kiefer- und Fichtenwälder. Im Unterholz blühen geschützte Pflanzen, darunter etliche Orchideenarten.

◄ Podlachien

Im benachbarten Podlachien liegt die 1140 km² große **Puszcza Augustowska** (Augustower Heide), eines der größten Waldgebiete Polens. Auch dort überwiegen Kiefern und Fichten. Zu den wertvollsten Naturlandschaften des Landes zählen die Nationalparks der Wojewodschaft Podlachien. Im Bereich des **Biebrza-Nationalparks**, einem der größten europäischen Sumpfgebiete, findet man noch Pflanzen, die die letzte Eiszeit überstanden haben, z. B. verschiedene Riedgrasarten. Im mittleren Abschnitt gibt es die einzigen polnischen Sumpfbirkenwälder. Im **Białowieski-Nationalpark**, Europas letztem Urwald, zählte man rund 5000 verschiedene Pflanzenarten, darunter mehr als 3000 Pilze, 775 Gefäßpflanzen und etwa 200 Moosarten.

Fauna

Noch vielfältiger als die Pflanzenwelt ist die Tierwelt im Norden Polens. Allein im Białowieski-Nationalpark werden rund 15 000 verschiedene Arten gezählt, zum größten Teil Insekten und andere Wirbellose. Der bekannteste Bewohner des dichten Urwalds ist von ganz anderem Kaliber: Der **Wisent**, das größte europäische Säugetier, wurde hier erfolgreich wieder angesiedelt. Auf polnischer Seite zählt die Herde rund 500 frei lebende Exemplare.
Auch andere Tierarten, die fast völlig verschwunden waren, wurden im Nordosten wieder heimisch. Hierzu gehören Elche, die vorwiegend im Gebiet des Biebrza-Nationalparks leben, oder Biber, die besonders stark in der Suwalszczyzna, nordöstlich von Suwałki, verbreitet sind, aber auch in Masuren und Pommern vorkommen. Vereinzelt tauchen auch wieder Wölfe auf.

Seltener Gast: der Schwarzstorch

Polens Norden ist ein wichtiges Brutgebiet der europäischen Zugvögel. Ein Viertel aller Zugvögel, die im Frühjahr nach Europa kommen, brütet hier, insbesondere an den Seen Masurens sowie in den Sumpfgebieten der Biebrza und des Narew. Im **Biebrza-Nationalpark**, dem beliebtesten Vogelbeobachtungs-Revier des Landes, leben rund 270 verschiedene Vogelarten, von denen 185 dort auch brüten. Unter ihnen sind über 20 vom Aussterben bedrohte Arten wie Rohrdommel, Schreiadler, Doppelschnepfe oder Sumpfeule. Im Gebiet der Masurischen Seen nisten u. a. Graureiher, Graugänse, Fischadler und Mäusebussarde. Der Jezioro Łuknajno bei Mikołajki gehört zu Europas größten Brutstätten des Höckerschwans. Fast jeder dritte europäische Storch verbringt den Sommer in Polen. Allein in der Region Ermland und Masuren zählt man etwa 15 000 Tiere. Normalerweise treffen sie Anfang April ein und machen sich Mitte August wieder auf den dreimonatigen Rückflug nach Afrika. Überwiegend handelt es sich um Weißstörche, seltener anzutreffen sind die scheuen Schwarzstörche.

◄ Storchenland Polen

Bevölkerung · Politik · Wirtschaft

Bevölkerung

Die vier nördlichen Wojewodschaften Zachodnio-Pomorskie, Pomorskie, Warmia-Mazury und Podlaskie nehmen eine Fläche von 85 700 km² ein, was wenig mehr als einem Viertel der Fläche des gesamten Landes entspricht. Dort leben rund 6,6 Mio. Menschen, 17 Prozent aller Bewohner Polens. Die **größte Bevölkerungsdichte** weist die Wojewodschaft Pomorskie mit der Dreistadt Gdańsk-Sopot-Gdynia auf. Im Durchschnitt wohnen dort 120 Menschen pro Quadratkilometer. Im Ermland und in Masuren sowie in Podlachien sind es nur etwa halb so viele. Polen ist eine sehr junge Gesellschaft: Rund 36 Prozent sind unter 25 Jahre alt. Wie in Deutschland ist allerdings auch hier die Geburtenrate rückläufig.

← *Von wildromantischer Schönheit: Flusslandschaft in Masuren*

Zahlen und Fakten Nordpolen

Polen

- Fläche: 312 683 km²
- Einwohnerzahl: 38,6 Mio.
- Bevölkerungsdichte: 124 Einw./km²
- Hauptstadt: Warszawa (Warschau)

Wojewodschaft Zachodnio-Pomorskie

- Fläche: 23 032 km²
- Einwohnerzahl: 1,7 Mio.
- Bevölkerungsdichte: 74 Einw./km²
- Hauptstadt: Szczecin (Stettin)

Wojewodschaft Pomorskie

- Fläche: 18 293 km²
- Einwohnerzahl: 2,2 Mio.
- Bevölkerungsdichte: 120 Einw./km²
- Hauptstadt: Gdańsk (Danzig)

Wojewodschaft Warmińsko-Mazurskie

- Fläche: 24 202 km²
- Einwohnerzahl: 1,4 Mio.
- Bevölkerungsdichte: 58 Einw./km²
- Hauptstadt: Olsztyn (Allenstein)

Wojewodschaft Podlaskie

- Fläche: 20 180 km²
- Einwohnerzahl: 1,2 Mio.
- Bevölkerungsdichte: 59 Einw./km²
- Hauptstadt: Białystok

Staat

- Staatsform: Republik Polen (Rzeczpospolita Polska)
- Regierungsform: Parlamentarische Demokratie
- Staatsoberhaupt: Staatspräsident Lech Kaczyński (seit 2005)
- Regierungschef: Jarosław Kaczyński (seit 2006)
- Parlament: Sejm und Senat
- Staatswappen: Weißer Adler mit goldener Krone auf rotem Grund
- Staatsflagge: weiß-rot
- Nationalfeiertage: 3. Mai (Tag der Verfassung) und 11. November (Tag der Unabhängigkeit)

Wirtschaft

- Wirtschaftsstruktur: Dienstleistungen 55 %, Industrie und Bauwirtschaft 29 %, Landwirtschaft 16 %
- Bruttoinlandsprodukt: 967,7 Mrd. Złoty (ca. 252,5 Mrd. €)
- Pro-Kopf-Einkommen: 6500 €
- Arbeitslosenquote: 14,9 %

Staatsflagge Polens

Religion

Rund 95 Prozent der polnischen Bevölkerung gehören der römisch-katholischen Kirche an. Die meisten der etwa 500 000 Anhänger des orthodoxen Glaubens leben in Podlachien; viele gehören zur weißrussischen Minderheit. In der Wojewodschaft Podlaskie sowie in Danzig leben auch die meisten der rund 5000 Muslime im Land. Sie sind Nachfahren der Tataren, die sich seit dem 17. Jh. in Ostpolen ansiedelten. Die evangelische Kirche zählt in ganz Polen weniger als 100 000 Gläubige, darunter sind viele Angehörige der deutschen Minderheit.

Staat und Verwaltung

Verfassungsorgane

Die 1997 in Kraft getretene neue Verfassung definiert Polen als demokratischen Rechtsstaat, der den Prinzipien der Gewaltenteilung und der sozialen Gerechtigkeit verpflichtet ist. An der Spitze des Staates steht der auf fünf Jahre gewählte Präsident, der auch gleichzeitig Oberbefehlshaber der Streitkräfte ist.

Legislative

Die Legislative besteht aus einem Zweikammersystem, dem **Sejm** mit 460 und dem **Senat** mit 100 Abgeordneten. Sie werden auf vier Jahre in geheimer Wahl gewählt. Stimmberechtigt sind alle Bürger über 18 Jahren.
Entsprechend den Mehrheitsverhältnissen im Sejm, dem polnischen Parlament, schlägt der Präsident einen Kandidaten für das Amt des Ministerpräsidenten vor, über den das Parlament dann abstimmt. Der Regierungschef wiederum ernennt und entlässt die einzelnen Minister.

***Nordpolen** Wojewodschaften*

Heiliger Berg Grabarka: Wallfahrtsziel orthodoxer Christen.

Verwaltungsgliederung

Durch eine Verwaltungsreform wurde 1999 die Zahl der **Wojewodschaften** von 49 auf 16 reduziert und deren Stellung gestärkt. Sie sind den deutschen Bundesländern vergleichbar und verfügen über ein eigenes Parlament, den **Sejmik**. Dessen Abgeordnete werden für vier Jahre gewählt. Aus ihrem Kreis bestimmen sie den **Marschall** als obersten Verwaltungschef der Wojewodschaft. Daneben setzt die Zentralregierung einen **Wojewoden** ein, der die Tätigkeit der territorialen Selbstverwaltungsorgane überwacht und für öffentliche Dienste wie Feuerwehr und Polizei verantwortlich ist.
Unterhalb der Wojewodschaften haben Kreise, kreisfreie Städte und Gemeinden eigene gewählte Räte. An der Spitze stehen direkt gewählte Bürgermeister bzw. in größeren Städten Stadtpräsidenten.

Parteien

Wie in den meisten mittel- und osteuropäischen Transformationsgesellschaften ist auch in Polen das Parteienspektrum äußerst instabil und das Wählerverhalten sehr wechselhaft. So ist es nicht ungewöhnlich, wenn eine Regierungspartei bei den nächsten Wahlen um den Einzug ins Parlament fürchten muss oder sich aufsplittert und völlig neu formiert.
Aus der Gewerkschaft **Solidarność**, die den Umsturz 1989 bewirkt hatte, entstanden politische Wahlbewegungen. Diese entwickelten

sich zu einer nationalistisch-katholischen Vereinigung. Interner Streit, Korruptionsfälle und eine schlechte wirtschaftliche Entwicklung führten dazu, dass die Wahlaktion Solidarność, die 1997 noch stärkste Partei wurde, schon vier Jahre später den Wiedereinzug ins Parlament verpasste. Auch die bis dahin mitregierende liberale **Unia Wolności** (Freiheitsunion) wurde von den Wählern abgestraft und ist seitdem nicht mehr im Parlament vertreten.

Als Nachfolgepartei der Polnischen Vereinigten Arbeiterpartei (PZPR) entstand 1990 die sozialdemokratisch orientierte **Allianz der Demokratischen Linken** (SLD), die sich der Marktwirtschaft verpflichtete. Sie wurde 2001 stärkste Kraft im Parlament und stellte den Regierungschef. Doch auch sie machte vor allem durch politische Skandale und Abspaltungen von sich reden und erreichte bei den jüngsten Wahlen 2005 nur noch elf Prozent der Stimmen.

Nach dem Machtverlust 2001 spaltete sich die ehemalige Wahlaktion Solidarność in mehrere Parteien auf. Die **Platforma Obywatelska** (PO; Bürgerplattform) vertritt wirtschaftsliberale Positionen. Die von den Zwillingsbrüdern Jarosław und Lech Kaczyński geführte Gruppierung **Prawo i Sprawiedliwość** (PiS; Recht und Gerechtigkeit) bewegt sich im nationalkonservativ-klerikalen Fahrwasser. Mit markigen Law-and-order-Parolen und dem Versprechen sozialer Wohltaten gewann Lech Kaczyński 2005 die Präsidentenwahlen gegen Donald Tusk von der PO. Kurz zuvor war die von Jarosław Kaczyński

Die Zeit der großen politischen Erfolge der »Solidarität« ist schon lange vorbei.

Polens Hauptstadt Warschau hat sich im letzten Jahrzehnt zu einem modernen Dienstleistungszentrum entwickelt.

geführte PiS zur stärksten Partei im Parlament geworden. An der Spitze einer Koalitionsregierung wurde Jarosław Kaczyński 2006 Ministerpräsident, was zu dem bisher einmaligen Fall führte, dass die beiden höchsten Staatsämter in einem europäischen Land von Zwillingsbrüdern ausgeübt werden. Koalitionspartner der PiS sind die von Andrzej Lepper geführte EU-kritische Partei **Samoobrana** (Selbstverteidigung) sowie die national-klerikale und europafeindliche **Liga Polskich Rodzin** (LPR; Liga polnischer Familien). Das Bündnis erwies sich als sehr fragil, immer wieder kam es zu Regierungskrisen. Da die beiden kleineren Koalitionspartner bei Neuwahlen vermutlich an der 5-Prozent-Hürde scheitern und damit bedeutungslos würden, raufte man sich immer wieder zusammen.

Wirtschaft

Übergang zur Marktwirtschaft

Polen war das erste mitteleuropäische Land, das nach dem Ende des Sozialismus seine Wirtschaft umgestaltete. Ein großer Verlust an Arbeitsplätzen und damit verbundene Armut in Teilen der Bevölkerung gehörten zu den negativen Folgen des rasanten Übergangs zur Marktwirtschaft. Zu Beginn der 1990er-Jahre war die Wirtschaft des Landes die schwächste in Mitteleuropa. Noch im Jahr des EU-Beitritts, 2004, lag das Bruttoinlandsprodukt pro Kopf der Bevölkerung bei umgerechnet etwa 5100 €, was rund 48 Prozent des EU-Durchschnitts entsprach.

Wichtigster **Handelspartner** Polens ist Deutschland. Rund 30 Prozent der polnischen Exporte fließen dorthin, im Gegenzug kommt rund ein Viertel der Importe aus dem Nachbarland. Hinsichtlich der ausländischen Direktinvestitionen liegt Deutschland – hinter Frankreich und den Niederlanden – gleichauf mit den USA.

Die **Arbeitslosenrate** im Land liegt gegenwärtig bei knapp 15 Prozent und ist leicht rückläufig. Allerdings ist dieser Rückgang auch darauf zurückzuführen, dass viele junge Polen seit dem EU-Beitritt die Chance genutzt haben, in Großbritannien und Irland zu arbeiten. Anders als in Deutschland gilt dort bereits die Freizügigkeit für Arbeitskräfte aus den neuen EU-Ländern.

Fischeralltag am Strand von Misdroy auf der Insel Wolin.

Der Norden Polens gehört traditionell zu den **weniger industrialisierten Regionen Polens**. Die Arbeitslosenrate liegt in Pommern und Masuren überdurchschnittlich hoch. Zu den großen Unternehmen in dieser Region gehören die Werften in Szczecin und Gdynia, die Häfen in Szczecin, Gdańsk und Gdynia sowie die Raffinerie in Gdańsk. Daneben gibt es einige größere Unternehmen aus den Bereichen Elektrotechnik, Reifenproduktion und Textilien. Wichtige Branchen sind daneben die Nahrungsmittel- und die holzverarbeitende Industrie.

i Neues Leben auf der Werft

- Vor ihrer Pleite arbeiteten bis zu 20 000 Menschen auf der Danziger Werft. Nach deren Niedergang soll auf dem 150 ha großen innerstädtischen Filetgrundstück ein neues Kultur- und Geschäftszentrum entstehen. Seit Jahren werden Pläne für das Projekt »Młode Miasto« (»Junge Stadt«) entwickelt: eine Mixtur aus Wohnungen, Läden, Büros, Restaurants und Kultureinrichtungen. Auch das Museum zur Geschichte der Gewerkschaft Solidarność soll dort entstehen.

Die **Landwirtschaft** ist nach wie vor Haupterwerbsquelle von fast 16 Prozent der polnischen Bevölkerung. Im Jahr 2006 bewirtschafteten rund eine Million bäuerliche Familienbetriebe im Durchschnitt eine Fläche von 12,1 ha. Während es in den südlichen Teilen Polens sehr viele Klein- und Kleinstbetriebe gibt, dominieren in Pommern und Masuren eher Großbetriebe. Dort werden v. a. Getreide, Kartoffeln und Zuckerrüben sowie Obst und Gemüse angebaut. Europaweit gehört Polen zu den größten Produzenten von Beerenobst. Entgegen großer Befürchtungen in der Landbevölkerung hat sich der EU-Beitritt eher positiv auf die Entwicklung der Landwirtschaft ausgewirkt, da er mit Subventionszahlungen sowie verbesserten Absatzmöglichkeiten einherging.

◂ Fischerei

Dagegen spielen Fischerei und Fischverarbeitung wirtschaftlich nur eine untergeordnete Rolle, was auf die vergleichsweise geringen Fischbestände der Ostsee und den niedrigen Fischverbrauch der Bevölkerung zurückzuführen ist.

Tourismus

Gerade für die nördlichen Wojewodschaften ist der Tourismus ein wichtiger Wirtschaftsfaktor. Die Zahl der Hotels und Pensionen hat sich innerhalb der vergangenen zehn Jahre fast verdoppelt. Jedes Jahr zählt Polen rund 15 Mio. ausländische Touristen mit mindestens einer Übernachtung; fast 40 Prozent davon sind Deutsche.

← Die gotische Ordensresidenz Marienburg zählt heute zu den stärksten Touristenmagneten des Landes.

Geschichte

Welche Rolle spielte der Deutsche Orden? Wie kam es zu den für Polen verheerenden Teilungen des Landes? Wie sah das Staatsgebiet nach dem Zweiten Weltkrieg aus? Wie hat die Gewerkschaft Solidarność die Geschicke des Landes mitgeprägt?

Vor- und Frühgeschichte

18 000 v. Chr.	Erste Besiedlung des heutigen Nordpolen
1. Jtsd. v. Chr.	Lausitzer Kultur
5. Jh. – 9. Jh.	Slawen rücken in die von den Germanen verlassenen Gebiete vor.

Nach dem Ende der letzten Eiszeit vor etwa 12 000 Jahren begann die Besiedlung des Nordens der heutigen Republik Polen. Die bronze- und eisenzeitliche so genannte Lausitzer Kultur ist hier bis zum fünften vorchristlichen Jahrhundert nachweisbar. Ab dem 2. Jh. v. Chr. drängten germanische Stämme, u. a. Goten, Schwaben und Burgunder, in diese Region. Zwischen Spätantike und frühem Mittelalter wanderten slawische und baltische Stämme in die während der Völkerwanderung von den Germanen verlassenen Gebiete ein.

Herrschaft der Piasten (963 – 1385)

966	Mieszko I. begründet den polnischen Staat.
1025	Bolesław I. wird zum ersten polnischen König gekrönt.
1181	Pommern wird Teil des Heiligen Römischen Reiches.
1309	Die Marienburg wird Hauptsitz der Deutschordensritter.

Staatsgründung

Das heutige Staatsgebiet Polens entspricht ungefähr jenem des ersten polnischen Staates, der 966 von dem Polanenfürsten **Mieszko I.** gegründet wurde. Unter der Ägide der Polanen, die im Bereich der mittleren Warthe siedelten, kam es zur Einigung der frühpolnischen Stämme. Mieszko nahm den christlichen Glauben an und schwor dem Kaiser den Lehnseid. Sein Sohn **Bolesław I.** wurde 1025 zum ersten polnischen König gekrönt. Seine Nachfahren konnten die Zersplitterung des Königreiches nicht verhindern. Erst **Kazimierz III. Wielki**, der Große (1310 – 1370), erweiterte das Staatsterritorium beträchtlich. Mit seinem Tod erlosch die Dynastie der Piasten.

Pommern

Das historische Gebiet Pommerns zwischen der Insel Rügen und der Weichselmündung, das seit dem frühen Mittelalter von den westslawischen Stämmen der Pomoranen und Obodriten besiedelt war,

← Vor der legendären Schlacht bei Tannenberg, die alljährlich nachgespielt wird, werden die Rüstungen auf Hochglanz poliert.

Von der »Feldlandschaft« zum Staat

- Das Wort »Polska« bedeutet soviel wie »Feldlandschaft«. Der Name verweist auf den Stamm der Polanen, der im frühen Mittelalter das Gebiet an der Warta (Warthe) bewohnte. Ab dem 11. Jh. wird der Staat zwischen Oder und Weichsel Polonia genannt. Das nördlich gelegene Stammland hieß ab dem 14. Jh. Wielkopolska (Großpolen), der angrenzende Südteil erhielt ab dem 15. Jh. die Bezeichnung Małopolska (Kleinpolen).

wurde im 10. Jh. von Mieszko I. größtenteils dem ersten polnischen Staat einverleibt. Bis zum 11. Jh. regierten in Pommern verschiedene Fürstenfamilien; zu einer ersten Einigung kam es unter **Wartisław I.** (um 1100 – 1148), der als Stammvater der Greifendynastie gilt und um 1120 – in Gefangenschaft – dem polnischen König den Treueeid leistete. In dieser Zeit erfolgte die relativ friedliche Christianisierung der Pommern durch Bischof **Otto von Bamberg**.

Pommerellen

Der auch als Pommerellen bezeichnete östliche Teil des Landes zwischen Leba und Danzig blieb während der nächsten Jahrhunderte von Polen abhängig. Um die Herrschaft über die anderen pommerschen Gebiete kämpften Dänemark und Brandenburg. 1181 wurden diese Gebiete als Reichslehen Teil des von **Friedrich Barbarossa** geführten Heiligen Römischen Reiches. Ab Mitte des 13. Jh.s ließen sich vornehmlich deutsche Siedler in den durch Kriege teilweise entvölkerten Landesteilen Pommerns nieder und gründeten zahlreiche Städte nach deutschem Recht.

Ermland und Masuren

Seit dem 9. Jh. siedelte sich im Gebiet des heutigen Ermlands und Masurens ein baltischer Volkstamm an: die **Pruzzen**. Im Nordosten entwickelte sich im 13. Jh. Masowien unter **Konrad I. Mazowiecki** zu einem neuen Machtfaktor innerhalb der polnischen Fürstentümer. Er stieß bei seinen Feldzügen nach Osten auf den Widerstand der pruzzischen Bevölkerung, die ihrerseits regelmäßige Raubzüge in die masowischen Siedlungsgebiete unternahmen.

Deutscher Orden

Um seiner Gegner Herr zu werden, beauftragte der masowische Herzog den Deutschen Orden mit der Missionierung der heidnischen Pruzzen. Das bot dem Orden die einmalige Gelegenheit, seine Pläne von einer eigenen Staatsbildung zu realisieren. 1226 schenkte der Kaiser dem Orden in der **Goldenen Bulle von Rimini** die Herrschaft über das Kulmer Land (heute Chełmno) und alle Gebiete, in die durch die Pruzzenmission das Christentum gelangen würde. In den folgenden hundert Jahren entfaltete der Orden enorme Aktivitäten. Kriege wurden gegen die Pruzzen geführt, unzählige neue Orte und Festungen gegründet und Kolonisten aus dem Westen angesiedelt. Im Jahr 1308 eroberte der Deutsche Orden Danzig und tötete einen Großteil der Einwohner; dieser Tag ging als »Danziger Blutbad« in die Geschichte ein. 1309 hatten die Ordensritter ganz Pommerellen besetzt und verlegten den Hochmeistersitz, ihre Machtzentrale, von Venedig auf die unweit von Danzig gelegene Marienburg (►S. 222).

Bischof Otto von Bamberg wird auf seinem Missionierungszug von Bolesław III. empfangen.

Podlachien

Das heutige Podlachien war seit der Völkerwanderung ein Grenzraum, in dem ost- und westslawische sowie baltische Bevölkerungsgruppen siedelten. Im 10. Jh. kam es in die Einflusssphäre der Kiewer Rus und wurde danach ein Teil des Fürstentums Halicz-Wolhynien. 1254 krönte sich **Daniel Halicki** in Drohiczyn, der damaligen Hauptstadt, zum einzigen König in der Geschichte Russlands. Ende des 13. Jh.s geriet das Gebiet unter den Einfluss der litauischen Großfürsten.

Herrschaft der Jagiellonen (1386 – 1648)

1386	Władysław II. Jagiełło wird zum König von Polen und Litauen gekrönt.
1410	In der Schlacht von Grunwald werden die Deutschen Ordensritter vernichtend geschlagen.
1569	»Lubliner Union«: Polen und Litauen unterstehen einem König und einem Reichstag.
1637	Mit dem Tod von Bogisław XIV. endet die Ära der pommerschen Greifenherzöge.

DER DEUTSCHE ORDEN

Eigentlich sollte der Deutsche Orden der Krankenpflege dienen, doch schon nach kurzer Zeit wandelte er sich zu einem Ritterorden, der die Heiden, zur Not auch mit dem Schwert, bekehren sollte.

Gegründet wurde der »Ordo domus Sanctae Mariae Teutonicorum« während der Kreuzzüge 1190 im Heiligen Land. Sein Wirkungsfeld, die Heidenmission, wurde schon zu Beginn des 13. Jhs. nach Europa verlegt. 1226 bat der polnische Herzog Konrad von Masowien den Hochmeister des Deutschen Ordens, Hermann von Salza, um Hilfe gegen die Pruzzen (im Gebiet des späteren Ostpreußen), die sich der Missionierung erfolgreich widersetzten. Der Orden handelte dabei günstige Bedingungen für sich aus; Kaiser Friedrich II. übereignete ihm in der Goldbulle von Rimini 1226 das Land der zukünftigen Eroberungen, das, da heidnisch, als herrenlos galt. Vier Jahre später übertrug Konrad von Masowien dem Orden das Kulmer Land. Erst dann trafen die ersten Ritter an der Weichsel ein und gründeten die Burg Thorn (Toruń).

Der Orden erledigte seine Aufgabe gründlich und baute seine Macht zielstrebig aus, indem er Burgen, Dörfer und Städte gründete und deutsche Siedler ins eroberte Land zog. 1309 verlegte der Hochmeister seinen Sitz von Venedig in die **Marienburg**, den prächtigsten Stützpunkt des Ordensstaates.

Vernichtende Niederlage

Polen hatte sich mit dem Deutschen Orden einen mächtigen Nachbarn herangezogen, und bald geriet es mit ihm in endlose Auseinandersetzungen

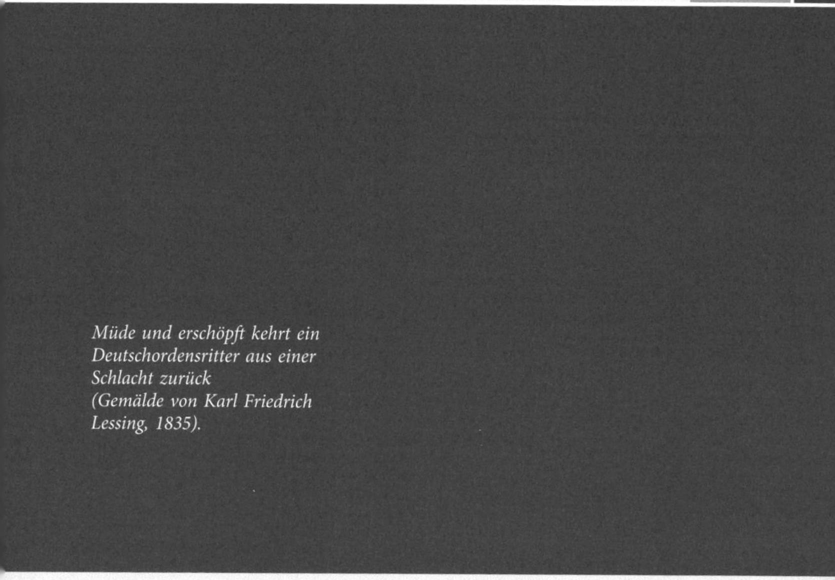

Müde und erschöpft kehrt ein Deutschordensritter aus einer Schlacht zurück (Gemälde von Karl Friedrich Lessing, 1835).

um Gebietsansprüche. Der Streit erreichte seinen Höhepunkt 1410 in der **Schlacht von Grunwald** (bzw. Tannenberg), in der ein polnisch-litauisches Heer dem Orden eine vernichtende Niederlage beibrachte. Die Folgen waren für den Orden eher gering, doch sank von da an sein Stern. Zu Beginn des 16. Jahrhunderts nahm der letzte preußische Hochmeister Albrecht von Brandenburg den lutherischen Glauben an; er wandelte sein Gebiet in ein weltliches Herzogtum um und leistete 1525 dem polnischen König Sigismund I. den Lehnseid.

Brutale Eroberer

Die Bedeutung des Deutschen Ordens für die polnische Geschichte liegt weniger im Bereich der historischen Fakten als in der Hartnäckigkeit, mit der sich Mythen und Stereotype über Jahrhunderte und über allen politischen und gesellschaftlichen Wandel hinweg halten. Die Kreuzritter gelten im Bewusstsein der Polen bis heute als Verkörperung des militanten deutschen »Drangs nach Osten«. Dieses Bild der (deutschen) Ordensritter als brutaler Eroberer befestigte der polnischen Nobelpreisträger **Henryk Sienkiewicz** im 19. Jh. mit seiner Romantrilogie »Krzyżacy« (»Kreuzritter«), die zum festen Bestand der Lektüre für alle Polen gehörte.

Abgesehen davon, dass die Schlacht bei Tannenberg in der Tat eine der gewaltigsten Schlachten des Mittelalters war, erfüllte der Sieg über den Deutschen Orden, der mit dem Sieg über »die Deutschen« schlechthin identifiziert wird, Generationen von Polen mit Stolz und Genugtuung. Im Ersten Weltkrieg hat General Ludendorff die große Umfassungsschlacht, in der 1914 die Russen in Ostpreußen besiegt wurden, nach dem Ort Tannenberg benannt – die »deutsche Schmach« 500 Jahre zuvor sollte durch den Triumph getilgt werden.

Polen-Litauen

Die Hochzeit mit der zwölfjährigen polnischen Thronfolgerin Jadwiga machte den zum Christentum konvertierten litauischen Großfürsten Jogailas 1386 zum Herrscher des Doppelreichs von Polen und Litauen. Als König **Władysław II. Jagiełło** herrschte der Begründer der Jagiellonen-Dynastie später über das seinerzeit größte Staatsgebilde Europas. Mit der Ära von König Władysław II. Jagiełło begannen schwierige Zeiten für den Deutschen Orden. Polen-Litauen wehrte sich gegen den Expansionsdrang des Ordensstaates und läutete schließlich 1410 mit der siegreichen **Schlacht von Grunwald** bzw. Tannenberg dessen Ende ein.

Im Zweiten Thorner Frieden von 1466 musste der Orden weite Teile seines Territoriums – Pommerellen mit Danzig, das Kulmer Land, Marienburg und Elbing – an die polnische Krone abtreten, das Ermland erwarb sich als Fürstbistum eine gewisse Souveränität. Markgraf **Albrecht von Brandenburg**, der letzte Hochmeister, besiegelte 1525 das Ende des Ordensstaates mit der Umwandlung in das weltliche Herzogtum Preußen unter polnischer Lehnshoheit.

Letzte Vorbereitungen zur Schlacht von Tannenberg

In der Lubliner Union werden Polen und Litauen vereinigt.

Das polnisch-litauische Reich erstreckte sich zeitweise von der Oder bis kurz vor Moskau, von der Ostsee bis an das Schwarze Meer. König **Zygmunt II. August** vereinigte in der **Lubliner Union** von 1569 Polen und Litauen in einer Realunion, übertrug dem Adel weitgehende Rechte und schuf somit die Grundlagen für die Adelsrepublik (Rzeczpospolita). Mit Zygmunt August, der ohne Nachkommen starb, endete die Dynastie der Jagiellonen. Danach wurden die neuen Könige direkt von der Adelsversammlung, dem Sejm, gewählt.

◄ Wahlkönigtum

Der erste polnische Wahlkönig, **Henry Valois**, verließ 1574, nur wenige Monate nach seiner Inthronisation, heimlich das Land, um Herrscher von Frankreich zu werden. Auch sein Nachfolger **Stephan Báthory** regierte nur für kurze Zeit. Ihm folgten die Herrscher des schwedischen Geschlechts der Wasa. In die Zeit von **Zygmunt III. Wasa** fiel die Verlegung der königlichen Residenz von Krakau nach Warschau im Jahr 1596. Der überzeugte Katholik unterstützte die Gegenreformation und verwickelte Polen in verlustreiche Kriege mit seinen protestantischen Vettern in Schweden.

Reformation in Pommern

Das politisch schwache Pommern war im 14. und 15. Jh. vom ständigen Wechsel der Lehnshoheit, der inneren Zersplitterung in Teilherzogtümer und dem Kampf gegen die aufstrebenden Nachbarn Bran-

denburg und Dänemark gekennzeichnet. Zu einer erneuten Einigung Pommerns kam es unter Bogisław X. Der Greifenherzog setzte umfassende Reformen durch und verlegte seine Residenz 1491 von Rügenwalde nach Stettin. Zur Zeit der Regentschaft seiner beiden Söhne hielt die Reformation Einzug, deren Hauptvertreter Johannes Bugenhagen (1485 bis 1558) Beichtvater Martin Luthers und Verfasser der ersten Geschichte Pommerns war.
Unter **Bogisław XIV.** (1580 – 1637) wurde Pommern noch einmal vereint. Mit dem Tod des kinderlos gebliebenen Herzogs endete die Ära der Greifen. 1630, während des Dreißigjährigen Kriegs, war Pommern von Truppen des protestantischen Schwedenkönigs Gustav II. Adolf besetzt worden. Im Westfälischen Frieden von 1648 erhielt Brandenburg einen Teil Hinterpommerns zugesprochen. Schweden behielt Vorpommern mit dem Herzogtum Stettin.

Podlachien Aus den litauischen Kreisen Brest-Litewski, Mielno, Drohiczyn und Bielsk-Podlaski wurde 1517 die neue Wojewodschaft Podlachien geschaffen, die mit der Lubliner Union 1569 an die polnische Krone fiel. Das 16. und 17. Jh. waren von einer regen Siedlungstätigkeit aus Masowien gekennzeichnet. In jene Epoche fällt auch die Gründung der heutigen Wojewodschaftshauptstadt Białystok durch die Familie Branicki. Bedeutend ist auch die verstärkte Ansiedlung jüdischer Kaufleute, die seit der Mitte des 16. Jh.s bezeugt ist.

Zeit der Teilungen Polens (1648 – 1918)

1701	Friedrich I. krönt sich in Königsberg zum »König in Preußen«.
1772	Erste polnische Teilung: Etwa 30 Prozent des polnischen Territoriums werden zwischen Preußen, Russland und Österreich aufgeteilt.
1793	Zweite polnische Teilung: Preußen und Russland erweitern ihre Territorien.
1795	Dritte polnische Teilung: Polen verschwindet von der Landkarte.
1871	Ostpreußen wird Provinz des neu gegründeten Deutschen Reiches.

Zunehmender Einfluss Russlands Polens **König Jan II. Kazimierz** gewährte dem Sejm 1652 das »Liberum Veto«, wonach eine einzige Stimme im Sejm ausreichte, um die Verabschiedung von Gesetzen zu verhindern. Dies machte die Rzecz-

Die Großmächte verhandeln über die erste Teilung Polens. →

Iura Reg. Hung. et Boh. in Polon.
Iura Imp. Russ. in Polon.
Iura Reg. Boruss. in Polon.
Moldavia
Leopol
Luck
Brzesc
Cracovia
Sieradz
Rava
Varsovia
Posna
Gnesna
Novogrodek
Minsk
Polock
Thorn
Culm
Marienburg
Dantzig
POLONIA
RUSSIA
POMERANIA
MARE BALTICUM
Riga
La Situation de La Pologne en MDCCLXXIII.
Die Lage des Königreichs Pohlen im Iahr 1773.

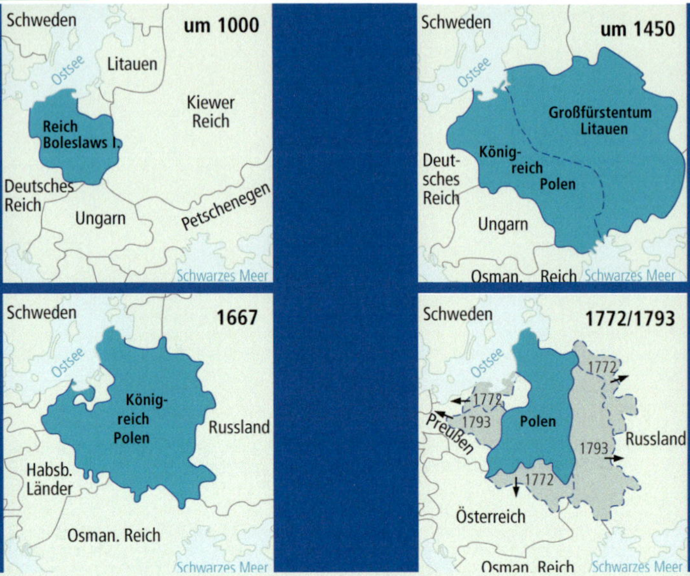

DIE TEILUNGEN POLENS

Die Aufteilung des polnischen Landes unter die »Drei Schwarzen Adler« – Preußen, Russland und Österreich – im ausgehenden 18. Jh. ist als Tiefpunkt ihrer Geschichte ins Bewusstsein der Polen eingegangen, der nur noch durch die Bedrohungen des Zweiten Weltkriegs überboten werden konnte.

Was es den drei Mächten ermöglichte, der polnischen Adelsrepublik mit einem schwachen König den Garaus zu machen, ist umstritten. Fest steht, dass Polen in die Abhängigkeit anderer Staaten, vornehmlich von Russland, geraten war und durch innere und äußere Schwäche zum Opfer einer Umverteilung der Macht wurde. Gerade die Reformpläne unter dem letzten polnischen König **Stanisław August Poniatowski**, in denen es um eine Revision der unbrauchbar gewordenen Staatsverfassung und um eine Stabilisierung der Staatsmacht ging, riefen die absolutistischen Nachbarn auf den Plan, die Interesse an einem schwachen Polen hatten.

Erste Teilung

Die erste Teilung 1772 kostete Polen ca. ein Drittel seines Gebiets. Preußen bekam das Ermland, das »königliche« Preußen (Westpreußen) ohne Danzig und Thorn sowie Großpolen. Der polnische Reichstag musste unter Druck 1773 der Teilung zustimmen. Aber der Ruf nach Reformen wurde im Adel laut; die »jakobinisch« gesinnten Geistlichen Hugo Kołłontaj und Stanisław Staszic machten sich zu Wortführern. So wurde 1788 ein Reichstag einberufen, der vier Jahre lang tagte und die Reformpläne verwirklichen sollte. Unter dem Eindruck der Französischen Revolution wurde ein **Verfassungsentwurf am 3. Mai**

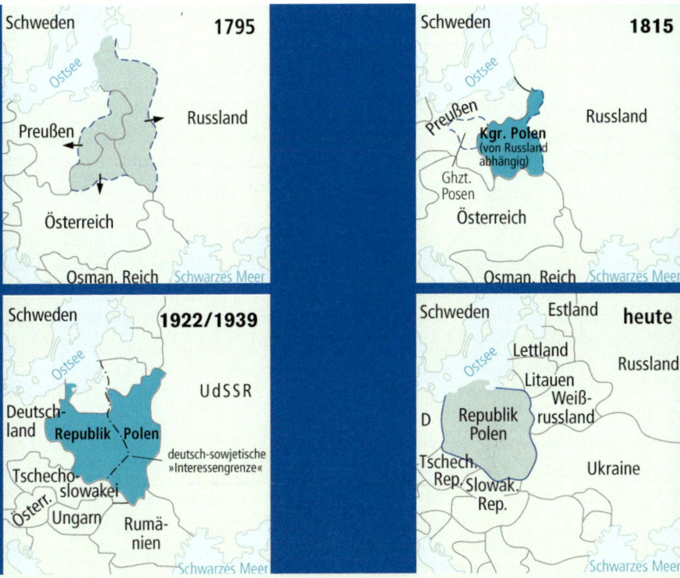

1791 einer Minderheit des Reichstags vorgelegt, die ihn mit Zustimmung des Königs billigte. Teilung der Gewalten, Erbkönigtum, Mehrheitsentscheidung im Parlament – dies waren die wichtigsten Neuerungen. Kein Wunder, dass Katharina die Große von der »französischen Pest« sprach und im Verbund mit konservativen Vertretern des polnischen Adels mit Waffengewalt eingriff.

Zweite Teilung

Im Januar 1793 wurden sich Russland und Preußen über eine zweite Teilung einig. Nun besaß Preußen ganz Großpolen, Danzig und Thorn.

Ein Jahr später brach ein Aufstand aus, in Krakau ausgerufen von **General Kościuszko**, einem polnischen Adligen, der im amerikanischen Unabhängigkeitskrieg Adjutant von George Washington war. Es gelang ihm, die Bauern unter seine Fahne zu rufen. Aber gegen die russische Übermacht hatten sie keine Chance. Das Finale war ein Blutbad im Warschauer Vorort Praga.

Dritte Teilung

Die dritte, vollständige Teilung im Jahr 1795 löschte Polen als Staat aus. 123 Jahre lang war das Land in drei Teile zerrissen; zwei niedergeschlagene Aufstände schwächten vor allem die Führungsschicht, den Adel, dessen Vertreter nach Sibirien verbannt, enteignet oder in die Emigration getrieben wurden. Aber der Wunsch nach einem freien, unabhängigen Staat blieb erhalten.

Der Ausgang des Ersten Weltkriegs ermöglichte die Verwirklichung dieses Traums: Polen wurde von den Siegermächten als unabhängiger Staat wieder ins Leben gerufen.

Doch zwanzig Jahre später fiel Polen erneut einer deutsch-russischen Teilung zum Opfer: dem Hitler-Stalin-Pakt vom August 1939.

pospolita nahezu handlungsunfähig. Zunehmend geriet das Land unter den Einfluss seiner Nachbarn, insbesondere Russlands. Der Sieg von König **Jan III. Sobieski** über die Türken 1683 bei Wien änderte daran nichts. Seine Nachfolger, die Sachsenkönige August II. und August III., waren vor allem für ihre Prunksucht und Bautätigkeit bekannt, kümmerten sich aber kaum um das Wohl des Staates.

Preußens Aufstieg

In die gleiche Zeit fiel der Aufstieg Preußens. Schon im 17. Jh. war es den brandenburgischen Hohenzollern unter Kurfürst Friedrich Wilhelm (1620 – 1688) gelungen, sich der polnischen Lehnshoheit über das Herzogtum Preußen zu entledigen und staatliche Souveränität zu erlangen. Sein Sohn, Kurfürst Friedrich III. (1657 – 1713), krönte sich schließlich 1701 in Königsberg eigenhändig als **Friedrich I.** zum König in Preußen. Doch er regierte nur über den östlichen Teil Preußens, das westliche Preußen, auch »Preußen königlichen Anteils« genannt, unterstand weiterhin der polnischen Krone. Sein Nachfolger, **Friedrich Wilhelm I.** (1688 – 1740), weitete in der Folgezeit den Einfluss auf Pommern aus und übernahm 1720 von den Schweden Wolin, Stettin, Usedom und einen Teil Vorpommerns. Stettin wurde in den folgenden Jahren zur Festungsstadt ausgebaut.

Erste polnische Teilung

Die immer stärkere Abhängigkeit Polens von Russland gipfelte in der Wahl **Stanisław August Poniatowskis**, des zeitweiligen Geliebten der Zarin Katharina der Großen, zum polnischen König. Unter seiner Herrschaft kam es 1772 zur ersten polnischen Teilung, bei der Polen gut 30 Prozent seines Territoriums an Preußen, Russland und Österreich verlor.

Nun gewannen im Sejm die Wortführer umfassender Reformen an Boden: Im Mai 1791 wurde die **erste geschriebene Verfassung Europas** verabschiedet. Sie stellte einen Kompromiss zwischen der konservativ-monarchistischen und der republikanischen Ordnung dar und beinhaltete u. a. die Abschaffung der Königswahl und des »Liberum Veto«. Daraufhin schloss sich ein Teil des Adels in der »Konföderation von Targowice« zusammen und zwang mit Hilfe auswärtiger Mächte die Reformpartei zur Rücknahme der Verfassung. Russland und Preußen ließen sich diese Intervention teuer bezahlen und sicherten sich mit der zweiten Teilung Polens 1793 weitere Territorien. Nach der Niederschlagung eines im Jahr 1795 von **General Tadeusz Kościuszko** angeführten Aufstands wird Polen vollends von der Landkarte getilgt (►Baedeker Special S. 40/41).

Herzogtum Warschau

Während der napoleonischen Kriege entstand 1807 das Herzogtum Warschau. **Napoleon** setzte zahlreiche Reformen nach französischem Vorbild durch und »befreite« Polen vom Joch der Teilungsmächte. Nach dem Scheitern des französichen Eroberers wurde die Teilung Polens durch den Wiener Kongress 1815 abermals gefestigt. Das Herzogtum Warschau wurde als Königreich Polen (»Kongresspolen«) Teil des zaristischen Russlands.

Ostpreußen

Der preußische König **Friedrich II.** (1740 – 1786) hatte durch die Erste Polnische Teilung 1772 das Preußen königlichen Anteils gewonnen und konnte somit eine Landverbindung zwischen Pommern und dem Herzogtum Preußen herstellen, das fortan zusammen mit dem Ermland Ostpreußen genannt wurde.
Im Jahr 1871 wurde Ostpreußen Provinz des neu gegründeten Deutschen Reiches. Die protestantische Bevölkerung Masurens war zu dieser Zeit noch mehrheitlich polnischsprachig, ebenso wie ein großer Teil der katholischen Ermländer. Aufgrund der rigiden Germanisierungspolitik unter Reichskanzler **Otto von Bismarck** entdeckten diese gegen Ende des 19. Jh.s zunehmend ihre polnischen Wurzeln und gründeten polnischsprachige Publikationen und Heimatvereine.

Westpreußen

Der östliche Teil Pommerns, das ehemalige Pommerellen, wurde nach der Ersten und Zweiten Polnischen Teilung mit dem Kulmer Land und anderen angrenzenden Kreisen zur preußischen Provinz Westpreußen vereint, deren Hauptstadt Danzig bildete.

Podlachien wird russisch

Nach der dritten Teilung Polens 1795 gehörte fast die gesamte heutige Wojewodschaft Podlachien zu Preußen und fiel nach dem Wiener Kongress (1815) zusammen mit Masowien an das russische Zarenreich. Nach der Niederschlagung des Novemberaufstandes 1831/1832 ließ der Zar eine Zollgrenze zwischen dem Königreich Polen und dem Russischen Reich errichten. Das bedeutete für Podlachien einen enormen wirtschaftlichen Aufschwung, da zahlreiche Fabrikanten nun ihre Betriebe in die Gegend um Białystok verlegten.

Pommern wird preußische Provinz

Infolge des Wiener Kongresses gelangte auch der letzte schwedische Teil des Herzogtums Pommern – Rügen und das nördliche Vorpommern – in preußischen Besitz. Mit der Verwaltungsreform 1818 wurde Pommern zur preußischen Provinz mit den drei Regierungsbezirken Köslin, Stettin und Stralsund erklärt. Das protestantische Pommern entwickelte sich zum wichtigsten Lieferanten für land- und forstwirtschaftliche Produkte in Preußen. Stettin wuchs bis Ende des 19. Jh.s zum drittgrößten deutschen Seehafen heran.

Zwischen den Weltkriegen (1918 – 1945)

1918	Polen wird wieder ein souveräner Staat.
1926	Staatsstreich von Marschall Józef Piłsudski
1. 9. 1939	Mit dem Angriff Deutschlands auf Polen beginnt der Zweite Weltkrieg.

Polen entsteht wieder

Die Wiederherstellung der staatlichen Souveränität verdankte Polen dem Zusammenbruch der europäischen Monarchien nach dem Ersten Weltkrieg und dem Willen der Siegermächte, eine Pufferzone zwischen der erstarkenden Sowjetunion und dem übrigen Europa zu errichten. Das Staatsgebiet entsprach ungefähr den Grenzen der Republik von 1772.

Marschall **Józef Piłsudski**, der 1922 vom Posten des Staatspräsidenten zurückgetreten war, kam 1926 mithilfe eines von ihm organisierten Staatsstreichs zurück an die Macht. Die »Sanacja«, sein diktaturähnliches politisches Programm, hatte u. a. die »moralische Gesundung« des Volkes zum Ziel; Opfer dieser Politik waren in erster Linie die in Polen lebenden Minderheiten.

Pommern fällt an Polen

Mit dem Ende des Ersten Weltkrieges wurde Pommern Grenzland zum neu entstandenen polnischen Staat. Die ehemalige Provinz Westpreußen fiel zu großen Teilen an Polen, Danzig wurde gemäß dem Versailler Vertrag zur Freien Stadt.

In Masuren entschied sich die Bevölkerung mehrheitlich für den Verbleib beim Deutschen Reich. Doch da Westpreußen jetzt größtenteils zu Polen gehörte, verlor Ostpreußen seine Anbindung an Deutschland; bei Fahrten in andere deutsche Landesteile musste man auf dem Landweg zweimal die Grenze passieren.

Zweiter Weltkrieg

Mit dem Angriff auf Polen begann am 1. September 1939 der Zweite Weltkrieg. Der junge Staat wurde nach nur 21 Jahren erneut geteilt, diesmal zwischen Deutschland und der Sowjetunion. Kriegshandlungen und deutsche Besatzung forderten das Leben von mehr als sechs Mio. polnischer Bürger, rund 20 Prozent der Bevölkerung.

General Piłsudski nach dem Staatsstreich 1926 mit Mitgliedern der neuen Regierung

Die besiegte polnische Armee führte ihren Kampf als »Armia Krajowa« im Untergrund weiter. 1944 begann ihr bewaffneter Aufstand gegen die deutschen Besatzer. Er endete mit der Zerstörung Warschaus durch deutsche Truppen.
Pommern blieb vom Zweiten Weltkrieg zunächst weitgehend unberührt. Die deutsche Bevölkerung floh erst im Winter 1944/1945 vor der herannahenden Front. Ostpreußen wurde in Vorbereitung des Russlandfeldzuges zur strategischen Militärbasis ausgebaut. Neben zahlreichen Bunkeranlagen und Kasernen entstand unweit von Kętrzyn (Rastenburg) die **»Wolfsschanze«**, eines der sogenannten »Führerhauptquartiere«. Hier scheiterte am 20. Juli 1944 ein Attentat auf Hitler (►S. 196).
In Podlachien wechselte nach 1939 die Besatzungsmacht mehrfach. Während dieser Zeit kam es zwischen Polen und Angehörigen der Minderheiten, vor allem der Juden, zu offenen Feindseligkeiten. Mit dem Einmarsch der Deutschen während des Russlandfeldzuges begann die gezielte und organisierte Vernichtung der jüdischen Bevölkerung, teilweise unter polnischer Mithilfe. Die Wojewodschaft wurde als Bezirk Białystok verwaltungstechnisch Ostpreußen unterstellt.

Nach dem Zweiten Weltkrieg

1970	»Warschauer Vertrag«: Die Bundesrepublik Deutschland erkennt die Oder-Neiße-Grenze als Polens Westgrenze an.
31. 8. 1980	Durch das »Danziger Abkommen« wird die Gewerkschaft »Solidarität« offiziell anerkannt.
1989	Mit Tadeusz Mazowiecki wird erstmals nach dem Zweiten Weltkrieg ein Nichtkommunist Regierungschef in Polen.
1999	Polen tritt der NATO bei.
2004	Am 1. Mai wird Polen Mitglied der Europäischen Union.

Neue Grenzziehungen

Schon auf den Konferenzen von Jalta 1943 und Teheran 1944 beschlossen die Alliierten eine europäische Nachkriegsordnung. Sie sah die Westverschiebung Polens bis an die Oder und Lausitzer Neiße vor; die Gebiete östlich von Bug und San sollten an die Sowjetunion fallen. Bis Mitte der 1950er-Jahre mussten fast 9 Mio. Deutsche ihre Heimat verlassen, rund 1,2 Mio. Polen wurden aus den nun sowjetischen Gebieten ausgesiedelt.
Die alliierten Beschlüsse bedeuteten für **Pommern** die Teilung zwischen Polen und der sowjetischen Besatzungszone Deutschlands. Nach Kriegsende begannen die polnischen Behörden mit der Aussiedlung der verbliebenen Deutschen. Dafür kamen Siedler aus Zentralpolen und den ehemaligen polnischen Ostgebieten.

Ostpreußen wurde infolge der alliierten Beschlüsse zwischen Polen und der Sowjetunion geteilt. Der nördliche Teil mit Königsberg, das fortan **Kaliningrad** hieß, wurde zur sowjetischen Sonderzone erklärt, der südliche Teil kam an Polen. Bis auf die Masuren, die man als germanisierte Polen ansah, wurde die gesamte deutsche Bevölkerung vertrieben. Wie bereits in Pommern rückten an ihre Stelle Polen aus dem Landeszentrum sowie aus den polnischen Ostgebieten. Der östliche Teil der Wojewodschaft Podlachien wurde nach dem Zweiten Weltkrieg der Weißrussischen Sowjetrepublik zugeschlagen und gehört seit 1991 zum unabhängigen Staat Belarus.
Bereits 1944 war im sowjetisch besetzten Teil Polens eine kommunistische »Regierung der Nationalen Einheit« eingerichtet worden, die nach Kriegsende mithilfe der Roten Armee die Macht in ganz Polen ausübte. 1947 wurde der Chef der Vereinigten Polnischen Arbeiterpartei, **Bolesław Bierut** (1892 – 1956), Staatspräsident und begann mit der Verstaatlichung von Industrie und Wirtschaft und der Kollektivierung der Landwirtschaft.

Sozialistisches Polen

An die Stelle Bieruts rückte 1956 **Władysław Gomułka** (1905 – 1982), der zunächst als liberaler Reformer begrüßt wurde, aber zunehmend mit der geringen Wirtschaftskraft des Landes zu kämpfen hatte. In Gomułkas Regierungszeit fällt auch die Annäherung zwischen Polen und der Bundesrepublik Deutschland. Im »Warschauer Vertrag« von 1970 erkannte die Bundesrepublik Deutschland unter Bundeskanzler **Willy Brandt** die Oder-Neiße-Grenze als Polens Westgrenze an.
Gomułka wurde 1973 durch den Schlesier **Edward Gierek** (1913 bis 2001) abgelöst, der im Westen Kredite in Milliardenhöhe aufnehmen ließ, um durch Investitionsprogramme die wirtschaftliche Lage Polens zu verbessern. Das gelang ihm allerdings nicht, und die Folgen der Staatsverschuldung – v. a. beträchtliche Preisanstiege – trafen die Bevölkerung empfindlich. Durch die Wahl des Krakauer Erzbischofs **Karol Wojtyła** 1978 zum Papst Johannes Paul II. erhielt die Opposition, die nur im Untergrund agieren konnte, einen enormen Zulauf.

Gewerkschaft »Solidarität«

Die 1980 verfügten Preiserhöhungen lösten massive Streiks aus. Doch die Arbeiter forderten jetzt mehr als nur billigere Nahrungsmittel: Sie verlangten die Zulassung unabhängiger Gewerkschaften, Meinungs- und Pressefreiheit. Überraschend ging die Regierung auf die Forderungen ein. Das **»Danziger Abkommen«** vom 31. August 1980 besiegelte die Zulassung der »freien Gewerkschaft« **Solidarność**; innerhalb weniger Wochen wuchs die Mitgliederzahl der von **Lech Wałęsa** (► Berühmte Persönlichkeiten) geführten Organisation auf rund 13 Mio. an.
Doch am 13. Dezember 1981 verhängte der neue Staatschef, General **Wojciech Jaruzelski** (geb. 1923), das Kriegsrecht über die Volksrepublik, um die immer chaotischer werdende Lage in den Griff zu bekommen. Durch die sowjetische Reformpolitik unter **Michail Gorbatschow** sah sich die polnische Regierung erneutem Druck ausgesetzt.

Mitglieder der Solidarność 1980 in Warschau auf dem Weg zur Zulassung der Gewerkschaft.

1988 führten Streiks zur Wiederzulassung der Gewerkschaft Solidarność und zur Einrichtung eines »Runden Tisches« mit Regierung und Opposition. Ein Jahr später ging der katholische Publizist **Tadeusz Mazowiecki** (geb. 1927) als neuer Regierungschef aus den ersten freien Wahlen des Landes hervor.

Einbindung in den Westen

Seitdem hat sich Polen eine neue Verfassung gegeben und orientiert sich politisch gen Westen. Wirtschaftlich und politisch waren die 1990er-Jahre für die junge Demokratie eine schwierige Zeit. Mit der Einführung des freien Marktes ging ein massiver Stellenabbau in den maroden Industrie- und Landwirtschaftsbetrieben einher, die Arbeitslosigkeit schnellte zeitweilig auf über 20 Prozent. Seit Ende der 1990er-Jahre ist eine wirtschaftliche Stabilisierung zu verzeichnen.
Mit einer **Verwaltungsreform** 1999 kehrten auch die alten Namen zurück auf die Landkarte Polens. Zwei Wojewodschaften tragen seitdem wieder den Namen Pommern: Zachodnio-Pomorskie (Westpommern) mit der Hauptstadt Szczecin (Stettin) und Pomorskie (Pommern) mit der Hauptstadt Gdańsk (Danzig). Im Nordosten wurde die Wojewodschaft Warmia-Mazury (Ermland und Masuren) mit der Hauptstadt Olsztyn (Allenstein) gebildet. Daran grenzt östlich die neu gebildete Wojewodschaft Podlachien mit der Hauptstadt Białystok.
Seit 1999 gehört Polen der **NATO** an, am 1. Mai 2004 trat das Land der **Europäischen Union** bei. Seitdem ist auch der Grenzübergang zwischen Deutschland und Polen einfacher geworden.

Kunst und Kultur

Mit den Handelsschiffen kamen auch kulturelle Einflüsse aus vielen anderen Ländern in die Ostseeregion. Polens Nordosten war über viele Jahrhunderte ein Schmelztiegel unterschiedlicher Kulturen, was auch in Kunst und Architektur des Landes sichtbar wurde.

Architekturgeschichte

Polen kann auf ein kulturelles Erbe aus mehr als tausend Jahren zurückblicken. Aufgrund seiner geografischen Lage in der Mitte Europas hat es Einflüsse aus West und Ost, Nord und Süd aufgenommen. Ob norddeutsche Backsteingotik oder italienische Renaissance, Manierismus oder habsburgischer Barock – viele Stilrichtungen sind im Land vereint.

Gotik

Sakralbauten

Zu den ältesten Bauwerken im Norden Polens zählt der Dom von **Kamie Pomorski** (Cammin), dessen Grundstein im Jahr 1176 gelegt wurde. Der Bau präsentiert sich heute im gotischen Stil, doch Reste des nördlichen Querschiffs stammen noch aus der ersten romanischen Bauphase.
Das Zisterzienserkloster in **Kołbacz** (Kolbatz), südlich von Szczecin, wurde ab 1210 im spätromanischen Stil erbaut und später in gotischer Form erweitert.
Das frühe 13. Jahrhundert markierte mit dem Aufkommen der Ziegelsteine den Übergang von der Romanik zur Gotik. Zu den ersten frühgotischen Sakralbauten in Polen gehört die 1222 begonnene Kirche in Kołobrzeg-Buzdistowo, der Keimzelle von Kolberg. In den folgenden Jahrzehnten entstanden im Ostseeraum dann zahlreiche mächtige Hallenkirchen, u. a. in den Orten Elbląg, Frombork, Stargard Szczeciński, Słupsk und in Szczecin. In Gdańsk begann man Ende des 14. Jahrhunderts nach Entwürfen von **Heinrich Ungeradin** mit dem Bau der Marienkirche, der größten mittelalterlichen Backsteinkirche Europas.

i Baumeister der Gotik

- Verbunden mit dem Stil der norddeutschen Backsteingotik ist vor allem der Name Heinrich Brunsberg. Der um 1350 geborene Stettiner Baumeister wirkte unter anderem am Bau der Pfarrkirche St. Marien in Stargard Szczeciński, der Marienkirche in Chojna sowie der Jakobikirche und des Alten Rathauses in Szczecin mit. Kennzeichnend für ihn sind bunt glasierte Terrakotta-Dekorationen.

Burgen

Im Nordosten Polens sicherten die Deutschordensritter ihr neu gewonnenes Herrschaftsgebiet mit mächtigen Burgen. Ihr Hauptsitz, die um 1280 begonnene Marienburg (► S. 222), wurde zur größten Backsteinfestung Europas ausgebaut. Auch die Ordensburgen in Bytów, Kętrzyń, Nidzica, Ostróda und Ryn zeugen von der einstigen Macht der Ordensritter. Die Ermländischen Fürstbischöfe, die weitgehend autonom regierten, ließen kaum minder eindrucksvolle Burgen in Frombork, Lidzbark Warmiński und Reszel bauen.

← *Im Sommer wird die Frauengasse in Danzig zur malerischen Freilichtbühne für Musiker.*

Renaissance

Zu den wichtigsten Renaissance-Bauwerken im Norden Polens zählt das Schloss der Pommerschen Herzöge in Stettin. Im Nordosten des Landes sind in dieser Zeit einige beachtenswerte Sakralbauten entstanden, darunter die orthodoxe Maria-Verkündigungskirche in Supraśl, die bereits seit 1985 wiederaufgebaut wird, sowie die Pfarrkirche in Białystok.
Für Danzig waren das 16. und 17. Jh. das Goldene Zeitalter, in dem viele der schönsten Bauwerke der Stadt entstanden sind. Eine besondere Bedeutung erlangten dort niederländische Baumeister wie **Anthony van Obbergen** sowie die Mitglieder der **Familie van den Blocke**. Ihre Arbeiten im manieristischen Stil markieren bereits den Übergang von der Renaissance zum Barock. Anthony van Obbergen war u. a. für die Umgestaltung des Rechtstädtischen Rathauses und den Bau des Altstädtischen Rathauses verantwortlich, Abraham van den Blocke gestaltete die Fassade des Artushofes sowie das Goldene Haus am Langen Markt.

Barock

Als der Sachsenkönig August der Starke (1670 – 1733) in Polen regierte, wirkten dort auch sächsische Baumeister. Zu ihnen gehörten **Johann Heinrich Klemm** und **Johann Sigmund Deybel**. Sie leiteten in Białystok den barocken Umbau des **Branicki-Palastes**, der auch als »polnisches Versailles« bekannt ist. Ein schönes Ensemble barocker Bauten findet sich im Zentrum der ehemaligen Residenzstadt Tykocin. Im überwiegend protestantisch geprägten Norden spielte die barocke Umgestaltung von Kirchen keine so große Rolle wie in den anderen Teilen Polens. Jedoch stammen zwei der bemerkenswertesten Sakralbauten der Region aus dieser Epoche: das Kloster von Święta Lipka (Heiligelinde) und das Kamaldulenserkloster am Wigry-See.
Bedeutendster Barockbau in Danzig ist die von **Tylman van Gameren** (1632 – 1706) gebaute Königliche Kapelle. Für ihre Ausstattung war der Danziger Baumeister **Andreas Schlüter** (um 1660 – 1714) verantwortlich, der u. a. den Umbau des Berliner Stadtschlosses leitete.

? WUSSTEN SIE SCHON ...?

- ... dass bereits dreizehn Orte Polens auf der Unesco-Liste des Weltkultur- und Naturerbes stehen, darunter die Altstadt von Warschau, die Deutschordensburg von Malbork und der Urwald von Białowieża?

Klassizismus

Der große preußische Baumeister **Karl Friedrich Schinkel** (1781 bis 1841) hinterließ auch in Pommern und Masuren einige Spuren. Nach seinen Entwürfen wurde das Altstädtische Rathaus in Kołobrzeg im neogotischen Stil umgebaut. Auch für den klassizistischen

Branicki-Palast in Białystok: Sächsische Baumeister entwarfen das »Versailles Podlachiens«.

Umbau der St.-Antonskirche in Braniewo sowie für den Bau von Kirchen in Czaplinek, Dobre Miasto, Giżycko, Mikołajki und Lidzbark Warmiński zeichnete er verantwortlich. **Friedrich August Stüler** (1800 – 1865) errichtete das heute als Hotel genutzte Schloss in Rzucewo bei Puck im neogotischen Stil und entwarf auch die ehemalige evangelische Kirche in Biskupiec knapp 40 km nordöstlich von Olsztyn. Ganz im klassizistischen Stil entstand in der ersten Hälfte des 19. Jh.s das Zentrum von Suwałki. Klassizistische Bürgerhäuser prägen auch die Zentren von anderen Städten in Podlachien wie Augustów, Białystok oder Łomża.

Moderne

Zu den beeindruckendsten Bauten der Moderne im Norden Polens zählt die von dem polnischen Architekten **Oskar Sosnowski** (1880 bis 1939) entworfene St.-Rochus-Kirche im Zentrum von Białystok. Der expressionistische Sakralbau aus Stahlbeton sollte die wiedergewonnene staatliche Unabhängigkeit Polens symbolisieren. Als »Stadt der Moderne« entstand seit den 1920er-Jahren Gdynia. Junge Architekten in der Tradition des Bauhauses schufen zahlreiche funktiona-

Harmonisches Ensemble: die restaurierte Altstadt von Kołobrzeg

listische Wohn- und Bürohäuser, die mit ihren Geländern und Aufbauten sowie mit ihren Fenstern in Form von Bullaugen zum Teil an gestrandete Dampfer erinnern. Zwei Architekten, die später Weltruhm erlangten, schufen ihre Erstlingswerke in Pommern und im Ermland. **Walter Gropius** (1883 – 1969) entwarf zu Beginn des 20. Jh.s in und um Drawsko Pomorskie seine ersten Gebäude, die allerdings noch wenig von der späteren Bauhaus-Ästhetik verströmen. **Erich Mendelsohn** (1887 – 1953) baute als Student die Begräbniskapelle für den jüdischen Friedhof in seiner Heimatstadt Allenstein.

Nachkriegszeit

Während nach 1945 einerseits die Altstädte von Gdańsk und Warszawa in beeindruckender Weise rekonstruiert wurden, entschied man sich andernorts oft dafür, mit einfachen Zweckbauten Lücken zu schließen. Erst in den letzten Jahren wurde damit begonnen, die ehemaligen Zentren von Elbląg, Kołobrzeg und Szczecin wieder aufzubauen. Dabei orientierte man sich weitgehend an den alten Grundstücksgrößen, entschied sich bei den Gebäuden aber für einen mehr oder weniger gelungenen Mix aus Alt und Neu.

Kunstgeschichte

Kunstzentrum Warschau

Seit einigen Jahren entdeckt das westliche Ausland junge Kunst »made in Poland«. Vor allem Warschau hat sich zum Zentrum der »Jungen Wilden« entwickelt. In den maroden Gründerzeitbauten des östlichen Stadtviertels Praga fanden sie preiswerte Räume für ihre Ateliers und Galerien. Arbeiten von **Paweł Althammer** oder **Monika Sosnowska** werden heute auf renommierten Kunstausstellungen gezeigt und erzielen hohe Preise.

Danzig

Gemessen an Warschau spielt die Dreistadt eher eine Nebenrolle im Bereich der bildenden Künste. Zu den bekanntesten Zentren der jungen Künstler gehört das Danziger Werftgelände. Dort werden seit ein paar Jahren einige Räume als Ateliers, Probenräume oder für Performances genutzt. Dies alles geschieht mit Unterstützung der Investoren, die auf dem innerstädtischen Grundstück ein Business- und Kulturzentrum entwickeln möchten. Im Jahr 2004 zog in ein ehemaliges Schulgebäude auf der Werft die Galerie »Wyspa Institute of Art«, die dort zeitgenössische Kunst präsentiert.
Moderne Kunst ist auch im »Centrum Sztuki Współczesnej Łaźnia« und im »Baltischen Kulturzentrum« (»Galeria Nadbałtyckiego Centrum Kultury«) in Gdańsk zu sehen, ebenso in der »Staatlichen Kunstgalerie« (»Państwowa Galeria Sztuki«) in Sopot und in der »Galeria Debiut« in Gdynia. Dort stellen die Absolventen der Kunstakademie ihre Arbeiten aus.

Leon Tarasewicz

Einer der bekanntesten zeitgenössischen Künstler Polens zieht die Abgeschiedenheit Ostpolens der Großstadt vor. Der Maler und Kunstprofessor Leon Tarasewicz (geb. 1957), dessen Bilder auch in Museen der USA zu finden sind, lässt sich im podlachischen Dorf Waliły von der Natur inspirieren. Sie liefert ihm den Stoff für seine abstrakten Gemälde und Installationen, die in ihrer Farbigkeit auch durch die Ikonenmalerei seiner Heimat beeinflusst sind.

Leon Tarasewicz, umgeben von den bunten »Rohstoffen« seiner Werke

Musik

Jazz

Jazz hat in Polen eine lange Tradition. Nach dem Zweiten Weltkrieg zunächst in den Untergrund verbannt, wurde er mit der Periode des politischen Tauwetters Mitte der 1950er-Jahre zu einer der populärsten Musikrichtungen des Landes.
Neben Warschau entwickelte sich die Dreistadt zu einem Zentrum der Jazzmusik. Beim Jazzfestival in Sopot 1956 feierte **Krzysztof Komeda** (1931 – 1969) seinen ersten Erfolg und avancierte in wenigen Jahren zu einem der berühmtesten europäischen Jazzkomponisten. Er lieferte auch die Musik zu 65 Filmen, darunter Klassiker wie »Tanz der Vampire« und »Rosemary's Baby« seines Landsmanns Roman Polański. Die legendären Jazzfestivals in Sopot sind Geschichte, dafür haben sich die »Gdynia Summer Jazz Days« zu einem der wichtigsten Festivals für zeitgenössischen Jazz entwickelt. An Krzysztof Komeda wird seit 1995 mit einem jährlichen Festival in Słupsk erinnert. Ein neues Kapitel begann 1988 in Gdańsk. Der Gitarrist **Ryszard Tymon Tymański** kreierte mit seiner Band **Miłość** den »Yass«, ein Konglomerat aus Freejazz, Punk und Rockmusik, mit dem er sich bewusst vom klassischen polnischen Jazz absetzte. Der Band Miłość schloss sich 1991 ein junger Pianist an, der wenig

Berühmt als Komponist von Filmmusik: der Jazzpianist Krzysztof Komeda

Die Danziger Philharmonie spielt in einem ehemaligen Heizkraftwerk.

später zu den gefeiertsten Musikern seines Landes zählte: **Leszek Możdżer**, 1971 in Gdańsk geboren, sammelte in wenigen Jahren die begehrtesten Musikpreise seines Landes, spielte mit internationalen Stars wie Pat Metheny und wirkte bislang an mehr als 40 Alben mit.

Klassische Musik

Erst seit Anfang 2006 verfügt die Danziger Philharmonie über eine eigene Spielstätte: Ein ehemaliges Heizkraftwerk auf der Bleihofinsel gegenüber der Rechtstadt bildet den originellen Rahmen für den rund 1000 Zuschauer fassenden Konzertsaal, der sich durch eine sehr gute Akustik auszeichnet. Unter dem großen Sonnensegel vor dem Backsteinbau finden im Sommer zahlreiche Freiluftkonzerte statt.
Über philharmonische Orchester verfügen auch die anderen Wojewodschafts-Hauptstädte Białystok, Olsztyn und Szczecin, außerdem Koszalin und Słupsk. Etwas kleiner ist dagegen die Auswahl an Opernhäusern: Die Oper von Szczecin hat ihren Sitz im Schloss der Pommerschen Herzöge. Die »Baltische Oper« in Gdańsk knüpft an eine mehr als 300-jährige Operntradition in der Hansestadt an; sie ist auch eine gute Adresse für klassisches und modernes Ballett.
Zu den wichtigen Musikensembles im Norden gehört die vor rund 20 Jahren in Danzig gegründete **Capella Gedanensis**, die sich der Interpretation alter Musik verschrieben hat. Die beste Adresse für leichtere Musik ist das Musicaltheater von Gdynia, das mehr als 2000 Zuschauer fasst. Einige der weltweit beliebtesten Musicals wie »Hair« oder »Cats« standen dort auf dem Spielplan.

Literatur

Deutschsprachige Literatur

19. Jh. Einige bedeutende deutschsprachige Schriftsteller sind eng mit Pommern und Masuren verbunden. **Theodor Fontane** (1819 – 1898), der einige Jahre in Swinemünde lebte, beschreibt in seiner Autobiografie »Meine Kinderjahre« jene Zeit in dem Badeort, als sein Vater dort eine Apotheke führte

Arno Holz (1863 – 1929), einer der wichtigsten Dramatiker des Naturalismus, verbrachte seine ersten zwölf Lebensjahre in Kętrzyn (Rastenburg), bevor die Familie nach Berlin zog. In seinem 1898 erschienenen Hauptwerk »Phantasus« schildert er auch Episoden seiner Kindheit in Masuren.

20./21. Jh. Für **Ernst Wiechert** (1887 – 1950), der im einsam gelegenen Forsthaus von Piersławek (Kleinort; ► S. 244) aufwuchs, blieben Natur und Landschaft Masurens zeitlebens von Bedeutung und flossen in seine Werke ein. Zu seinen wichtigsten Büchern jedoch zählt der Erinnerungsband »Der Totenwald« über seine Gefangenschaft im Konzentrationslager Buchenwald. **Siegfried Lenz**, neben **Günter Grass** (► Berühmte Persönlichkeiten) einer der bekanntesten deutschen Schriftsteller, wurde 1926 in Ełk (Lyck) geboren. Seinen künstlerischen Durchbruch erreichte er mit dem 1955 erschienenen Erzählband »So zärtlich war Suleyken«, in dem er liebevoll das Leben in dem masurischen Dorf schilderte und damit den Menschen dieser Region ein literarisches Denkmal setzte.

Wiechert-Haus in Piersławek

Arno Surminski, 1934 im nördlich von Rastenburg gelegenen Jäglack geboren, war gerade zehn Jahre alt, als seine Eltern von der Roten Armee deportiert wurden. Er selbst wuchs in Schleswig-Holstein auf, lebte zeitweilig als Holzfäller in Kanada, kehrt aber später in seinen literarischen Werken immer wieder in seine alte Heimat zurück. Ostpreußen und das Schicksal der Vertreibung sind die bestimmenden Themen seiner Romane, von denen einige auch verfilmt wurden.

Auch **Artur Becker** kehrt in seiner Literatur nach Masuren zurück. 1968 als Sohn deutsch-polnischer Eltern in Bartoszyce geboren, lebt

Artur Becker, umrahmt von seinem Werk, auf der Frankfurter Buchmesse

er seit 1985 in Deutschland. In seinem Roman »Onkel Jimmy, die Indianer und ich« (2001) schildert er die aberwitzigen Erlebnisse eines masurischen Auswanderers, der in Amerika das große Geld machen will, aber mit leeren Taschen wieder nach Hause kommt.

Polnischsprachige Literatur

Der ermländische Fürstbischof **Ignacy Krasicki** (1735 – 1801) gilt als **18. Jh.** bedeutendster Vertreter der Literatur der Aufklärung, u. a. gab er 1781 die erste zweibändige polnische Enzyklopädie heraus.

Im Geburtshaus von **Maria Konopnicka** (1842 – 1910) in Suwałki er- **19. Jh.** innert ein kleines Museum an die Kinderbuchautorin und Lyrikerin. Sehr bekannt wurde Maria Konopnicka durch ihr antideutsches Lied »Rota«, das zeitweilig als inoffizielle Nationalhymne Polens bezeichnet wurde.

Der kaschubische Autor **Aleksander Majkowski** (1876 – 1938) ging **20. / 21. Jh.** nach den Medizinstudium in Berlin und München zurück in seinen Geburtsort Kościerzyna, arbeitete dort als Arzt, engagierte sich in der »Jungkaschubischen Bewegung«, die das Kaschubentum erhalten wollte, und gab die Zeitschrift »Gryf« (»Greif«) heraus. In den 1920er-Jahren entstand sein Hauptwerk »Das abenteuerliche Leben des Remus« in kaschubischer Sprache.
Zu den wichtigsten Gegenwartsautoren Polens gehören die in Danzig lebenden Schriftsteller **Stefan Chwin** (geb. 1949) und **Paweł Huelle** (geb. 1957). Wie der ebenfalls in Danzig geborene Literaturnobelpreisträger **Günter Grass** (geb. 1927) betreiben sie in ihren Werken Spurensuche in der wechselvollen Geschichte der Stadt (►S. 58).
In dem unweit von Gdańsk gelegenen Städtchen Wejherowo wuchs eine international erfolgreiche junge Autorin auf: **Dorota Masłowska**. 1983 geboren, veröffentlichte sie bereits mit 18 Jahren ihren ersten Roman, der das Leben von Jugendlichen im postkommunistischen Polen erzählt und im Jahr 2004 unter dem Titel »Schneeweiß und Russenrot« auch in Deutschland verlegt wurde.

Einer der gefeiertsten Schriftsteller Polens ist der frühere Journalist und Pressesprecher der Solidarność, Pawel Huelle.

LITERATURSTADT DANZIG

Danzig brachte immer wieder bedeutende Literaten hervor. Die wechselhafte Geschichte der Stadt lieferte ihnen viel Stoff für Romane und Erzählungen.

Hans Castorp, der Held von Thomas Manns »Zauberberg«, aß sehr gerne Kartoffelsuppe mit Lachs. Diese Information verdanken wir **Paweł Huelle**. Der in Gdańsk geborene Schriftsteller nimmt einen Hinweis aus dem »Zauberberg« auf, wonach Castorp einige Semester in Danzig studierte, und liefert die Geschichte dazu. Sein Roman »Castorp«, 2005 auf Deutsch erschienen, führt in das Danzig und Zoppot des frühen 20. Jahrhunderts.

Leicht und unterhaltsam, gewürzt mit einer Prise Melancholie, schildert Huelle die Gefühlsverwirrungen des jungen Castorp, der in Zoppot seine erste unglückliche Liebe erfährt. Gleichzeitig zeichnet er ein Bild der Dreistadt, in der das Leben zwischen Deutschen und Polen nicht immer ohne Spannungen abläuft.

Der 1957 geborene Paweł Huelle, ehemals Journalist und bis zu ihrem Verbot 1981 Pressesprecher der Gewerkschaft Solidarność, gehört heute zu den renommiertesten Schriftstellern Polens. Sein 1987 erschienener erster Roman »Weiser Dawidek« wurde von der polnischen Kritik gefeiert, in mehrere Sprachen übersetzt und später verfilmt. Schauplatz ist ebenfalls Gdańsk: Es geht um die Suche nach einem jüdischen Jungen, der auf geheimnisvolle Weise verschwunden ist. Huelle führt seine Leser zurück in die Zeit zwischen Kriegsende und Solidarność.

Wie für Huelle bildet auch für den 1949 geborenen **Stefan Chwin** die Stadt Gdańsk und ihre wechselvolle Geschichte den Rahmen seiner Romane. In seinem wichtigsten Werk »Hanemann«, das im Jahr 1995 erschien, bricht er ein Tabu in Polen und setzt sich mit dem Thema der Vertreibung der Deutschen literarisch auseinander.

Der Roman, der 1997 unter dem Titel »Tod in Danzig« auf Deutsch erschien, führt zurück ins Jahr 1945.

20. Juni 2000: Ein gut gelaunter Günter Grass vor seinem einstigen Elternhaus in Gdańsk winkt der ihm zu Ehren veranstalteten »Blechtrommelparade« zu.

Während die Deutschen die Stadt verlassen, ziehen aus dem Osten vertriebene Polen in ihre Wohnungen ein. In einem Haus in der ul. Grottgera, der früheren Lessingstraße, verflechten sich die Geschichten der alten und neuen Bewohner.

Ein Literatur-Nobelpreisträger aus Danzig

Als Chronisten der deutsch-polnischen Geschichte werden Huelle und Chwin gerne mit **Günter Grass** verglichen. Der in Danzig geborene Literatur-Nobelpreisträger kehrte mit seiner Trilogie »Blechtrommel«, »Katz und Maus« sowie »Hundejahre« zurück in die Stadt seiner Jugend. Die **»Blechtrommel«** spielt zu großen Teilen in Langfuhr, dem heutigen Stadtteil Wrzeszcz, wo Grass aufwuchs und zur Schule ging.

Mit der 1992 erschienenen Erzählung »Unkenrufe« nimmt sich Grass des Gdańsk der Nach-Wendezeit an. Ebenso satirisch wie melancholisch erzählt er die Geschichte einer deutsch-polnischen Beziehung und des von den Protagonisten gegründeten Joint Ventures zur Bestattung einst vertriebener Danziger in ihrer Heimat. Das Drehbuch für die Verfilmung hat Paweł Huelle geschrieben. In seiner Heimatstadt wird Grass hoch verehrt. Weil er ein Denkmal für seine Person kategorisch ablehnte, ließ man ein Abbild von Oskar Matzerath, dem kleinen Blechtrommler, in Wrzeszcz aufstellen und markierte dort Handlungsorte der Danziger Trilogie mit Infotafeln. Das späte öffentliche Eingeständnis von Grass, in jungen Jahren Mitglied der Waffen-SS gewesen zu sein, führte in Gdańsk zu heftigen politischen Diskussionen, ob ihm die Ehrenbürgerschaft aberkannt werden sollte. Rechtsnationale Kräfte versuchten allerdings vergeblich, mit diesem Thema im lokalen Wahlkampf zu punkten.

Berühmte Persönlichkeiten

Nicht nur die alte Hansestadt Danzig brachte zu allen Zeiten berühmte Gelehrte, Künstler und Staatsmänner hervor. Auch andere Teile Pommerns, Masurens und Podlachiens sind mit bekannten Namen verbunden.

Günter Grass (geb. 1927)

Schriftsteller

Er bezeichnet sich selbst gern als Kaschube, aber nur seine Mutter gehörte dieser Volksgruppe an. Seine Eltern betrieben ein kleines Lebensmittelgeschäft im Danziger Stadtteil Langfuhr. Dort wurde Günter Grass am 16. Oktober 1927 geboren. In seiner »Danziger Trilogie« kehrte er später an die Orte seiner Kindheit und Jugend zurück. Nach dem Zweiten Weltkrieg studierte Grass in Düsseldorf und Berlin Malerei und Grafik. Mitte der 1950er-Jahre begann er mit dem Schreiben und erreichte mit dem 1959 erschienenen Roman »Die Blechtrommel« auch international einen riesigen Erfolg.
Der Schriftsteller, der heute in der Nähe von Lübeck lebt, ist seit 1993 Ehrenbürger der Stadt Gdańsk; an seinem Geburtshaus in der ul. Lelewela 13 erinnert eine Plakette an ihn. Nach zahlreichen internationalen Auszeichnungen erhielt Grass 1999 den Nobelpreis für Literatur. In »munterschwarzen Fabeln«, so die Begründung der Jury, habe er »das vergessene Gesicht der Geschichte gezeichnet«.

Johann Gottfried Herder (1744 – 1803)

Philosoph

Der Schriftsteller und einflussreiche Philosoph der Weimarer Klassik wurde am 25. August 1744 in dem kleinen Städtchen Mohrungen geboren. Sein Vater war dort Kantor und Lehrer. Mit 18 Jahren ging Herder nach Königsberg, wo er zunächst Medizin, dann Theologie studierte und Vorlesungen von Immanuel Kant besuchte. Auf Vermittlung Goethes wurde er 1776 als Generalsuperintendent nach Weimar berufen, wo er bis zu seinem Tod am 18. Dezember 1803 wirkte. Seine Heimat und seine Eltern sah er nach seiner Abreise aus Mohrungen nie wieder. Die Stadt **Morąg** ehrt Herder heute mit einem eigenen Museum.

Katharina II. (1729 – 1796)

Russische Zarin

Als Prinzessin Sophie Auguste Friederike von Anhalt-Zerbst-Dornburg wurde die Zarin Katharina die Große am 2. Mai 1729 in Stettin geboren. 1745 heiratete sie in St. Petersburg den russischen Thronfolger Großfürst Peter Fjodorowitsch, den späteren Zaren Peter III.; zuvor war sie vom evangelischen zum orthodoxen Glauben konvertiert und hatte den Namen Jekaterina Alexejewna angenommen. Weil Peter III. nach seiner Amtsübernahme im Dezember 1761 ungeschickt agierte und sich viele Feindschaften zuzog, plante Katharina einen Staatsstreich. Am 9. Juli 1762 ließ sie sich zur Zarin ausrufen; Peter III. wurde für abgesetzt erklärt und einige Tage später ermordet. Als Katharina II. regierte die Stettiner Prinzessin bis zu ihrem Tod am 17. November 1796 insgesamt 34 Jahre lang Russland und baute dessen Macht aus.

← Immer mit Blick zum Himmel: Kopernikus in Olszytn

Klaus Kinski (1926 – 1991)

Schauspieler Am 18. Oktober 1926 wurde Nikolaus Günther Nakszyński als Sohn eines Apothekers in Zoppot (Sopot) geboren. Unter seinem Künstlernamen Klaus Kinski wurde er weltberühmt. Mit den Eltern und seinen drei Geschwistern zog er 1930 nach Berlin. 1943 wurde er zur Wehrmacht eingezogen und geriet in Kriegsgefangenschaft. In einem britischen Gefangenenlager absolvierte er seine ersten Theaterauftritte. In den 1960er-Jahren machten ihn seine Rollen in Edgar-Wallace-Filmen einem breiten Publikum bekannt. In den folgenden Jahrzehnten wirkte der überaus exzentrische Schauspieler in über hundert Filmen mit, u. a. in so erfolgreichen Produktionen wie »Doktor Schiwago«, »Aguirre, der Zorn Gottes« und »Fitzcarraldo«.

Nach dem Tod Kinskis am 23. November 1991 suchte der in Sopot lebende Schriftsteller Wojciech Kass nach Spuren des Schauspielers und stieß in der ul. Kościuszki 10 auf dessen Geburtshaus. 1994 wurde dort eine Gedenktafel enthüllt und wenig später die Bar und Galerie »Kinski« eingerichtet.

Klaus Kinski präsentiert sich auf einem Wandgemälde in »seiner« Bar.

Nikolaus Kopernikus (1473 – 1543)

Astronom

Geboren wurde der weltberühmte Astronom am 19. Februar 1473 in der Stadt Thorn (Toruń), die kurz zuvor unter polnische Herrschaft gekommen war. Nach Studien in Krakau, Bologna und Padua trat er in den Dienst seines Onkels, des ermländischen Fürstbischofs Lukas von Watzenrode, und wirkte auf den Bischofsburgen in Lidzbark Warmiński (Heilsberg), Olsztyn (Allenstein) und Frombork (Frauenburg). Schon 1509 entwickelte er die Theorie, dass die Erde um die Sonne kreise, aber erst kurz vor seinem Tod veröffentlichte er diese revolutionäre Ansicht in der Schrift »De Revolutionibus Orbium Coelestium« (»Von den Bewegungen der Himmelskörper«). Kopernikus starb am 24. Mai 1543 in Frauenburg und wurde dort im Dom beigesetzt.

Dorota Masłowska (geb. 1983)

Schriftstellerin

Bereits mit 18 Jahren landete sie einen internationalen Erfolg als Schriftstellerin. Dorota Masłowska, geboren am 3. Juli 1983 in Wejherowo (Neustadt), schrieb ihren ersten Roman während ihrer Vorbereitungen zum Abitur. In einer ungewöhnlichen Sprache, schnell, abgehackt und derb, schildert sie den Alltag von Jugendlichen im nachkommunistischen Polen zwischen Drogen und Perspektivlosigkeit. Ihr Buch wurde in mehrere Sprachen übersetzt und erschien in Deutschland unter dem Titel »Schneeweiß und Russenrot«. Inzwischen lebt Dorota Masłowska in Krakau. Unter dem Titel »Die Reiherkönigin« erschien 2007 auch ihr zweites Buch auf Deutsch.

Dariusz Michalczewski (geb. 1968)

Der Box-Champion wurde am 5. Mai 1968 in Danzig geboren und begann dort seine sportliche Laufbahn. 1988 setzte er sich bei einem Turnier in Karlsruhe ab und beantragte die deutsche Staatsbürgerschaft. 1991 wurde er Europameister im Halbschwergewicht, wechselte im gleichen Jahr ins Profilager und wurde 1994 Halbschwergewichts-Weltmeister. Diesen Titel verteidigte er danach in 24 Kämpfen. 2003 unterlag er in Hamburg knapp dem Mexikaner Julio Cesar Gonzales. Ein geplantes Comeback scheiterte 2005. Der »Tiger«, wie Michalczewski wegen seines aggressiven Kampfstils genannt wurde, blieb seiner Heimatstadt verbunden und betreibt dort in der ul. Rajska den »Tiger«-Pub. Sein Stern leuchtet auch in der Allee der Sportstars auf dem Olympiastützpunkt Cetniewo in Władysławowo.

Andrzej Wajda (geb. 1926)

Regisseur Polens bekanntester Regisseur wurde am 6. März 1926 in Suwałki geboren. Sein Vater, ein Offizier, wurde 1940 von sowjetischen Soldaten beim Massaker von Katyń ermordet. Nach dem Zweiten Weltkrieg studierte er zunächst Malerei, ging aber dann zur Staatlichen Filmschule in Łódź. Sein erster Film »Eine Generation«, 1954 gedreht, befasst sich mit dem polnischen Widerstand gegen die Nationalsozialisten. Es folgten international gefeierte Produktionen wie »Das gelobte Land« über den wirtschaftlichen Aufstieg der Stadt Łódź Ende des 19. Jh.s, »Der Mann aus Eisen« über den Kampf der Danziger Werftarbeiter und der Gewerkschaft »Solidarność« oder »Pan Tadeusz« nach dem Nationalepos von Adam Mickiewicz. Wajda, der heute in Krakau lebt, wurde für sein filmisches Lebenswerk u.a. mit einem Oscar und dem Goldenen Bären der Berlinale geehrt.

Andrzei Wajda freut sich 2006 in Berlin über den Ehrenbären.

Lech Wałęsa (geb. 1943)

Lech Wałęsa, am 29. September 1943 in Popowo bei Bydgoszcz geboren, wuchs in sehr bescheidenen Verhältnissen auf. Ab 1967 arbeitete er als Elektromonteur in einer Danziger Werft. Schon früh engagierte er sich für die Interessen der Arbeiter; als überzeugter Katholik kam er dabei in Konflikt mit der Kommunistischen Partei und den von ihr beherrschten staatlichen Organen. Die erste große Streikbewegung 1970 zeigte, dass die offiziellen Gewerkschaften weniger das Wohl der Arbeiterschaft als vielmehr die Interessen der Partei und des Staates vertraten. Wałęsa betrieb daher die Gründung der unabhängigen Gewerkschaft »Solidarność«. Nach der zweiten großen Streikbewegung von 1980, an deren Spitze Lech Wałęsa stand, wurde er zu ihrem Vorsitzenden gewählt. Im Jahr 1981 wurde die Gewerkschaft Solidarność verboten und Wałęsa von Dezember 1981 bis November 1982 inhaftiert. Sein politisches Engagement fand internationale Anerkennung: 1983 erhielt er den Friedensnobelpreis. Im Mai 1989 streikten die Danziger Werftarbeiter unter Führung Wałęsas für die Erhaltung ihrer angeblich unrentablen Betriebe und forderten die Wiederzulassung ihrer Gewerkschaft. Nach der »Wende« wurde Lech Wałęsa im Dezember 1990 zum Präsidenten der Republik gewählt, agierte aber eher unglücklich und scheiterte fünf Jahre später knapp bei der Wiederwahl. Bei seiner Präsidentschaftskandidatur im Jahr 2000 erhielt er nur noch ein Prozent der Stimmen. Seitdem ist es still geworden um Wałęsa, der mit seiner Familie noch immer im Danziger Stadtteil Oliwa wohnt.

Ludwik Zamenhof (1859 – 1917)

Erfinder des Esperanto

Der Augenarzt Ludwik Zamenhof wurde am 15. Dezember 1859 in Białystok geboren. Das Kind jüdischer Eltern wuchs in einer Stadt auf, die durch verschiedene Nationen, Kulturen und Religionen geprägt wurde. Sein russischer Vater lehrte Französisch und Deutsch. Auch Ludwik interessierte sich früh für Sprachen. Neben Polnisch, Russisch und Jiddisch lernte er Deutsch und Französisch, später Griechisch, Lateinisch, Englisch und Hebräisch. Sein Traum aber war eine universelle Sprache, in der sich alle Menschen verständigen könnten, und er veröffentlichte 1887 seine »Internationale Sprache«. Um seinen Ruf als Augenarzt nicht zu gefährden, wählte er als Autor das Pseudonym Dr. Esperanto, das sich bald als Name der Sprache einbürgerte. Esperanto fand in der ganzen Welt immer mehr Anhänger, doch Zamenhof musste erleben, wie sein Traum von der Völkerverständigung platzte. Als er am 14. April 1917 in Warschau starb, befand sich die Welt im Krieg. Heute gibt es weltweit etwa zwei Millionen Menschen, die sich mithilfe von Esperanto verständigen.

Praktische Informationen

WANN REIST MAN AM BESTEN IN DEN NORDEN POLENS? WO HAT ES DIE SCHÖNSTEN STRÄNDE? WELCHE SPORTLICHEN AKTIVITÄTEN BIETEN SICH AN? WIE KANN MAN SICH VERSTÄNDIGEN? WISSENSWERTES FÜR EINEN GELUNGENEN URLAUB.

Anreise · Reiseplanung

Mit dem Auto

Grenzübergänge

Seit dem EU-Beitritt Polens im Mai 2004 erfolgt die Ein- und Ausreise per Pkw sehr zügig. Zollkontrollen an der Grenze sind weitestgehend entfallen. Die wichtigen Übergänge sind rund um die Uhr geöffnet.

Für Pkw-Reisen in den Norden Polens bieten sich vor allem folgende Grenzübergänge an:

Pomellen – Kołbaskowo: an der Autobahn Berlin – Stettin. Bis Goleniów ist die Straße vierspurig ausgebaut, danach geht's zweispurig weiter auf der E 65 Richtung Świnoujście oder auf der E 28 Richtung Gdańsk und Masuren.

Kietz – Kostrzyn: etwa 60 km nordöstlich von Berlin. Von hier führt die gut ausgebaute Straße 22 Richtung Malbork und weiter nach Masuren.

Frankfurt/Oder – Świecko: an der Fernstrecke Berlin – Warschau. Auf polnischer Seite ist die – gebührenpflichtige – Autobahn A 2 zwischen Nowy Tomysł und Konin fertiggestellt; auf den übrigen Abschnitten bestehen vielfach Einschränkungen durch den Schwerlastverkehr. Ab Autobahnabfahrt Września geht's über Toruń nach Masuren oder via Warschau nach Podlachien.

Der Übergang Ahlbeck – Świnoujście ist **nur für Fußgänger und Radfahrer** eingerichtet. Im April 2007 öffnete bei Garz ein zweiter Grenzübergang auf Usedom seine Schranken, der zunächst nur von Fußgängern, Radfahrern und Reisebussen genutzt werden kann.

Mit dem Bus

Regelmäßige Busverbindungen

Die Deutsche Touring GmbH, die Berlin Linien Bus GmbH sowie einige weitere Veranstalter bieten regelmäßige Busverbindungen zwischen Deutschland und Polen an. Infos über verschiedene Busverbindungen nach Polen gibt es auch auf der Internetseite des Polnischen Fremdenverkehrsamtes (www.polen-info.de).

Mit der Bahn

Tägliche Verbindungen

In die Hafenstadt Szczecin fährt täglich ein EC von Amsterdam über Hannover und Berlin. Gdańsk ist täglich mit dem Nachtzug ab Berlin-Lichtenberg zu erreichen.

Die übrigen Verbindungen führen über Warszawa. Dreimal täglich verbindet der Berlin-Warszawa-Express in rund sechs Stunden Fahrtzeit die beiden Hauptstädte. Außerdem gibt es Nachtzüge von Berlin-Lichtenberg sowie von Brüssel über Köln und Hannover nach Warszawa. Dort hat man Anschluss Richtung Masuren, Podlachien oder nach Danzig.

Kleiner Grenzverkehr zwischen Ahlbeck und Świnoujście

Zwischen Berlin und Szczecin verkehrt mehrmals am Tag ein Regionalexpress, in dem auch Fahrräder mitgenommen werden können. Im Sommer bietet die Bahn von Berlin aus an Wochenenden auch durchgehende Verbindungen in den Badeort Świnoujście an.

Günstig reisen

Für Reisen nach und in Polen bietet die Bahn verschiedene Vergünstigungen. Mit dem Angebot **»Plan & Spar Europa«** der Deutschen Bahn sparen Reisende 25 Prozent des Fahrpreises. Die **Railplus**-Option auf der Bahncard beschert 25 Prozent Ermäßigung auf den Strecken der polnischen PKP. Für Reisen in Polen bietet die Deutsche Bahn ihren **»Euro-Domino-Tarif«**, mit dem man an drei frei wählbaren Tagen innerhalb eines Monats durch das Land reisen kann.

Mit dem Flugzeug

Flughäfen in Nordpolen

Wichtigster Flughafen für den Norden Polens ist Gdańsk. Von 2003 bis 2005 haben sich hier dank der Billigflieger die Passagierzahlen auf fast 700 000 verdoppelt. Größter Anbieter ist die ungarische Billigfluglinie Wizzair, die regelmäßig nach Dortmund, Köln-Bonn und Lübeck fliegt. Konkurrent Ryanair bedient die Strecke nach Frankfurt-Hahn. Nach Frankfurt am Main und Hamburg fliegt die staatliche polnische Fluglinie LOT, nach München die Lufthansa.
Auf dem internationalen Flughafen Szczecin-Goleniów landen derzeit nur Maschinen aus London und Warschau. Masuren ist derzeit

INFORMATIONEN ANREISE

BAHN

▸ **Reiseservice der Deutschen Bahn**
Tel. 118 61, www.bahn.de

BUS

▸ **Berlin Linien Bus GmbH**
Mannheimer Str. 33
D-10713 Berlin
Tel. 030 / 861 93 31
www.berlinlinienbus.de

▸ **Deutsche Touring GmbH**
Am Römerhof 17
D-60486 Frankfurt/M.
Tel. 069 / 790 32 88
www.deutsche-touring.de

FÄHRE

▸ **Insel- und Halligreederei**
Laden 4
D-17424 Seebad Heringsdorf
Tel. 03 83 78 / 477 90
www.adler-schiffe.de

FAHRRAD

▸ **Radfahrer-Hotline der Deutschen Bahn**
Tel. 018 05 / 15 14 15
Mo. – Fr. 8.00 – 18.00,
Sa. bis 12.00 Uhr
Auskünfte zu Reiseverbindungen, Fahrradmitnahme und Fahrrad-Touren

FLUGZEUG

▸ **Germanwings**
Tel. 09 00 / 191 91 00
(0,99 € pro Minute)
www.germanwings.com

▸ **LOT**
Service-Tel.:
018 03 / 00 03 36
www.lot.com

▸ **Lufthansa**
Tel. 018 05 / 838 42 67
www.lufthansa.com

▸ **Ryanair**
Buchungszentrale:
Tel. 09 00 / 116 05 00
(0,62 € pro Minute)
www.ryanair.com

▸ **Wizz Air**
www.wizzair.com

kein Ziel für Flugreisende. Es gibt zwar seit Jahren Pläne, den ehemaligen Militärflughafen bei Szczytno zu nutzen, doch bislang noch ohne Erfolg.

Zwischenstopp Warschau ▸ Für viele Reisende nach Pommern, Masuren oder Podlachien führt der Weg über Warszawa; von dort geht's dann weiter per Bahn, Bus oder Mietwagen. Auf dem Warschauer Flughafen landen Maschinen der LOT aus Berlin, Düsseldorf, Frankfurt am Main, Hamburg, München, Wien und Zürich.

Ferner gibt es Verbindungen mit der Billigfluglinie Germanwings ab Köln und Stuttgart sowie mit Wizzair ab Dortmund und Frankfurt-Hahn.

Mit dem Schiff

Zwischen den deutschen Seebädern auf der Insel Usedom und den polnischen Seebädern Świnoujście und Międzyzdroje verkehren regelmäßig Fährschiffe der Insel- und Halligreederei.

Regelmäßiger Fährverkehr

Mit dem Fahrrad

Fahrräder dürfen zollfrei nach Polen eingeführt werden. Für die Mitnahme in grenzüberschreitenden Zügen ist eine **internationale Fahrradkarte** erforderlich, die am Schalter des Abfahrtsbahnhofs erhältlich ist. Fahrräder können nicht in IC-, EC- oder Expresszügen mitgeführt werden. Innerhalb Polens ist die Fahrradmitnahme nur in Zügen mit Gepäckwagen möglich.

Fahrradtransport mit der Bahn

Reisedokumente

Besucher aus EU-Ländern benötigen für die Einreise einen gültigen Personalausweis. Kinder unter 16 Jahren brauchen einen eigenen Ausweis, sofern sie nicht im Reisepass der Eltern eingetragen sind.

Personalpapiere

Nationaler Führerschein und Fahrzeugschein sind mizuführen; eine Grüne Versicherungskarte ist nicht mehr nötig.

Fahrzeugpapiere

Mitgeführte Tiere benötigen einen vom Tierarzt ausgestellten sog. »Heimtierausweis«. Das Tier muss mindestens 30 Tage und maximal 12 Monate vor der Einreise gegen Tollwut geimpft worden sein. Außerdem musst zwecks korrekter Identifizierung eine Kennzeichnungsnummer eintätowiert sein.

Haustiere

Ein- und Ausreisebestimmungen

Die Staaten der Europäischen Union (EU), darunter Deutschland, Österreich und seit 2004 auch Polen, bilden den EU-Binnenmarkt, in dem der private Warenverkehr weitgehend zollfrei ist und lediglich obere Richtmengen gelten (z. B. für Reisende über 17 Jahren 10 l Spirituosen und 90 l Wein).
Aufgrund der in Polen niedrigeren Steuersätze für Tabakwaren gibt es jedoch für die zollfreie Einfuhr aus Polen bis 2008 eine Höchstgrenze von 200 Zigaretten pro Person.
Kunstwerke, Antiquitäten und Bücher, die vor dem 9. Mai 1945 hergestellt wurden, dürfen nur exportiert werden, wenn eine Genehmigung des Denkmalkonservators der jeweiligen Wojewodschaft bzw. der Nationalbibliothek in Warszawa vorliegt.

EU-Staaten

◄ Ausfuhr von Antiquitäten

Zollfrei bei der Wiedereinreise in die Schweiz sind für Personen ab 17 Jahre 200 Zigaretten, 1 l Spirituosen und 2 l Wein sowie weitere Reisemitbringsel im Wert von bis zu 300 sfr.

Wiedereinreise in die Schweiz

Auskunft

WICHTIGE ADRESSEN

TOURIST INFORMATION

▶ **Polnisches Fremdenverkehrsamt**
Kurfürstendamm 71
D-10709 Berlin
Tel. 030 / 210 09 20
www.polen-info.de

Mariahilfer Str. 32
A-1070 Wien
Tel. 01 / 524 71 91
www.poleninfo.at

DIPLOMATISCHE VERTRETUNGEN

▶ **Polnische Botschaft in Deutschland**
Lassenstr. 19
D-14193 Berlin
Tel. 030 / 22 31 30
www.berlin.polemb.net

▶ **Polnische Botschaft in Österreich**
Hietzinger Hauptstr. 42 c
A-1130 Wien
Tel. 01 / 87 01 51 00
www.wien.polemb.net

▶ **Polnische Botschaft in der Schweiz**
Elfenstr. 20 a
CH-3000 Bern 15
Tel. 031 / 358 02 02
www.berno.polemb.net

▶ **Deutsche Botschaft**
ul. Dąbrowiecka 30
PL 03-932 Warszawa
Tel. 022 / 584 17 00
www.ambasadaniemiec.pl

▶ **Deutsches Generalkonsulat**
al. Zwycięstwa 23
PL 80-219 Gdańsk
Tel. 058 / 340 65 40
www.danzig.diplo.de

▶ **Österreichische Botschaft**
ul. Gagarina 34
PL 00-748 Warszawa
Tel. 022 / 841 00 81
www.bmeia.gv.at

▶ **Schweizer Botschaft**
al. Ujazdowskie 27
PL 00-540 Warszawa
Tel. 022 / 628 04 81
www.eda.admin.ch

INTERNET

▶ **www.culture.pl**
Englischsprachige Informationen über die Kulturszene in Polen.

▶ **www.info-polen.com**
Wissenswertes zu Geschichte und Kultur Polens, dazu ausgewählte touristische Adressen

▶ **www.polen-info.de**
www.poleninfo.at
Übersichtliche Website des Polnischen Fremdenverkehrsamts mit grundlegenden Informationen, nützlichen Adressen für die Reiseplanung und vielen Tipps für sportlich interessierte Urlauber.

▶ **www.welcome2masuria.com**
www.masuren-privat.de
Empfehlenswerte deutsche Internetseiten für Masuren

Mit Behinderung unterwegs

Neue Hotels verfügen oft über behindertengerecht ausgestattete Zimmer. Reisen mit öffentlichen Verkehrsmitteln ist jedoch noch immer recht problematisch. Informationen über behindertengerechte Reisen in Polen gibt es u. a. beim Behindertenverband **Integracja**.

BEHINDERTENORGANISATIONEN

- **BSK-Reisedienst**
  Altkrautheimer Str. 20
  D-74238 Krautheim
  Tel. 062 94 / 428 10
  www.bsk-ev.org

- **Bundesarbeitsgemeinschaft der Clubs Behinderter und ihrer Freunde**
  Langenmarckweg 21
  D-51465 Bergisch Gladbach
  Tel. 022 02 / 989 98 11
  www.bagcbf.de

- **Verband aller Körperbehinderten Österreichs**
  Schottenfeldgasse 29
  A-1070 Wien
  Tel. 01 / 914 55 62
  info@vakoe.at

- **Integracja**
  ul. Dzielna 1
  PL-00-162 Warszawa
  Tel. 022 / 635 13 30
  www.integracja.org

! Baedeker TIPP

Kurlaub

Der BSK-Reisedienst bietet individuelle Kuraufenthalte im Ostseebad Ustronie Morskie im Kurhaus und Rehabilitationszentrum Leśna Polana (200 m vom Meer). Zimmer und Sanitärräume sind rollstuhlgerecht ausgestattet, das Personal spricht deutsch.

Elektrizität

Die Netzspannung beträgt 230 Volt mit 50 Hz. I.d.R. sind Europa-Norm-Stecker verwendbar, für Schuko-Stecker ist ein Adapter nötig.

Essen und Trinken

Die traditionelle polnische Küche gilt mit ihren russischen, litauischen, tatarischen und deutschen Einflüssen als eher deftig und bodenständig, doch zunehmend folgt man auch hier dem internationalen Trend zu leichteren Speisen. Während in Warschau und anderen großen Städten des Landes immer neue Spezialitätenrestaurants mit mediterranen oder fernöstlichen Gaumenfreuden locken, bleibt in kleineren Orten in der Regel nur die Wahl zwischen regionaler Küche, Big Mac oder Pizza. Und wer in den Ferienorten an der Ostsee oder an den masurischen Seen frische Fischspezialitäten erwartet, wird oft enttäuscht. In der Ferienzeit schießen dort Imbissbuden wie Pilze aus dem Boden, in denen »Ryby smażone«, frittierter Tiefkühlfisch, angeboten wird, meist für wenige Złoty auf Papptellern mit Plastikbesteck serviert. Doch die polnischen Urlauber stehen dafür Schlange; ähnlich großen Andrang verzeichnen nur die Verkäufer von Softeis (lody) und Waffeln (gofry).

Speisen

Suppen und Eintöpfe

Das polnische **Nationalgericht** ist »bigos«, ein Eintopf aus Sauerkraut mit Würstchen, Speck, Fleisch und Pilzen. Ähnlich häufig wird »żurek« angeboten, eine saure Suppe, die aus speziell fermentiertem Mehl hergestellt und mit Fleisch, Wurst, Gemüse oder Pilzen angereichert wird. Gelegentlich wird sie im Brotteig serviert. Sehr beliebt ist auch die »barszcz« genannte Rote-Bete-Suppe.

Aufgepepptes Nationalgericht: Bigos-Sandwich

Hauptgerichte

Im Fleischverzehr pro Kopf der Bevölkerung belegt Polen einen Spitzenplatz. Besonders Schweinefleisch wird gern gegessen, ob als »kotlet schabowy« (Schweinekotelett), »sznycel« (Schnitzel) oder »golonka« (Eisbein). Daneben sind auch Rindfleisch (wołowyna), Huhn (kurczak) und Pute (indyk) häufig auf den Speisekarten vertreten. Als Beilagen serviert man »ziemniaki« (Kartoffeln), häufig in Form von »frytki« (Pommes frites), sowie Gemüse oder Salat.
Sehr beliebt sind als Vor-, Haupt- oder Nachspeise »pierogi« (Piroggen), die es mit den verschiedensten Füllungen gibt, z. B. mit Käse, Fleisch, Sauerkraut und Pilzen oder mit Früchten. Ähnlich beliebt und vielfältig sind »naleśniki« (Pfannkuchen).

i Baumkuchen

- Eine in der Gegend um Suwałki beliebte Süßspeise ist der Sękacz, der Baumkuchen, der bei keiner Feier fehlen darf. Der Kuchen, der über dem offenen Feuer gebacken wird und durch ständiges Drehen und Nachgießen von Teig seine charakteristische baumähnliche Form erhält, stammt wahrscheinlich aus der Lausitz und wurde vermutlich im 16. Jh. von Königin Bona Sforza in Polen eingeführt.

Regionale Spezialitäten

Als regionale Spezialität wird nahe der Ostgrenze Polens gern »kiszka« serviert, eine Kartoffelwurst. Typisch für Masuren ist der »kartacz«, der aus geriebenen Kartoffeln und Fleisch besteht. In Pommern gibt es oft »racuchy drożdżowe« (Hefeklöße).

Getränke

Kaffee, Tee

Der traditionelle Tee (herbata) wird zunehmend vom Kaffee (kawa) verdrängt, der inzwischen fast flächendeckend in Form von Espresso, Cappuccino oder Latte Macchiato ausgeschenkt wird. Nur in sehr einfachen Restaurants erhält man ihn noch auf traditionelle Weise: schwarz und mit Kaffeesatz.

Bier

Bier (piwo) zählt zu den beliebtesten Getränken des Landes. Ein halber Liter polnisches Bier kostet in der Gaststätte oft wenig mehr als einen Euro. Die bekannten polnischen Marken wie »Tyskie«, »Okocim« oder »Żywiec« gehören längst zu internationalen Konzernen und stehen ausländischen Markenbieren in nichts nach.

Wein

Wein wird in Polen nur in »homöopathischen« Mengen produziert. Bis zum EU-Beitritt Polens überwogen auf den Speisekarten und in den Ladenregalen billige und eher süße Weine aus Osteuropa. Erst allmählich entwickelt sich hier eine Weinkultur.

Spirituosen

Sehr gut ist der polnische Wodka, und zwar der pure ebenso wie der aromatisierte. Von Letzteren ist der **Żubrówka** am bekanntesten, der seinen Namen vom Żubr (Wisent) hat. Jede Flasche enthält einen Halm Büffelgras aus dem Białowieża-Nationalpark. Er verleiht dem Getränk ein mild-würziges Aroma nach Waldmeister. Der Żubrówka wird in Białystok produziert und ist in Deutschland als »Grasovka« zu haben. Wodka gibt es aber auch mit Pfeffer (Pieprzówka), Kirschen (Wiśniówka), Honig (Miodówka), Wacholder (Jałowcówka) und einigen anderen Zutaten. Gern wird auch Pflaumenschnaps (Śliwówka) oder ein Gläschen Winiak, ein Weinbrand, getrunken.

Feiertage, Feste und Events

Großstädte wie Gdańsk, Szczecin oder Białystok verfügen über Philharmonische Orchester und Opernensembles, hier werden auch regelmäßig Jazz- und Rockkonzerte organisiert. In den meist kleineren Ferienorten konzentriert sich das kulturelle Programm auf die Sommermonate. Ein Kalender mit aktuellen Veranstaltungsterminen ist beim Polnischen Fremdenverkehrsamt (►Auskunft) erhältlich.

VERANSTALTUNGSKALENDER

GESETZLICHE FEIERTAGE

- **1. Januar**
  Neujahr
- **März / April**
  Ostern
- **1. Mai**
  Tag der Arbeit
- **3. Mai**
  Tag der Verfassung (Nationalfeiertag)
- **Mai / Juni**
  Fronleichnam
- **15. August**
  Mariä Himmelfahrt
- **1. November**
  Allerheiligen
- **11. November**
  Unabhängigkeitstag
- **25. / 26. Dezember**
  Weihnachten

FESTE & EVENTS

- **Februar**
  Karneval: In vielen Städten werden Maskenbälle veranstaltet, u. a. in der neu erbauten Philharmonie von Gdańsk.
- **März / April**
  Ostermontag: An diesem Tag werden die Sünden der Menschen symbolisch »abgewaschen«: Śmigus-Dyngus heißt der Brauch, bei dem man sich gegenseitig mit Wasser bespritzt.
- **Mai**
  Festival orthodoxer Kirchenmusik: Schwermütiger Gesang im ostpolnischen Hajnówka (Infos unter www.festiwal-hajnowka.pl).

  Schwarze Hochzeit: Die Veranstaltung vom 1. bis 3. Mai im Slowinzischen Freilichtmuseum Kluki knüpft an die Tradition des Torfstechens an.

Juni

Fischer-Prozession: Am Peter-und-Pauls-Tag (29. Juni) fahren die Fischer von Hel mit ihren fantasievoll geschmückten Booten nach Puck.

Juli

Baltic Sail: Internationales Seglertreffen in Danzig am Ende des Monats.

Bluesnächte: Dreitägiges internationales Blues-Festival in Olsztyn.

Drawa-Piknik: Polnische Rockgruppen spielen auf einem der größten westpolnischen Festivals in Drawno am Nordrand des Drage-Nationalparks.

Summer Jazz Days: Jazz-Größen aus aller Welt treffen sich in Gdynia.

Schlacht bei Tannenberg: Jedes Jahr Mitte Juli wird in Grunwald die historische Schlacht zwischen den Kreuzrittern und dem polnisch-litauischen Heer aufs Neue geschlagen.

»Haltestelle Olecko«: Rockmusik und Happenings beleben in der zweiten Monatshälfte das etwas verschlafene Städtchen im Norden Masurens.

Weltmeisterschaften im Bernsteinfischen: In Jantar, wenig östlich von Danzig, wird mit an langen Stangen befestigten Netzen der Meeresboden abgesucht.

Juli / August

Danziger Musiksommer: Vor der Philharmonie gibt es Klassik unter freiem Himmel.

Orgelfestivals: Internationale Solisten n Kamień Pomorski (freitags) und in Gdańsk-Oliwa (dienstags, freitags).

Kunstsommer im Schloss: Konzerte, Oper und Theater im Hof des Stettiner Schlosses.

»Piknik Country«: Mrągowo verwandelt sich für ein Sommerwochenende in Klein-Nashville.

Dominikanermarkt: Die Altstadt von Gdańsk wird zum riesigen Flohmarkt.

August

Wikinger-Festival: Bärtige Gesellen in Kettenhemden treffen sich in Wolin.

> ! *Baedeker* TIPP
>
> **Shakespeare in der Dreistadt**
>
> In Danzig war 1610 das erste Shakespeare-Theater auf dem Kontinent eröffnet worden. Der bis Anfang des 19. Jh.s bestehende Theaterbau soll in den nächsten Jahren nach historischem Vorbild am Rand der Rechtstadt neu entstehen. Doch schon jetzt kann man sich hier an Shakespeares Werken erfreuen: Jedes Jahr Anfang August treten Gruppen aus aller Welt beim renommierten Shakespeare-Festival in Gdańsk, Sopot und Gdynia auf (Infos unter www.teatr-szekspir.gda.pl).

»Goldenes Waschbrett«: In Iława versammeln sich die Fans von Dixieland-Musik.

Solidarność-Marathon: Am 15. August wird mit einem Marathon durch Gdańsk an die Gründung der Gewerkschaft erinnert.

Wikinger-Festival Wolin: Treff der Kettenhemden

Sopot-Festival: Die berühmte Waldoper ist die Bühne für die Weltstars, die bei dem in ganz Polen bekannten Musikevent auftreten.

▶ **November**

Allerheiligen: Am Abend des 1. Novembers verwandeln sich die Friedhöfe in ein leuchtendes Kerzenmeer.

Geld

Währung

Währungseinheit ist der **Złoty**; ein Złoty entspricht 100 Groszy. Im Umlauf sind Münzen im Wert von 1, 2, 5, 10, 20 und 50 Groszy sowie 1, 2 und 5 Złoty, ferner Banknoten im Wert von 10, 20, 50, 100 und 200 Złoty.

Banken, Geldwechsel, Kreditkarten

Öffnungszeiten ▶

Bargeld kann man in Banken und Wechselstuben (kantor) umtauschen, zu meist schlechterem Kurs auch in Reisebüros und größeren Hotels. Es gibt flächendeckend Geldautomaten (bankomat), mit deutschen oder englischen Bedienungshinweise. Kreditkarten werden vielerorts akzeptiert. Banken haben in der Regel Mo. – Fr. 7.30 bis 17.00 und Sa. 7.30 – 14.00 Uhr geöffnet.

RUND UMS GELD

WECHSELKURSE

1 Złoty = 0,26 €
1 € = 3,77 Złoty
1 Złoty = 0,43 sfr
1 sfr = 2,28 Złoty

KREDITKARTENVERLUST

▸ **Sperrnotruf**
Unter der einheitlichen Service-Nummer kann man Konten, ec- und Kreditkarten sowie Handys sperren lassen.
Innerhalb Deutschlands ist die Nummer kostenlos, aus dem Ausland müssen Gebühren bezahlt werden:

Tel. 116 116 bzw. 049 / 116 116
Aktuelle Informationen:
www.sperrnotruf.de

Gesundheit

Ärztliche Hilfe

In allen Städten gibt es gut ausgestattete Krankenhäuser und Ambulanzen. Besitzer der Europäischen Krankenversicherungskarte erhalten von ihrer Krankenkasse die Kosten für ärztliche Leistungen in Polen ersetzt.

Apotheken

In allen größeren Ortschaften gibt es Apotheken, die mit polnischen und internationalen Arzneimitteln gut ausgestattet sind. Wer regelmäßig bestimmte Arzneimittel einnehmen muss, sollte diese in ausreichender Menge mitnehmen. Apotheken haben in der Regel Mo. – Fr. 8.00 – 19.00 und Sa. 9.00 – 14.00 Uhr geöffnet. Am Eingang findet man Hinweise über Apotheken mit Notdiensten an Sonn- und Feiertagen oder in der Nacht.

◂ Öffnungszeiten

Mit Kindern unterwegs

Der Norden Polens bietet ideale Bedingungen für einen Familienurlaub. In den letzten Jahren sind zahlreiche familienfreundliche Ferienhäuser und Ferienwohnungen entstanden, oder man verbringt seinen Urlaub auf einem der vielen gut ausgestatteten Ferienbauernhöfe (▸ Übernachten). An der meist sehr flach abfallenden Ostseeküste ist das Baden für Kinder ungefährlich. Wasserrutschen, Trampolins oder Hüpfburgen sorgen vielerorts für zusätzlichen Spaß. Wanderungen zu den Riesendünen im Slowinzischen Nationalpark, Kajak- und Paddeltouren in Masuren oder Radtouren in der Kaschubei sind ebenfalls ein Vergnügen für die ganze Familie.

Knigge

Gute Umgangsformen sind gefragt In Polen achtet man sehr auf gute Umgangsformen. So werden Frauen von Männern häufig mit einem Handkuss begrüßt. Auch für jüngere Männer ist es selbstverständlich, einer Frau den Vortritt zu lassen, die Tür aufzuhalten oder ihr in den Mantel zu helfen.

Anrede Üblich sind in Polen die Anreden »pan« für Herr und »pani« für Frau. Verknüpft werden sie üblicherweise mit dem Vornamen oder dem Titel der angesprochenen Person, also »pani Ewa« oder »pan dyrektor«. Oft wird diese Form ins Deutsche übertragen und ein Gesprächspartner als »Herr Jürgen« angesprochen. Das ist dann keineswegs Ausdruck besonderer Vertrautheit, sondern die übliche Höflichkeitsform.

Katholizismus Polen ist ein streng katholisches Land. Die Menge an Denkmälern und Straßenschildern, die dem verstorbenen Papst Johannes Paul II. (Jan Paweł II.) gewidmet sind, mag Besucher verwundern, doch in Polen wird Karoł Wojtyła noch immer sehr verehrt. Witze oder kritische Bemerkungen über ihn oder die katholische Kirche werden von vielen polnischen Gesprächspartnern als eine Beleidigung empfunden.

Besuche Die Polen sind ein überaus **gastfreundliches Volk**. Bekannte und Freunde werden gern nach Hause eingeladen und ausgiebig bewirtet. Bei privaten Einladungen sollte man auf jeden Fall der Gastgeberin Blumen mitbringen. In der Regel werden die Straßenschuhe beim Betreten der Wohnung ausgezogen und man schlüpft in die angebotenen Hausschuhe. Vermeiden sollte man allerdings, bei der Begrüßung des Gastgebers die Hand über die Türschwelle hinweg zu reichen, da dies einem polnischen Aberglauben zufolge Unglück bringen soll.

FKK FKK ist in Polen nicht üblich. Man sollte das als Tourist respektieren und sich hüllenlos nur an den wenigen ausgewiesenen FKK-Stränden – z. B. bei Międzyzdroje auf der Insel Wolin oder bei Dębki an der kaschubischen Küste – aufhalten.

Literaturempfehlungen

Belletristik **Stefan Chwin:** Tod in Danzig. Rowohlt, Reinbek 1999.
In der ul. Grottgera, der ehemaligen Lessingstraße in Danzig, verflechten sich 1945 die Geschichten der alten und neuen Bewohner. Ein bewegender Roman über die Zeit der Vertreibung und des Neuanfangs.

Günter Grass stellt auf der Leipziger Buchmesse 1992 die »Unkenrufe« vor.

Günter Grass: Unkenrufe. dtv, München 1992.
Drei Jahrzehnte nach dem Erscheinen der »Blechtrommel« kehrt Grass noch einmal in seine Heimatstadt Danzig zurück und erzählt die heiter-melancholische Liebesgeschichte eines Deutschen und einer Polin.

Paweł Huelle: Castorp. Beck, München 2005.
Im »Zauberberg« von Thomas Mann findet sich ein Hinweis, dass die Hauptfigur Hans Castorp einige Semester in Danzig studierte. Paweł Huelle greift dies auf und schildert Castorps Zeit in der Dreistadt, die durch eine nicht erwiderte Liebe geprägt wird.

Siegfried Lenz: So zärtlich war Suleyken. Fischer Taschenbuch Verlag, Frankfurt/M. 2004.
Der Klassiker für Masuren-Reisende. Die Erzählungen von Siegfried Lenz sind eine Liebeserklärung an seine Heimat.

Kein Bedarf für Baedeker-Leser

Andrzej Szczypiorski: Die schöne Frau Seidenmann. Diogenes, Zürich 2000.
Ein bewegender, poetischer Roman über menschliche Schicksale im Warschau des Kriegswinters 1942 und die Rettung einer polnischen Jüdin.

Adam Soboczynski: Polski Tango. Eine Reise durch Deutschland und Polen. Gustav Kiepenheuer, Leipzig 2006.
Der in Deutschland aufgewachsene Journalist entdeckt das Land seiner Kindheit neu und hinterfragt dabei charmant und witzig die Polenklischees der Deutschen.

Sachbücher

Andreas Kossert: Ostpreußen. Geschichte und Mythos. Siedler, München 2005.
Jenseits aller ideologisch gefärbter Deutungen liefert der Historiker ein sehr facettenreiches Bild der wechselhaften Geschichte Ostpreußens.

Bildbände

Klaus Klöppel / Peter Hirth: HB Bildatlas Danzig · Ostsee · Masuren. HB Verlag, Ostfildern 2005.
Wunderschöne Bilderreise durch den Norden Polens mit erläuternden Texten, Reise-Infos und Reise-Tipps.

Ernst-Otto Luthardt / Ralf Freyer: Reise durch Pommern. Verlagshaus Würzburg (Stürtz), Würzburg 2003.
Mit kenntnisreichen Texten und stimmungsvollen Fotos von Ralf Freyer stellt Ernst-Otto Luthardt die Menschen, Landschaften und Städte dieser alten Kulturlandschaft vor.

Medien

Deutschsprachiges

In größeren Hotels sind in der Regel via Satellit auch deutschsprachige Fernsehsender zu empfangen. Wichtige deutsche Tageszeitungen und Zeitschriften sind in den polnischen Großstädten am Erscheinungstag erhältlich, in kleineren Ferienorten gelegentlich mit Verzögerung. Deutschsprachige Medien kann man in Bahnhöfen und auf Flughäfen sowie in Empik-Läden kaufen. Letztere bieten auch eine große Auswahl an CDs.

Radio

Die **Deutsche Welle** (D-53310 Bonn) versendet kostenlos ihr aktuelles Programm mit Sendezeiten und Frequenzangaben. Die Informationen können auch unter www.deutsche-welle.de abgerufen werden.

Radio Polonia

Radio Polonia, der Auslandsdienst des staatlichen Polnischen Rundfunks, sendet auch in deutscher Sprache. Programmschemata, Frequenzen und deutschsprachige Nachrichten im Internet unter www.polskieradio.pl/polonia/de.

Notdienste

NOTRUFNUMMERN

IN POLEN

- **Allgemeiner Notruf**
  Tel. 112
- **Ambulanz**
  Tel. 999
- **Feuerwehr**
  Tel. 998
- **Polizei**
  Tel. 997
- **Touristen-Hotline**
  (deutschsprachig)
  Juni – Sept.
  tgl. 8.00 – 20.00 Uhr
  Tel. 0800 / 200 300 (kostenlos)
  vom Handy (gebührenpflichtig):
  Tel. 00 / 48 / 22 601 55 55

IN DEUTSCHLAND

- **ACE-Notrufzentrale**
  Tel. 00 49 / 18 02 / 34 35 36
- **ADAC-Notrufzentrale**
  Tel. 00 49 / 89 / 22 22 22
- **DRK-Flugdienst Bonn**
  Tel. 00 49 / 228 / 23 00 23

IN ÖSTERREICH

- **ÖAMTC-Notrufzentrale**
  Tel. 00 43 / 1 / 982 82 82

IN DER SCHWEIZ

- **Schweizerische Rettungsflugwacht**
  Tel. 00 41 / 1 / 14 14

Post · Telekommunikation

Post

Neben Briefmarken (znaczek pocztowy), die man auch in Hotels oder an Zeitungskiosken erhält, verkaufen Postämter (poczta) auch **Telefonkarten**.

Wichtige Nummern

- **Vorwahlnummen**:
  Deutschland: 0049
  Österreich: 0043
  Schweiz: 0041
  Polen: 0048
  Auskunft:
  Tel. 912 (Fernverbindungen)
  Tel. 913 (Ortsnetz)

Die Schalter der Postämter sind in der Regel montags bis samstags von 8.00 bis 20.00 Uhr geöffnet, in kleineren Orten oft nur bis 15.00 Uhr. In großen Städten dagegen sind einige Ämter rund um die Uhr zugänglich.
Eine Postkarte oder ein Standardbrief bis 20 g kostet innerhalb Europas (auch Nicht-EU-Länder) jeweils 2,40 Złoty.

Handys Deutsche Mobiltelefone können in Polen nahezu überall genutzt werden. Bei längeren Aufenthalten und häufigeren Telefonaten kann es günstiger sein, eine polnische Prepaid-Karte (z. B. Simplus) für das Handy zu kaufen.

Preise · Vergünstigungen

Touristenkarte Einige Städte, darunter auch die Dreistadt und Warschau, verkaufen sog. Touristenkarten, die als Fahrkarte für den öffentlichen Nahverkehr dienen sowie kostenlosen oder ermäßigten Eintritt in Museen und weitere Vergünstigungen bieten. Touristenkarten sind in den örtlichen Touristenbüros, oft auch in Zeitungskiosken erhältlich.

WAS KOSTET WIE VIEL?

1 Tasse Kaffee
ab 1 €

Einfache Mahlzeit
ab 4 €

1 Glas Bier (0,5 l)
ab 1,25 €

Einfaches Doppelzimmer
ab 25 €

Menü
ab 12 €

1 l Benzin
ca. 1,10 €

Natürlich gibt es in den Urlaubsgebieten auch deutsches Bier, doch das polnische schmeckt ausgezeichnet und ist zudem günstiger.

Reisezeit

Klima

Polen liegt im Übergangsbereich zwischen dem ozeanisch geprägten Klima West- und Zentraleuropas und dem kontinentalen Klima Osteuropas. Dabei überwiegen im Frühjahr und Sommer, angestoßen durch den Klimawandel, zunehmend kontinentale Einflüsse mit einem späten Frühjahr und oft hohen Sommertemperaturen. Im Winter setzen sich dagegen immer öfter atlantische Luftmassen mit milden Temperaturen und viel Regen durch.

Jahreszeiten

Das Frühjahr tut sich durch wiederholte Kaltlufteinbrüche noch lange schwer, obwohl die Sonne schon kräftig scheint. Nachtfröste bleiben bis in die zweite Maihälfte (Eisheilige) ein Thema. Besonders zurückhaltend ist der Frühling an der Ostseeküste, wo sich die Vegetation durch die niedrigen Wassertemperaturen gegenüber dem

***Nordpolen** Regionaltypische Klimastationen*

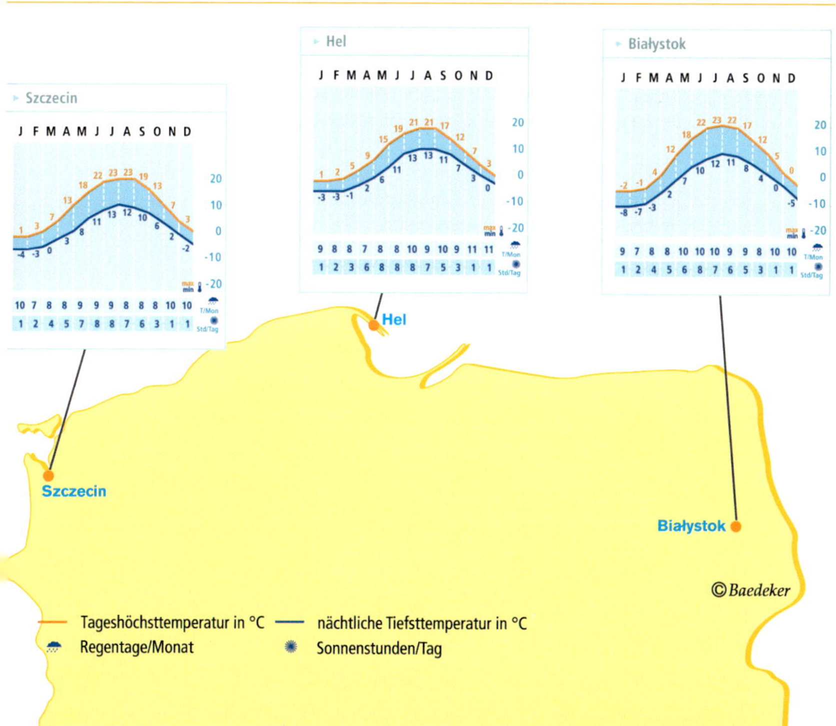

Binnenland um bis zu zwei Wochen verspätet. Die Sommer sind an der Ostseeküste normalerweise relativ kühl, im Binnenland und nach Osten wärmer. Im Herbst macht sich der Klimawandel durch immer mehr Sonne und Wärme bemerkbar. Strenge Winter, in denen Küsten und Häfen vom Packeis blockiert sind, werden dagegen immer seltener.

Niederschläge Der meiste Niederschlag fällt im Sommer, oft in Form heftiger Schauer oder Gewitter, während Februar und März die trockensten Monate sind. Allgemein werden knapp 600 l/m² Jahresniederschlag an rund 110 Tagen erreicht. Schnee kann von Ende Oktober bis Anfang Mai fallen, wobei »Väterchen Frost« in Ostpolen am härtesten und längsten zupackt.

Temperaturen Erst wenn die Nachwehen der Eisheiligen gegen Ende Mai überstanden sind, macht die Erwärmung deutliche Fortschritte und die 20-°C-Marke liegt wieder in sicherer Reichweite. Im Sommer erreichen die Tagestemperaturen an der Ostseeküste durchschnittlich 20 °C bis 22 °C, im Binnenland um 23 °C. Hitzewellen können das Thermometer bei ablandigen Winden an der Küste deutlich auf über 30 °C treiben, landeinwärts auf über 35 °C. Nach einer noch sommerlichen ersten Septemberhälfte zeigt sich der Oktober rasch von seiner kühlen und neblig-trüben Seite. Gegen Monatsende nehmen die Frosttage deutlich zu und erste Schneefälle sind möglich. Als Kältepol gilt das Gebiet um Suwałki; dort liegt die Durchschnittstemperatur im Januar bei - 5 °C. In strengen Wintern kann das Thermometer zeitweise auch auf unter - 30 °C fallen.

? WUSSTEN SIE SCHON ...?

- ... dass die Halbinsel Hel mit durchschnittlich 1600 Stunden im Jahr polnischer Spitzenreiter ist in Sachen Sonnenschein?

Wassertemperaturen Anfang August sind die Wassertemperaturen am höchsten. In dieser Zeit werden in der Ostsee durchschnittlich 19 °C gemessen, in den Binnengewässern etwa 22 °C.

Die besten Reisemonate

Im Sommer Für Reisen in Polens Norden bieten sich insbesondere die Sommermonate an. Aber auch die übrigen Jahreszeiten haben ihre besonderen Reize. Wer den Trubel liebt, sollte den Juli oder August wählen. In dieser Zeit reisen auch sehr viele polnische Familien an die Ostsee oder nach Masuren. Mit Beginn der polnischen Sommerferien setzt eine regelrechte Völkerwanderung Richtung Norden ein; fliegende Händler bevölkern die Zentren der Ferienorte, Diskotheken überbieten sich mit lauter Musik. Ende August kehrt mit dem Ferienende schlagartig wieder Ruhe ein und manche Orte wirken wenige Tage später schon fast wie ausgestorben.

Auch Polen hat seine »Sahara«: Sommer im Słowiński-Nationalpark

Wer in der Hauptferienzeit verreist, sollte unbedingt vorher die Unterkünfte reservieren, denn häufig sind die Ferienorte in dieser Zeit komplett ausgebucht.

Übriges Jahr

Im Mai, Juni und September ist das Wetter oft so, dass es mindestens zum Sonnenbaden an der Ostseeküste reicht, oft hat auch das Wasser in dieser Zeit erträgliche Temperaturen. Auch die Seen in Pommern, der Kaschubei oder in Masuren sind dann angenehm zum Baden. In den meisten Ferienorten ist es dann allerdings (noch bzw. wieder) relativ ruhig.

In den übrigen Monaten darf man sich als Individualist führen. Dann haben viele kleinere Hotels und Pensionen in den Ferienzentren geschlossen, auch die Auswahl an Restaurants und Cafés ist auf ein Minimum reduziert. Andererseits kann man umso ungestörter die Schönheiten der Natur genießen. Wer genügend abgehärtet ist, für den kann der Winter in Masuren ein ganz besonderes Erlebnis werden: bei Fahrten im Pferdeschlitten durch die verschneiten Wälder oder beim Eissegeln auf den zugefrorenen Seen.

Shopping

Öffnungszeiten Ladenschlusszeiten gibt es in Polen nicht; in manchen großen Einkaufszentren kann man werktags bis 24.00 Uhr und auch an Sonn- und Feiertagen shoppen. In größeren Städten und Ferienzentren haben einige Supermärkte rund um die Uhr geöffnet. Kaufhäuser, Supermärkte und Souvenirläden sind in der Regel werktags von 9.00 bis 20.00 Uhr geöffnet, einige auch sonntags.

Märkte mit frischem Obst und Gemüse beginnen werktags oft schon um 6.00 Uhr früh und werden zur Mittagszeit wieder abgebaut.

Einkaufszentren In den Großstädten sind in den vergangenen Jahren Einkaufszentren entstanden, in denen bekannte europäische Modelabels, aber auch polnische Marken vertreten sind. Die Preise für Markenkleidung oder -schuhe sind oft etwas günstiger als in Westeuropa.

Souvenirs Ein beliebtes Souvenir ist **Bernstein**, der in der gesamten Küstenregion angeboten wird. Insbesondere in Danzig gibt es eine große Zahl von Geschäften und fliegenden Händlern, die Bernsteinketten, -ringe oder -broschen verkaufen. Darunter befinden sich allerdings auch minderwertige Imitate. Es lohnt sich deshalb, Fachgeschäfte aufzusuchen, die über Echtheitszertifikate für ihre Waren verfügen.

Bernstein wird häufig als Souvenir angeboten.

Sprache

Sprachgeschichte

Polnisch gehört zur Familie der slawischen Sprachen, im engeren Sinne mit Tschechisch, Slowakisch und Sorbisch zum Westslawischen. Mit der Christianisierung unter Mieszko I. Mitte des 10. Jh.s kam die lateinischen Schrift ins Land.

Amtssprache

Gesprochen wird Polnisch von knapp 38 Mio. Menschen im Inland, dazu kommen ca. 10 Mio. im Ausland. Neben der Schriftsprache, dem Hochpolnischen, das in den Medien, in der Schule und in Behörden benutzt wird, existieren regionale Mundarten.

Verständigung

Ausländer haben mit der polnischen Sprache ihre Probleme: Die ungewohnten Zisch- und Nasallaute, die diakritischen Zeichen und aneinandergereihten Konsonanten, z. B. in »Szczecin«, treiben selbst die lernwilligsten Urlauber zur Verzweiflung.
Andererseits wuchs in den letzten Jahren das Interesse der Polen an westlichen Sprachen. Junge Polen lernen v. a. Englisch, seltener Deutsch. In den Hotels gibt es an der Rezeption meist keine Verständigungsschwierigkeiten; Speisekarten sind allerdings nur in den von Touristen besuchten Lokalen fremdsprachig erläutert.

Aussprache

Die z. T. mit diakritischen Zeichen (Häkchen, Akzenten, Punkten) versehenen Buchstaben bzw. Buchstabenkombinationen werden wie folgt ausgesprochen:
ę – ähnlich dem »in« im französischen »fin« (im Wortinnern wie »em«); ą – ähnlich dem »on« im französischen »mon« (im Wortinnern wie »om«); ł – ähnlich dem »w« im englischen »well«; ś – ähnlich dem »ch« in »ich«; ć – entspricht »tch«; c – entspricht ts; ń – wie »gn« im französischen »Champagner«; ó – entspricht dem u wie in »Hund«; ż, rz – ähnlich dem j im französischen »jour«; ź – entspricht einem weichen »ż«; z und c vor i entsprechen »ź« und »ć«; sz – entspricht »sch«; cz – entspricht »tsch«.
Alle Vokale werden einzeln ausgesprochen, Buchstabenfolgen wie ie und eu nicht zu einem Laut zusammengezogen. Gleiches gilt für Konsonantenkombinationen:
So wird z. B. ck nicht zu k verkürzt.
Die Betonung der Wörter liegt in der Regel auf dervorletzten Silbe.

> ! *Baedeker* TIPP
>
> **Polnisch lernen am Strand**
>
> Dass Polnisch auch für deutsche Zungen zu sprechen ist, beweist Steffen Möller. Der junge Mann war nach einem Feriensprachkurs so begeistert von den slawischen Lauten, dass er im Lande blieb. Inzwischen macht er Kabarett auf Polnisch, wirkt in polnischen Filmen und Talkshows mit und wurde so zum bekanntesten Deutschen in Polen.
> Wer ihm nacheifern möchte, kann im Badeort Sopot den Einstieg ins Polnische wagen. Kurse bietet die Sopot School of Polish for Foreigners an (al. Niepodległości 763, PL 81-838 Sopot, Tel. 058 / 550 32 84, www.ssp.edu.pl).

SPRACHFÜHRER POLNISCH

Das Wichtigste

ja / nein	tak / nie
bitte	proszę!
danke (sehr)	dziękuję (bardzo)
Entschuldigen Sie	przepraszam pana / panią / państwa
Können Sie mir bitte helfen?	Czy może mi pan/pani pomóc?
Sprechen Sie Deutsch?	Czy mówi pan / pani po niemiecku?
Ich verstehe Sie nicht.	Nie rozumiem pana/pani.
Wie bitte?	Słucham?
Wie heißt ... auf Polnisch?	Jak się nazywa po polsku ...?
Ich möchte nach Deutschland (Österreich, in die Schweiz) telefonieren.	Chcę dzwonić do Niemiec (Austrii, Szwajcarji).

Häufig vorkommende Begriffe

aleja	Allee
brama miejska	Stadttor
cmentarz	Friedhof
dom	Haus

Gar nicht so schwer!

dom zdrojowy	Kurhaus
droga	Weg
góra / góry	Berg / Gebirge
jezioro	See
kaplica	Kapelle
klasztor	Kloster
kościół	Kirche
miasto	Stadt
most	Brücke
mur miejski / barbakan	Stadtmauer / Stadtbefestigung
pałac	Palast
park narodowy	Nationalpark
plaża	Strand
pomnik	Denkmal
port	Hafen
półwysep	Halbinsel
punkt widokowy	Aussichtspunkt
ratusz	Rathaus
sklep	Geschäft
szpital	Krankenhaus
twierdza	Festung
ulica	Straße
wyspa	Insel
zamek	Kastell, Schloss

Arzt

Können Sie mir einen guten Arzt empfehlen?	Czy może mi pan/pani polecić dobrego lekarza?
Ich habe hier Schmerzen.	Tu mnie boli.

Bank

Wo ist hier bitte eine Bank?	Gdzie tu jest bank?
... eine Wechselstube?	... kantor?
Ich möchte ... Euro (Schweizer Franken) in Złoty wechseln.	Chciałbym/Chciałabym ... wymienić (franków szwajcarskich) na złotówki.

Begrüßung

Guten Morgen / Guten Tag	Dzień dobry
Guten Abend	Dobry wieczór
Gute Nacht	Dobranoc
Wie geht es Ihnen?	Jak się panu/pani powodzi?

Auf Wiedersehen	Do widzenia!/Do zobaczenia
Bis morgen!	Do jutra!
Tschüss!	Pa! / Cześć!

Post

Briefmarke	znaczek pocztowy
Porto	opłata za przesyłkę
Postamt	urząd pocztowy / poczta
Was kostet ein Brief ...	Ile kosztuje list ...
... eine Postkarte ...	... pocztówka ...
... nach Deutschland?	... do Niemiec?

Übernachten

Können Sie mir bitte ... empfehlen?	Może mi pan/pani polecić ...
... ein gutes Hotel ...	... dobry hotel?
... eine Pension ...	... pensjonat?
Haben Sie noch Zimmer frei?	Czy ma pan/pani jeszcze wolne pokoje?
Einzelzimmer	pokój jednoosobowy
Doppelzimmer	pokój dwuosobowy
Ich möchte gerne ...	Chciałbym (m.) / Chciałabym (f.) ...
... ein Zimmer mit Bad / Dusche	... pokój z łazienką / prysznicem
... mit Frühstück	... ze śniadaniem
... mit Halbpension	... ze śniadaniem i kolacją
... mit Vollpension	... z pełnym wyżywiemiem
Was kostet es?	Ile to kozstuje?

Unterwegs

Auskunft

rechts / links	na prawo / na lewo
nah / weit	blisko / daleko
geradeaus	prosto
Bitte, wo ist ...?	Przepraszam, gdzie jest ...?
Wann ist ... geöffnet?	Kiedy ... jest otwarte?
Wie viel Uhr ist es?	Która godzina?
Wie weit ist das?	Jak daleko?

Bahn und Bus

Bahnhof	dworzec
Bus	autobus
Fahrkarte	bilet
Fahrpreis	cena (biletu)

Flughafen	lotnisko
Gepäck	bagaż
Gepäckaufbewahrung	przechowalnia bagaży
Gleis	tor
Haltestelle	przystanek

Tankstelle

Wo ist bitte die nächste Tankstelle?	Przepraszam, gdzie jest najbliższa stacja benzynowa?
Volltanken, bitte.	Proszę do pełna.
Ich möchte ... Liter	Chciałbym/chciałabym ... litrów
... Normalbenzin.	... benzyny niskooktanowej.
... Super / Diesel.	... wysokooktanowej / ropy.

Unfall / Panne

Hilfe!	Ratunku!
Rufen Sie bitte schnell ...	Proszę wezwać szybko ...
... einen Krankenwagen.	... karetkę pogotowia.
... die Polizei.	... policję.
... die Feuerwehr.	... straż pożarną.
Ich habe eine Panne.	Mam awarię samochodu.
Wo ist hier in der Nähe eine Werkstatt?	Gdzie jest tu w pobliżu warsztat samochodowy?

Verkehrsschilder

kierunek w prawo (w lewo)	Rechts (links) fahren
mgła	Nebel
niebezpieczeństwo	Gefahr
niebezpieczny zakręt	gefährliche Kurve
objazd	Umleitung
ostrożnie	Vorsicht
piesi	Fußgänger
powoli	Langsam!
prozejazd wzbroniony	Durchfahrt verboten
ulica jednokierunkowa	Einbahnstraße
uwaga	Achtung
zakaz parkowania	Parkverbot
zakaz wyprzedzania	Überholverbot

Essen und Trinken

Wo gibt es hier ...	Gdzie jest tu w pobliżu ...
... ein gutes Restaurant?	... dobra restauracja?
... ein nicht zu teures Restaurant?	... niezbyt droga restauracja?

Gibt es hier eine gemütliche Kneipe?	Czy jest tu jakaś miła knajpa?
Gibt es noch freie Plätze?	Czy są jeszcze wolne?
Speisekarte	menu
Auf Ihr Wohl!	Pana / pani zdrowie! / wazdrowie!
Die Rechnung, bitte!	Proszę o rachunek!

Śniadanie	**Frühstück**
chleb biały / ciemny	Weißbrot / Schwarzbrot
bułka / rogalik	Brötchen / Hörnchen
szynka / kiełbasa	Schinken / Wurst
jajko (na miękko)	(weiches) Ei
jajecznica (na szynce)	Rühreier (mit Schinken)
masło / dżem / miód	Butter / Konfitüre / Honig
ser biały / ser żółty	Quark / Hartkäse
kawa czarna	schwarzer Kaffee
kawa z mlekiem	Kaffee mit Milch
kawa ze śmietanką	Kaffee mit Sahne
herbata czarna	Schwarztee
kakao / czekolada	Kakao / Schokolade
cukier / cytryna	Zucker / Zitrone
pieprz / sól	Pfeffer / Salz
musztarda / keczup	Senf / Ketchup

Obiad	**Mittagessen**
przystawki	Vorspeisen
śledź w śmietanie	Hering in Sahne
karp w galarecie	Karpfen in Gelee
łosoś (wędzony)	Lachs (geräuchert)
pasztet	Pastete

Zupy	**Suppen**
rosół (z makaronem)	Brühe (mit Nudeln)
bulion	Fleischbrühe, Bouillon
barszcz czerwony	Rote-Bete-Suppe
chłodnik	Kalte Gemüsesuppe
żurek	saure Mehlsuppe (mit Wurst)

Dania główne	**Hauptgerichte**
kurczak / kaczka	Hähnchen / Ente
indyk / gęś	Truthahn / Gans
wieprzowina	Schweinefleisch
sznycel (po wiedeńsku)	Schnitzel (Wiener Schnitzel)
kotlet schabowy	Kotelett
stek wieprzowy	Steak

wołowina	Rindfleisch
zraz zawijany	Rouladen
gulasz wołowy	Gulasch
cielęcina	Kalbfleisch
ryby	Fisch
dorsz	Schellfisch
karp	Karpfen
makrela	Makrele
pstrąg	Forelle
sandacz	Zander
szczupak	Hecht
baranina	Lammfleisch
dziczyzna	Wild
sarnina	Reh
zając / królik	Hase / Kaninchen
kuropatwa	Rebhuhn

Zubereitungsarten

(mięso) duszone	geschmort (Fleisch)
gotowane	gekocht /
siekane	gehackt
pieczone	gebraten
wędzone	geräuchert

Dodatiki	**Beilagen**
ziemniaki / kartofle	Kartoffeln
ryż	Reis
makaron	Nudeln
knedle / kluski	Knödel / Klößchen
frytki	Pommes frites

Jarzyny	**Gemüse**
brukselka / kalafior	Rosenkohl / Blumenkohl
buraczki / marchewka	Rote Bete / Möhren
cebula / czosnek	Zwiebel / Knoblauch
fasola / groch	Bohnen / Erbsen
kapusta biała (kiszona)	Weißkraut / Sauerkraut
grzyby / kurki	Pilze / Pfifferlinge
szpinak / seler	Spinat / Sellerie

Sałatka	**Salat**
sałatka z ogórków / papryki	Gurken- / Paprikasalat
sałatka z pomidorów / cykorii	Tomaten- / Chicoréesalat
sałatka z marchewki i kapusty	Salat aus Möhren und Kohl

zielona sałata ze śmietaną	Kopfsalat mit Sahne
mizeria	Gurkensalat mit Sahne
ogórek kiszony	Essiggurke
rzodkiewki	Radieschen
ocet / oliwa	Essig / Öl

Desery	**Nachtisch**
makowiec	Mohnkuchen
tort / lody	Torte / Eis
ciastka	Kekse

Napoje	**Getränke**
wino białe / wino czerwone	Weißwein / Rotwein
wytrawne / półwytrawne / słodkie	trocken / halbtrocken / süß
piwo jasne / piwo ciemne	helles Bier / dunkles Bier
piwo z beczki	Bier vom Fass
wódka	Wodka
koniak	Cognac
likier / szampan	Likör / Sekt
woda mineralna	Mineralwasser
sok owocowy / oranżada	Fruchtsaft / Orangenlimonade
mleko słodkie	Milch

Owoce	**Obst**
winogrona / jagody	Trauben / Heidelbeeren
brzoskiwinie / czereśnie	Pfirsiche / Kirschen
gruszki / jabłka	Birnen / Äpfel
morele / pomarańcze	Aprikosen / Orangen
śliwki / truskawki	Pflaumen / Erdbeeren

Zahlen

0 zero	11 jedenaście
1 jeden / jedna / jedno	12 dwanaście
2 dwa, dwie	20 dwadzieścia
3 trzy	50 pięćdziesiąt
4 cztery	100 sto
5 pięć	500 pięćset
6 sześć	1000 tysiąc
7 siedem	1/2 jedna druga
8 osiem	1/3 jedna trzecia
9 dziewięć	1/4 jedna czwarta
10 dziesięć	3/4 trzy czwarte

Übernachten

Hotels und Pensionen

Die Zahl der Hotels in Polen hat sich in den letzten zehn Jahren mehr als verdoppelt. Bestehende Häuser aus sozialistischen Zeiten wurden modernisiert, internationale Ketten und private Investoren haben neue Unterkünfte in Städten und Feriengebieten errichtet. Größter Anbieter ist die **Orbis**-Gruppe mit rund 70 Häusern. Das ehemals staatliche Unternehmen befindet sich inzwischen unter dem Dach der französischen Accor-Gruppe, die Häuser firmieren teilweise unter deren Markennamen wie Ibis, Mercure und Novotel.

Hotels werden in Polen, wie international üblich, mit einem bis fünf Sternen klassifiziert. Ein **Verzeichnis ausgewählter Hotels** ist beim Polnischen Fremdenverkehrsamt (►Auskunft) kostenlos erhältlich.

Gerade im Norden Polens gibt es zahlreiche Schlösser und Herrenhäuser aus verschiedensten Epochen. Viele von ihnen verfielen in der Nachkriegszeit. Private Investoren haben einige dieser Kleinode zu neuem Leben erweckt und in moderne **Schlosshotels** verwandelt. Historisches Ambiente trifft hier auf zeitgemäßen Komfort.

Neben den Hotels gibt es in kleinen Städten und auf dem Land auch Pensionen (Pensjonat) oder einfachere Gasthäuser (Zajazd), in denen man preiswert übernachten kann.

Noble Unterkunft: Landhotel »Dwor Oliwski« im Danziger Stadtteil Oliwa

Ferienwohnungen und Privatzimmer

In den Ferienorten machen viele private Zimmervermieter durch Schilder mit den Aufschriften »noclegi« oder »wolne pokoje« auf ihre Angebote aufmerksam. Der Hinweis »brak« bedeutet belegt. Die Preise sind in der Regel sehr günstig, doch leider sprechen viele Vermieter keine Fremdsprachen. Zum Teil werden solche Zimmer auch über die örtlichen Touristeninformationen vermittelt.
Bei deutschen Ferienhausanbietern und Reiseveranstaltern kann man auch Ferienwohnungen oder Apartments in Pommern oder Masuren mieten; die Mindestmietdauer beträgt in der Regel eine Woche.

Camping

Zelten ist nur auf Campingplätzen erlaubt. Die Plätze sind in zwei Kategorien eingeteilt. Plätze der 1. Kategorie haben eine etwas höhere Ausstattung. Saison ist auf den meisten Plätzen von Mitte Juni bis Ende September. Ein Verzeichnis mit den wichtigsten Campingplätzen des Landes gibt's beim Fremdenverkehrsamt (►Auskunft).

Ferien auf dem Bauernhof

Ferien auf dem Bauernhof werden auch in Polen immer populärer. Allerdings werden unter dem Begriff »agroturystyka« nicht nur Unterkünfte auf klassischen Bauernhöfen angeboten, sondern häufig auch andere private Unterkünfte auf dem Land. Die Zimmer sind oft einfach ausgestattet, doch entdeckt man unter den Angeboten auch einige echte Perlen. Eine besonders große Auswahl an Ferienbauernhöfen gibt es in der Kaschubischen Schweiz.

Wer es rustikal mag, sollte mal einen Campingplatz ausprobieren.

UNTERKÜNFTE & CAMPINGPLÄTZE

HOTELS & PENSIONEN

► **www.hotelsinpoland.com**
Riesige Auswahl an Unterkünften in Hotels, Pensionen und Schlössern. Neue Hotels werden gesondert aufgeführt.

FERIEN AUF DEM BAUERNHOF

► **Polskia Federacja Turystyki Wiejskiej**
www.agroturystyka.pl
Die englischsprachige Website des Dachverbands der polnischen Agrotourismus-Anbieter ist nach Regionen gegliedert.

► **European Centre for Ecological Agriculture and Tourism**
www.poland.eceat.org
Die Vereinigung der Öko-Ferienhöfe listet auf ihrer englischsprachigen Website ein Dutzend Angebote aus Pommern und Masuren mit detaillierten Beschreibungen auf.

FERIENWOHNUNGEN

► **Novasol**
www.novasol.de
Der Ferienhausanbieter Novasol hat in seinem umfangreichen Polen-Angebot auch zahlreiche Häuser speziell für Angler.

CAMPING

► **Polnischer Verband für Camping und Caravaning (PFC)**
ul. Grochowska 331
PL 03-838 Warszawa
Tel. / Fax 022 / 810 60 50
www.pfcc.info

► **www.campingpolen.de**
Private Website mit umfangreichen Informationen und Tipps

► **Białystok**
Camping Nr. 124
ul. Krżyze
PL 17-230 Białowieza
Tel. 085 / 681 27 03
Geöffnet: Mai – September

► **Elbląg**
Camping Nr. 61
ul. Panieńska 14
PL 82-300 Elbląg
Tel. / Fax 055 / 232 43 07
Geöffnet: Mai – September

! *Baedeker* TIPP

Ferien im Heu

Jochen Elsner hat vor einigen Jahren seine norddeutsche Heimat aufgegeben, um in der Nähe von Ełk in Masuren einen alten Bauernhof zu übernehmen. Dort können Gäste nicht nur ihr Zelt auf der Wiese aufschlagen oder im Bauernhaus übernachten, sondern auch auf einer Lage von frischem Heu in der Scheune schlafen. Sein Heuhotel bietet Platz für bis zu 50 Personen (Masurenhof, Szarejki Kol. 14, PL 19-321 Nowa Wie Elcka, Tel. 087 / 619 77 05, http://masurenhof.info).

► **Gdańsk**
Camping Nr. 10
ul. Gen. J. Hallera 234
PL 80-502 Gdańsk
Tel. 058 / 343 55 31
Fax 343 55 47
Geöffnet: Mai – September

► **Kołobrzeg**
Camping Nr. 78
ul. IV Dywizji Wojska Polskiego 1
PL 78-100 Kołobrzeg
Tel. / Fax 094 / 352 45 69
Geöffnet: Mai – September

▸ **Łeba**
Camping Morskie Nr. 21
ul. Turystyczna 3
PL 84-360 Łeba
Tel. 059 / 866 13 80
Fax 866 15 18
Geöffnet: Mai – September

▸ **Malbork**
Camping Nogat Nr. 197
ul. Portowa 3
PL 82-200 Malbork
Tel. 055 / 272 24 13
Fax 272 30 12
Geöffnet: Mai – Oktober

▸ **Mierzeja Helska**
Camping Nowa Maszoperia Nr. 75
ul. Mickiewicza
PL 84-140 Jastarnia
Tel. 058 / 675 23 48
Geöffnet: 15. Juni – 15. September

▸ **Mikołajki**
Camping Wagabunda Nr. 12
ul. Leśna 2
PL 11-730 Mikołajki
Tel. / Fax 087 / 421 60 18
Geöffnet: Mai – September

▸ **Warszawa**
Camping Nr. 123
ul. Bitwy Warszawskiej 1920 r. 15
PL 02-366 Warszawa-Szczęśliwice
Tel. / Fax 022 / 823 37 48
Geöffnet: ganzjährig

JUGENDHERBERGEN

▸ **Polnischer Jugendherbergsverband (PTSM)**
ul. Chocimska 28
PL 00-791 Warszawa
Tel. 022 / 849 81 28
www.ptsm.org.pl
Die – auch deutschsprachige – Website des Jugendherbergsverbandes bietet eine Übersicht über alle Jugendherbergen in Polen.

Jugendherbergen und Studentenwohnheime Einfache und preiswerte Übernachtungsmöglichkeiten bieten die Jugendherbergen (schronisko młodzieżowe). Der Polnische Jugendherbergsverband PTSM gewährt Reisenden mit einem IYHF-Ausweis Preisermäßigungen von 25 Prozent.
In den Sommermonaten kann man in den größeren Städten auch sehr preiswert in Studentenwohnheimen in Einzel-, Doppel- und Mehrbettzimmern übernachten. Inhaber eines Internationalen Studentenausweises erhalten meist eine Ermäßigung. Die genauen Adressen erhält man bei den örtlichen Touristenbüros.

Urlaub aktiv

Angeln Die Masurischen Seen wie auch die fischreichen Flüsse und Seen Pommerns gehören zu den bevorzugten Anglerrevieren in Polen. Vor 20 Jahren galt der Lachs in den pommerschen Seen als ausgestorben, inzwischen wurde er erfolgreich wieder angesiedelt. In mehreren Ostseeorten, u. a. in Kołobrzeg und Ustka, können sich Touristen an Hochsee-Angeltouren beteiligen. Der deutsche Angelschein

Die Masurischen Seen sind ein Angler- und Paddelparadies.

ist nicht gültig. Die polnische Genehmigung erteilt der Gewässerbesitzer; die aktuellen Gebühren erfährt man beim Polnischen Fremdenverkehrsamt oder beim Anglerverband PZW.

Baden

Die Wasserqualität an den Stränden der polnischen Ostsee hat sich in den letzten Jahren verbessert, allerdings muss im Hochsommer teilweise mit Algenbelastungen gerechnet werden. Einige Strände tragen bereits die blaue Flagge der EU, die für Sauberkeit und eine gute Qualität des Wassers bürgt. Offizielle Badestellen werden von Rettungsschwimmern überwacht.
Eine sehr gute Wasserqualität weisen die Badeseen in der Kaschubischen Schweiz auf, auch die meisten Seen in Masuren und Podlachien bieten sehr sauberes Wasser.

Golf

Im sozialistischen Polen noch verpönt, wurde der Golfsport nach 1989 dort sehr schnell populär. Inzwischen gibt es insgesamt sieben Golfclubs im Norden des Landes. Die Plätze in Pommern sind überaus populär, da sie noch nicht so überlaufen sind.

Jagd

In den ausgedehnten Wäldern südlich von Koszalin, in der Johannisburger Heide und rund um Augustów in Podlachien gehen auch viele ausländische Jäger auf die Pirsch. Die Wildbestände sind dort sehr groß. Ausländische Jäger dürfen nur mit einheimischer Begleitung auf die Jagd gehen. Mehrere deutsche und polnische Veranstalter organisieren Jagdreisen und erledigen die Formalitäten; ein Verzeichnis hält das Polnische Fremdenverkehrsamt (►Auskunft) bereit.

Kajak, Kanu Die zahlreichen, oft durch Flüsse und Kanäle miteinander verbundenen Seen im Norden Polens bieten schöne Wasserwege für Kanuten, Ruderer und Paddler. Diese Sportarten sind in Polen sehr populär, entsprechend gut ist das Netz an Verleihstationen und Biwakplätzen. Zu den beliebtesten Strecken gehören die Drawa-Route in Pommern, die Krutynia-Route in Masuren (► S. 121) sowie die Czarna-Hańcza-Route in Podlachien.

> ! *Baedeker* TIPP
>
> **Masurisches Radler-Resort**
>
> Inmitten der Johannisburger Heide entstand 2006 das erste Radler-Resort Polens. Die unweit von Ruciana-Nida am Seeufer gelegene Ferienanlage mit komfortablen Zimmern, stilvollem Restaurant, Dampfgrotte und Fitnessraum bietet sich als Treffpunkt für Radler und Ausgangspunkt für Touren in die Umgebung an. Auf Wunsch Bustransfer ab bzw. bis Warschau (Radler-Resort »Masurische Seen«, c/o DNV-Tours, Heubergstr. 21, D-70806 Kornwestheim, Tel. 071 54 / 13 18 30, www.dnv-tours.de).

Die leicht hügeligen und dünn besiedelten Regionen im Norden Polens bieten gute Voraussetzungen für **Radtouren**. Immer mehr Fahrradrouten werden dort ausgewiesen. Meist handelt es sich dabei nicht um gesonderte Radwege, sondern um wenig befahrene Nebenstrecken oder Waldwege. Insbesondere in Masuren und in den Nationalparks von Podlachien bieten deutsche und polnische Reiseveranstalter organisierte oder individuelle Radtouren an. In vielen Hotels kann man auch Räder ausleihen.

Reiten Im Norden Polens gibt es Dutzende Reiterhöfe, Reitzentren und Gestüte. Dort können erfahrene Reiter Pferde ausleihen, gelegentlich wird Reitunterricht auch in deutscher Sprache angeboten. Einige Veranstalter organisieren auch mehrtägige Wanderritte.

Segeln Die Großen Masurischen Seen sind das beliebteste Segelrevier Polens. In den wichtigsten Ferienorten wie Giżycko, Mikołajki oder Węgorzewo sind moderne Marinas entstanden, hier bieten Dutzende Charterfirmen ihre Dienste an. Zu haben sind einfache kleine Boote ebenso wie Luxusjachten; auf Wunsch werden auch ortskundige Skipper vermittelt (Informationen zu Charterfirmen erhält man von den örtlichen Touristenbüros).

> ! *Baedeker* TIPP
>
> **Per Zweimaster durch Masuren**
>
> Zwölftägige Segeltörns durch Masuren auf einem umgebauten Zweimaster bietet »in naTOURa«. Wer möchte, kann an Bord mit anpacken und dem Skipper helfen, die Segel zu setzen. Oder sich entspannt treiben lassen. Unterwegs stehen auch Ausflüge per Rad oder Kajak auf dem Programm (in naTOURa, Zum Gallbühl 32, D-37079 Göttingen, Tel. 0551 / 504 65 71, www.innatoura-polen.de).

Ein beliebtes Surfzentrum ist die Halbinsel Hel. Dort verzeichnet auch der Trendsport **Kitesurfen** wachsenden Zulauf. Auf den Campingplätzen bei Chałupy bieten zahlreiche Surf- und Kiteschulen ihre Dienste an. Die sehr flache

SPORT-INFOS

ANGELN

▶ **Polski Związek Wędkarski (PZW)**
ul. Twarda 42
PL 00-831 Warszawa
Tel. 022 / 620 89 66
www.zgpzw.pl

▶ **AT-Reisen**
Wickensen 25 A
D-37632 Eschershausen
Tel. 055 34 / 20 62
www.at-reisen.de
Angelreisen nach Pommern und Masuren.

GOLF

▶ **Polish Golf Union**
al. Jerozolimskie 65/79 pok. 3224
PL 00-697 Warszawa
Tel. 022 / 630 55 60, www.pzgolf.pl
Auf der Website des Verbandes finden sich u. a. die Adressen der Plätze.

JAGD

▶ **PZL Łowex**
ul. Nowy Świat 35
PL 00-029 Warszawa
Tel. 022 / 826 79 49
www.pzllowex.com.pl
Der Polnische Jagdverband organisiert Jagdreisen und informiert über die Formalitäten.

KAJAK

▶ **Kajaki.pl**
ul. Parkowa 64/3
PL 81-727 Sopot
Tel. 058 / 550 27 74
www.kajaki.pl
Der polnische Veranstalter organisiert Kajaktouren auf vielen Flüssen in Pommern, Masuren und Podlachien.

RAD FAHREN

Individuelle und geführte Radtouren in Nordpolen bieten zahlreiche deutsche Radreiseveranstalter an. Ein umfangreiches Programm vorwiegend für deutschsprachige Gäste bietet:

▶ **Nature Travel**
ul. Wyszyńskiego 2/1
PL 15-888 Białystok
Tel. 085 / 744 45 62
www.masuren.travel.pl

REITEN

▶ **»Das Urlaubspferd«**
Wiesenstr. 25
D-64331 Weiterstadt
Tel. 061 51 / 89 56 38
www.urlaubspferd.de

▶ **»Pferd und Reiter«**
Rader Weg 30 A
D-22889 Tangstedt
Tel. 040 / 607 66 90
www.pferdreiter.de

TAUCHEN

▶ **Centrum Nurkowania Ticada**
ul. Chwaszczyńska 70
PL 81-157 Gdynia
Tel. 058 / 629 48 46, www.ticada.pl
Wracktauchen in der Ostsee und Tauchkurse.

WANDERN

▶ **Wikinger-Reisen**
Kölner Str. 20
D-58135 Hagen
Tel. 023 31 / 90 46
www.wikinger-reisen.de
Organisiert individuelle und geführte Wanderungen in Pommern, Masuren und Podlachien.

Der Norden Polens ist ein gutes Pflaster für Reiterferien.

Danziger Bucht ist zum Üben ideal, Profis bevorzugen die rauere Ostsee auf der anderen Seite der schmalen Halbinsel. Ein weiteres Surf- und Kitezentrum ist der kleine Ort Rewa nördlich von Gdynia an der Putziger Bucht.

Tauchen Die besten Tauchgebiete für Anfänger finden sich im Gebiet der Masurischen Seen und der Kaschubischen Seenplatte. Für Tieftaucher ist der 108 m tiefe Jezioro Hańcza bei Suwałki ideal.
Erfahrene Taucher können in der Danziger Bucht nach versunkenen Schiffen tauchen. In bis zu 60 m Tiefe liegen dort zahlreiche Wracks aus verschiedenen Jahrhunderten. Tauchgänge und -kurse organisiert das Centrum Nurkowania Ticada in Gdynia.

Wandern Wandern ist in Polen überaus beliebt, Wanderrouten sind gut ausgeschildert, Tourenkarten bei den örtlichen Touristeninformationen oder in EMPIK-Shops erhältlich. Einige deutsche Reiseveranstalter bieten organisierte Wandertouren in Nordpolen an.

Verkehr

Straßenverhältnisse

In Polen hat sich seit 1990 die Zahl der Autobesitzer mehr als verzehnfacht, das Straßennetz hingegen ist kaum gewachsen. Zwar hat sich der Zustand der Hauptverkehrsstraßen in den letzten Jahren verbessert, auf Nebenstrecken muss man allerdings mit schlechten Belägen und Schlaglöchern rechnen. Gelegentlich sind dort auch unbeleuchtete Fahrräder oder landwirtschaftliche Fahrzeuge unterwegs. Zudem gelten die polnischen Autofahrer als nicht gerade feinfühlig – insbesondere auf den stark befahrenen Hauptstrecken wird gerast und waghalsig überholt. Entspannter ist es deshalb manchmal, auf kleinere Straßen auszuweichen. Vor allem Fahrradfahrer sollten diese großen Straßen unbedingt meiden.

◄ Autobahnen

Das Autobahnnetz ist noch im Ausbau begriffen. Bis 2010 soll die A 2 zwischen Frankfurt/Oder und Warszawa fertiggestellt werden; bislang ist nur das rund 150 km lange Teilstück zwischen Nowy Tomyśl und Konin befahrbar. Für die Strecke ist eine **Maut für Pkw** von 33 Złoty (ca. 8,70 €) zu zahlen.

◄ Tankstellen

Das Tankstellennetz ist sehr dicht, bleifreies Benzin und Diesel sind überall erhältlich. Tankstellen an wichtigen Hauptverkehrsstraßen und in größeren Städten haben meist rund um die Uhr geöffnet.

Verkehrsregeln

◄ Tempolimit

Das Tempolimit in geschlossenen Ortschaften beträgt 50 km/h, auf Landstraßen mit einer Fahrspur 90 km/h, mit zwei Fahrspuren 100 km/h, auf Schnellstraßen mit zwei Fahrspuren 110 km/h und auf Autobahnen 130 km/h. Pkw mit Anhänger dürfen auf Landstraßen mit einer Fahrspur nicht schneller als 70 km/h fahren, auf den übrigen Straßen bis 80 km/h.

◄ Gurtpflicht

Gurtpflicht besteht für alle Sitzplätze. Kinder bis zu 12 Jahren müssen hinten sitzen. Pkw und Motorräder müssen tagsüber mit Abblendlicht fahren.

◄ Promillegrenze

Die Promillegrenze liegt bei 0,2; bei Überschreitung kann der Führerschein eingezogen und das Fahrzeug sichergestellt werden.

◄ Telefonieren

Telefonieren mit dem Handy ist während nur mit Freisprechanlagen erlaubt.

Bußgelder

Touristen müssen Bußgelder in der Regel an Ort und Stelle bezahlen. Die Strafen für zu schnelles Fahren reichen von 50 bis 500 Złoty. Von deutschen Touristen gesammelte Strafpunkte werden dem Zentralregister in Flensburg gemeldet.

Mietwagen

Internationale Verleihfirmen sind in den Zentren der Großstädte und auf den Flughäfen vertreten. Die Preise entsprechen dem Niveau in Deutschland.

Pannenhilfe

Bei Unfällen muss man grundsätzlich die örtliche Polizei benachrichtigen. Für die spätere Schadensregulierung sollte man unbedingt ein

Exemplar des Polizeiprotokolls verlangen. Der ADAC betreibt in Polen eine Notrufstation mit deutschsprachigen Mitarbeitern. Bei Autopannen kann auch die Hilfe des Polnischen Motorverbandes (PZM) in Anspruch genommen werden.

Taxi Taxi fahren ist in Polen relativ preiswert (tagsüber ca. 1,50 € für den ersten Kilometer, 0,50 bis 0,60 € für jeden weiteren); verbindliche Preise gibt es allerdings nicht. Auch innerhalb einer Stadt fahren Taxiuntermnehmen mit unterschiedlichen Tarifen; zudem gibt es leider auch einige schwarze Schafe, die Wucherpreise verlangen. Deshalb sollte man darauf achten, dass die Tarife an der Beifahrerseite ausgehängt sind, und die Preise vergleichen.
Als seriös gelten **»Radio-Taxis«**, die auf dem Dach die jeweilige Telefonnummer der Zentrale deutlich sichtbar aufgeführt haben; in den Taxizentralen spricht man in der Regel Englisch.

Busverkehr Innerhalb Polens gibt es ein weitverzweigtes Netz von Busverbindungen. Busse der staatlichen Gesellschaft PKS verkehren auf Normalstrecken und Schnellverkehrslinien. Fahrkarten gibt es auf den Busbahnhöfen, in Reisebüros sowie – falls noch Plätze vorhanden sind – beim Busfahrer. Kinder bis zum 4. Lebensjahr ohne eigenen Sitzplatz reisen gratis, Kinder von vier bis zehn Jahren erhalten 50 Prozent Ermäßigung.
Innerstädtische Busse und Straßenbahnen sind meist sehr preisgünstig. Tickets sind in der Regel an Zeitungskiosken erhältlich.

Bahnverkehr Die Polnischen Staatsbahnen (Polskie Koleje Państwowe, PKP) haben das Streckennetz in den vergangenen Jahren ausgedünnt. Für Intercity- und Eurocityzüge sind grundsätzlich Platzkarten und Reservierungen nötig. Neben Express- (expresowy) und Schnellzügen (pośpieszny) verkehren auch langsamere Personenzüge (osobowy), die an jeder Station halten.
Die **Fahrpreise** sind deutlich niedriger als in Deutschland. Zudem gewährt die PKP verschiedene **Ermäßigungen**, u. a. das Schöne-Wochenende-Ticket (bilet turystyczny). Es kostet 60 Złoty für die 2. bzw. 80 Złoty für die 1. Klasse und erlaubt die freie Fahrt an Wochenenden oder Feiertagen (ohne Express- und IC/EC-Züge). Das analoge Ticket für innerpolnische Express- und IC/EC-Strecken kostet 99 Złoty für die 2. Klasse.

Wellness · Kuren

Zahlreiche Kurreiseveranstalter bieten Erholungsaufenthalte in Polen an. Einige bekannte polnische Kurorte finden sich an der Ostseeküste. Der größte Kurort, Kołobrzeg (Kolberg), wird auch von vielen deutschen Gästen besucht.

NÜTZLICHE ADRESSEN

PANNENHILFE

▸ **ADAC-Notrufstation in Polen**
Tel. 061 / 831 98 88

▸ **Polnischer Motorverband (PZM)**
Tel. 981

▸ **Polizei**
Tel. 997

▸ **Unfallrettungsdienst**
Tel. 999

BAHN

▸ **PKP-Generalvertretung in Deutschland**
Panoramastr. 1
D-10178 Berlin
Tel. 030 / 242 34 53
Auskunftsbüro der polnischen Staatsbahnen
(Mo. – Fr. 8.00 – 16.00 Uhr; keine Fahrkarten und keine Reservierungen).

Kuren sind in Polen deutlich preiswerter als in Deutschland, von der Qualität der Behandlung aber durchaus vergleichbar. In vielen Kliniken und Kurhäusern gibt es inzwischen deutschsprachiges Personal. Seit dem EU-Beitritt des Landes bezahlen einige gesetzliche und private Kassen Zuschüsse für Badekuren in Polen. Vor Antritt der Kur sollte man sich allerdings bei seiner Krankenkasse über die Bedingungen informieren.
Neben klassischen Kuren werden zunehmend Wellnessaufenthalte angeboten. Es lohnt sich, die Angebote genauer zu prüfen, denn manche Hotels, die mit dem Schlagwort Wellness werben, verfügen über nicht viel mehr als eine Sauna, ein Solarium und einen Hometrainer.

> ! *Baedeker* TIPP
>
> **Wellness bei Polens Kosmetikpäpstin**
>
> Irina Eris ist Polens Kosmetikpäpstin. 2006 eröffnete sie im westmasurischen Ostróda eine Wohlfühloase der Extraklasse. Diese verfügt über 97 Zimmer und Suiten, ein SPA mit großem Pool und einen modernen Behandlungsbereich (Hotel Spa Irina Eris, Wysoka Wieś 22, PL 14-100 Ostróda, Tel. 089 / 647 11 11, www.hotelspa.pl).

Zeit

Im Winter gilt die Mitteleuropäische Zeit (MEZ), von Ende März bis Ende Oktober die Sommerzeit (MEZ + 1 Std.).

Touren

DER NORDEN POLENS IST EINE REGION FÜR AKTIVE TOURISTEN. NICHT NUR MIT DEM PKW, SONDERN AUCH PER FAHRRAD ODER KANU LASSEN SICH REIZVOLLE ORTE UND LANDSCHAFTEN ENTDECKEN.

TOUREN DURCH DEN NORDEN POLENS

Nicht nur mit dem Auto lassen sich Land und Leute im Norden Polens kennenlernen. Der neue Radweg entlang der Danziger Bucht ist ideal für große und kleine Radwanderer, und Paddler genießen auf der Krutynia eine wunderschöne Bootswanderung. Vielleicht geht's anschließend auf eine große Erkundungsfahrt durch das »Land der tausend Seen«.

TOUR 1 **Von Schloss zu Schloss durch Pommern**
Zahlreiche Schlösser aus unterschiedlichen Epochen zum Besichtigen und zum Wohnen sind die Stationen dieser Rundfahrt. ▸ **Seite 113**

TOUR 2 **Mit dem Rad entlang der Danziger Bucht**
Ein neuer Radweg führt durch die Dreistadt, entlang der Danziger Bucht und weiter über die schmale Halbinsel Hel. ▸ **Seite 115**

TOUR 3 **Durch das Land der tausend Seen**
Diese Tour führt, vorbei an unzähligen Seen, zu den bedeutendsten Sehenswürdigkeiten Masurens. ▸ **Seite 117**

TOUR 4 **Unbekannter Nordosten**
Östlich der Großen Masurischen Seen beginnt »Buckelmasuren«, das seinem Namen alle Ehre macht. Die dünn besiedelte, wald- und seenreiche Landschaft blieb vom Massentourismus bisher verschont. Das gilt noch mehr für das angrenzende Podlachien. ▸ **Seite 119**

TOUR 5 **Paddeltour auf der Krutynia**
Die Krutynia-Route ist die bekannteste Paddelstrecke Polens. Tagelang folgt man den Windungen des Flusses, überquert ruhige Seen und nächtigt unterwegs in kleinen Pensionen oder auf Biwakplätzen. ▸ **Seite 121**

Mit dem Fahrrad
geht's auf Tour entlang der Danziger Bucht.

Masurens »Sommerhauptstadt«
Giżycko ist ein Paradies für Freizeitskipper.

Unterwegs im Norden Polens

Der Norden Polens ist eine landschaftlich ungewöhnlich reizvolle Region. Er ist geprägt von der 500 km langen Ostseeküste und Tausenden von Seen, die eingebettet sind in sanfte, grüne Hügellandschaften. Dichte Alleen verbinden kleine Dörfer, in denen sich die Bewohner abends zum Plaudern vor dem »sklep«, dem Dorfladen, treffen. Scheint hier die Zeit im Schneckentempo zu verlaufen, so erscheinen große Städte wie Gdańsk, Szczecin oder Olsztyn mit ihren bunten Leuchtreklamen umso schnelllebiger.

Mit Auto, Bus oder Bahn?

Seit dem EU-Beitritt Polens im Jahr 2004 stellt die Grenze kein nennenswertes Hindernis mehr für Reisende dar. Selbst in der Hauptferienzeit sind dort kaum längere Wartezeiten einzuplanen. Für die Einreise genügt der Personalausweis, zeitraubende Zollkontrollen sind praktisch entfallen.

Wer nicht nur die großen Städte besuchen möchte, fährt am besten mit dem eigenen Pkw. Wie fast überall in Europa wird auch bei der polnischen Bahn das Streckennetz immer weiter ausgedünnt. Zwar sind die großen Städte relativ bequem mit dem Zug erreichbar, auf den noch verbliebenen Nebenstrecken muss man dagegen oft mit langsamen, unbequemen und veralteten Wagen vorliebnehmen. Auch wer mit öffentlichen oder privat betriebenen Bussen das Land erkunden will, braucht dafür relativ viel Zeit.

Obwohl vielerorts mit finanzieller Hilfe aus Brüssel gebaut wird, ist das Straßennetz noch längst nicht in einem guten Zustand. Von wenigen kurzen Strecken abgesehen gibt es im Norden keine vierspurigen Autobahnen oder Schnellstraßen.

Hauptverkehrsstraßen wie die zwischen Szczecin und Gdańsk verlaufende E 28 sind insbesondere in den Ferienmonaten stark frequentiert, was viele polnische Fahrer nicht von waghalsigen Überholmanövern abhält.

Unterwegs mit dem Rad

Für Radfahrer hat sich die Situation in den vergangenen Jahren sehr verbessert. In Pommern, Masuren und Podlachien gibt es immer mehr ausgewiesene Radstrecken und ebenso das dafür nötige Kartenmaterial. Spezielle Radwege sind aber eher selten, meist führen die Routen über wenig befahrene Straßen oder Waldwege.

Im Voraus buchen?

Die meiste Zeit des Jahres hat man auch bei spontanen Reisen keine Probleme, unterwegs ein geeignetes Quartier zu finden. Das gilt allerdings nicht während der Sommerferien zwischen Ende Juni und Ende August. Dann kann es durchaus vorkommen, dass die Ferienorte an der Ostseeküste und in Masuren bis auf den letzten Platz belegt sind. Deshalb sollte man für diese Zeit die Unterkunft rechtzeitig vorher buchen.

Tour 1 Von Schloss zu Schloss durch Pommern

Start und Ziel: Grenzübergang Kołbaskowo

Länge: ca. 850 km
Dauer: ca. 1 Woche

Eine Tour von Schloss zu Schloss ist eine interessante Art, Pommern kennenzulernen: Zahlreiche Ritterburgen, Adelspaläste und feudale Herrenhäuser erwarten die Besucher. Mancherorts wurden Schlossruinen sorgsam wieder aufgebaut und zu komfortablen Hotels umgestaltet.

Goleniów

Das ❶ **Schlosshotel Maciejewo** liegt in der Nähe des Städtchens Goleniów, rund 60 km vom Grenzübergang Kołbaskowo entfernt. Es bietet 48 stilvoll eingerichtete Zimmer, Swimmingpool, Badesee und Tennisplatz (Pałac Maciejewo, Maciejewo, PL 72-130 Maszewo, Tel. 091 / 418 12 85, www.palacmaciejewo.pl). Das Hotel ist ein guter Ausgangspunkt, um die grenznahe Region zu erkunden, zum Beispiel die Hafenstadt ✶✶ **Szczecin** (Stettin) mit dem berühmten Schloss der Pommerschen Herzöge oder die Ostseeinsel **Wolin** mit ihren herrlichen Stränden, dem Nationalpark und dem Wisentgehege.

Spiel und Spaß …
… bestimmen das Strandleben in Kołobrzeg.

Spannende Geschichte(n) …
… erfährt man bei einem Rundgang durch Danzig.

Krąg Ca. 170 km weiter östlich erreicht man über **Koszalin** und Polanów das ❷**Schloss Krąg** (Krangen). Im 15. Jh. erbaut, gilt es als größtes Ritterschloss Pommerns und bietet 50 Gästezimmer (Hotel Podewils, Krąg 16, PL 76-010 Krąg, Tel. 094/3470516, www.podewils.pl). Bei Ausflügen in die nahe gelegenen Städte **Darłowo** (Rügenwalde) und ✶ **Słupsk** (Stolp) kann man u. a. die Residenzen der Pommerschen Herzöge besichtigen. Nicht weit ist es zum Schloss des einstigen deutschen Reichskanzlers Otto von Bismarck in Warcino, in dem heute eine Forstschule untergebracht ist.

✓ NICHT VERSÄUMEN

- Szczecin: das Schloss der Pommerschen Herzöge
- Gdańsk: die Patrizierhäuser der Rechtstadt
- Malbork: die riesige gotische Backsteinburg
- Łeba: die beeindruckenden Wanderdünen

Bytów Rund 85 km östlich von Krąg liegt ❸**Bytów** (Bütow), das Zentrum der westlichen Kaschubei. Dominiert wird die Stadt von einer im 14. Jh. erbauten Ordensritterburg, die neben dem Kaschubischen Museum auch ein stilvolles Hotel beherbergt.

Gdańsk Von Bytów führt die Straße 228 durch die wald- und seenreiche ✶ **Kaschubische Schweiz** ins 85 km entfernte ❹✶✶ **Gdańsk** (Danzig). Für den Besuch der alten Hansestadt mit ihren einzigartigen Patrizierhäusern und der beiden Schwesterstädte ✶✶ **Sopot** und **Gdynia** sollte man mindestens eine Übernachtung einplanen. Sehr luxuriös ausgestattet ist der am Rand des Stadtteils Oliwa gelegene »Dwór Oliwski«, ein Fünf-Sterne-Hotel auf dem Gelände eines Herrenhauses aus dem 17. Jahrhundert (►S. 97 u. 162).
Ein attraktives Ausflugsziel ist die rund 60 km südöstlich von Danzig gelegene gotische Marienburg in ✶✶ **Malbork**. Die einstige Machtzentrale des Deutschen Ordens und größte mittelalterliche Backsteinfestung Europas steht seit 1997 unter dem Schutz der UNESCO.

Krokowa Von Gdańsk geht es über **Wejherowo**, das »kaschubische Jerusalem«, ins rund 75 km nördlich gelegene Dörfchen ❺**Krokowa** (Krockow). Im dortigen Renaissanceschloss findet man neben gepflegten Gästezimmern auch eine interessante Ausstellung über die Geschichte der Familie von Krockow, die hier über Jahrhunderte lebte. Das hübsche Dorf ist ein guter Ausgangspunkt für Ausflüge zu den bis zu 40 m hohen Wanderdünen im ✶✶ **Slowinzischen Nationalpark** bei ✶✶ **Łeba**, in die nahe gelegenen Ferienorte an der kaschubischen Küste und zur ✶✶ **Halbinsel Hel**.

Kołobrzeg Von Krokowa sind es ca. 350 km zurück zum Grenzübergang Kołbaskowo. Wer seinen Aufenthalt etwas verlängern und die Ostseeküste genießen möchte, unternimmt von **Koszalin** aus einen Abstecher in den etwa 40 km entfernten Kur- und Badeort ❻✶ **Kołobrzeg** (Kolberg). Als Unterkunft bietet sich das kleine Schlosshotel im drei Kilometer vom Zentrum entfernten Stadtteil Budzistowo an (►S. 201).

Tour 2 Mit dem Rad entlang der Danziger Bucht

Start und Ziel: Gdańsk
Länge: ca. 120 km
Dauer: min. 2 Tage

Ein neuer Radweg führt an einigen der schönsten Strandabschnitte der Danziger Bucht vorbei. Nach der Tour von der Dreistadt bis an die Spitze der Halbinsel Hel geht es entspannt mit der Fähre wieder zurück.

Gdańsk

Wer im Zentrum von ❶ ✶✶ **Gdańsk** übernachtet, fährt von der Altstadt zunächst auf einem Radweg entlang der breiten al. Zwycięstwa in Richtung des Stadtteils Wrzeszcz (Langfuhr) und biegt hinter der Oper nach rechts in die al. Gen. J. Hallera ein. Ein gut 4 km langer Radweg führt zum Stadtteil Brzeźno (Brösen).
In Brösen ging Günter Grass' Romanheld, der kleine Blechtrommler Oskar Matzerath, mit seinen Eltern sonntags spazieren. Bis heute ist Brzeźno das Strandbad der kleinen Leute geblieben, wo sich die Bewohner der nahe gelegenen Schlafstädte erholen.

Sopot

Von Brzeźno führt ein Radweg am Strand entlang in Richtung ❷ ✶✶ **Sopot** (Zoppot). Man fährt zunächst durch einen kleinen Kieferwald und kommt nach Jelitkowo (Glettkau). Dort macht der Radweg einen kleinen Schlenker durch den Stadtpark und verläuft dann weiter am Ufer entlang. Nach etwa 6 km erreicht man die über 500 m lange Mole des traditionsreichen, eleganten Seebads Sopot. Es lohnt sich, einmal über die berühmte Seebrücke zu promenieren, durch die Fußgängerzone ul. Bohaterów Monte Cassino zu bummeln und sich dort für die nächste Etappe stärken.

Gdynia

Der Radweg führt durch den Nordpark weiter in Richtung ❸ **Gdynia** (Gdingen). Nach ca. 2 km erreicht man die Hafenstadt und radelt am Strand entlang bis zum Villen-Vorort Orłowo. Im Sommer ist dort neben der Mole eine Freiluft-Theaterbühne aufgebaut.
Wer den Weg durch die Stadt meiden möchte, schiebt sein Fahrrad über den schmalen Standstreifen unterhalb der pittoresken Steilküste. Nach gut 2 km erreicht man Redłowo, das zweite Seebad von Gdynia, und kann dann die nächsten 2 km auf der Strandpromenade bis zur Südmole radeln. Dort sollte man das 1901 gebaute ehemalige Segelschulschiff »Dar Pomorza« oder das Meerwasseraquarium besichtigen. An der Mole gibt es auch zahlreiche urige Kneipen für eine kleine Stärkung.

✔ NICHT VERSÄUMEN

- Sopot: die längste hölzerne Mole Europas
- Gdynia: das Segelschulschiff »Dar Pomorza«
- Hel: die Robben-Aufzuchtstation

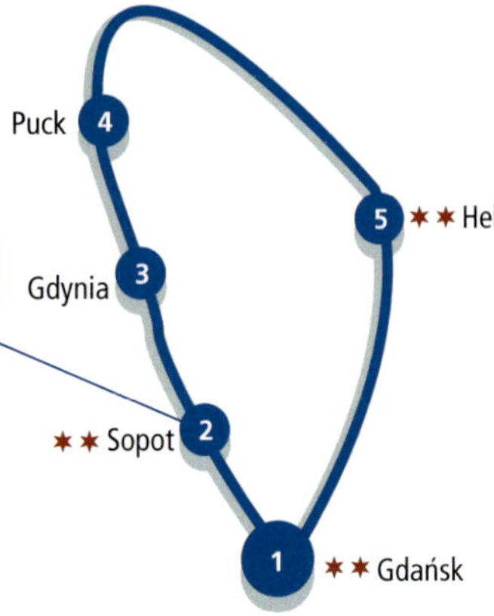

Ein »betrunkenes« Haus ...
... ist eine der Attraktionen in Sopot.

Die breite al. 10 Lutego führt von der Südmole zum Bahnhof, vorbei an einigen architektonisch interessanten Gebäuden im Bauhaus-Stil. An ihrem Ende biegt man nach rechts in die ul. Śląska, die in die ul. Morska übergeht. Ein Radweg führt entlang der stark befahrenen Hauptstraße. Nach 2 km biegt man nach rechts in die ul. Chyłońska und erreicht über die ul. Pucka den Stadtrand.

Puck Dann geht's auf schmalen, wenig befahrenen Straßen durch den Küstenlandschaftspark in Richtung Puck. Zu den schönsten Abschnitten der Strecke gehört die 2 km lange Lindenallee von Osłonino nach Rzucewo. Von dort sind es noch 6 km bis ❹ **Puck** (Putzig). Das Städtchen mit seinem historischen Zentrum lohnt einen Zwischenstopp.

Halbinsel Hel Parallel zur Küste verläuft eine kleine Straße von Puck ins ca. 11 km nördlich gelegene Władysławowo. Man kann das Stadtzentrum links liegen lassen und sich gleich in Richtung ❺ ✶✶ **Hel** orientieren. Nach wenigen Minuten ist die schmale Halbinsel erreicht; die 34 km bis zum gleichnamigen Städtchen fährt man überwiegend auf einem neu angelegten Radweg.

Schon kurz hinter Władysławowo reihen sich bei Chałupy mehrere Campingplätze aneinander. Hier kann man oft Kitesurfer beobachten, die ihr Surfbrett von einem Lenkdrachen ziehen lassen und dabei waghalsige Sprünge absolvieren.

Durch den kleinen Fischerort Kuźnica und die bekannten Ferienorte Jastarnia und Jurata geht es in die Kleinstadt Hel (Hela), wo man etwas Zeit für den Besuch der Robben-Aufzuchtstation und des Fischereimuseums einplanen sollte. Anschließend bietet sich ein Bummel durch die von alten kaschubischen Fischerhäusern gesäumte ul. Wiejska an. Danach kehrt man mit der Fähre wieder zurück nach Gdańsk.

Tour 3 Durch das Land der tausend Seen

Start und Ziel: Olsztyn
Dauer: 1 – 2 Tage
Länge: 330 km

Diese Tour beginnt in der Wojewodschaftshauptstadt Olsztyn und führt durch das Ermland mit seinen Bischofsstädten nach Masuren. Zu den Attraktionen der Strecke gehören das ehemalige »Führerhauptquartier Wolfsschanze« nahe Kętrzyn, das mittelalterliche Reszel sowie das barocke Marienheiligtum in Święta Lipka.

Olsztyn

❶ ✶ **Olsztyn** (Allenstein), die Hauptstadt der Wojewodschaft Warmia-Mazury, liegt inmitten einer malerischen Seenlandschaft. Die Universitätsstadt ist eng verbunden mit dem Namen von Nikolaus Kopernikus (► Berühmte Persönlichkeiten), der hier mehrere Jahre als Verwalter des Kapitels von Ermland in der Bischofsburg residierte. Der Marktplatz mit dem gotischen Rathaus, den alten Laubenhäusern und zahlreichen Terrassencafés bietet im Sommer eine stimmungsvolle Kulisse für zahlreiche Veranstaltungen.

Schlafen wie ein Ritter
In der mittelalterlichen Burg von Reszel sind »fahrende Leute« gern gesehene Gäste.

Eine herrliche Kulisse …
… bietet der Marktplatz in Olsztyn.

Lidzbark Warmiński

Von Olsztyn führt die Straße 51 nordwärts in das 52 km entfernte ❷✶ **Lidzbark Warmiński** (Heilsberg). Unterwegs lohnt ein Halt in **Dobre Miasto** (Guttstadt) zum Besuch des zweitgrößten Gotteshauses des Ermlands.

Lidzbark Warmiński war über 400 Jahre lang Sitz der ermländischen Bischöfe. Von deren einstiger Macht zeugt noch heute die im 14. Jh. errichtete Burg unterhalb der Altstadt. Auch hier wirkte Nikolaus Kopernikus einige Jahre als Verwalter. Das Burgmuseum lädt zu einer Reise durch die Geschichte des Ermlandes ein, lockt aber auch mit einer Galerie moderner polnischer Malerei.

Bartoszyce

Von Lidzbark Warmiński geht es in nördlicher Richtung weiter bis ❸**Bartoszyce** (Bartenstein). Die unweit der Grenze zum Kaliningrader Gebiet gelegene Kleinstadt ist v. a. für ihre ältesten »Bewohner« Bartek und Gustobald bekannt, zwei über tausend Jahre alte pruzzische Steinfiguren, die nahe der Altstadt an einer Kreuzung stehen.

Von Bartoszyce führt die Straße 57 südwärts durch den kleinen Ort Galiny (Gallingen), dessen herrliche Palast- und Gutsanlagen seit einigen Jahren restauriert werden und ein Hotel sowie ein bekanntes Gestüt beherbergen (► S. 218). Unbedingt empfehlenswert ist dort ein Besuch der rustikalen Gutsschenke.

Reszel

Bei Bisztynek biegt man auf die Straße 594 ein und fährt weiter ins 18 km entfernte ❹**Reszel** (Rößel). Die kleine Stadt überstand den Zweiten Weltkrieg fast unbeschadet und besitzt eine schöne Altstadt mit vielen gotischen, barocken und klassizistischen Häusern. Besonders sehenswert ist die Bischofsburg mit Hotel und Kunstgalerie.

Święta Lipka

Auf der Straße 594 geht es von Reszel zum 8 km entfernten wichtigsten Marienheiligtum im nördlichen Polen. Die Barockkirche in dem von Wäldern und Seen umgebenen Ort ❺✶✶ **Święta Lipka** (Heiligelinde) birgt neben wunderbaren Malereien eine außergewöhnliche Orgel aus dem 17. Jh. mit knapp 4000 Pfeifen und 40 Registern. Mit ihren beweglichen Figuren, die bei jedem Spiel ein kleines Schauspiel vorführen, ist die Orgel eine wahre Augenweide.

Kętrzyn

Bis ❻**Kętrzyn** (Rastenburg) sind es weitere 12 km auf der Straße 594. Nach dem Besuch des Burgmuseums und der St.-Georgskirche empfiehlt sich ein Abstecher ins nahe ✶ **Gierłoż** (Görlitz). In den Wäldern vor dem kleinen Ort ließ Adolf Hitler von 1941 bis 1944 das »Führerhauptquartier Wolfsschanze« bauen. Die Reste der im Januar 1945 von der Wehrmacht gesprengten Bunkeranlage kann man im Rahmen einer deutschsprachigen Führung besichtigen.

NICHT VERSÄUMEN

- Olsztyn: der von Laubenhäusern gesäumte Marktplatz
- Reszel: das mittelalterliche Stadtzentrum mit Bischofsburg
- Święta Lipka: ein Konzert auf der berühmten Barockorgel des Klosters

Von Kętrzyn führt die Straße 592 ins 33 km entfernte 7 ✶ **Giżycko** (Lötzen). Die masurische »Sommerhauptstadt« verfügt über zahlreiche Hotels, Restaurants und einen großen Seglerhafen. Größte touristische Attraktion ist die am Stadtrand gelegene Feste Boyen, eine sternförmige Verteidigungsanlage aus dem 19. Jahrhundert.

Giżycko

Die Tour führt auf der Straße 643 am Jezioro Niegocin (Löwenthinsee) vorbei ins 36 km weiter südlich gelegene Ferienzentrum und »Seglermekka« 8 ✶ **Mikołajki** (Nikolajken). Beim Bummel entlang der neu gestalteten Seepromenade kann man den legendären »Stinthengst« sehen, der angekettet unter einer Fußgängerbrücke schwimmt (►S. 235).

Mikołajki

Über Polens Country-Hochburg Mrągowo (Sensburg) und vorbei am reizvollen Schloss von Sorkwity (Sorkwitten) geht's auf der Fernstraße 16 wieder zurück nach Olsztyn.

Tour 4 Unbekannter Nordosten

Start und Ziel: Giżycko
Länge: 360 km
Dauer: 2 – 3 Tage

Das östliche Masuren, die Rominter Heide und die Seenplatte von Suwałki versprechen eine nahezu unberührte Natur, aber auch manche Kuriosität wie die Pyramide von Rapa.

Die Tour beginnt in Masurens »Sommerhauptstadt« 1 ✶ **Giżycko** (Lötzen) und führt auf der Straße 63 nach Norden ins rund 25 km entfernte Städtchen 2 **Węgorzewo** (Angerburg). Dort kann man sich im kleinen Museum für Volkskunst in der ul. Portowa u. a. im Töpfern, Weben und Schmieden versuchen.

Giżycko

Von Węgorzewo geht es auf der Straße 650 ins etwa 50 km nordöstlich gelegene Gołdap. Wer die Hauptroute bei Budry verlässt und sich auf kleinen Straßen in Richtung russischer Grenze bewegt, stößt bei dem kleinen Ort 3 **Rapa** (Kleinangerapp) auf ein höchst ungewöhnliches Bauwerk: Der Gutsbesitzer Friedrich Wilhelm von Fahrenheid ließ dort im Jahr 1811 ein Mausoleum in Form einer 16 m hohen Pyramide erbauen. Durch ein Fenster kann man die mumifizierten Leichname der Familienmitglieder erblicken. Südlich von Rapa erreicht man in Banie Mazurskie wieder die Straße 650 nach 4 **Gołdap**. Von dem kleinen Kurort geht's auf der Straße 651 am Rand der Puszcza Romincka ent-

Rapa

✓ NICHT VERSÄUMEN

- Stańczyki: die größten Eisenbahnviadukte Polens
- Stary Folwark: das barocke Kamaldulenserkloster am Wigry-See
- Eine Wanderung im Biebrza-Nationalpark

Umsteigen ...
... zur »Spritztour« auf dem Augustowski-Kanal

Sommerfest ...
... in der »Sommerhauptstadt« Masurens

lang in Richtung Suwałki. Die ursprüngliche Landschaft der Rominter Heide war einst das Jagdgebiet von Kaiser Wilhelm II. und zieht auch heute viele Naturliebhaber, Jagdtouristen und Angelsportler an. Bei einem Zwischenstopp in Stańczyki (Staatshausen) kann man über die größten Eisenbahnviadukte Polens spazieren und die weite Aussicht genießen.

Suwałki Kurz hinter Stańczyki zweigt man in Richtung Przerośl ab und verlässt die Wojewodschaft Warmia-Mazury. Auf kleinen Straßen führt die Tour durch die hügelige und dünn besiedelte Suwalszczyzna im Norden der Wojewodschaft Podlaskie. Bei dem kleinen Ort Kruszki erreicht man den Jezioro Hańcza, das tiefste Binnengewässer Polens, dessen klares Wasser zum Baden einlädt. Von Jeleniewo geht es auf der Straße 655 südwärts nach 5 ✶ **Suwałki**. Die Geburtsstadt des Regisseurs Andrzej Wajda (► Berühmte Persönlichkeiten) lockt mit einem sehenswerten Zentrum im klassizistischen Stil sowie mit zahlreichen Restaurants.

Sejny Nach einem Stadtbummel geht es weiter in den wenige Kilometer östlich gelegenen Wigry-Nationalpark. Bei dem kleinen Ort Stary Folwark liegt auf einer Halbinsel des Wigry-Sees ein ehemaliges Kamaldulenserkloster, ein Kleinod barocker Sakralarchitektur. In den früheren Einsiedeleien der Mönche übernachten heutzutage Touristen und genießen die wohltuende Stille des Ortes.

Von Stary Folwark sind es noch 18 km bis 6 **Sejny**. In der Kleinstadt mit ihren bunten Holzhäusern fühlt man sich nicht zufällig wie in einem anderen Land: Sejny ist das Zentrum der litauischen Minderheit in Polen.

Augustów

Etwa 45 km südwestlich von Sejny liegt das beliebte Ferienzentrum 7 * **Augustów** malerisch zwischen mehreren Seen. Mit seinen zahlreichen Restaurants, Cafés und Freizeitmöglichkeiten bietet sich der Kurort für einen Zwischenstopp an. Sportbegeisterten empfiehlt sich eine Paddeltour auf dem Augustowski-Kanal oder die Wasserski-Anlage auf dem Necko-See. Südlich von Augustów beginnt der * * **Biebrza-Nationalpark**. Der größte polnische Nationalpark ist mit seinen ausgedehnten Sumpf- und Auenlandschaften ein Muss für Naturliebhaber; für einen Streifzug durch den Nationalpark sollte man sich allerdings mindestens einen Tag Zeit nehmen.

Ełk

Von Augustów geht es auf der Fernstraße 16 wieder zurück nach Masuren. Nach 86 km erreicht man 8 **Ełk** (Lyck), die Geburtsstadt des Schriftstellers Siegfried Lenz. Eisenbahnliebhaber kommen im Bahnmuseum unweit vom Bahnhof auf ihre Kosten. Dort startet auch eine Schmalspurbahn zu gelegentlichen Ausflugsfahrten. Über Orzysz geht es dann zurück nach Giżycko.

Tour 5 Paddeltour auf der Krutynia

Start: Sorkwity **Ziel:** Ruciane-Nida
Dauer: 9 Tage **Länge:** ca. 100 km

Die Krutynia-Route ist die bekannteste Kanu- und Paddelstrecke des Landes. Da der Fluss nur eine geringe Strömung hat, ist die Tour durch die Johannisburger Heide auch für Anfänger bestens geeignet.

Sorkwity

Die Paddeltour beginnt an der Anlegestelle am Jezioro Lampackie in 1 * **Sorkwity** (Sorquitten). Der kleine Ferienort liegt an der Strecke Olsztyn – Mrągowo und besitzt einen Bahnanschluss. Wer bei der Ankunft in Sorkwity nicht gleich das Paddel in die Hand nehmen will, kann in einem direkt am See errichteten neogotischen Schloss aus dem 19. Jh. übernachten oder sich im Hotelrestaurant in der ehemaligen Remise stärken (►S. 244).
Am südöstlichen Ende des Lampickie-Sees findet sich in einem Schilfgürtel versteckt die Durchfahrt zum Jezioro Lampasz. Wie durch einen grünen Tunnel geht es dann auf einem schmalen Flüsschen weiter zum Jezioro Kujno – wenn man fahren kann, denn bei

Nasses Intermezzo ...
... während der Paddel-Tour auf der Krutynia.

niedrigem Wasserstand heißt es hier, das Boot einige Hundert Meter zu schieben. Nach 16 km ist die erste Etappe geschafft, und man erreicht den ❷ **Jezioro Białe**, auf dessen bewaldeten Inseln Kolonien von Kranichen nisten.

Krutyń Schmale Kanäle und breitere Seen wechseln sich im weiteren Verlauf der Strecke immer wieder ab. Gemächlich geht es vorbei an Seerosenfeldern, Schilfgürteln, Schwänen und Entenfamilien. Tagesetappen zwischen 10 und 15 km sind gut zu bewältigen, unterwegs gibt es Anlegestellen mit Campingplätzen, Hütten und Duschen. In kleinen Dörfern wie Spychowo kann man auch Lebensmittel einkaufen. Eine der Etappen führt durch das Naturschutzgebiet »Królewska Sosna« mit mehr als 200 Jahre alten Kiefern und endet im hübschen Ferienort ❸ ✶ **Krutyń** (Krutinnen). Zu den zahlreichen Paddlern gesellen sich Bootsstaker, die mit Holzbooten Touristen durch das flache Gewässer manövrieren.

Ukta Kurz hinter Krutyń endet die Fahrt vor einem Mühlendamm. Das Boot muss etwa 100 m weit getragen werden. Doch für ein paar Złoty bieten polnische Jugendliche ihre Dienste an und transportieren es auf einem Karren. Auf der nächsten Etappe nach ❹ **Ukta** zweigt bei Wojnowo ein kleiner Fluss in den Jezioro Duś ab. Direkt am Seeufer liegt ein Mitte des 19. Jh.s erbautes Nonnenkloster der Philipponen, dessen Kirche eine reiche Ikonensammlung birgt. Nach dem Abstecher geht es weiter nach ❺ **Nowy Most**.

Iznota

Die nächste Etappe führt von Nowy Most zunächst über den dicht mit Pflanzen bewachsenen Jezioro Gardyńskie und weiter über den schmalen Jezioro Jerzewko, dessen sumpfige Ufer seltenen Wasservögeln Schutz bieten. Dann geht's auf dem letzten Abschnitt der Krutynia am Weiler 6 **Iznota** vorbei zum 12 km langen Jezioro Bełdany. Gleich hinter der Flussmündung liegt auf einer Halbinsel das recht ungewöhnliche Erholungszentrum »Mazurski Eden«, wo der Psychiater Cezary Kubacki als Häuptling Izegus II. über seine in Felle gehüllten galindischen Krieger befiehlt (►S. 235). Das einer altpruzzischen Burg nachempfundene Hotel des »masurischen Edens« wird gern auch von gestressten Managern besucht, die hier neue Kraft tanken wollen.

i Tour Guide

- Zahlreiche deutsche und polnische Reiseveranstalter bieten Touren auf der Krutynia an; u. a. transportieren sie Boote und Paddler zum Ausgangspunkt zurück (Infos unter www.kajakimazury.pl oder www.as.tour.de). Geführte Kanu- und Paddeltouren, Bootsausleihe, Karten zum Streckenverlauf und Infos zu Übernachtungsmöglichkeiten bietet auch das PTTK-Bootshaus an der Anlegestelle in Sorkwity (http://sorkwity.pttk.pl).

Ruciane-Nida

Am südlichen Ende des Jezioro Bełdany passieren die Boote eine Schleuse, dann geht die Fahrt auf dem Jezioro Nidzkie weiter zur Anlegestation des kleinen Ferienortes 7 **Ruciane-Nida**. Nach neun oder zehn Tagen mit eher bescheidenem Komfort, aber mit viel Ruhe endet dort die Paddeltour.

Reiseziele von A bis Z

500 KM OSTSEEKÜSTE MIT ENDLOSEN DÜNENLANDSCHAFTEN, KLARE SEEN IN DER KASCHUBISCHEN SCHWEIZ UND MASUREN, DAS ERBE DER KREUZRITTER UND BEEINDRUCKENDE NATIONALPARKS PRÄGEN DAS NÖRDLICHE POLEN.

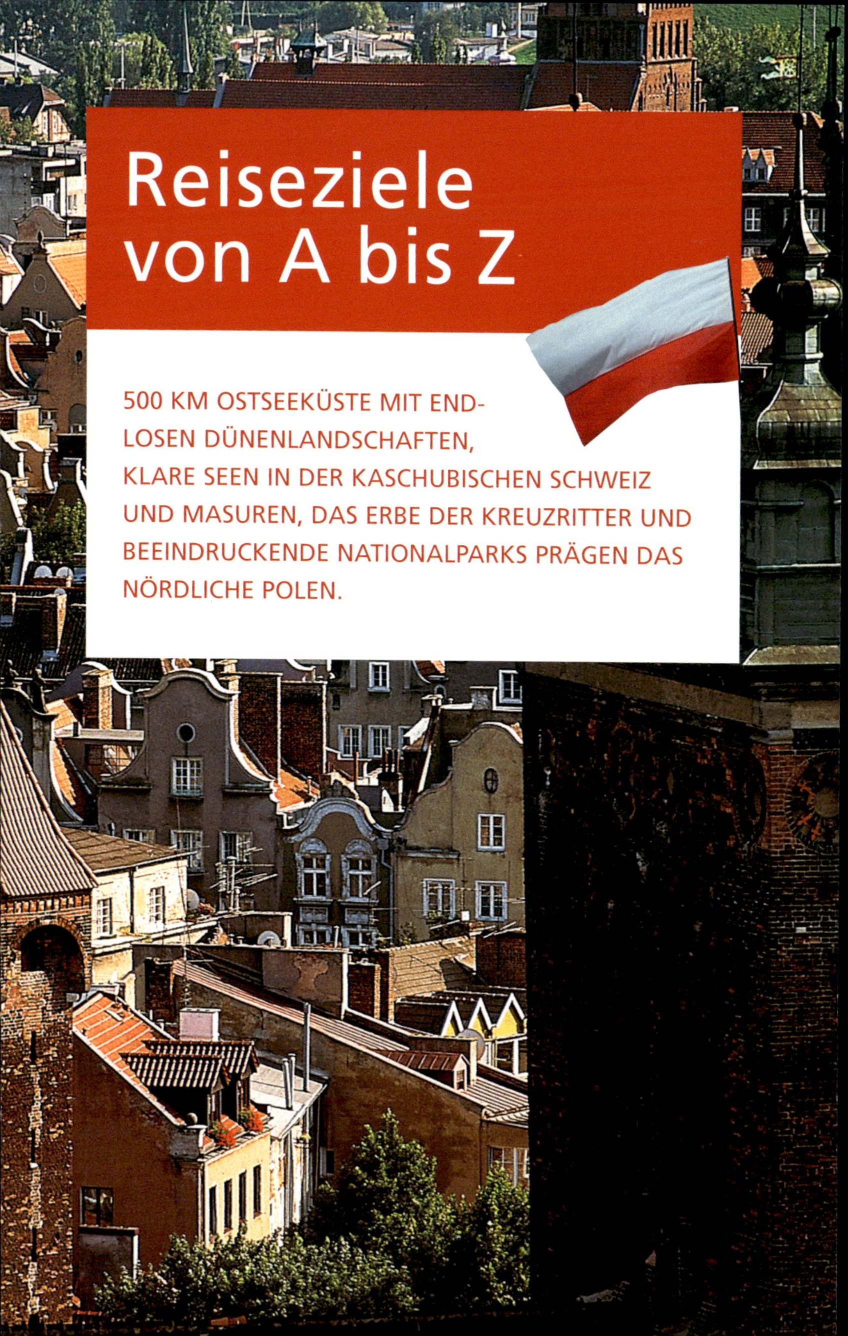

★ Augustów

S 3

Wojewodschaft: Podlaskie
Einwohnerzahl: 30 000
Höhe: 122 m ü.d.M.

Umgeben von großen Seen und dichten Wäldern gehört das »Venedig des Nordens« zu den beliebtesten Sommerurlaubszielen in Polen. Paddler und Kanufahrer lassen sich zu einer Fahrt auf dem über 100 km langen Augustowski-Kanal herausfordern.

Geschichte Den Anfang der Geschichte Augustóws bildet eine Schänke, die Reisende auf dem Weg von Litauen nach Polen beherbergte. Hier gründete Königin Bona Sforza 1555 die nach ihrem Sohn Zygmunt August benannte Stadt.

Der Bau des Augustowski-Kanals im 19. Jh. brachten der damaligen Wojewodschaftsstadt den wirtschaftlichen Aufschwung. In den 1920er-Jahren entwickelte sich Augustów zum Zentrum der Holzindustrie und wurde zugleich eines der wichtigsten Urlaubsziele für die politische Elite des Landes.

Nach dem Zweiten Weltkrieg knüpfte die Stadt an diese Tradition an. Aufgrund zahlreicher Mineralquellen der Umgebung und seiner besonderen Lage inmitten kristallklarer Seen und wunderschöner Wälder wurde Augustów 1993 zum Kurort aufgewertet.

! *Baedeker* TIPP

Paddeln von See zu See

Von Augustów aus lassen sich tagelange Kajaktouren auf den umliegenden, durch einen historischen Kanal miteinander verbundenen Seen unternehmen. Boote erhält man im Wassersportzentrum PTTK (ul. Nadrzeczna 70-A).

Sehenswertes in Augustów

Stadtzentrum Das Stadtzentrum um den **Rynek Zygmunta Augusta** blieb weitestgehend in seiner ursprünglichen Form aus dem 18. Jh. erhalten. Den Marktplatz umgeben zweigeschossige Bürgerhäuser, die im 19. Jh. im spätklassizistischen Stil erbaut wurden.

Den **Jezioro Niecko** (Niecko-See) am Rand des Stadtzentrums säumen zahlreiche Hotels und Ferienanlagen. 1999 entstand hier der erste polnische **Wasserskilift** mit einer Länge von 740 m. Die Anlage steht von Mai bis September ambitionierten Amateursportlern und Profis offen.

Museen Das **Heimatmuseum** (Muzeum Ziemi Augustowskiej) in der ul. Hoża 7 zeigt eine ethnografische Ausstellung, die dem Kunsthandwerk und ländlichen Alltagsleben der Region gewidmet ist. Über die Geschichte des Augustowski-Kanals informiert die Zweigstelle des Heimatmuseums im ehemaligen Pförtnerhäuschen der Villa Ignacy Prądzyńskis, des leitenden Ingenieurs der Kanalarbeiten (Dział Historii Ka-

AUGUSTÓW ERLEBEN

AUSKUNFT

Tourist Information
Rynek Zygmunta Augusta 44
PL 16-300 Augustów
Tel. 087 / 643 28 83
www.um.augustow.pl

Biebrza-Nationalpark
Osowiec-Twierdza 8
PL 19-110 Goniądz
Tel. 085 / 738 06 20
www.biebrza.org.pl
Das Informationszentrum organisiert geführte Wanderungen durch den Park und vermietet Kajaks für eine Tour auf der Biebrza.

AUSGEHEN

Im »Bluesbrothers« in der ul. Mostowa gibt's im Sommer zur griechisch-italienisch inspirierten Küche Blueskonzerte unter freiem Himmel.

EVENTS

Lustiger kann man nicht untergehen – das ist das Motto der alljährlich im Juli ausgetragenen Meisterschaften im »Wir-segeln-auf-allem«. Amateurbootsbauer aus ganz Polen versuchen, sich mit ihrem möglichst originellen Gefährt im buchstäblichen Sinn über Wasser zu halten.
Im Juli und August findet der »Augustower Theatersommer« statt.

URLAUB AKTIV

Durch die Puszcza Augustowska, eines der größten zusammenhängenden Waldgebiete Polens, führen rund 160 km ausgewiesene Radwanderwege.
Schöne Ausflugsfahrten auf dem Augustowski-Kanal und den Seen rund um die Stadt unternimmt die Weiße Flotte (Żegluga Augustowska, ul. 29 Listopada 7, Tel. 087 / 643 28 81).

ESSEN

► Erschwinglich

Restauracja Dom Nauczyciela
ul. 29 Listopada 9
Tel. 087 / 643 74 31
Regionale und litauische Fischspezialitäten im »Haus des Lehrers«.

► Preiswert

Restaurant & Pub Maska
Rynek Zygmunta Augusta 9
Tel. 087 / 644 72 13
Kreative mediterrane Speisen und traditionelle Gerichte der Region in angenehmer Atmosphäre.

ÜBERNACHTEN

► Komfortabel

Hotel SPA Wojciech
ul. Wojciech 15
PL 16-300 Augustów
Tel. 087 /644 72 37
www.augustow-wojciech.pl
28 Z. Moderne Ferienanlage am Białe-See im malerischen Stadtteil Studzieniczna.

Hotel Warszawa
ul. Zdrojowa 1
PL 16-300 Augustów
Tel. 087 / 643 28 05
www.hotelwarszawa.pl
64 Z. Direkt am Ufer des Necko-Sees gelegenes Hotel mit großem Spa-Bereich. Das Restaurant bietet Spezialitäten der podlachischen Küche.

► Günstig

Karczma Starożyn
PL 16-326 Płaska 1
Tel. 087 / 641 87 29
6 Z. Rund 20 km östlich von Augustów inmitten der Puszcza Augustowska gelegene Pension. Mit dem Kajak kann man die nahe gelegenen Seen erkunden.

nału Augustowskiego, ul. 29. Listopada 5a, Öffnungszeiten beider Museen: Di – So, 9.00 – 16.00 Uhr; das Pförtnerhäuschen allerdings nur von Mitte Mai – Mitte Sept.).

Augustowski-Kanal

Der Augustowski-Kanal ist eines der bedeutendsten technischen Baudenkmäler Polens. Die etwas über 100 km lange Wasserstraße verbindet die die Biebrza mit dem Niemen. Insgesamt 18 Schleusen regulieren die Höhenunterschiede von 54 m.

Der Kanal sollte ursprünglich die Flusssysteme von Weichsel und Memel miteinander verbinden, um dem damals russischen Gebiet einen zollfreien Zugang zur Ostsee zu ermöglichen. Bis dahin mussten Handelswaren über preußisches Gebiet ausgeführt werden. Wegen des Novemberaufstandes ließ die russische Regierung die Bauarbeiten 1831 vorübergehend einstellen und verweigerte dem Königreich Polen später die Genehmigung für den Bau des zweiten Teils. Die Wasserstraße erfüllte nie im vollen Umfang ihre Bestimmung und dient heute ausschließlich touristischen Zwecken.

Umgebung von Augustów

Puszcza Augustowska

Östlich von Augustów erstreckt sich mit einer Fläche von über 100 000 ha eines der größten Waldgebiete Polens, die Puszcza Augustowska. Sie reicht von Augustów bis zum Wigry-See und wird von mehreren Wasserläufen, u. a. vom Augustowski-Kanal, durchschnit-

Der Bierbrza-Nationalpark ist ein Dorado für Ornithologen.

ten. In der urwüchsigen Waldlandschaft, die man am besten mit dem Kajak erkundet, leben noch Elche, Biber und Luchse sowie Auerhähne, Birkhähne und Schwarzstörche. Zu dem Waldgebiet zählen einige besonders ausgewiesene Naturreservate, darunter das ausgedehnte Wald- und Moor-Reservat **Kuriańskie Bagno**.

★★ Biebrza-Nationalpark

Südlich von Augustów liegt das Tal des Biebrza-Flusses. Sein Einzugsgebiet mit Sümpfen, Auen und Mooren steht seit 1993 als Nationalpark unter besonderem Schutz. Mit einer Gesamtfläche von ca. 59 000 ha – davon nehmen allein die Sümpfe über 25 000 ha ein – ist er der **größte polnische Nationalpark**.
Vom 32 km östlich von Augustów gelegenen Lipsk zieht sich der Biebrza-Nationalpark (Biebrzański Park Narodowy) über eine Länge von 155 km entlang der Biebrza bis hin zum Ort Wizna unweit von ►Łomża. Der Nationalpark ist Rückzugsgebiet für eine Vielzahl vom Aussterben bedrohter Tier- und Pflanzenarten. Wegen der mehr als 270 verschiedenen Vogelarten, die hier brüten, ist das Flusstal ein Paradies für Hobbyornithologen. Das Schutzgebiet darf nur von Sonnenauf- bis Sonnenuntergang mit Eintrittskarte betreten werden. Über 500 km erschlossene Wege ermöglichen die Erkundung des Geländes zu Fuß oder mit dem Fahrrad.

★★ Białystok

T 4

Wojewodschaft: Podlaskie
Einwohnerzahl: 295 000
Höhe: 120 – 160 m ü.d.M.

Jahrhundertelang prägten verschiedene Völker, Kulturen und Religionen das Gesicht der Białostoczyzna, der Region um Białystok im Nordosten des Landes. Polen, Litauer, Weißrussen, Tataren und Deutsche siedelten hier, und noch heute ist die Hauptstadt der Wojewodschaft Podlaskie das polnische Zentrum der Orthodoxie und der weißrussischen Minderheit.

Geschichte

Anfang des 15. Jh.s gegründet, kam Białystok im 17. Jh. in den Besitz der Adelsfamilie Branicki und erhielt 1692 das Stadtrecht. Mit der dritten polnischen Teilung wurde Białystok 1796 Verwaltungshauptstadt der gleichnamigen preußischen Provinz. Preußens Herrschaft über die Stadt endete wenige Jahre später mit dem Einzug Napoleons und der Errichtung des Herzogtums Warschau. Nach dem Wiener Kongress kam Podlachien unter russische Herrschaft, die bis zur Entstehung des modernen polnischen Staates 1919 andauerte.
Mit Beginn des Zweiten Weltkriegs wurde Białystok von deutschen Truppen besetzt und noch im Jahr 1939 an die Sowjetunion übergeben, die die Stadt in die Weißrussische Sowjetrepublik eingegliederte. 1941 wurde Białystok erneut von den Deutschen besetzt und die jü-

BIAŁYSTOK ERLEBEN

AUSKUNFT

Tourist Information
ul. Malmeda 6
PL 15-432 Białystok
Tel. 085 / 732 68 31
www.bialystok.pl

AUSGEHEN

① *Cabaret*
ul. Kilińskiego 13
Tel. 085 / 732 27 61
Im »Cabaret« werden Kleinkunstveranstaltungen und Konzerte geboten; manchmal wird auch Salsa getanzt.

② *Odeon*
ul. Akademicka 10
Tel. 085 / 742 49 88
In dem runden Glasbau hinter dem Branicki-Park gibt's an Wochenenden Jazz und Blues live.

SHOPPING

Ein Einkaufsbummel in Białystok führt durch die ul. Lipowa, an der eine Vielzahl von Modeboutiquen, Einzelhandelsgeschäften und Bars ihre Pforten eröffnet haben.

ÜBERNACHTEN

► Luxus

① *Branicki*
ul. Zamenhofa 25
PL 15-435 Białystok
Tel. 085 / 665 25 00
www.hotelbranicki.com
32 Z.
Das im Zentrum gelegene Hotel sieht sich in der Tradition ehemaligen »Ritz«, das 1944 zerstört wurde. Es bietet individuell eingerichtete Zimmer, einen stilvollen Zigarrenclub und ein sehr gutes Restaurant, das feine mediterrane und polnische Küche offeriert.

► Komfortabel

② *Cristal*
ul. Lipowa 3
PL 15-424 Białystok
Tel. 085 / 749 61 00
www.cristal.com.pl
88 Z. Direkt gegenüber der orthodoxen Kathedrale gelegenes modernes Hotel. Das Restaurant serviert polnische und französische Küche.

③ *Gołębiewski*
ul. Pałacowa 7
PL 15-064 Białystok
Tel. 085 / 743 54 35
www.golebiewski.pl
219 Z. und App.
Die Hotelanlage in der Nähe des Branicki-Palastes bietet mit dem »Aquapark Tropikana« ein herrliches Badeparadies für ausgewiesene Wasserratten – mit künstlichen Wellen, großen Wasserrutschen und Wellnessbereich.

► Günstig

④ *Dom Turysty Rubin*
ul. Warszawska 7
PL 15-873 Białystok
Tel. 085 / 677 23 35
56 Betten. Der Vorteil der einfachen Pension ist ihre Zentrumsnähe; so kann man sich vom Quartier aus gut zu Fuß auf den Weg machen.

ESSEN

► Erschwinglich

① *Arsenał*
ul. Mickiewicza 2
Tel. 085 / 742 85 65
Edles Restaurant im Seitenflügel des Branicki-Palastes. Das Menüangebot reicht von leckeren regionalen Spezialitäten bis zu leichter mediterraner Küche.

② *Berlin*
ul. Żelazna 9
Tel. 085 / 746 10 75
Außerhalb des Zentrums gelegen. Hier gibt's nicht nur köstlichen Sauerbraten und Eisbein, der Küchenchef kredenzt auch leckere Gerichte aus anderen Regionen Europas.

► **Preiswert**
③ *Café Wedel*
Rynek Kościuszki 17
Tel. 085 / 742 06 47
Diese Filiale der bekannten polnischen Süßwarenfirma offeriert die dickste Trinkschokolade, exotischen Kakao und Kaffee und leckeren Kuchen.

dische Bevölkerung in ein Ghetto gesperrt. Als das Ghetto im Sommer 1943 liquidiert werden sollte, brach ein bewaffneter Aufstand aus, der aber bereits nach wenigen Tagen niedergeschlagen wurde. Am 18. August 1943 begann die Deportation der letzten 30 000 verbliebenen Juden in die Vernichtungslager Majdanek und Auschwitz. Białystok hatte nach dem Ende des Zweiten Weltkrieges über die Hälfte seiner Bevölkerung verloren. In den 1960er-Jahren erlebte die Stadt aber einen wahren Boom und entwickelte sich zum neuen Zentrum in Podlachien.

Sehenswertes in Białystok

ul. Lipowa

Die ul. Lipowa ist die zentrale Achse und **Hauptflaniermeile** Białystoks. Ihre nach dem Zweiten Weltkrieg wieder hergestellten Bürgerhäuser und Stadtvillen zeugen noch heute vom Wohlstand, der hier einst herrschte. Sehenswert ist die Villa des Tuchfabrikanten Chaim Nowik (Nr. 35). Das Jugendstilgebäude, in dem sich heute das Reserveamt der Armee befindet, wurde zu Beginn des 20. Jh.s erbaut und setzt mit seiner hervorspringenden Westseite, die an einen Turm erinnert, einen markanten Akzent in der Straßenflucht.

Rochuskirche

Die Rochuskirche (Kościoł Świętego Rocha) beim Plac Niepodległości am westlichen Ende der ul. Lipowa ist eines der weltweit ersten sakralen Bauwerke des Modernismus. Das achteckige Gebäude wurde ab 1927 von dem Warschauer Architekten Oskar Sosnowski als Symbol der wiedergewonnenen staatlichen Unabhängigkeit Polens erbaut. Mit der sowjetischen Besatzung 1939 wurden die Arbeiten gestoppt; erst 1946 wurde der Bau beendet. Das Gebäude wird von einem 83 m hohen Kirchturm überragt, den eine Marienfigur krönt. Den ansonsten kargen Innenraum schmückt eine gläserne Kuppel, deren Mosaik eine Taube als Symbol für den Heiligen Geist und die Figuren der vier Evangelisten zeigt.

St. Nikolaus

Die orthodoxe Kirche St. Nikolaus (Kościół Św. Mikołaja) an der ul. Lipowa wurde 1843 bis 1846 im klassizistischen Stil erbaut. Sie ist ausgestattet mit Wandmalereien, die 1910 von dem russischen Maler Michail Anilow nach dem Vorbild der Fresken des Kiewer Wolody-

Białystok Orientierung

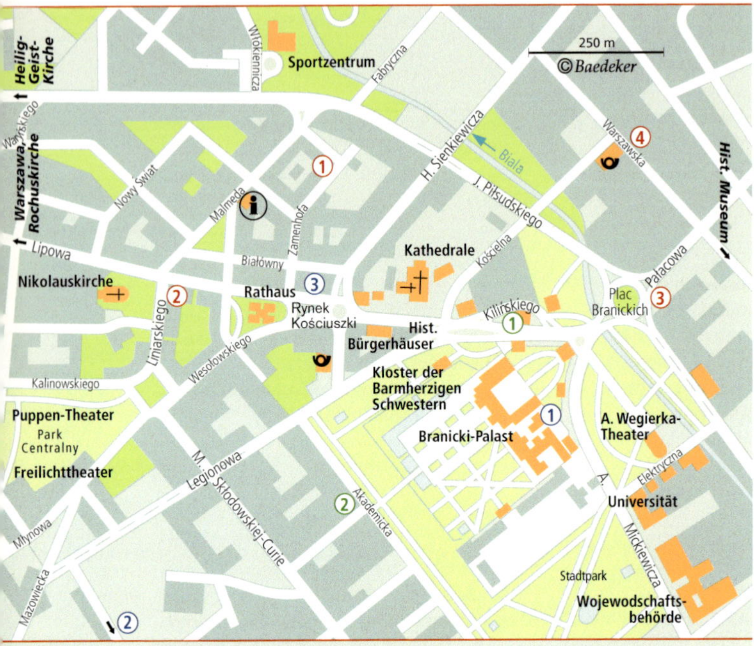

Ausgehen
① Cabaret
② Odeon

Essen
① Arsenal
② Berlin
③ Café Wedel

Übernachten
① Branicki
② Cristal
③ Gołębiewski
④ Dom Turysty Rubin

mir-Klosters geschaffen wurden. Im östlichen Teil des Kirchenraumes befindet sich das Presbyterium, das durch eine reiche Ikonostase mit Heiligenbildern aus dem 19. Jh. abgetrennt ist.

Rynek Kościuszki

Nur wenige Schritte weiter tritt man auf den Rynek Kościuszki, der zusammen mit dem alten Rathaus das Zentrum der Stadt bildet. Im Sommer sind die Biergärten auf dem Marktplatz ein beliebter Treffpunkt der Einheimischen. Das Rathaus wurde 1745 bis 1761 errichtet und 1944 zerstört. Der Nachbau von 1954 beherbergt das Regionalmuseum von Podlachien, dessen ständige Ausstellung den Hauptströmungen der polnischen Malerei und Plastik vom 18. Jh. bis zur Gegenwart gewidmet ist (Muzeum Podlaskie w Białymstoku, Rynek Kościuszki 10, Öffnungszeiten: Di. – So. 10.00 – 17.00 Uhr).

Kathedrale

Etwas weiter östlich bestimmt ein Ensemble geistlicher Bauten das Bild des Platzes. Das älteste Gebäude an dieser Stelle ist die 1617 bis1627 erbaute Pfarrkirche (Kościół Farny); das barocke Pfarrhaus

Das »Versailles von Podlachien« entfaltet zu allen Jahreszeiten seinen Reiz.

wurde 1761 hinzugefügt. Mitte des 19. Jh.s reichte der Platz für die stetig wachsende Gemeinde nicht mehr aus. Da die russische Verwaltung den Neubau von katholischen Kirchen untersagt hatte, bemühte man sich um eine Bauerlaubnis für eine Erweiterung der bestehenden Kirche. 40 Jahre später war die sher viel größere neogotische Maria-Himmelfahrt-Kathedrale fertig gestellt. Der dreischiffige Backsteinbau ist heute Sitz des Erzbischofs von Białystok.

★★ Branicki-Palast

Unweit vom Marktplatz, zwischen ul. Legionowa und ul. Mickiewicza, liegt das barocke Schloss der Familie Branicki. Jan Klemens Branicki ließ den Adelssitz 1691 bis 1697 von Tylman van Gameren, dem königlichen Hofarchitekten, in einen Palast nach französischem Vorbild umgestalten. Seine heutige Form erhielt der Palast durch den 1728 bis 1758 von Johann Heinrich Klemm und Johann Sigmund Deybel geleiteten Umbau. Wegen seiner luxuriösen Gemächer, der weitläufigen Parkanlage und der reich verzierten Fassaden wird das Anwesen auch **»Versailles von Podlachien«** genannt. Das nach den Zerstörungen des Zweiten Weltkriegs in den 1950er-Jahren wieder aufgebaute Schloss ist heute Sitz der Medizinischen Fakultät der Universität Białystok.

Der Palast ist umgeben von einer weitläufigen Parkanlage, die Ende der 1990er-Jahre in ihren ursprünglichen Zustand versetzt wurde. Sie zählt heute zu den **schönsten Barockgärten Polens**. Südlich des Palastes gliedert sich der Park in einen französischen und einen englischen Garten.

◄ Theater

Nördlich des Schlosses steht das 1748 erbaute Theater von Białystok. Eineinhalb Jahrzehnte vor dem Nationaltheater in Warschau gegründet, ist es die **älteste ständige Bühne Polens**.

Historisches Museum

Einige Gehminuten vom Branicki-Palast entfernt steht in der ul. Warszawska der Anfang des 20. Jh.s erbaute Palast der jüdischen Fabrikantenfamilie Cytron, in dem das Historische Museum der Stadt untergebracht ist. Von den rund 35 000 Exponaten zur Geschichte der Region ist leider nur ein Bruchteil zugänglich. Zu den interessantesten Stücken zählen die sterblichen Überreste einer gotischen Prinzessin, die während der Völkerwanderungszeit in einem Langboot bestattet wurde (Muzeum Historyczny, Öffnungszeiten: Di. – So. 10.00 – 17.00 Uhr).

Einst Zentrum des jüdischen Lebens

- Białystok war seit Mitte des 19. Jh.s Zentrum des jüdischen Lebens im russischen Teil Polens. Der Anteil der jüdischen Bürger an der Gesamtbevölkerung machte in den 1930er-Jahren bis zu 70 Prozent aus. Diese Zahl stieg mit Beginn des Zweiten Weltkrieges durch die vor den deutschen Truppen flüchtenden Juden noch an. Das Kriegsende erlebten nur noch knapp 400 der Białystoker Juden.

Ungefähr drei Kilometer nordwestlich vom Stadtzentrum liegt **Polens größtes orthodoxes Bauwerk**. Die 55 m hohe Heilig-Geist-Kirche (Cerkiew Świętego Ducha) wurde 1999 nach fast 20-jähriger Bauzeit vollendet. Sie wird von fünf zwiebelförmigen Kuppeln überwölbt, deren größte 23 Meter hoch ist und ein 7,5 Meter hohes Kreuz trägt. Ausgestattet ist die Kirche u. a. mit drei reich verzierten Altären.

Jüdischer Friedhof

Etwa zwei Kilometer östlich des Zentrums an der ul. Wschodnia befindet sich der einzige erhaltene jüdische Friedhof der Stadt. Die jüdische Gemeinde nutzte das 12,5 ha große Areal von 1876 bis 1969. Die fast 5000 teilweise reich verzierten Grabmäler und Mausoleen aus Marmor, Granit und Sandstein sind großteils sehr gut erhalten.

Museumsdorf in Osowicze

Das Museumsdorf in Osowicze, ein Vorort von Białystok, zeigt die traditionelle Architektur Podlachiens. Neben einer Bockwindmühle aus dem 19. Jh. sind mehrere kleinere Landadelshöfe zu sehen. Regelmäßige Vorführungen traditioneller Handwerksberufe geben Einblicke in die Lebensweisen vergangener Zeiten (Białostockie Muzeum Wsi, Szosa do Augustowa 1, Osowicze, Öffnungszeiten: Mai – Okt. Mo. – Fr. 8.00 – 15.00, Sa. bis 16.00, So. 8.30 – 16.30 Uhr).

Umgebung von Białystok

Supraśl

Rund 15 km nordöstlich von Białystok, inmitten des Waldgebiets Puszcza Knyszyńska, liegt Supraśl. Das 4500 Einwohner zählende Städtchen wurde 2001 zum Kurort ernannt. Vor allem die gute Luft und die Heilkraft seiner Moorbäder locken zahlreiche Kurgäste in den kleinen Ort.

Basilianerkloster ▸

Etwa um das Jahr 1500 herum gründeten einige Mönche des Basilianerordens ein Kloster an der Biała. Der Klosterhof ist von drei Seiten mit barocken Gebäuden aus dem 17./18. Jh. umgeben. An der östlichen Seite schließt sich der 1635 bis 1655 errichtete Palast der Äbte an. Kapelle und Refektorium des Abtpalastes, beide mit reicher Stuckverzierung, sind heute als **Museum** zugänglich. Neben einer Ausstellung regionaler Holzplastiken faszinieren vor allem die aus der zerstörten orthodoxen Hauptkirche stammenden Temperafresken aus dem 16. Jahrhundert (ul. Konarskiego 5, Öffnungszeiten: Di. – So. 9.00 bis 16.00 Uhr).

Die Maria-Verkündigungs-Kirche (Cerkiew Zwiastowania Najświętszej Marii Panny) wurde im 16. Jh. erbaut, nachdem ihr hölzerner Vorgängerbau einem Brand zum Opfer gefallen war.

Das Bauwerk, das zu den schönsten orthodoxen Kirchen Polens zählte, wurde im Zweiten Weltkrieg von den Deutschen vollkommen zerstört. Seit 1985 wird dieses **Meisterwerk der Renaissancearchitektur** erneut aufgebaut; teilweise bereits wieder hergestellt sind die Sterngewölbe. Auch finden seit geraumer Zeit hier wieder Gottesdienste statt.

Die »Burg Gottes« der orthodoxen Mönche macht in der Tat einen wehrhaften Eindruck.

◄ Buchholtz-Palast

Am pl. Kościuszki befindet sich der Palast der Fabrikantenfamilie Buchholtz. Das 1892 bis 1903 errichtete Bauwerk, das heute als Gymnasium genutzt wird, vereint klassizistische Elemente mit jenen der Renaissance und des Jugendstils. Zu besichtigen sind das Arbeitszimmer des Tuchfabrikanten A. Buchholtz, der Bankettsaal und das prunkvolle Treppenhaus.

✶ **Bohoniki**

Unweit der weißrussischen Grenze, etwa 40 km östlich von Białystok, liegt das Dorf Bohoniki. Gegründet Mitte des 16. Jh., siedelten hier seit dem 17. Jh. v. a. Tataren, deren Kultur das Dorf und die Region prägte. Mit ihrem von einer kleinen zwiebelförmigen Kuppel gekrönten Dach erinnert die um 1900 erbaute **Moschee** in Bohoniki an eine orthodoxe Kirche. Die Mihrab, die kunstvoll ausgeführte Gebetsnische, markiert die Richtung zur heiligen Stadt Mekka. Wer die Moschee besichtigen möchte, kann sich im Gemeindehaus der tatarischen Minderheit gegenüber der Moschee für eine Führung anmelden (►Baedeker Special S. 288).

✶ **Kruszyniany**

Nur wenige Kilometer südlich von Bohoniki liegt das Dorf Kruszyniany, ein weiteres Zentrum der tatarischen Minderheit. Die Moschee dort, 1829 erstmals erwähnt, verfügt im Gegensatz zur

Moschee von Bohoniki über gesonderte Eingänge für Männer und Frauen. Auch im Gebetsraum findet sich die traditionelle Trennung nach Geschlechtern wieder. Wer die Moschee besichtigen möchte, fragt im Haus Nr. 57 nach dem Schlüssel. Führungen finden, in polnischer und englischer Sprache, an Wochenenden statt.

Der tatarische Friedhof von Kruszyniany ist die **größte muslimische Ruhestätte Polens**. Er liegt nur wenige Schritte von der Moschee entfernt. Ein Halbmond schmückt das Tor, durch das man das kiefernbestandene Gelände betritt. Neben neueren Gräbern, die sich bis auf die muslimische Symbolik kaum von christlichen unterscheiden, findet man ältere Grabmäler in Form von Obelisken oder in den Boden eingelassenen Steinplatten. Besonders interessant ist das Nebeneinander arabischer, kyrillischer und lateinischer Grabinschriften.

! *Baedeker* TIPP

Speisen wie die Tataren

Traditionelle tatarische Speisen gibt es in der »Tatarska Jurta« gegenüber der Moschee von Kruszyniany. Ein beliebtes Gericht ist Pierekaczewnik, eine mit Hammelfleisch oder Käse gefüllte Blätterteigrolle; dazu gibt es starken türkischen Kaffee oder Tee. Die »Tatarenjurte« bietet auch einfache, aber günstige Übernachtungsmöglichkeiten (ul. Słowackiego 26, Kruszyniany, PL 16-030 Supraśl, Tel. 085 / 710 84 60).

Choroszcz Das Städtchen Choroszcz liegt 15 km westlich von Białystok im malerischen Narewtal. Mitte des 17. Jh.s gründeten Dominikanermönche hier ein Kloster, das seine spätbarocke Gestalt 1753 bis 1756 beim Ausbau der Stadt durch Jan Klemens Branicki erhielt. Zum Kloster gehört die Pfarrkirche St. Johannes und Paul (Kościół Św. Jana Chrzciciela i Św. Szczepana). Als besonderen Schatz verwahrt das Kloster eine Reliquie des heiligen Candidus, eines frühchristlichen Märtyrers, der Ende des 3. Jh.s hingerichtet wurde.

In der ul. Lipowa, unweit des Dominkanerklosters, steht die 1878 im neobyzantinischen Stil errichtete orthodoxe Kirche der barmherzigen Muttergottes (Cerkiew Matki Bożej Opiekuńczej). Ihr weithin sichtbarer Glockenturm prägt das Stadtbild. Die von einer Kuppel überwölbte Kirche ist mit byzantinischen Ikonen reich geschmückt.

Am Ortsrand, umgeben von einem 25 ha großen Park, liegt die Sommerresidenz der Familie Branicki, die heute als Museum zugänglich ist. Das in den 1750er-Jahren auf einer künstlichen Insel erbaute Palais zeigt eine wertvolle Sammlung von Rokokomöbeln, Wandteppichen, Uhren und Porzellan (Muzeum Wnętrz Pałacowych, Öffnungszeiten: Di. – So. 10.00 – 15.00 Uhr).

Handwerksroute Viele traditionelle Gewerke blieben im Nordosten Polens bis heute erhalten. Zusammen mit dem Ethnografischen Museum richtete die Touristeninformation in Białystok vor einigen Jahren eine »Handwerksroute« ein. Sie führt u. a. zu Webereien in Janów, einer Holzlöffelwerkstatt in Zamczysk, Töpfern und Schmieden in Czarna Wieś Kościelna und einem Holzschnitzer in Sokółka.

Bielsk Podlaski

T 5

Wojewodschaft: Podlaskie
Einwohnerzahl: 27 400
Höhe: 141 m ü.d.M.

Die Kreisstadt Bielsk Podlaski im Süden der Wojewodschaft Podlachien zählt zu den ältesten Orten der Region. Schon im 12. Jh. siedelten hier ruthenische Bauern. Bekannt ist die Stadt vor allem für ihre weißrussischen Kulturveranstaltungen und für Polens einzige Fachschule für Ikonenmalerei.

Geschichte

Der 1253 erstmals urkundlich erwähnte Ort erhielt 1495 das Stadtrecht und wurde 1513 die erste Hauptstadt der neu geschaffenen Wojewodschaft Podlachien des polnisch-litauischen Königreichs. Schon im 15. Jh. war Bielsk das Ziel jüdischer, polnischer und deutscher Einwanderer und entwickelte sich zu einem wichtigen Handwerkszentrum. Bis heute lebt eine weißrussische Minderheit in der Stadt an der Biała, die rund 20 Prozent der Gesamtbevölkerung ausmacht und ein eigenes Gymnasium betreibt.

Sehenswertes in Bielsk Podlaski

Kirche der Allerheiligsten Mutter Gottes

Das **älteste sakrale Bauwerk der Stadt** steht in der ul. Jagiellońska. Die hölzerne Kirche der Allerheiligsten Muttergottes (Cerkiew Narodzenia Przenajświętszej Bogarodzicy) wurde 1562 errichtet. Darin ruhen die Gebeine ihrer Stifterin, der Herzogin Wassa Michajlovna. Die orthodoxe Kirche wurde in den folgenden Jahrhunderten mehrfach umgebaut und erweitert, der frei stehende Glockenturm stammt aus dem 17. Jahrhundert. Aus der ersten Hälfte des 16. Jh.s datiert ein besonders eindrucksvolles Kunstwerk: die Ikone der Heiligen

BIELSK PODLASKIE ERLEBEN

AUSKUNFT

Tourist Information
ul. Kopernika 1
PL 17-100 Bielsk Podlaski
Tel. 085 / 730 05 50
www.bielsk-podlaski.pl

ÜBERNACHTEN

► **Günstig**
Hotel Unibus
ul. Widowiska 4
PL 17-100 Bielsk Podlaski
Tel. 085 / 730 03 03
www.unibus.com.pl
49 Z.
Einfaches Hotel im Ortszentrum, das Restaurant serviert regionale Spezialitäten.

ESSEN

► **Preiswert**
Podlasianka
ul. Mickiwicza 37
Tel. 085 / 730 20 00
Regionale und polnische Küche in postsozialistischem Flair.

Rund um Bielsk Podlaski wird Landwirtschaft meist noch traditionell betrieben.

Jungfrau von Ogiditria. Das Heiligenbild, dem wundertätige Kräfte nachgesagt werden, zieht jährlich Tausende von Pilgern nach Bielsk.

St. Michaels-Kirche Die St.-Michaels-Kirche (Cerkiew Świętego Michała) an der ul. Mickiewicza entstand im 16. Jh. in der Nähe des alten Schlosses von Bielsk. Das sehenswerte Gebäude besitzt einen Glockenturm und zwei Kuppeln mit Zwiebeltürmen und wurde auf dem Grundriss eines griechischen Kreuzes errichtet. Die Kuppel des Hauptschiffes wird von sechs verzierten hölzernen Säulen getragen.

Rathaus Am nördlichen Ende der ul. Mickiewicza liegt der Marktplatz mit dem spätbarocken Rathaus. Das zweistöckige Gebäude mit Turmdach und einem Uhrentürmchen als Dachreiter setzt einen weithin sichtbaren Akzent in der Altstadt. Erbaut wurde es 1778 – 1780 von Jan Sękowski im Auftrag der damaligen Stadtherrin Izabella Poniatowska-Branicka. Nach mehreren Umbauten erhielt es im 19. Jh. seine heutige Form. Untergebracht ist hier eine Dependance des **Muzeum Podlaskie**, die Wechselausstellungen zu historischen, ethnografischen und künstlerischen Themen zeigt (ul. Mickiewicza 45, Öffnungszeiten: Di. – So. 10.00 – 17.00 Uhr).

Karmeliterinnenkloster Das ehemalige Karmeliterinnenkloster, in der Nähe des Marktplatzes gelegen, wurde Mitte des 17. Jh.s errichtet. Nach einem Brand wurde die Klosterkirche 1784 im klassizistischen Stil wiederaufgebaut. Seit 1840 erfüllte sie die Funktion der orthodoxen Garnisonskirche. Der gesamte Komplex wurde 1866 nach orthodoxem Ritus neu geweiht und nach neobyzantinischem Vorbild umgebaut.

Chojnice · Konitz

H 3

Wojewodschaft: Pomorskie **Höhe:** 148 m ü.d.M.
Einwohnerzahl: 39 700

Chojnice liegt unweit des Nationalparks Tucheler Heide am Rand der Kaschubei inmitten eines beliebten Urlaubs- und Naherholungsgebiets. Die Kleinstadt besitzt ein hübsch restauriertes Zentrum und ist ein guter Ausgangspunkt für Erkundungen des Nationalparks und des nahen Müskendorfer Sees.

Geschichte

Chojnice entstand aus einer Festung an der Kreuzung wichtiger Handelswege und erhielt 1360 das Stadtrecht. Von 1466 bis 1772 war es in polnischem, dann in preußischem Besitz; seit 1920 gehört es wieder zu Polen.

Sehenswertes in Chojnice

Historisch-Ethnografisches Museum

Das Stadtzentrum ist teilweise von einer mittelalterlichen Stadtmauer umgeben. Erhalten blieben das im 14. Jh. erbaute **Schlochauer Tor** (Brama Człuchowska) sowie drei Basteien. Der Turm des Schlo-

CHOJNICE ERLEBEN

AUSKUNFT

Tourist Information
Stary Rynek 4
PL 89-600 Chojnice
Tel. 052 / 397 05 97
www.turystyka.chojnice.pl

ÜBERNACHTEN

► Günstig

Bellevue
ul. Długa 23a, PL 89-606 Charzykowy
Tel. 052 / 398 81 52
www.hotel.charzykowy.pl
15 Z. Das kleine Hotel, mit Sauna und Restaurant, liegt ca. 6 km nordwestlich von Chojnice direkt am v. a. bei Seglern beliebten Müskendorfer See.

Piast
Plac Piastowski, PL 89-604 Chojnice
Tel. 052 / 397 94 20
www.hotelpiast.chojnice.pl
12 Z. Am Rand der Altstadt gelegenes Hotel mit Bar und Restaurant.

Rancho Pod Lasem
ul. Droga Pod Lasem 2, Krojanty
PL 89-620 Chojnice
Tel. 052 / 39 85 620
www.podlasem.krojanty.com
3 Z., 2 App. Nordöstlich von Chojnice gelegener gepflegter Reiterhof.

ESSEN

► Erschwinglich

Sukiennice
ul. Sukienników 14
Tel. 052 / 397 96 28
Stimmungsvolles Restaurant in einem restaurierten Bürgerhaus. Serviert werden polnische und sehr gute chinesische Gerichte. Im Obergeschoss ist ein Hotel mit preiswerten Zimmern untergebracht.

Bürgerhäuser aus dem 19. Jh. säumen den Rathausplatz mit dem großen Brunnen.

chauer Tors diente im 17./18. Jh. als Gefängnis, später als Glockenturm. Heute sind dort die archäologischen und völkerkundlichen Sammlungen des Historisch-Ethnografischen Museums untergebracht. Auch die benachbarte **Hühnerfuß-Bastei** (Baszta Kurza Stopa) dient als Ausstellungsraum des Museums (Muzeum Historyczno-Etnograficzne, ul. Podmura 13, Öffnungszeiten: Di., Do. 10.00 bis 17.00, Mi., Fr. bis 15.30, Sa., So. bis 15.00 Uhr).

Marktplatz

Am Stary Rynek (Altmarkt) erhebt sich das stattliche **neogotische Rathaus**, das Anfang des 20. Jh.s gebaut wurde. Den Platz säumen schön restaurierte Bürgerhäuser aus dem 19. Jahrhundert.

St. Johannes

Die gotische Pfarrkirche St. Johannes (Bazylika Św. Jana) an der ul. Gimnazjalna entstand im 14. Jh., wurde 1945 stark zerstört und später nach altem Vorbild wiedererrichtet.

Die nahe gelegene spätbarocke Jesuitenkirche (Kosciół Najświętszej Marii Panny) stammt aus der Mitte des 18. Jh.s und verfügt über eine sehenswerte illusionistisch ausgemalte Kuppel.

Umgebung von Chojnice

✶ Tucheler Heide

Die Ortschaft Chojnice liegt inmitten der Bory Tucholskie (Tucheler Heide), dem nach dem ►Urwald von Białowieża größten Waldgebiet in ganz Polen. Der nördlich von Chojnice gelegene, von der Natur her wertvollste und faszinierendste Teil der Tucheler Heide ist seit 1996 mit einer Fläche von rund 1170 km² als **Nationalpark** geschützt. Schmelzwasser hat dort während der baltischen Eiszeit, die vor rund 15 000 Jahren endete, eine einzigartige Landschaft mit Sanderflächen und Inlandsdünen gebildet.
Zu diesem Schutzgebiet gehören mehr als 20 Seen mit zum Teil kristallklarem Wasser. Der im Westen des Parks gelegene, fast 10 km lange Jezioro Charzykowskie (Müskendorfer See) ist wunderbar zum Baden geeignet und schon seit einigen Jahrzehnten ein beliebtes Segelsportzentrum.

! *Baedeker* TIPP

Paddeln in der Tucheler Heide

Der nördlich von Chojnice gelegene Jezioro Charzykowskie ist Startpunkt einer attraktiven, bislang wenig bekannten Kanu-Tour, die streckenweise durch den »Nationalpark Tucheler Heide« verläuft. Im Ferienort Charzykowy kann man preiswert Boote ausleihen (Stanica Wodna PTTK, ul. Wzgórze 1, Tel. 052 / 398 81 05).

Darłowo · Rügenwalde

E 2

Wojewodschaft: Zachodnio-Pomorskie **Höhe:** 0 – 8 m ü.d.M.
Einwohnerzahl: 15 600

Seit über hundert Jahren ist der Ort an der Wipper als Heimat der »Rügenwalder Teewurst« ein Begriff. Und der in der einstigen Hansestadt geborene Pommernfürst Erik ging als »der letzte Wikinger« in die Geschichte ein.

Geschichte

Der 1271 erstmals erwähnte Ort an der Wieprza (Wipper) erhielt 1312 das Stadtrecht und trat 1356 der Hanse bei. Drei Jahrhunderte lang gehörte die Stadt zum Besitz der Greifenherzöge, die hier ihre Residenz unterhielten. Nach dem Tod des letzten Greifenherzogs, Bogisław XIV., im Jahr 1637 gelangte Rügenwalde in brandenburgischen, später in preußischen Besitz. Den Zweiten Weltkrieg überstand die heutige Kreisstadt weitgehend unversehrt.

◄ Der letzte Wikinger

Als Sohn eines Pommerschen Herzogs wurde Erich 1382 in Rügenwalde geboren, wuchs aber seit dem sechsten Lebensjahr bei der Großtante Königin Margarethe I. auf, die über Dänemark, Norwegen und Schweden herrschte. Als König Erik folgte er ihr auf den Thron. Nach Streitigkeiten wurde er 1439 abgesetzt und begann von der Insel Gotland aus eine neue Karriere als Pirat; dabei hatte er es v. a. auf

DARŁOWO ERLEBEN

AUSKUNFT

Tourist Information
Muzeum Zamek Książąt Pomorskich
ul. Zamkowa 4
PL 76-150 Darłowo
Tel./Fax 094 / 314 29 02
www.darlowo.pl
(touristische Auskünfte vom 15. Juni bis 31. August)

URLAUB AKTIV

Darłowkos Aquapark ist der einzige in Polen, dessen Becken mit Meerwasser gefüllt sind (Park Wodny »Jan«, ul. Północna 11, www.parkwodny.net).

ESSEN

► Erschwinglich

Gościniec Zamkowy
ul. Marii Skłodowskiej-Curie 23
Tel./Fax 094 / 314 31 53
Gasthof in einem sanierten Fachwerkbau von 1740 mit Gartenterrasse; serviert werden polnische und internationale Gerichte.

ÜBERNACHTEN

► Komfortabel

Jan
ul. Słowiańska 24
PL 76-153 Darłowo
Tel. 094 / 314 31 20, www.hoteljan.pl
89 Z., 11 App. Das strandnahe Mittelklassehotel liegt direkt neben dem Aquapark.

Lidia
ul. Dorszowa 3, PL 76-153 Darłowo
Tel. 094 / 314 30 38, www.hotel-lidia.pl
34 Z. Im Jahr 2001 errichtetes Hotel nahe des Strandes von Darłówko mit Hallenbad, Sauna und Restaurant.

Schiffe seiner untreuen Untertanen abgesehen. Schließlich kehrte Erik nach Rügenwalde zurück und regierte dort bis zu seinem Tod 1459 als Herzog von Pommern-Stolp.

Sehenswertes in Darłowo

Altstadt Das im 14. Jh. errichtete Steintor (Brama Kamienna) führt in die schachbrettartig angelegte Altstadt. Den rechteckigen Marktplatz, den pl. Kościuszki, säumen einige barocke Laubenhäuser. Die Westseite nimmt das 1725 gebaute barocke Rathaus ein.

Marienkirche Direkt hinter dem Rathaus liegt die wuchtige Marienkirche (Kosciół N.P. Marii). Die dreischiffige Hallenkirche mit 60 m hohem Turm entstand im 14. Jh. und wurde später barock ausgestattet. In der **Fürstengruft** stehen die Sarkophage von König Erik sowie der Herzoginnen Hedwig (1595 – 1650) und Elisabeth (1580 – 1653), Gemahlinnen der beiden letzten Greifenherzöge.

Schloss der pommerschen Herzöge Südöstlich des Marktes erhebt sich das Schloss der pommerschen Herzöge (Zamek Kziąząt Pomorskich). Der gotische Bau wurde um 1352 als Wasserburg errichtet und später im Stil der Renaissance

Einen ausgesprochen hübschen Anblick bietet das Schloss der pommerschen Herzöge.

verändert. Die ehemalige Residenz wurde u. a. als Gefängnis und Getreidelager genutzt; heute zeigt dort das **Regionalmuseum** sakrale Skulpturen, Möbel aus verschiedenen Epochen, archäologische Funde sowie zeitgenössische Kunst (Öffnungszeiten: Mo. – Fr. 10.00 bis 18.00, Sa., So. 10.00 – 16.00 Uhr).

Gertrudenkapelle

Die nordwestlich der Altstadt gelegene zwölfeckige, mit Holzschindeln gedeckte gotische Gertrudenkapelle (Kaplica Św. Gertrudy) wurde vermutlich von König Erik gestiftet. Ein auf sechs Pfeilern ruhendes Sternengewölbe schmückt den Innenraum schmückt. Seit 1990 dient die ehemalige Friedhofskapelle als Pfarrkirche.

Umgebung von Darłowo

Darłówko

Darłówko (Rügenwaldermünde) entstand als Hafen der 3 km östlich gelegenen Stadt Rügenwalde an der Mündung der Wipper. 1814 gründete der Arzt Dr. Georg Büttner hier das erste preußische Seebad. Der durch die Flussmündung geteilte Ferienort ist im Sommer von Darłowo aus auch mit einem kleinen Boot (Tramwaj Wodny) in rund 20 Min. zu erreichen. Wie ein notgelandetes Ufo wirkt das »Wärterhäuschen« an der Schiebebrücke über die Wipper. Unweit

davon erhebt sich der 22 Meter hohe **Leuchtturm** aus dem Jahr 1927 (Öffnungszeiten: tgl. 9.00 Uhr bis zur Dämmerung).
Die am Strand von Darłowo gelegene stimmungsvolle Freiluftgaststätte des Kur- und Ferienzentrums »Plaża« (ul. Słowiańska 3) bietet u. a. rund 50 Pizza-Sorten an. Die eigentliche Attraktion sind aber die Kellner und Köche: Sie unterhalten die Gäste mit Gesang.

Sławno Die Kleinstadt Sławno (Schlawe) liegt etwa 20 km südlich von Darłowo. In der Geburtsstadt des Historikers Franz Mehring (1846 – 1919) und des Rundfunkpioniers Hans Bredow (1879 – 1959) lohnt sich der Besuch der 1321 erbauten gotischen Pfarrkirche (Kościół Parafialny). Sehenswert sind auch die beiden um 1450 entstandenen gotischen Stadttore.

Warcino Im Jahr 1867 erwarb der damalige preußische Ministerpräsident **Otto von Bismarck** (1815 – 1898) in dem 28 km südöstlich von Sławno gelegenen Dorf Warcino (Varzin) ein Rittergut. In der nahe gelegenen Kleinstadt Kępice (Hammermühle) ließ er mehrere Papierfabriken errichten. Dort mussten 1944 polnische Zwangsarbeiter **für die Gestapo Dollar- und Pfundnoten fälschen**; mit dem Falschgeld sollte die britische und amerikanische Wirtschaft geschädigt werden. 1945 wurden die Fabrikanlagen vollständig zerstört. Das Gut in Varzin ist heute Sitz einer Fachschule für Forstwirtschaft; Teile der Einrichtung aus Bismarcks Arbeitszimmer blieben erhalten (Besichtigung auf Anfrage bei Direktor Piotr Manka, Tel. 059 / 857 69 63).

★ Drawieński Park Narodowy · Drawa-Nationalpark

D 4

Wojewodschaften: Zachodnio-Pomorskie, Lubuskie, Wielkopolskie

Höhe: 40 – 150 m ü.d.M.

Der 1990 eingerichtete Nationalpark umfasst die Täler der Flüsse Drawa und Płociczna. Die urwüchsige Seen- und Waldlandschaft ist vor allem bei Kanuwanderern sehr beliebt.

Waldreiche Sanderebenen Die Landschaft des Nationalparks wurde vor ca. 15 000 bis 20 000 Jahren während der letzten Phase der baltischen Eiszeit geformt. Abfließendes Gletscherwasser spülte einen breiten Sandstreifen aus, durch den heute die **Drawa** und die **Płociczna** fließen. 1974 wurden die wertvollen Sanderebenen als Naturschutzgebiet ausgewiesen, 1990 entstand hier ein Nationalpark mit einer Gesamtfläche von 11 100 ha. Mehr als drei Viertel der Fläche bilden Kiefernwälder.

Drawa ► Die Drawa, die in der Nähe von Połczyn Zdrój entspringt und nach 186 km in die Noteć (Netze) mündet, gilt als ausgesprochen »launen-

DRAWIEŃSKI PARK NARODOWY ERLEBEN

AUSKUNFT

Informationszentrum
ul. Leśników, PL 73-220 Drawno
Tel. 095 / 768 20 51
www.dpn.pl
Hier gibt's neben Eintrittskarten für den Nationalpark u. a. auch Angelgenehmigungen und Wanderkarten.

URLAUB AKTIV

Auf dem Gebiet des Nationalparks darf die Drawa vom 1. Juli bis 15. März befahren werden. Eingerichtet wurden mehrere Biwakplätze. Kajaks verleiht u. a. die PTTK-Station in Drawno (ul. Kolejowa 9, Tel. 095 / 768 21 55).

ESSEN / ÜBERNACHTEN

▸ Preiswert / Günstig

Haus Binduga
Kontakt: Violetta Albes
Viehauser Berg 31, D-45239 Essen
Tel. 0201 / 76 23 94
www.zatom.de
3 Ferienwohnungen
Im Dorf Zatom (Zatten), 14 km südlich von Drawno gelegenes altes Flößerhaus mit Tante-Emma-Laden.

Rancho Rodeo
Zatom 26
PL 73-220 Drawno
Tel. 095 / 768 25 81
www.ranchorodeo.pl
5 Z. Kleines Gestüt mit Schwimmbad, Sauna, Tennisplatz und Fischteich.

Zamek Tuczno
ul. Zamkowa, PL 78-640 Tuczno
Tel. 067 / 259 31 17
www.zamek-tuczno.pl
37 Z. Am nordöstlichen Rand des Nationalparks gelegenes Renaissanceschloss. Mit Restaurant und Tennisplätzen.

haft«. Sie fließt zunächst sehr ruhig dahin, ähnelt dann aber stellenweise mehr einem reißenden Gebirgsfluss. An manchen Stellen im Nationalpark hat sie bis zu 30 m hohe Schluchten in den porösen Untergrund geschnitten.

Flora und Fauna

Die Flüsse und Seen des Nationalparks sind sehr fischreich; insgesamt werden knapp 40 Fischarten gezählt. Der Nationalpark ist Lebensraum für 165 Vogelarten, u. a. für See- und Schreiadler, für Biber und Fischotter. Über 920 Pflanzenarten kommen hier vor, darunter 55, die unter Artenschutz stehen. Zu den wertvollsten Pflanzen des Parks zählt die Sumpf-Glanzkraut-Orchidee.

Drawno (Neuwedel)

Die zwischen den beiden Seen Jezioro Dubie Północne und Dubie Południowe gelegene Kleinstadt Drawno (Neuwedel) bildet das nördliche Tor zum Nationalpark. 1313 wurde erstmals die Burg der Familie von Wedel urkundlich erwähnt. Von dem Bauwerk existieren nur noch Fragmente. Die gotische Kirche am pl. Wolnośći entstand im 13./14. Jh.; der Fachwerkturm auf quadratischem Grundriss wurde im 18. Jh. angefügt. Sehenswert ist die barocke Kanzel.

Idylle und Erholung im Drawa-Nationalpark – die einen sind mit dem Kanu unterwegs, die anderen angeln sich ihr Mittag- oder Abendessen.

★ Elbląg · Elbing

L 2

Wojewodschaft: Warmińsko-Mazurskie **Höhe:** 0 – 30 m ü.d.M.
Einwohnerzahl: 127 600

Eingebettet in eine sanfte Hügellandschaft liegt die ehemalige Hansestadt östlich der Weichsel am gleichnamigen Fluss, der den Druzno-See mit dem Frischen Haff verbindet. Mit Ausflugsbooten erreicht man von Elbląg aus rasch die Badestrände auf der Frischen Nehrung.

Geschichte

Das 1237 vom Deutschen Orden gegründete Elbing erhielt 1241 das Stadtrecht. Rasch entwickelte sich die Stadt zum wichtigsten Zentrum des Ordensstaates und war 1358 **eines der Gründungsmitglieder der Hanse**. Doch mit dem Erstarken Danzigs im 15. Jh. verlor Elbing seine Vormachtstellung. 1453 kam die Stadt unter polnische Herrschaft und gelangte 1772 an Preußen. Im 19. Jh. erfuhr Elbing einen enormen industriellen Aufschwung. Während des Zweiten Weltkrieges stand es ganz im Zeichen der Kriegsproduktion, wurde Anfang 1945 von der Roten Armee belagert und schließlich fast völlig zerstört. In den 1990er-Jahren wurde die Altstadt der einstigen Hansestadt im historisierenden Stil wieder aufgebaut. Seit 1992 ist die Stadt Sitz des neu eingerichteten Bistums Elbląg.

ELBLĄG ERLEBEN

AUSKUNFT

Tourist Information
ul. Czerwonego Krzyża 2
PL 82-300 Elbląg
Tel./Fax 055 / 232 42 34
www.it.elblag.com.pl

AUSFLÜGE

Die Schiffe der Żegluga Gdańska fahren von Elbląg übers Haff zum Badeort Krynica Morska, nach Frombork und ins russische Kaliningrad (nähere Infos unter www.zegluga.pl).

AUSGEHEN

In den Sommermonaten veranstaltet die »Galerie EL« Jazz- und Blueskonzerte.

ESSEN

► Erschwinglich

Słowiańska
ul. 1 Maja 3
Tel. 055 / 232 42 78
Das »slowinzische« Lokal, östlich der Altstadt gelegen, bietet in rustikalem Jägerambiente deftige altpolnische Küche.

► Preiswert

Pod Kogutem
ul. Wigilijna 8
Tel. 055 / 641 28 82
Auf der Karte des soliden Altstadtlokals stehen regionale Spezialitäten wie Elbinger Schinken und Königsberger Klopse.

Strzecha
ul. Studzienna 4
Tel. 055 / 235 95 61
Gegenüber der »Galerie EL« gelegene, geschmackvoll eingerichtete Pizzeria, auch bei Einheimischen beliebt.

ÜBERNACHTEN

► Luxus

Kadyny Country Club
Kadyny
PL 82-340 Tolkmicko
Tel. 055 / 231 61 20
www.kadyny.com.pl
40 Z.
Geschichtsträchtiges, modern ausgestattetes Refugium im ehemaligen Sommerpalais von Kaiser Wilhelm II. etwa 18 km nordöstlich von Elbląg.

► Komfortabel

Gromada
pl. Słowiański 2
PL 82-300 Elbląg
Tel. 055 / 230 61 91
www.hotele.gromada.pl
112 Z.
Vor allem bei Reisegruppen beliebtes Mittelklassehotel am Rand der Altstadt.

Młyn
ul. Kościuszki 132
PL 82-300 Elbląg
Tel. 055 / 235 04 70
www.hotelmlyn.com.pl
25 Z. In einer sanierten alten Mühle nordöstlich vom Stadtzentrum eingerichtetes Hotel. Auch das angeschlossene Restaurant ist empfehlenswert.

Viwaldi
ul. Stary Rynek 16
PL 82-300 Elbląg
Tel. 055 / 236 25 42
www.viwaldi.m.walentynowicz.pl
20 Z.
Das freundliche kleine Haus wartet mit gut ausgestatteten Zimmern auf.

Sehenswertes in Elbląg

Altstadt Die Altstadt war lange Zeit eine wahre Fundgrube für Archäologen. Seit Mitte der 1980er-Jahre brachten Grabungen unzählige Relikte der Vergangenheit ans Tageslicht. Auf den Grundmauern der mittelalterlichen Bebauung entstanden in den 1990er-Jahren neue Häuser im historisierenden Stil; z. T. wurden alte Fassaden rekonstruiert. Ebenfalls wieder aufgebaut wurde das am nördlichen Ende der Altstadt gelegene **Markttor** (Brama Targowa) mit einem Teil der Stadtmauer. Das insgesamt 26 m hohe Tor entstand in der ersten Hälfte des 13. Jh. und spielte eine wichtige Rolle in der Geschichte der Stadt: Während der Belagerung Elbings durch den Deutschen Orden im Jahr 1521 schnitt ein Bäckergeselle die Taue durch, die das schwere Torgitter aufhielten, und rettete damit die Stadt vor der Plünderung durch die Ordensritter.

✶ Nikolaikirche Die Nikolaikirche (Kościół Św. Mikołaja) im Zentrum der Altstadt ist das eindrucksvollste Bauwerk von Elbląg. Das gotische Gotteshaus stammt aus dem 13. Jh. und wurde im Lauf der Zeit mehrfach ausgebaut. Die dreischiffige Kirche mit ihrem 96 m hohen Glockenturm erfüllt seit 1992 die Funktion der Kathedrale des Bistums Elbląg. Ein besonders schönes Werk ist das 1387 von einem Meister Bernhauser geschaffene bronzene Taufbecken. Nach der Zerstörung der Elbinger Kirchen im Zweiten Weltkrieg wurden zahlreiche Altäre und Skulpturen in die Nikolaikirche verbracht. Dazu gehört der gotische Hauptaltar der Marienkirche, dem seit 1945 allerdings die zugehörige Schreinmadonna fehlt.

! *Baedeker* TIPP

Moderne Kunst in der Kirche

Die »Galeria EL« gehört zu den renommiertesten Zentren für zeitgenössische Kunst im Norden Polens. Ungewöhnlich ist der Ort, an dem sich die Galerie eingerichtet hat: Ausstellungsraum ist die teilweise wiederaufgebaute Ruine der Marienkirche des Dominikanerordens in der Elbinger Altstadt. Die einstige Klosterkirche aus dem 13. Jh. war im Zweiten Weltkrieg nahezu völlig zerstört worden (ul. Kuśnierska 6, Öffnungszeiten: Mo. – Sa. 10.00 – 18.00, So. bis 17.00 Uhr).

Regionalmuseum Nach der erfolgreichen Belagerung der Elbinger Ordensburg 1453 durch polnische Truppen zerstörten die Bürger der Stadt die Residenz ihrer ungeliebten Herren und unterstellten sich der Hoheit des

Die wiederaufgebaute Altstadt besticht durch schöne Häuserzeilen.

polnischen Königs. Nur ein kleiner Teil der Burg blieb vor der Zerstörung verschont und beherbergt heute das Regionalmuseum von Elbląg. Die ausgestellten Exponate – darunter Delfter Kacheln und Keramik aus dem benachbarten Kadyny – zeugen vom einstigen Reichtum der Stadt und ihren vielfältigen Handelsbeziehungen (Muzeum w Elblągu, Bulwar Zygmunta Augusta 11, Öffnungszeiten: Di. – So. 9.00 – 17.00 Uhr).

✶ Oberland-kanal

Im kleinen Hafen am Rand der Altstadt beginnt der über 85 km lange Kanał Ostródzko-Elbląski, der seit Mitte des 19. Jahrhunderts die Verbindung zwischen dem westlichen Masuren und der Ostsee herstellt (►Baedeker Special S. 258).

Umgebung von Elbląg

Jezioro Drużno

Rund 3 km südlich von Elbląg liegt der Jezioro Drużno. An seinem Nordufer lag einst die Handelssiedlung **Truso**. In den Sommermonaten finden hier immer noch archäologische Ausgrabungen statt. Die Wissenschaftler geben gerne Auskunft über ihre Arbeit, und wer Glück hat, bekommt auch eine kleine Führung durch das Gelände (den genauen Anfahrtweg sollte man im Regionalmuseum erfragen).

Kadyny

Die Elbinger Höhen im Nordosten der Stadt sind ein Landschaftsschutzgebiet mit beeindruckenden Schluchten und einem sehr alten

Klein-Holland im Weichseldelta

- 1540 erlaubte König Zygmunt I. den in Holland verfolgten Mennoniten, sich im Weichseldelta anzusiedeln. Sie verwandelten das sumpfige Gebiet in ein Klein-Holland mit Kanälen und Windmühlen. Nach 1772 entzogen sich viele Mennoniten der preußischen Assimilierung und wanderten nach Russland aus, 1945 wurden die verbliebenen Familien vertrieben. An ihre Geschichte erinnert das Werder-Museum in Nowy Dwór Gdański (Tiegenhof), 25 km nordwestlich von Elbląg (Muzeum Żuławski, ul. Kopernika 17, Öffnungszeiten: Sommer tgl. 10.00 – 16.00 Uhr).

Baumbestand. Rund 18 km nordöstlich von Elbląg liegt an ihrem Fuß das Dorf Kadyny (Cadinnen). Gepflegte zweigeschossige Backsteingebäude mit grünen Fensterrahmen bestimmen das Bild des beliebten Ferienorts.

Im Jahr 1899 erwarb der deutsche Kaiser Wilhelm II. ein 1720 entstandenes barockes Gutshaus und ließ es zur Sommerresidenz ausbauen. Daneben gründete er ein Gestüt, in dem Ostpreußens berühmteste Pferde, die **Trakehner**, gezüchtet wurden. Nachdem das Anwesen lange Zeit leer gestanden hatte, werden hier seit 1961 Pferde der Großpolnischen Rasse gezüchtet. Ende der 1990er-Jahre wurde in den ehemaligen Wirtschaftsgebäuden der kaiserlichen Residenz mit dem »Kadyny Country Club« ein komfortables Hotel eingerichtet (►S. 147).

Unweit vom Schlosskomplex steht die **Bażyński-Eiche**, die zu den **ältesten Bäumen Polens** zählt. Das über 700 Jahre alte Naturdenkmal ist gut 25 m hoch und hat einen Umfang von rund 10 m. Der Legende nach soll die Eiche von der Namensgeberin des Dorfes, der pruzzischen Fürstentochter Cadina, gepflanzt worden sein.

Ełk · Lyck

R 3

Wojewodschaft: Warmińsko-Mazurskie **Höhe:** 126 m ü.d.M.
Einwohnerzahl: 55 800

In der größten Stadt im Osten Masurens wurde 1926 der Schriftsteller Siegfried Lenz geboren. Mit seinen Romanen und Erzählungen setzte er der ursprünglichen Landschaft und ihren Bewohnern ein liebevolles Denkmal.

Geschichte Zu Beginn des 15. Jh.s errichtete der Deutsche Orden eine Burg an der Stelle einer alten pruzzischen Befestigung auf einer Insel im Lycksee. Schon nach kurzer Zeit ließen sich masowische Siedler am Ufer gegenüber der Insel nieder und gründeten einen kleinen Ort, der 1669 das Stadtrecht erhielt. Nach dem Zweiten Weltkrieg entwickelte sich in Ełk vor allem die Holz- und Agrarindustrie. Nachdem die Veränderungen nach 1989 einen massiven Abbau von Arbeitsplätzen mit sich brachten, setzt man seit Mitte der 1990er-Jahre verstärkt auf den Ausbau der touristischen Infrastruktur.

EŁK ERLEBEN

AUSKUNFT

Tourist Information
ul. Armii Krajowej 58 a
PL 19-300 Ełk, Tel. 087 / 621 70 10
www.turystyka.elk.pl

EVENT

»Przystanek Olecko« – »Haltestelle Olecko« heißt eines der größten Rockfestivals der Region. Ende Juli treten in dem nördlich von Ełk gelegenen Städtchen die bekannteten Bands Polens auf (Infos unter www.przystanek.pl).

ÜBERNACHTEN

► Komfortabel

Rydzewski
ul. Armii Krajowej
PL 19-300 Ełk, Tel. 087 / 621 89 00
www.rydzewski.pl
Modernes Hotel im Stadtzentrum mit 39 freundlich eingerichteten Zimmern und einem Fischrestaurant mit Sommergarten.

Siedlisko Morena
Jeziorowskie 11 a
PL 19-330 Stare Juchy
Tel. 087 / 619 99 99
www.siedliskomorena.pl
31 Z., 5 App. Am See gelegenes Komforthotel im Landhausstil mit Hallenbad, Sauna, eigenem Strand, Tennisplatz und gepflegtem Restaurant.

ESSEN

► Erschwinglich

Dos Patos
ul. Wojska Polskiego 73 a
Tel. 087 / 621 70 61
Eines der besten Restaurants der Stadt mit großer Auswahl an regionalen und internationalen Spezialitäten.

► Preiswert

Smętek
ul. Pułaskiego 19, Tel. 087 / 621 14 53
Netter Pub an der Strandpromenade mit schwimmender Bar und Bootsverleih.

Sehenswertes in Ełk

Altstadt

Bauten aus der sozialistischen Zeit bestimmen das Bild der Stadt, doch im Zentrum wurden einige historistische Bürgerhäuser und Jugenstilgebäude saniert. Sie vermitteln wieder einen kleinen Eindruck vom einstigen Flair. Die neu gestaltete Seepromenade lädt mit vielen kleinen Bars und Restaurants zum Flanieren und Verweilen ein.

Schloss

Das ehemalige Stadtschloss liegt auf einer Insel inmitten des Lycksees gegenüber der Altstadt. Die vom Deutschen Orden erbaute Anlage verfiel im 18. Jh. stark. Im 19. Jh. wurde im Hauptflügel ein Gefängnis eingerichtet, das bis 1976 genutzt wurde. Gegenwärtig sucht die Stadt Investoren für das Gelände, das im Sommer zeitweise als Veranstaltungskulisse dient.

Herz-Jesu-Kirche

Die neogotische Herz-Jesu-Kirche (Kościół Najświętszego Serca Jezusowego) wurde in den Jahren 1847 bis 1850 als protestantische Pfarr-

Idyllische Spazierwege führen am Lycker See entlang.

kirche errichtet. Sie wurde 1914 stark zerstört und in den 1920er-Jahren wieder aufgebaut. Seit 1945 wird sie von der katholischen Gemeinde genutzt. Wände, Decken und Pfeiler der dreischiffigen Hallenkirche sind mit Ornamenten verziert, die Räume über den Kapitellen mit Heiligenmedaillons gefüllt, die die wichtigsten polnischen Nationalheiligen abbilden.

St. Adalbert-Kirche Am südlichen Ende der Altstadt steht in der ul. Kościuszki die 1894 bis 1903 errichtete St.-Adalbert-Kirche (Kościół Św. Wojciecha). Das neogotische Gotteshaus überstand den Zweiten Weltkrieg weitgehend unbeschadet und dient seit 1999 der neu geschaffenen Diözese Ełk als Kathedrale. Sehenswert sind einige Heiligenfiguren aus dem 16. und 17. Jahrhundert.

Wasserturm Der Wasserturm an der ul. 11-go Listopada wurde 1895 erbaut und versah bis in die 1970er-Jahre seinen Dienst. Heute trifft sich hier die »Gesellschaft der Deutschen Minderheit«, die den Turm restaurieren ließ und neben ihren Büros während der Feriensaison einen Ausstellungsraum und ein kleines Café betreibt.

Umgebung von Ełk

Stare Juchy Rund 20 km nordwestlich von Ełk liegt Stare Juchy (Fließdorf), einer der ältesten Orte im östlichen Masuren. Die Dreifaltigkeitskirche (Kościół Trójcy Przenajświętszej) wurde 1586 erbaut. Die Ausstattung der barocken Kirche stammt z. T. aus dem hölzernen Vorgängerbau, beispielsweise der Renaissancealtar von 1501. Die Deckenmalereien sind größtenteils noch original erhalten.

Das Städtchen Olecko, das einstige Margrabowa/Treuburg, liegt 38 km nördlich von Ełk am gleichnamigen See. Der **7 ha große Marktplatz** im Zentrum galt einst als der größte in Deutschland. Von der ehemaligen Bebauung blieb nach dem Ende des Zweiten Weltkriegs nicht mehr viel erhalten.
Der Olecko-See (Jezioro Oleckie) war schon vor dem Zweiten Weltkrieg ein beliebtes Ausflugsziel. Vom ehemaligen Hindenburgpark, dem damaligen Sport- und Vergnügungszentrum mit Reitbahn, sind noch einige Gebäude erhalten. Sehenswert ist die alte Badeanstalt im wilhelminischen Stil.

! *Baedeker* TIPP

Eine Kleinbahn namens Popp

Siegfried Lenz setzte ihr in seinem Band »So zärtlich war Suleyken« ein literarisches Denkmal – und noch immer tuckert die »Kleinbahn namens Popp« von Ełk nach Turowo, allerdings nur im Sommer. Dabei lässt sich die 1913 in Betrieb genommene Schmalspurbahn reichlich Zeit: Ca. 2 Stunden dauert die 36 km weite Fahrt. Bei der Bahnstation gleich neben dem Hauptbahnhof gibt es auch ein kleines Eisenbahnmuseum (Öffnungszeiten: tgl. 8.00 – 15.00 Uhr).

★★ Frombork · Frauenburg

M 2

Wojewodschaft: Warmińsko-Mazurskie **Höhe:** 0 – 20 m ü.d.M.
Einwohnerzahl: 2700

Eng verbunden mit dem beschaulichen Ort am Frischen Haff, das etwa 30 Kilometer nordöstlich von Elbląg liegt, ist der Name des Astronomen Nikolaus Kopernikus: Hier verfasste der spätmittelalterliche Universalgelehrte sein bahnbrechendes Werk vom Lauf der Himmelskörper.

Geschichte

Auf dem Gebiet der Stadt siedelte der altpreußische Stamm der Ermen, der in der ersten Hälfte des 13. Jahrhunderts vom Deutschen Orden unterworfen wurde. Nach der Zerstörung des Domkapitels im benachbarten Braniewo (Braunsberg) verlegte Bischof Heinrich I. 1278 den Sitz des Ermländer Bistums nach Frauenburg, das im Jahr 1310 zur Stadt erhoben wurde. Zwischen 1510 und 1543 war **Nikolaus Kopernikus** (▸Berühmte Persönlichkeiten) Verwalter des Domkapitels; im Turm der Kathedrale betrieb er seine astronomischen Studien.
Die schwedischen Kriegszüge im 17. Jh. und die Verschiebung der Handelsstraßen führten zum wirtschaftlichen Niedergang Frauenburgs. Nach schweren Zerstörungen im Zweiten Weltkrieg wurde die Stadt in den 1960er- und 1970er-Jahren wieder aufgebaut.

FROMBORK ERLEBEN

AUSKUNFT

Tourist Information
ul. Portowa 4, PL 14-530 Frombork
Tel. 055 / 243 70 52, www.frombork.pl

EVENT

In den Sommermonaten findet in der Fromborker Kathedrale das »Internationale Festival der Kirchenorgelmusik« statt. Von Juni bis August präsentieren internationale Orgelvirtuosen ihr Können.

ESSEN

► Erschwinglich

Akcent
ul. Rybacka 4
Tel. 055 / 243 72 75
Die polnischen Spezialitäten des »Akcent« werden im Sommer auf der Gartenterrasse serviert.

ÜBERNACHTEN

► Günstig

Kopernik
ul. Kościelna 2
PL 14-530 Frombork
Tel. 055 / 243 72 85
www.hotelkopernik.pl
70 Betten. Dieses Stadthotel bietet für wenig Geld einen guten Komfort. Das Restaurant serviert feine regionale Küche.

Warmia
ul. Gdańska 18
PL 14-500 Braniewo
Tel. 055 / 243 93 53
www.hotel-warmia.pl
90 Betten. Gepflegtes Mittelklassehotel im Stadtzentrum. Das Restaurant im stimmungsvollen Gewölbekeller bietet regionale und europäische Küche.

Sehenswertes in Frombork

✶✶ Dom

Das Bild Fromborks wird vom Domhügel (Wzgórze Katedralne) mit der größten Backsteinkirche des ehemaligen Ostpreußen bestimmt. Schon im 14. Jh. wurde eine mächtige Wehranlage um Dom und Bischofspalast gebaut, zum Schutz vor den Angriffen der Pruzzen. Die wuchtigen Mauern umschließen ein Areal von 130 m x 60 m.

Der Dom wurde 1329 bis 1388 erbaut und ist das älteste noch erhaltene Gebäude auf dem Domhügel. Die 97 m lange dreischiffige gotische Hallenkirche beherbergt zahlreiche Schätze der Sakralkunst. Besonders sehenswert ist der **spätgotische Flügelaltar** im nördlichen Seitenschiff mit einer »Mondsichelmadonna«, 1504 von Bischof Lukas Watzenrode gestiftet und in einer Thorner Werkstatt gefertigt. Die weiteren Altäre sowie die übrige Ausstattung stammen überwiegend aus dem Barock. Der Hochaltar wurde 1747 bis 1752 vom Krakauer Meister Franciszek Placidi gefertigt, die Gemälde stammen von dem Dresdner Künstler Stefan Torelli. Die 1693 von dem Danziger Daniel Nitrowski gebaute **Barockorgel** mit ihren beweglichen Figuren ist für ihren hervorragenden Klang berühmt.

Im Fußboden und an den Wänden des Doms finden sich mehr als 100 Grabplatten und rund 20 Epitaphe, vorwiegend für die hier be-

Die Kathedrale von Frombork ist die größte Backsteinkirche in der Region und ein wundervolles Beispiel für diese Bauweise.

grabenen Bischöfe und Domherren. Das Epitaph für Nikolaus Kopernikus wurde 1735 vom Domkapitel gestiftet und am ersten Pfeiler des nördlichen Kirchenschiffes angebracht. Im Sommer 2005 entdeckten Archäologen unter den Bodenplatten des Domes das vermutliche Grab des berühmten Astronomen (Öffnungszeiten der Kathedrale: Sommer Mo. – Sa. 9.30 – 17.00, im Winter bis 16.00 Uhr).

Bischofspalast

Von der einstigen Pracht des Ermländer Domkapitels zeugt der Bischofspalast aus dem 15. Jahrhundert. Der gotische Bau wurde später durch barocke Elemente verändert. Während des Zweiten Weltkriegs fast vollständig zerstört, beherbergt er nach seinem Wiederaufbau das **Kopernikus-Museum**. Gezeigt werden Exponate zur Stadtgeschichte, zur Geschichte des Domhügels und zum Leben und Wirken von Kopernikus (Öffnungszeiten: Sommer Di. – So. 9.00 – 16.00, im Winter bis 15.30 Uhr).

Glockenturm

Von der Aussichtsplattform des im 17. Jh. gebauten Glockenturms (Wieża Radziejowska) bietet sich ein guter Blick auf Frombork und das Frische Haff. Bei schönem Wetter reicht die Sicht sogar bis nach

Domhügel Orientierung

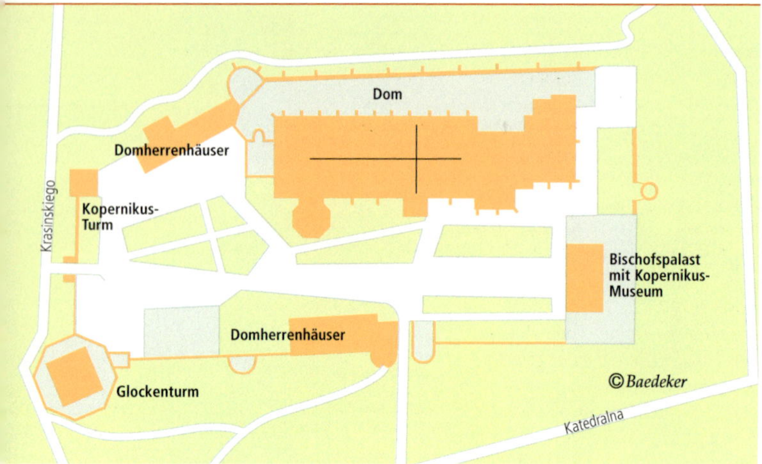

Kaliningrad (Königsberg). Im Untergeschoss des Turmes wurde ein Planetarium eingerichtet, im oberen Teil hängt eine Nachbildung des **Foucault'schen Pendels**, das durch seine Pendelbewegungen die Rotation der Erde nachweist (Öffnungszeiten: Sommer tgl. 9.30 – 17.00, im Winter bis 16.00 Uhr).

Kopernikus-Turm Der sog. Kopernikus-Turm aus dem Jahr 1410 ist Teil der Befestigungsanlagen des Domhügels. Kopernikus soll ihn von 1504 bis zu seinem Tod im Jahr 1543 als Arbeitsstube genutzt haben. Besucher können dort eine detailgetreue Nachbildung seines Arbeitszimmers bewundern (Öffnungszeiten: Sommer Di. – Sa. 9.30 – 17.00 Uhr).

Hospitz zum Heiligen Geist Im Westen der Stadt liegt das ehemalige Hospitz zum Heiligen Geist (Zespól poszpitalny Św. Ducha) mit der gotischen Kapelle St. Anna. Als Dependance des Kopernikus-Museums beherbergt es eine **Ausstellung zur Geschichte der Medizin**. Eine gut erhaltene Wandmalerei aus den Jahren 1423 bis 1426 mit der Darstellung des Jüngsten Gerichts ist in der St.-Annen-Kapelle zu sehen (Öffnungszeiten: Sommer Di. – Sa. 10.00 – 18.00 Uhr).

Wasserturm Unterhalb des Domhügels steht ein Wasserturm aus dem späten 16. Jh., der heute ein kleines Café beherbergt. Von der Aussichtsterrasse eröffnet sich ein herrlicher Blick über das Haff.

Findling Ein Findling in der Nähe des kleinen Fromborker Hafens erinnert mit einer Inschrift in deutscher und polnischer Sprache an 450 000 ehemalige Bewohner der Region, die gegen Ende des Zweiten Weltkriegs über das Haff nach Westen flüchteten.

Umgebung von Frombork

Braniewo

Rund 11 km östlich von Frombork, unmittelbar vor dem Grenzübergang zur russischen Enklave Kaliningrad, liegt die Kleinstadt Braniewo (Braunsberg).
Die im Zentrum gelegene **Katharinenkirche** (Kościół Św. Katarzyny) wurde 1343 bis 1442 errichtet. Das gotische Gotteshaus brannte während des Zweiten Weltkrieges vollkommen aus und wurde seit Ende der 1970er-Jahre wieder aufgebaut.
Besonders schön sind die Sterngewölbe der in neun Joche eingeteilten dreischiffigen Hallenkirche. Erhalten geblieben sind einige gotische Altäre sowie Teile der 1893 von Justus Bornowski angefertigten Wandgemälde.
Die **St. Antonskirche** (Kościół Św. Antoniego) wurde von 1830 bis 1837 nach Plänen von Karl Friedrich Schinkel (1781 – 1841) für die evangelische Gemeinde erbaut. Das klassizistische Gotteshaus überstand den Zweiten Weltkrieg unbeschadet und wird seit 1946 von der katholischen Gemeinde genutzt. Die Hallenkirche birgt eine Vielzahl sakraler Kunstwerke aus den zerstörten Kirchen der Umgebung.

> **! Baedeker TIPP**
>
> **Polens kleinster Zoo …**
>
> … ist in den 1970er-Jahren im mittelalterlichen Wassergraben der Altstadt Braniewos entstanden. Auf 3 ha sind über 30 Tierarten zu beobachten, u. a. Sibirische Tiger, Löwen und Bären (Ogród Zoologiczne, ul. Botaniczna, Öffnungszeiten: tgl. 10.00 – 18.00 Uhr).

★★ Gdańsk · Danzig

K 2

Wojewodschaft: Pomorskie
Einwohnerzahl: 459 000
Höhe: 0 – 142 m ü.d.M.

Danzig, die »Wiege der Solidarität«, der freien Gewerkschaft »Solidarność«, die den Sturz des sozialistischen Regimes herbeigeführt hat, bildet zusammen mit den Städten Sopot und Gdynia die sogenannte »Dreistadt« längs der Westseite der Danziger Bucht. Die im »goldenen Zeitalter« entstandenen prunkvollen Patrizierhäuser der Rechtstadt locken heute Hunderttausende Besucher in die Stadt an der Mottlau. Gdańsk kann aber auch mit hochkarätigen Kulturangeboten und kilometerlangen Stränden aufwarten.

Geschichte

Eine slawische Fischersiedlung an der Stelle des heutigen Langen Markts wird erstmals im Jahr 997 als **»urbs Gyddanzc«** urkundlich erwähnt. Die befestigte Siedlung entwickelte sich dank ihrer Lage an der Bernsteinstraße schnell zu einem Handelszentrum, das von slawischen Fürsten, den Herzögen von Pomerellen, regiert wurde. In

In der Mitte des Bildes (mit Brille) die Kranführerin Anna Walentynowicz, links dahinter Lech Wałęsa, bei einer Demonstration am 18. Oktober 1980 in Krakow.

DANZIG UND DIE »SOLIDARITÄT«

Auf Holzbretter haben Arbeiter aus Gdańsk 21 Forderungen gemalt. Die Erste lautet: »Zulassung der von der Partei und Arbeitgebern unabhängigen, freien Gewerkschaft.« Die Tafeln wurden von der UNESCO zum Weltdokumentenerbe ernannt und finden sich in einer Ausstellung zur Geschichte der Gewerkschaft Solidarność (Solidarität).

Am 14. August 1980 beginnt der Streik auf der Leninwerft, damals der größte Betrieb in Danzig. Die Arbeiter sind unzufrieden über staatlich verordnete Preiserhöhungen. Direkter Auslöser ist die Entlassung der **Kranführerin Anna Walentynowic**. Sie hat sich für die Rechte ihrer Kollegen, bessere Arbeitsbedingungen und die gleiche Bezahlung von Männern und Frauen engagiert.

Mit der Entlassung will man die Aufrührerin mundtot machen. Doch der gegenteilige Effekt tritt ein. Werftarbeiter treten in den Ausstand, entern den Dienstwagen des Direktors und holen Walentynowic zu Hause ab, damit sie zur Belegschaft sprechen kann. Die Kranführerin verzichtet auf den Vorsitz des Streikkomitees zugunsten des Elektrikers und Un-tergrundaktivisten **Lech Wałęsa**. Der will den Streik noch am gleichen Abend abbrechen. Doch Walentynowic harrt mit 500 Kollegen auf der Werft aus. Nachts kehrt Wałęsa zurück, am Morgen wird der Streik mit 16 000 Arbeitern fortgesetzt.

Der Protest weitet sich aus

Andere Betriebe in der Dreistadt Gdańsk-Sopot-Gdynia schließen sich dem Ausstand an, in weiteren polnischen Städten flammt der Protest auf. Tausende Danziger strömen vor die Tore der Werft, bringen Nahrungsmittel und Decken. Die Regierung wird zum Einlenken gezwungen, am 23. August 1980 beginnt sie offizielle Verhandlungen mit dem Streikkomitee. Nach acht Tagen verkündet Lech Wałęsa den jubelnden Danzigern das Ergebnis: **»Wir haben freie, unabhängige Gewerkschaften.«**

Ein Denkmal kündet von ruhmreichen Zeiten ...

Im November 1980 wird die Gewerkschaft Solidarność als erste unabhängige Arbeiterorganisation im Ostblock offiziell bei Gericht eingetragen. Auch das ein Jahr später verhängte Kriegsrecht kann die Entwicklung nicht mehr aufhalten, die zu den ersten freien Wahlen in Polen, zur Demokratisierung weiterer Länder Mittel- und Osteuropas und mittelbar auch zum Fall der Berliner Mauer führt.

Frei – und arbeitslos

Lech Wałęsa, der einstige Streikführer, wird am 9. Dezember 1990 erster frei gewählter Präsident Polens, scheitert aber fünf Jahre später an seinem sozialistischen Herausforderer Aleksander Kwaśniewski. Anna Walentynowic, die mutige Kranführerin, gerät in Vergessenheit, ist aber immer wieder zur Stelle, wenn Arbeiter für ihre Rechte kämpfen. Gelegenheit dazu hat sie reichlich, denn der Leninwerft bringt der Übergang von der Plan- zur Marktwirtschaft das **Aus auf Raten**. Auf dem Filetgrundstück soll eine noble Geschäfts- und Wohnstadt nach dem Vorbild der Londoner Docklands entstehen.

Ein Museum für die Revolution

Einstweilen haben alternative Künstler in einem Teil der Werftgebäude Unterschlupf gefunden. Zu sehen sind hier aber auch jene einfachen Holzbretter, mit denen der Streik begann. Sie sind Teil der Ausstellung »Wege zur Freiheit«. Gleich am Eingang empfängt die Besucher ein typischer Laden der frühen 1980er-Jahre: Leere Fleischerhaken, verstaubte Regale, in den Getränkekisten vor allem Wodka. Hier beginnt der Rundgang durch ein stürmisches Jahrzehnt. Man sieht die Hoffnung und Furcht in den Gesichtern der Menschen, Trotz und Zorn angesichts der Panzer, mit denen die Entwicklung noch einmal aufgehalten werden sollte, schließlich die Freude über den endgültigen Sieg. Die kleine Ausstellung soll zur Grundlage des für 2010 geplanten Museums zur Geschichte der Solidarność werden.

der Nähe gründeten im 12. Jh. deutsche Kaufleute, die Handelsverbindungen nach ganz Europa aufbauten, eine weitere Siedlung, die 1260 das Stadtrecht erhielt und 1308 an den Deutschen Orden fiel.
Seit 1361 Mitglied der **Hanse**, besaß Danzig eine eigene Handels- und Kriegsflotte. Ab dem 15. Jh. versuchte die Handelsstadt, die sich 1440 dem **Preußischen Bund** angeschlossen hatte, sich der Herrschaft des Deutschen Ordens zu entziehen, und unterstellte sich 1454 dem polnischen König. Die Stadt erhielt im Gegenzug zahlreiche Privilegien. Damit begann das »goldene Zeitalter« Danzigs: Zollfreiheit, Münzrecht und ein zeitweiliges Monopol auf den polnischen Außenhandel machten die Stadt zu einer der reichsten in Mitteleuropa.
In den Polnischen Teilungen verblieb die Stadt zunächst bei Polen, 1793 fiel sie dann an Preußen. Im Jahr 1807 erhielt Danzig von **Napoleon** den Status einer Freien Stadt, den es 1814 gegen die Zugehörigkeit zu Preußen wieder eintauschen musste. Nach dem Ausbau des Hafens blühte die **Hauptstadt der Provinz Westpreußen** wirtschaftlich erneut auf.
Der Versailler Vertrag erklärte Danzig nach dem Ersten Weltkrieg zur Freien Stadt unter dem Protektorat des Völkerbunds. Die Ausgliederung Danzigs aus dem Deutschen Reich sowie der durch den Versailler Vertrag geschaffene Polnische Korridor dienten als Vorwand für den deutschen Angriff auf Danzig am 1. September 1939, der den Zweiten Weltkrieg einleitete. Am Ende des Krieges war die Altstadt Danzigs fast völlig zerstört. In weniger als zwei Jahrzehnten gelang den polnischen Neu-Danzigern der Wiederaufbau von Hafen und Industrie sowie die originalgetreue Rekonstruktion der historischen Stadt – eine Pioniertat in der Geschichte der Denkmalpflege.
Im Dezember 1970 wurde der durch die Erhöhung der Lebensmittelpreise ausgelöste Streik der Werftarbeiter blutig niedergeschlagen. Zehn Jahre später, im Juli 1980, führte die sich verschlechternde Versorgung erneut zu Arbeitsniederlegungen. An der Spitze der Streikenden stand bald der Elektromonteur und Werftarbeiter **Lech Wałęsa** (►Berühmte Persönlichkeiten), der die Führung der ab Oktober 1980 zugelassenen unabhängigen Gewerkschaft **»Solidarność«** übernahm. Nach jahrelanger Repression während der Regierung des ehemaligen **Generals Wojciech Jaruzelski**, der im Dezember 1981 das Kriegsrecht verhängte und die »Solidarność« verbot, zwangen erneute Streiks im Jahr 1988 die Regierung zu Verhandlungen an den »Runden Tisch«. Sie bildeten den Auftakt für die grundlegenden Umwälzungen, die zur Umwandlung des kommunistischen Staates in die Republik Polen führten; ihr erster frei gewählter Präsident wurde im Dezember 1990 Lech Wałęsa.
Die politische Wende brachte auch eine Neubestimmung des Verhältnisses zur deutschen Vergangenheit mit sich. Anlässlich eines ersten Treffens von Danzigern, zu dem auch ehemalige deutsche Bewohner der Stadt eingeladen waren, wurde 2000 in einem Park an der ul. 3 Maja ein Friedhof der verlorenen Friedhöfe eingeweiht, der an die 1946/1947 eingeebneten deutschen Grabstätten erinnert.

GDAŃSK ERLEBEN

AUSKUNFT

Tourist Information
ul. Heweliusza 29, PL 80-861 Gdańsk
Tel. 058 / 301 43 55
www.gdansk.pl

PTTK
ul. Długa 45, PL-80-827 Gdańsk
Tel. 058 / 301 91 51
www.pttk-gdansk.pl

STADTFÜHRUNGEN

Wer sich einer Stadtführung anschließen möchte, wendet sich an das Büro der PTTK; für einen Rundgang durch die Rechtstadt und die Altstadt sollte man mindestens einen halben Tag einplanen.

AUSFLÜGE

Nach Sopot und Gdynia fährt vom Bahnhof aus die Stadtbahn SKM. Die Weiße Flotte und andere Ausflugsdampfer fahren von der Anlegestelle an der Langen Brücke (Dlugie Pobrzeże) zur Westerplatte, nach Sopot, Gdynia und zu Halbinsel Hel. Tickets erhält man vor Ort.

STRÄNDE

Danzig hat auch als Badeort einiges zu bieten. Dem Stadtzentrum am nächsten sind die breiten Sandstrände in den Stadtteilen Brzeźno und Jelitkowo, die durch eine neue Promenade mit Radweg miteinander verbunden sind. Wunderschöne Sandstrände gibt es auch im Stadtteil Stogi und auf der Insel Sobieszewo östlich der Innenstadt.

EVENTS

In Danzig finden zahlreiche hochkarätige Kulturveranstaltungen statt. Dazu gehören der Danziger Musiksommer im Juli und August, das Internationale Straßentheater-Festival »FETA« im Juli, das renommierte Shakespeare-Theaterfestival im August und das Jazz-Festival Jantar im November.
Wichtigstes Stadtfest ist der »Dominikanermarkt«, der bereits im 13. Jh. abgehalten wurde. Er beginnt am letzten Samstag im Juli und dauert 3 Wochen. In dieser Zeit verwandeln sich große Teile der Altstadt in einen riesigen Flohmarkt, begleitet von zahlreichen Musik- und Theateraufführungen.

Edelmetallhaltig: Danziger »Goldwasser«

SHOPPING

Danzig ist die Stadt des Bernsteins. Die meisten Fachgeschäfte finden sich entlang der Langen Brücke (ul. Długie Pobrzeże) und der Frauengasse (ul. Mariacka); sehr moderne Kollektionen bietet z. B. die »Galeria S & A« in der ul. Mariacka 36.

AUSGEHEN

① *Gazeta Rock Café*
ul. Tkacka 7
Tel. 058 / 320 24 34
Die Kellerbar ist eine Institution für Rockmusik »made in Poland«.

! Baedeker TIPP

Goldwasser im Lachs

Am traditionsreichen »Lachs« kommt keiner vorbei: In diesem Haus wurde 1598 das »Goldwasser« erfunden, ein Anislikör mit Flitter von 22-karätigem Gold. Das in opulentem Barock gestylte Restaurant bietet fast ausschließlich Fisch – und dies vom Feinsten und Teuersten. Und keinesfalls sollte am Ende des Mahls das Goldwässerchen fehlen! (Pod Łososiem, ul. Szeroka 54, Tel. 058 / 301 76 52)

② *Piękni, Młodzi i Bogaci*
ul. Teatralna 1
Tel. 058 / 305 31 54
Klub der »Schönen, Jungen und Reichen« – doch ganz so wörtlich muss man den Namen des dreigeschossigen Tanzschuppens nicht nehmen. Die Musik ist Mainstream.

③ *Żak*
ul. Grunwaldzka 195
Tel. 058 / 341 97 14
In dem Kulturzentrum finden gelegentlich Jazzkonzerte und andere Musikveranstaltungen statt.

ESSEN

► Fein & teuer

① *Gdańska*
ul. Św. Ducha 16
Tel. 058 / 305 76 71
In den fünf Räumen des seit dem 17. Jh. bestehenden Lokals werden polnische Spezialitäten serviert.

② *Tawerna*
ul. Powróżnicza 19/20
Tel. 058 / 301 41 14
Wer maritimes Ambiente schnuppern möchte, ist in der einer Kapitänskajüte nachempfundenen »Tawerna« bestens aufgehoben.

► Erschwinglich

③ *Café Ferber*
ul. Długa 77, Tel. 058 / 301 55 66
Der Name des Cafés bezieht sich auf eine der bekanntesten Danziger Patrizierfamilien, über deren Geschichte(n) man sich in der Speisekarte informieren kann. Die Einrichtung wirkt trendig; das Angebot reicht vom Frühstück über Süßes zum Kaffee bis zum Cocktail.

④ *Estragon*
ul. Chlebnicka 26, Tel. 058 / 309 17 00
Café, Restaurant und Hochzeitssaal in historischen Räumen mit zeitgemäßem Dekor. Serviert werden polnische und internationale Gerichte. Als süßer Abschluss sind die mit Früchten gefüllten Pfannkuchen (Naleśniki) zu empfehlen.

⑤ *Mestwin*
ul. Straganiarska 20
Tel. 058 / 301 78 82
Das in einem der sog. kaschubischen Häuser untergebrachte Lokal bietet kaschubische Gerichte, gelegentlich begleitet von kaschubischer Folklore.

► Preiswert

⑥ *Green Way*
ul. Garncarsca 4, Tel. 058 / 301 41 21
Die u. a. in der ul. Długa und auch in zahlreichen weiteren Städten vertretene polnische SB-Kette bietet schmackhafte vegetarische Gerichte.

⑦ *Café Kamienica*
ul. Mariacka 37
Gemütliches, sehr beliebtes Café in der Frauengasse

ÜBERNACHTEN

► Luxus

① *Dwór Oliwski*
ul. Bytowska 4, PL 80-328 Gdańsk
Tel. 058 / 554 70 00

Ein bei Jung und Alt beliebter Treffpunkt ist das Café Kamienica.

www.dwor-oliwski.com.pl
40 Z. Am Rand von Oliwa entstand um ein renoviertes Herrenhaus aus dem 17. Jh. herum ein modernes 5-Sterne-Hotel mit großem Wellnessbereich und einem französischen Feinschmeckerlokal.

▶ Komfortabel

② *Bartan*
ul. Turystyczna 9a, PL 80-680 Gdańsk
Tel. 058 / 308 09 99, www.bartan.pl
30 Z. Ruhiges, freundliches Familienhotel auf der Danziger Insel Bohnsack (Sobieszewo), rund 15 km vom Stadtzentrum entfernt, aber in der Nähe der längsten Strände der Stadt.

③ *Królewski*
ul. Ołowianka 1
PL 80-751 Gdańsk
Tel. 058 / 326 11 11
www.hotelkrolewski.pl
34 Z. Der ehemalige königliche Speicher neben der neuen Philharmonie wurde mit viel Geschmack in ein Hotel verwandelt.

④ *Wolne Miasto*
ul. Świętego Ducha 2
PL 80-834 Gdańsk
Tel. 058 / 322 24 42, www.hotelwm.pl
Das in mehreren nebeneinanderliegenden Bürgerhäusern untergebrachte Hotel verfügt über 43 gut ausgestattete Zimmer. Das hoteleigene Restaurant »Zeppelin« überzeugt mit Fusion-Gerichten.

▶ Günstig

⑤ *Kamienica Gotyk*
ul. Mariacka 1, PL 80-833 Gdańsk
Tel. 058 / 301 85 67
www.gotykhouse.eu
Das kleine Hotel in dem 1451 erbauten Haus am Beginn der Frauengasse bietet 7 stilvoll eingerichtete Zimmer.

⑥ *Willa Biała Lilia*
ul. Spichrzowa 16, PL 80-750 Gdańsk
Tel. 058 / 301 70 74, www.bialalilia.pl
Nette Unterkunft mit 16 Zimmern unweit vom Grünen Tor auf der Speicherinsel.

Highlights Gdańsk

Langer Markt
Mit dem Rechtstädischen Rathaus, Artushof, Neptunbrunnen und Grünem Tor eines der schönsten städtebaulichen Ensembles in Polen
▸ Seite 168

Krantor
Danzigs wuchtiges Wahrzeichen dient heute als Meeresmuseum.
▸ Seite 170

Goldwasser
Zumindest einmal muss man das kostbare Wässerchen probiert haben, am besten dort, wo es erfunden wurde.
▸ Seite 162

Kathedrale von Oliwa
Die Sommerkonzerte auf der berühmten Orgel machen den Besuch der Kathedrale zu einem Musikerlebnis.
▸ Seite 179

Główne Miasto · Rechtstadt

**** Königsweg**

Die wichtigsten Sehenswürdigkeiten Danzigs konzentrieren sich in der Rechtstadt, die fast vollständig im alten Stil wieder aufgebaut wurde. Auf dem Königsweg (Droga Królewska) hielt einst Polens König Einzug in Danzig. Bis heute bildet die Strecke das Herzstück der Rechtstadt und führt vom Hohen Tor über die Langgasse und den Langen Markt zum Grünen Tor am Ufer der Mottlau.

*** Hohes Tor**

Das Hohe Tor (Brama Wyżynna) entstand 1574 als Teil der Stadtbefestigung und bildete den westlichen Haupteingang in die Stadt. Das ursprünglich schlichte Backsteintor wurde 1588 von dem flämischen Baumeister Willem van den Blocke im Stil eines antiken Triumphbogens umgestaltet. Die obere Hälfte der Sandsteinfassade schmücken auf der Eingangsseite die Wappen von Polen, Preußen und Danzig. An der Rückseite des Tors wurde 1883 das Wappen der Hohenzollern hinzugefügt.

Stockturm, Peinkammer

Gleich hinter dem Hohen Tor erheben sich die miteinander verbundenen Gebäude des Stockturms (Wieża Więzienna) und der »Peinkammer« (Katownia). Das mittelalterliche Vortor, im 14. Jh. entstanden, war Teil der Stadtbefestigung und diente zugleich als Gerichtsgebäude und als Gefängnis. Die beiden oberen Geschosse des Stockturms wurden zu Beginn des 16. Jhs. aufgesetzt und mit Renaissanceformen dekoriert.

Bernstein-Museum ▸

Nach umfassender Sanierung zog 2006 das Bernsteinmuseum in den Stockturm ein. Auf fünf Etagen werden bemerkenswerte Bernsteinfunde und wertvoller Schmuck ausgestellt. Die oberste Etage ist den Arbeiten junger Danziger Künstler und Designer vorbehalten. An den Rundgang durch die Welt des Bernsteins schließt sich ein Besuch in der Peinkammer an. Dort werden jene Folterinstrumente

Gdańsk Orientierung

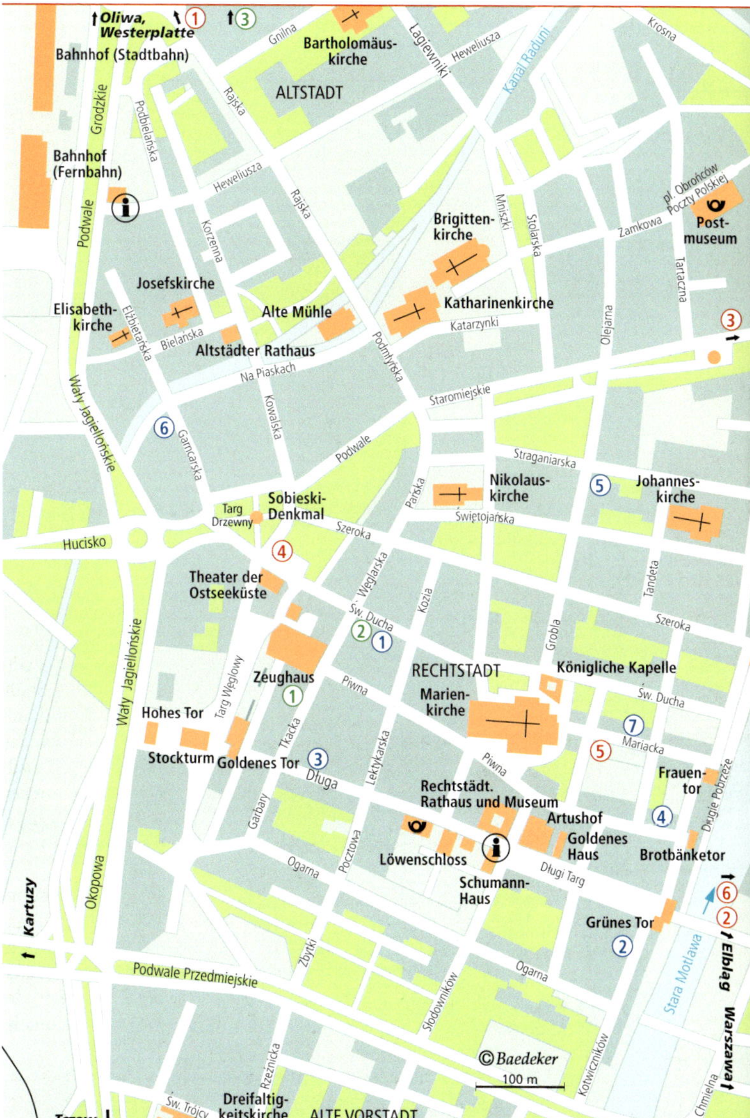

Ausgehen
① Gazeta Rock Café
② Piękni, Młodzi i Bogaci
③ Żak

Essen
① Gdańska
② Tawerna
③ Café Ferber
④ Estragon
⑤ Mestwin
⑥ Green Way
⑦ Café Kamienica

Übernachten
① Dwór Oliwski
② Bartan
③ Królewski
④ Wolne Miasto
⑤ Kamienica Gotyk
⑥ Willa Biała Lilia

IN DEINEN PALASTEN

gezeigt, mit denen früher Verdächtige und Angeklagte »peinlich befragt« wurden (Muzeum Bursztynu, ul. Długa, Öffnungszeiten: Mo. 10.00 – 15.00, Di. – Sa. bis 18.00, So. 11.00 – 18.00 Uhr).

Goldenes Tor

Die Złota Brama bildet den imposanten Eingang zur Langgasse. Der zweigeschossige Spätrenaissancebau in Form eines Triumphbogens wurde 1612 bis 1614 von **Abraham van den Blocke** und **Jan Strakowski** errichtet.

◄ St.-Georgs-Hof

An das Goldene Tor grenzt der spätgotische St.-Georgs-Hof (Dwór Bractwa św. Jerzego), ein zweigeschossiges Backsteingebäude, in dem sich ab 1494 die von Danziger Patriziern gebildete St.-Georgs-Bruderschaft zu Versammlungen und Festen traf. Das Gebäude wird heute für Ausstellungen und Veranstaltungen genutzt.

★★ **Langgasse**

Hinter dem Goldenen Tor beginnt die von Patrizierhäusern gesäumte Langgasse, die ul. Długa. Die prachtvoll dekorierten Fassaden und Schmuckgiebel der Gebäude künden vom Wohlstand ihrer früheren Besitzer. Bemerkenswerte Beispiele sind das **Ferberhaus** (Nr. 28), 1560 im Stil der italienischen Renaissance für den Bürgermeister Konstantin Ferber erbaut, das ebenfalls 1560 entstandene **Schumannhaus** (Nr. 45), in dem heute das PTTK-Büro untergebracht ist, sowie das 1569 errichtete manieristische Löwenschloss (Nr. 35), dessen Portal von zwei steinernen Löwen bewacht wird.

Zu den schönsten Gebäuden gehört das Uphagen-Haus mit einer Fassade im Stil des Rokoko und Klassizismus. 1776 bis 1779 errichtet, gehörte es dem Ratsherrn **Johann Uphagen**, der nach der Einnahme der Stadt durch die Preußen demonstrativ sein Mandat niederlegte. Hier gibt das **Museum bürgerlicher Wohnkultur**, eine Abteilung des Historischen Museums, einen Einblick in die Lebensweise der früheren Patrizier (Dom Uphagena, ul. Długa 12, Öffnungszeiten: Di. – Sa. 10.00 – 16.00, So. ab 11.00 Uhr).

i Danzigs goldenes Zeitalter

- Im »goldenen Zeitalter« Danzigs entstanden die wichtigsten Gebäude der Stadt. Prägender Baustil war der Manierismus, der mit mehr spielerischen und stilisierten Elementen den Übergang von der Renaissance zum Barock markiert. Auch Fantasie und Subjektivität des Künstlers gewannen immer mehr Einfluss – in Danzig z. B. die der flämischen Künstlerfamilie van den Blocke: Willem van den Blocke (1550 bis 1628) war u. a. für den Bau des Hohen Tors verantwortlich, sein Sohn Abraham (1572 bis 1628) entwarf die Fassade des Artushofs und das Goldene Haus, sein Bruder Izaak (1572 – 1626) schuf die Deckengemälde für den Roten Saal im Rechtstädtischen Rathaus.

★★ **Rechtstädtisches Rathaus**

Das Rechtstädtische Rathaus bildet den Übergang von der Langgasse zum Langen Markt. Es wurde 1379 bis 1381 im gotischen Stil von **Heinrich Ungeradin** erbaut und erhielt nach einem Brand 1556 seine heutige Form im Stil der Renaissance durch Anthony van Obbergen.

← *Das Goldene Tor bildete den repräsentativen Eingang in die Stadt.*

Die Wände des Roten Saals sind mit rotem Damast bespannt.

Das spätbarocke Hauptportal mit dem Danziger Wappen wurde 1766 eingefügt. Den schlanken, 82 m hohen Rathausturm schmückt seit 1561 eine überlebensgroße vergoldete Statue des polnischen Königs Sigismund August II. Der Turm beherbergt ein aus 37 Glocken bestehendes **Glockenspiel** aus dem Jahr 1561, das jede volle Stunde erklingt, und verfügt über eine **Aussichtsterrasse**.

Die um 1600 überaus kostbar ausgestatteten Räume sind heute Teil des Historischen Museums der Stadt. Der Große Ratssaal, nach der Farbe der mit Damast bespannten Wände auch **Roter Saal** genannt, gilt als eindrucksvollstes Beispiel für den Danziger Manierismus. Die Decke des Saals zieren 25 Gemälde von **Isaak van den Blocke** mit Episoden aus der biblischen Geschichte und der Antike. Über den Bänken der Ratsmitglieder sieht man allegorische Gemälde des Niederländers **Vredemann de Vries**. Den eindrucksvollen, bis zur Decke reichenden Kamin mit dem Stadtwappen fertigte 1593 **Willem van der Meer**.

Zudem dokumentiert eine Fotoausstellung im Historischen Museum das Ausmaß der Zerstörungen Danzigs durch den Zweiten Weltkrieg (Muzeum Historyczne, ul. Długa 47, Öffnungszeiten: Di. – Sa. 10.00 bis 16.00, So. ab 11.00 Uhr).

✱✱ Langer Markt

Als Salon der Stadt gilt der zwischen dem Rathaus und dem Grünen Tor gelegene Lange Markt (Długi Targ), umrahmt von den prunkvollsten Gebäuden der Rechtstadt.

Artushof ►

Durch seine wuchtige weiße Front mit drei hohen, spitzbogigen Fenstern hebt sich der Artushof (Dwór Artusa) von den übrigen Gebäuden am Markt ab. Mitte des 14. Jh.s wurde er als Sitz der kaufmännischen Bruderschaften errichtet und nach einem Brand von 1477 bis 1481 im spätgotischen Stil wieder aufgebaut. Abraham van den Blocke gestaltete die Fassade 1616/1617 im Stil des Manierismus um. Das Sandsteinportal schmücken Porträts der polnischen Könige **Sigismund III. Wasa** und **Władysław IV.**

Die dreischiffige, gewölbte Halle des Artushofs dient heute als Abteilung des Historischen Museums. Schmuckstück dieses Saals ist der

11 m hohe Renaissance-Kachelofen. Er wurde 1545 von Georg Stelzener gebaut und besteht aus rund 500 Kacheln mit Porträts von europäischen Herrschern, Wappen und allegorischen Motiven (Öffnungszeiten: Di. – Sa. 10.00 – 16.00, So. ab 11.00 Uhr).

◄ Neptunbrunnen

Der Neptunbrunnen (Fontanna Neptuna) vor dem Artushof, eines der beliebtesten Fotomotive der Stadt, entstand 1633 nach Entwürfen von **Abraham van den Blocke**. Die Figur des Meeresgottes wurde nach einem Entwurf von **Peter Husen** aus Bronze gegossen und symbolisiert Danzigs Selbstverständnis als mächtige Seehandelsstadt.

Das **Goldene Haus** (Złota Kamienica, Nr. 41) an der Nordseite des Langen Markts wurde 1607 bis 1617 nach Entwürfen von Abraham van den Blocke für den späteren Bürgermeister **Johann Speymann** erbaut. Die stark gegliederte Fassade ist mit Ornamenten überzogen und mit Bildnissen bekannter Herrscher und Figuren aus der Antike geschmückt. Ganz oben auf dem Dachfirst thront die Göttin Fortuna, ihr zu Füßen stehen auf der Balustrade Kleopatra, Ödipus, Achilles und Antigone.

i Das Mädchen im Fenster

- Im ovalen Oberlicht des Schöffenhauses am Langen Markt (Nr. 43) erscheint jeden Tag um 13.00 Uhr die schöne Jungfrau Hedwig. Passend dazu erklingt vom Glockenspiel des Rathausturms die Melodie »Plaisir d'amour« von Martini il Tedesco. Die unglückliche Danziger Bürgertochter war im 17. Jh. im Schöffenhaus von ihrem Onkel eingeschlossen worden. Sie ist die Hauptfigur des viel gelesenen romantischen Romans »Das Mädchen im Fenster« (1891) von Jadwiga Łuszczewska (1834 – 1908).

Auf der Südseite des Langen Marktes reihen sich die **Königshäuser** aneinander (Królewskie Kamieniczki, Nr. 1 bis 4), in denen die polnischen Könige bei ihren Besuchen in Danzig Quartier nahmen.

Grünes Tor

Am Grünen Tor (Zielona Brama), einem repräsentativen Renaissancebau, der den Langen Markt zur Mottlau hin abschließt, endet der Königsweg. Das palastartige Backsteingebäude, das 1564 bis 1568 entstand, wird heute für Ausstellungen genutzt. Hier unterhält auch der ehemalige Staatspräsident Lech Wałęsa ein Bürgerbüro. Über die **Grüne Brücke** gelangt man über die Mottlau zur Speicherinsel des alten Hafens, auf der einst Danzigs Kaufleute ihre Waren lagerten.

★ **Lange Brücke**

Als Lange Brücke (Długie Pobrzeże) bezeichnet man das linke Ufer der Mottlau mit den ehemaligen Befestigungsanlagen der Hansestadt. Hier legten im Mittelalter Frachtschiffe aus aller Welt an; ihre Waren wurden auf der gegenüberliegenden Speicherinsel gelagert. Heute legen hier die Ausflugsdampfer der Weißen Flotte an.

Vorbei am **Brotbänkentor** (Brama Chlebnicka) an der Einmündung der gleichnamigen Gasse gelangt man zum **Frauentor** (Brama Mariacka), dem **ältesten Danziger Stadttor** aus dem 14. Jh., in dessen Schatten sich in drei miteinander verbundenen Patrizierhäusern das **Archäologische Museum** befindet (Muzeum Archeologiczne, ul. Mariacka 25, Öffnungszeiten: Di. – So. 10.00 – 17.00 Uhr).

KRANTOR

★★ **Das mittelalterliche Krantor ist das Wahrzeichen Danzigs und wohl das meistfotografierte Gebäude der Stadt. Ursprünglich ganz aus Holz gebaut, wurde das Krantor nach einem Brand 1442 – 1444 neu errichtet. Im Zweiten Weltkrieg fiel es wieder den Flammen zum Opfer, wurde aber nach dem Krieg äußerst sorgfältig restauriert. Heute beherbergt es Ausstellungsräume des Zentralen Meeresmuseums.**

Centralne Muzeum Morskie
ul. Ołowianka 9 - 13
www.cmm.pl

Öffnungszeiten:
Sommer Di. – So. 10.00 – 18.00,
Winter bis 16.00 Uhr

① **Kran**
Neben dem Be- und Entladen von Schiffen wurde der Kran auch zum Aufstellen von Schiffsmasten genutzt.

② **Oberes Rad**
Die beiden Räder des Krantors bestehen aus zwei Teilen, verbunden durch eine Spindel. Daran war ein Hanfseil angebracht, an dem die Lasten nach oben befördert wurden. Häftlinge mussten in diese Räder steigen und sie mit ihren Füßen in Bewegung setzen, ähnlich wie bei einem Laufrad für Hamster. Mit Hilfe des oberen Rades – sein Durchmesser beträgt 5 m – war es möglich, bis zu 2 t schwere Lasten in 25 m Höhe zu befördern.

③ **Unteres Rad**
Dieses Rad – ebenfalls mit einem Durchmesser von 5 m – wurde benutzt, um Lasten von bis zu 4 t Gewicht in eine Höhe von 11 m zu heben.

④ **Türme**
Das Krantor wurde nicht nur zu merkantilen Zwecken genutzt, die Anlage wurde auch zur Verteidung des Hafens errichtet. Unter anderem dienten dabei die Fenster der beiden Türme, die den Kran flankieren, als Schießscharten.

Früher überwachten Soldaten vom Krantor aus den Hafen, heute ist es friedliches Wahrzeichen von Danzig.

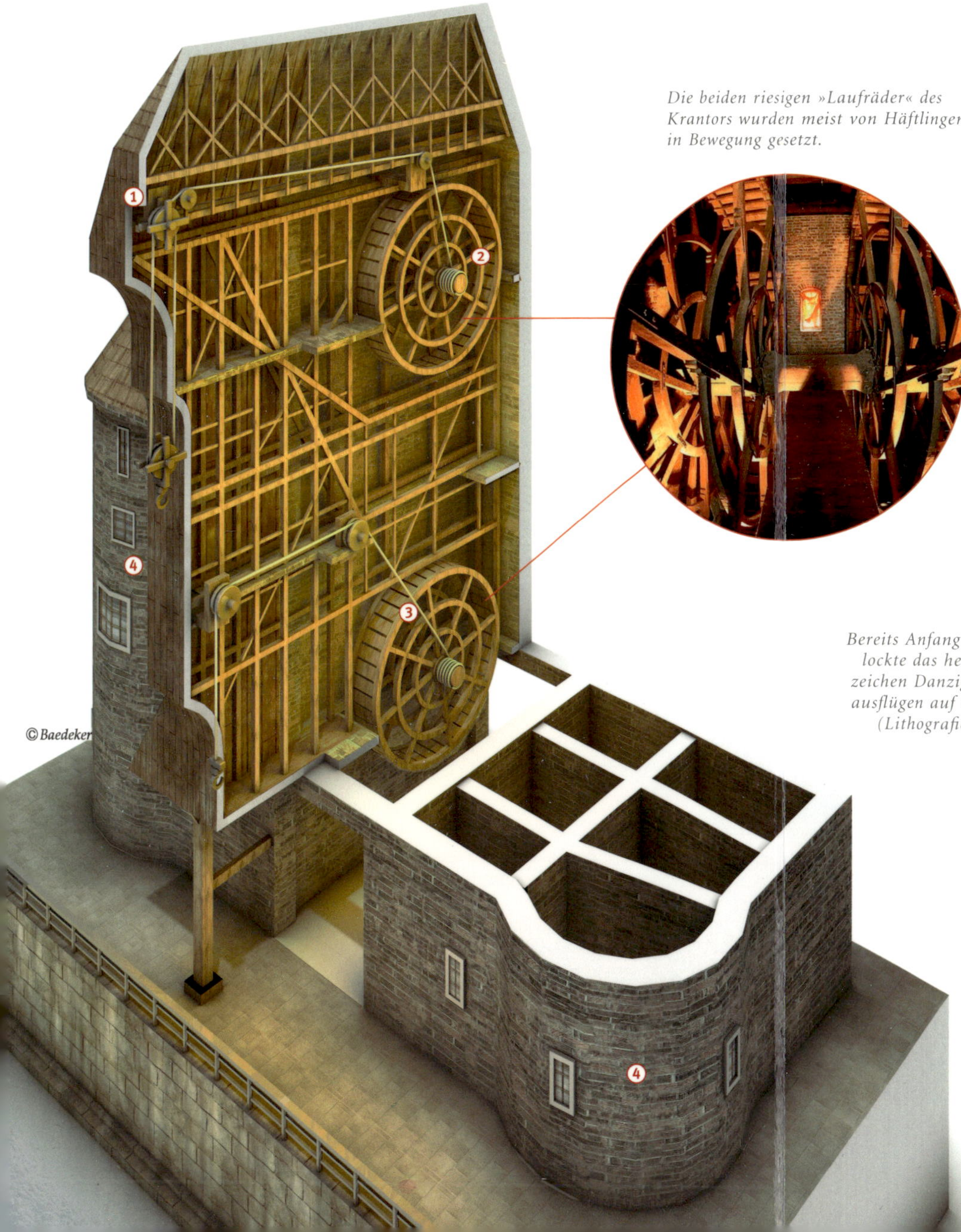

Die beiden riesigen »Laufräder« des Krantors wurden meist von Häftlingen in Bewegung gesetzt.

Das Aufstellen von Segelmasten mithilfe des Krantors war eine gefährliche Angelegenheit (Holzsstich um 1890).

Bereits Anfang des 19. Jh.s lockte das heutige Wahrzeichen Danzigs zu Bootsausflügen auf der Mottlau (Lithografie um 1840).

✶✶ Krantor

Etwas nördlich der Langen Brücke folgt das Krantor (Żuraw), das bekannteste Wahrzeichen der Stadt. Es diente zum Entladen der Schiffe – der größte mittelalterliche Kran konnte bis zu vier Tonnen schwere Lasten heben –, zum Aufrichten von Schiffsmasten und auch zur Verteidigung der Stadt.

Zentrales Meeresmuseum ▸

Heute gehört das Krantor zum Zentralen Meeresmuseum der Stadt, dessen Ausstellungsräume sich auf mehrere Gebäude verteilen. Die Ausstellung im Krantor gibt Einblicke in das Leben in der Hafenstadt im 16. bis 18. Jahrhundert; im benachbarten Kolonniallager sind u. a. Boote außereuropäischer Völker zu sehen. Der Hauptsitz des Museums ist auf der gegenüberliegenden Bleihofinsel (Wyspa Ołowianka). In drei ehemaligen Speichern wird u. a. die Ladung eines mittelalterlichen Handelsschiffes gezeigt. Außerdem kann man die vor der Insel vertäute »Sołdek« besichtigen, das erste Hochseeschiff, das in Polen nach dem Zweiten Weltkrieg gebaut worden ist. Zwischen Krantor und Speicher pendelt eine kleine Fähre.

! *Baedeker* TIPP

Bernstein

Bernstein wird in Danziger Manufakturen zu Schmuckstücken und kleinen Skulpturen geschliffen; als Intarsie im Lampenschirm verströmt es ein geheimnisvolles Licht. Dutzende von Galerien und Läden verkaufen das »Gold der Ostsee«: Ein großes Angebot findet man z. B. beim Danziger Bowke (Długie Pobrzeże 11).

Bleihofinsel

Auf der Bleihofinsel eröffnete 2006 in einem umgebauten ehemaligen E-Werk aus dem späten 19. Jh. die neue **Philharmonie** der Stadt (Filharmonia Bałtycka). Direkt an die Philharmonie schließt sich der 1621 errichtete Königliche Speicher (Spichlerz Królewski) an, in dem einst Getreide für den polnischen König gelagert wurde. Heute beherbergt der Speicher ein Hotel.

Speicherinsel

Südlich der Bleihofinsel erstreckt sich die größere Speicherinsel (Wyspa Spichrzów). Hier standen mehr als 300 Speicher, die im Zweiten Weltkrieg fast völlig zerstört wurden. Bislang wurden nur wenige alte Gebäude rund um das Milchkannentor und entlang der Mottlau wieder aufgebaut; das wertvolle innerstädtische Gebiet soll aber in den kommenden Jahren wieder zu neuem Leben erweckt werden.

Großes Zeughaus

Nördlich der Langgasse verläuft die ul. Piwna, die ehemalige Jopengasse. Ihren westlichen Abschluss bildet das Große Zeughaus (Wielka Zbrojownia), das von 1600 bis 1612 nach Entwürfen von Anthony van Obbergen entstand und mit seiner reich verzierten Fassade als eines der prächtigsten Gebäude im Stil des Manierismus gilt. Im überwölbten Erdgeschoss des ehemaligen Waffenlager befindet sich heute eine Einkaufspassage, die Obergeschosse werden von der Kunsthochschule genutzt.

★ **Frauengasse**

Die Frauengasse (ul. Mariacka) verläuft vom Frauentor (Brama Mariacka) parallel zum Długi Targ und gilt als **eine der schönsten Straßen Danzigs**. Ebenso wie am Langen Markt fühlt man sich hier in die Vergangenheit Danzigs als wohlhabende Handelsstadt zurückversetzt. Auch die für den Ostseeraum charakteristischen **Beischläge** – terrassenartige Häuservorbauten mit Freitreppen, die sich weit in die Straße hineinschieben –, wurden originalgetreu wieder hergestellt.

★★ **Marienkirche**

Die ul. Mariacka führt direkt zur Marienkirche (Kościół Mariacki), der **größten gotischen Backsteinkirche der Welt**. Der monumentale Sakralbau entstand 1343 bis 1360 nach Plänen von Heinrich Ungeradin und wurde bis 1502 erweitert und verändert. In der 105 m langen und 66 m breiten dreischiffigen Hallenkirche finden rund 25 000 Menschen Platz. Der 78 m hohe Hauptturm verfügt über eine Aussichtsterrasse.

Ein prächtiges Stern- und Netzgewölbe überspannt den ganz in Weiß gehaltenen Kirchenraum mit seiner kostbaren Ausstattung. Rund 500 Grabplatten und Epitaphe erinnern an die in der Kirche bestatteten Patrizier. Der spätgotische dreiflügelige Hauptaltar im

Die größte gotische Backsteinkirche der Welt steht in Danzig: die Marienkirche.

Chorraum wurde 1511 bis 1517 in der Werkstatt eines Meisters Michael aus Augsburg kunstvoll geschnitzt. Die vergoldeten Figuren im Mittelteil stellen die Krönung Marias dar.
Ein Meisterwerk der Uhrmacherkunst ist die 14 m hohe **astronomische Uhr** von Hans Düringer aus Thorn, gefertigt 1464 bis 1470. Die barocke Orgel im Westchor wurde 1625 bis 1629 gebaut und nach dem Zweiten Weltkrieg aus der Johanneskirche in die Marienkirche verlagert. Sie verfügt über 2580 Pfeifen und 50 Register.

Königliche Kapelle

Nordöstlich der Marienkirche, an der ul. św. Ducha, steht die einzige Barockkirche der Stadt. Das 1678 bis 1681 vom königlichen Baumeister **Tylman van Gameren** erbaute Gotteshaus wurde von König **Jan III. Sobieski** und dem polnischen Primas **Andrzej Olszowski** der katholischen Minderheit – damals war die Bevölkerung Danzigs mehrheitlich protestantisch – gestiftet.

★ Nikolaikirche

Am westlichen Ende der ul. Świętojańska liegt die Nikolaikirche (Kościół Św. Mikołaja). Sie gilt als **ältester Sakralbau der Stadt** und hat den Zweiten Weltkrieg ohne Schäden überstanden. Im frühen 13. Jh. entstanden, besitzt die äußerlich schlichte Kirche eine reiche, über die Jahrhunderte zu einem eindrucksvollen Ensemble gewachsene Ausstattung mit zahlreichen Gemälden, Epitaphen, Barock- und Rokokoaltären.

Stare Miasto · Altstadt

Reste der alten Stadtbefestigung trennen die Rechtstadt von der nördlich anschließenden Altstadt, die sich zwischen den Straßen Podwale Grodzkie, Podwale Staromiejski und ul. Wałowa erstreckt und teilweise nach historischem Vorbild erneuert worden ist.
Westlich der Podwale Grodzkie, des ehemaligen Stadtgrabens, liegt der 1895 bis 1900 im Stil der Neorenaissance erbaute Hauptbahnhof von Danzig mit einem markanten Turm. Sein Helm wurde dem des Rechtstädtischen Rathauses nachempfunden.

Vom Bahnhof sind es nur wenige Gehminuten zu den wichtigsten Baudenkmälern der Altstadt. Das **Altstädtische Rathaus** (Ratusz Staromiejski) an der ul. Korzenna wurde im Stil des Manierismus 1587 bis 1595 von **Anthony van Obbergen** erbaut. Charakteristisch ist der schlanke Hauptturm des kubischen Backsteinbaus. Das Gebäude, das nach der Auflösung des Altstädtischen Rates um 1911 mit

? WUSSTEN SIE SCHON ...?

- ... dass im Keller des Altstädtischen Rathauses bis heute Bier ausgeschenkt wird, das nach Johannes Hevelius (1611 – 1687) benannt ist? Der Ratsherr und vermögende Bierbrauer widmete sich leidenschaftlich der Astronomie. Mit seinem 50 Meter langen Teleskop entdeckte er neun Kometen und sieben Sternenkonstellationen und wurde für diese Leistungen 1664 in die Londoner Royal Society aufgenommen.

Möbeln aus Danziger Bürgerhäusern ausgestattet wurde, wird heute vom Nordbaltischen Kulturzentrum für Veranstaltungen genutzt.

Haus der Pelpliner Äbte

Das unweit vom Rathaus gelegene Haus der Pelpliner Äbte (Dom Opatów Pelplińskich) in der ul. Elżbietańska gehört zu den wenigen Bauwerken, die den Zweiten Weltkrieg ohne größere Schäden überstanden haben. Das heutige Bürogebäude wurde 1612 im manieristischen Stil errichtet und wenig später vom Danziger Wojewoden den Äbten des Zisterzienserklosters von Pelplin (►S. 316) geschenkt.

Große Mühle

Entlang des Radaunekanals (Kanał Raduni) führt ein Spazierweg vom Rathaus zur Großen Mühle (Wielki Młyn). Der 1350 zur Zeit der Kreuzritter entstandene Backsteinbau gilt als **größte mittelalterliche Industrieanlage Europas**. Das Wasser des Kanals trieb 18 große Mühlräder an. In dem Bau entstand nach 1989 eines der ersten modernen Einkaufszentren der Stadt. Flankiert wird das riesige Bauwerk von dem grazilen zweigeschossigen Fachwerkbau des **Müllergewerkehauses**, das heute ein Restaurant beherbergt.

St. Katharina

Wenige Schritte von der Mühle entfernt erhebt sich der 76 m hohe Turm der Kirche St. Katharina (Kościół Św. Katarzyny), den fünf barocke Helme krönen. Das dreischiffige gotische Gotteshaus wurde ab 1326 errichtet. Links vom Altar fand der berühmte Danziger Astronom Johann Hevelius (1611 – 1687) seine letzte Ruhestätte. Die reich ausgestattete Kirche brannte Anfang 2006 nieder; in den kommenden Jahren soll das aber Gotteshaus wieder hergestellt werden. Erhalten blieb der Turm, der ein **Uhrenmuseum** und ein berühmtes Glockenspiel mit 28 Glocken beherbergt. Täglich um 13.00 Uhr erklingt von dort Beethovens »Ode an die Freude« (Öffnungszeiten: Mitte Juni – Mitte Sept. Mi. u. So. 10.00 – 17.00 Uhr).

Brigittenkirche

Im Schatten der Katharinenkirche erhebt sich an der ul. Profesorka die im 14. Jh. erbaute Brigittenkirche (Kościół Św. Brygidy). In den Monaten des Streiks wurde sie bekannt als **Kirche der Gewerkschaft Solidarność**, in der sich Lech Wałęsa (►Berühmte Persönlichkeiten) und andere Oppositionelle versammelten.
Unter dem gotischen Sternengewölbe finden sich Erinnerungen an die 1940 in Katyń von Sowjets erschossenen polnischen Offiziere sowie ein Denkmal für den Warschauer Priester Jerzy Popiełuszko, der 1984 vom polnischen Geheimdienst ermordet wurde. Der Hauptaltar der Kirche mit einem Bildnis der hl. Brigitte soll ganz aus Bernstein errichtet werden; bislang sind davon erst Fragmente zu sehen.

Polnische Post

Nahe dem Zusammenfluss von Raduni-Kanal und Mottlau errichtete der Deutsche Orden 1340 eine Burg, die Danziger Bürger 1454 in Schutt und Asche legten. An dieser Stelle entstand gemäß dem 1920 unterzeichneten Abkommen zwischen Polen und der Freistadt Danzig die Polnische Post. Als am 1. September 1939 die deutsche

Das Denkmal erinnert an 39 von Deutschen im Zweiten Weltkrieg ermordete Polen.

Armee mit der Beschießung der Westerplatte den Zweiten Weltkrieg einleitete, wurde auch das Gebäude der Polnischen Post von Danziger Deutschen angegriffen. 39 gefangen genommene Polen wurden am 5. Oktober im Vorort Zaspa erschossen. Ihnen ist ein 1979 entstandenes Denkmal von Wacław Kućma und Krystyna Heyde-Kućma gewidmet.

Ein kleines Museum dokumentiert die Geschichte der polnischen Post (Muzeum Poczty Polskiej, ul. Obronców Poczty Polskiej 1, Öffnungszeiten: Mo., Mi. – Fr. 10.00 – 16.00, Sa. u. So. 10.30 – 14.00 Uhr).

Ehemalige Leninwerft

Nördlich der Altstadt liegt das Gelände der Danziger Werft. Die ehemalige Leninwerft stand 1980 im Mittelpunkt der Streiks gegen das kommunistische Regime. Nach der Wende ging die Werft pleite, heute wird nur noch auf kleinen Teilen des riesigen Industriegeländes gearbeitet. Investoren planen hier ein neue Büro- und Geschäftsstadt nach dem Vorbild der Londoner Docklands. Bis es soweit ist, können junge Künstler einige der Gebäude als Ateliers nutzen.

Solidarność-Denkmal ▶ Vor dem Haupteingang der Werft am pl. Solidarności erinnern drei hohe, aus Schiffsblech gefertigte Kreuze an die Opfer des ersten Auf-

stands von 1970. Die Errichtung des Denkmals, das im Dezember 1980 aufgestellt wurde, war eine der Forderungen der Streikenden von 1980.
Unweit vom Haupteingang steht das ehemalige Gebäude des Arbeitsschutzes. Dort fanden im August 1980 die Verhandlungen zwischen der Regierung und dem Streikkomitee statt, in deren Folge u.a. die Zulassung der Gewerkschaft Solidarność erreicht wurde. Heute erinnert die Ausstellung **»Wege zur Freiheit«** (Drogi do Wolności) an die Jahre von den ersten Streiks bis zum ersten frei gewählten Parlament Polens. Die Ausstellung soll den Kern für ein geplantes Solidarność-Museum bilden (ul. Doki 1, Öffnungszeiten: Di. – So. 10.00 – 17.00 Uhr, im Winter bis 16.00 Uhr).

Stare Przedmieście · Alte Vorstadt

★★ **Nationalmuseum**

Südlich der Rechtstadt, gleich hinter der Straße Podwale Przedmiejskie, beginnt die Alte Vorstadt, in der die Folgen des Zweiten Weltkrieges noch deutlich sichtbar sind. Wichtigstes touristisches Ziel dort ist die Dreifaltigkeitskirche (Kościół Św. Trójcy) mit dem 1481 bis 1514 entstandenen ehemaligen Franziskanerkloster, das heute die bedeutenden Schätze des Danziger Nationalmuseums beherbergt.
Zu den umfangreichen Sammlungen des Nationalmuseums gehören Delfter Keramik und chinesisches Porzellan, feiner Gold- und Silberschmuck, europäische und orientalische Textilien, Danziger Stilmöbel, mittelalterliche Skulpturen und die Werke flämischer, niederländischer, deutscher und polnischer Maler. Bedeutendster Schatz des Museums ist das 1467 von Hans Memling (1430 – 1494) geschaffene Tryptichon **»Das jüngste Gericht«** (Muzeum Narodowe, ul. Toruńska 1, Öffnungszeiten: Di. – Fr. 9.00 – 16.00, Sa. u. So. ab 10.00 Uhr).

? WUSSTEN SIE SCHON ...?

- ... dass das Tryptychon »Das jüngste Gericht« des flämischen Malers Hans Memling eine wahre Odyssee hinter sich hat? Bestimmt war es für eine Kirche in Florenz, doch der Danziger Seeräuber Paul Beneke kaperte das Schiff, das es dorthin bringen sollte, und stiftete es der Danziger Marienkirche. Napoleons Truppen brachten es in den Pariser Louvre, 1817 kehrte es zurück. Nach dem Zweiten Weltkrieg blieb es bis 1956 als Kriegsbeute in der Leningrader Eremitage. Das Original hängt heute im Nationalmuseum, eine Kopie in der Marienkirche.

Mittelalterliche Stadtbefestigung

Im Süden der Vorstadt finden sich noch Reste der mittelalterlichen Stadtbefestigung. Dazu gehört unter anderem die 1460/1461 gebaute **Weiße Bastion** (Biała Baszta) in der ul. Rzeźnika, ein ehemaliger Pulverturm. Das 1626 errichtete **Niedertor** (Brama Nizinna) an der ul. Grodza Kamienna sowie die benachbarten **Bastionen Bison** (Żubr) und **Gertraude** (Gertrudy) gehören zu dem Anfang des 17. Jahrhunderts entstandenen mächtigen Mauerring, der die Stadt schützen sollte.

Wrzeszcz · Langfuhr

Geschäftszentrum

Der ehemalige Vorort Langfuhr, 1188 erstmals erwähnt und später zeitweilig im Besitz des Preußenkönigs Friedrich II., bildet heute das Zentrum von Danzig. Rund um die al. Grunwaldzka, eine der Hauptachsen der Dreistadt, liegt das quirlige Geschäftsviertel.

Elternhaus von Günter Grass

Hinter dem Bahnhof Wrzeszcz verläuft die kleine ul. Lelewela, der frühere Labesweg. Im Haus Nr. 13 führte der Vater von Günter Grass (►Berühmte Persönlichkeiten) einen kleinen Kolonialwarenladen. Hier verbrachte der spätere Literaturnobelpreisträger seine Kindheit und Jugend. An dem unscheinbaren Gebäude erinnert ein kleines Metallschild an den berühmten Bewohner.

Herz-Jesu-Kirche

In der ul. Mireckiego erhebt sich weit sichtbar der hohe Turm der Herz-Jesu-Kirche. In dem neugotischen Gotteshaus wurden Grass und auch sein kleiner »Blechtrommel«-Held Oskar getauft. Im rechten Seitenschiff findet sich der Marienaltar mit der Jesusfigur, die Oskar vergeblich zum Trommeln bewegen wollte.
Der kleine Oskar selbst sitzt mit seiner Trommel ganz in der Nähe des Labeswegs auf einer Parkbank am neu gestalteten pl. Wybickiego. Die Danziger Stadtväter ließen das besonders bei den Kindern der Umgebung beliebte Denkmal 2003 aufstellen.

Vor allem Kinder setzen sich gerne zum kleinen Trommler Oskar Matzerath.

Oliwa · Oliva

Geschichte

Der nordwestlich des Zentrums gelegene Stadtteil Oliwa verfügt über eine berühmte Klosteranlage. Ihr Ursprung reicht ins Jahr 1186 zurück, als der Pomerellenfürst Zisterzienser anwarb, um das sumpfige Land urbar zu machen. Das zugehörige Gotteshaus ist seit 1925 Bischofskirche der Danziger Diözese.

★★ Kathedrale

Die größte Attraktion Oliwas ist die Kathedrale, die v.a. durch den einzigartigen Klang ihrer Orgel berühmt geworden ist. Das auf dem Grundriss eines Kreuzes erbaute dreischiffige Gotteshaus entstand ab 1350; die Eingangsfassade, die von zwei schlanken achteckigen Türmen flankiert wird, ist das Ergebnis einer barocken Umgestaltung im Jahr 1688.
Die gotische Ausstattung ging bei einem Brand 1577 verloren. Heute enthält die mit 107 m längste Kirche Polens ein kostbares Interieur aus verschiedenen Epochen. Der frühere Hauptaltar im nördlichen Querschiff entstand 1606 in der örtlichen Werkstatt der Zisterzienser. Er ist reich vergoldet und mit Schnitzereien verziert. Sehr sehenswert sind auch das manieristische Chorgestühl sowie die von dem Danziger Maler Hermann Hahn 1613 geschaffenen Porträts der Gönner des Zisterzienserordens.

> **!** *Baedeker* TIPP
>
> **Musica Sacra**
>
> Die Orgel der Kathedrale von Oliwa bringt es auf 7876 Pfeifen und ist damit eine der größten in Europa. Wer sich von ihrem fantastischen Klang überzeugen will, kommt zu den abendlichen Konzerten im Rahmen des Festivals »Musica Sacra«, das alljährlich im Juli/August stattfindet. Kostproben werden im Sommer auch tagsüber geboten (die genauen Termine erfährt man von der Tourist-Information).

◄ Rokoko-Orgel

Das Schmuckstück des Gotteshauses ist die große Rokoko-Orgel im westlichen Teil des Langhauses, die 1763 bis 1788 von dem Zisterziensermönch **Johann Wulf** gebaut wurde. Den herrlichen Orgelprospekt schuf eine Gruppe von etwa 20 Holzschnitzern in der klösterlichen Werkstatt.

Abtpalast

Hinter der Kathedrale liegt der nach dem polnischen National-dichter **Adam Mickiewicz** (1798 – 1855) benannte **Park** von Oliwa, der zum Flanieren einlädt. Der ältere Teil des rund 23 ha großen Parks entstand um 1760 im französischen Stil, 1792 wurde er nach Norden hin im englischen Stil erweitert. Einige künstliche Kanäle durchziehen die mit modernen Skulpturen geschmückte Grünanlage; im sehenswerten **Alpinarium** gedeihen etwa 2000 verschiedene Hochgebirgspflanzen.
Der im französischen Teil des Parks gelegene Abtpalast (Pałac Opatów) entstand 1754 bis 1756 im Stil des Rokoko für den damaligen Abt **Józef Rybiński**. Heute wird das Palais als **Dependance des Danziger Nationalmuseums** genutzt. Ausgestellt sind polnische Kunstwerke aus der Zeit nach 1945.

Auf der Rundfahrt durch den Hafen Danzigs wird auch das Mahnmal auf der Westerplatte angesteuert.

Wenige Schritte entfernt zeigt die Ethnografische Abteilung des Nationalmuseums im ehemaligen **Klosterspeicher** kaschubische Volkskunst (Öffnungszeiten Abtpalast und Klosterspeicher: Di. – Fr. 9.00 bis 16.00, Sa. u. So. ab 10.00 Uhr).

Zoo

Der etwas westlich des Klosters in einem Tal zwischen bewaldeten Hügeln gelegene **Zoologische Garten** von Oliwa gilt als der schönste Polens. Über 1200 Tiere können in ihren weitläufigen Gehegen beobachtet werden (Ogród Zoologiczny, ul. Karwieńska 3, Öffnungszeiten: Mai – Sept. tgl. 9.00 – 19.00, Okt. – April bis 15.00 Uhr).

Westerplatte und Umgebung

Festung Weichselmünde

Die Westerplatte ist am besten per Ausflugsschiff von der Langen Brücke aus zu erreichen. Die Tour führt durch den weit verzweigten Danziger Hafen und vorbei an der Festung Weichselmünde (Twierdza Wisłoujście). 1482 entstand dort ein Wehrturm, der die Stadt gegen das offene Meer absichern sollte und gleichzeitig als Leuchtturm diente. 1562/1563 wurde der Turm um einen Mauerring mit Kasematten erweitert und im 17. Jh. weiter verstärkt.

Westerplatte

Mit den Schüssen des deutschen Panzerschiffs »Schleswig-Holstein« auf das polnische Munitionsdepot auf der Halbinsel Westerplatte begann am Morgen des 1. Septembers 1939 der Zweite Weltkrieg. Sieben Tage widersetzten sich dic 182 polnischen Soldaten der Übermacht, bevor sie sich ergaben. Ihnen zu Ehren wurde 1966 auf einem aufgeschütteten Hügel ein monumentales **Denkmal** aus 224 Granitblöcken errichtet. In einem der ehemaligen Wachhäuser wurde eine Gedenkstube eingerichtet, in der die damaligen Geschehnisse dargestellt werden (Öffnungszeiten: Mai – Sept. tgl. 9.00 – 16.00 Uhr).

Gdynia · Gdingen

K 1

Wojewodschaft: Pomorskie **Höhe:** 0 – 52 m ü.d.M.
Einwohnerzahl: 253 000

Mehrere Häfen, eine große Werft, Reedereien, eine Flotte für Hochseefischerei, eine Meereshochschule – in der Stadt Gdynia, die zusammen mit ihren beiden Schwesterstädten Danzig und Sopot zur sogenannten Dreistadt verschmolzen ist, erinnert kaum mehr etwas an das einstige Fischerdörfchen.

Geschichte

Im Jahr 1253 erstmals urkundlich erwähnt, blieb Gdynia bis ins 20. Jh. hinein ein unbedeutendes Fischerdorf. Das änderte sich nach dem Ersten Weltkrieg, als Polen durch den Versailler Vertrag den schmalen Korridor nördlich von Danzig zugesprochen bekam und Gdynia den Zugang zur Ostsee bildete. Der ab 1922 betriebene Hafenausbau ließ die kleine Ortschaft innerhalb weniger Jahre zu einer modernen Industriestadt heranwachsen. 1926 erhielt Gdynia das Stadtrecht. Nach dem Zweiten Weltkrieg wurde der zerstörte Hafen wieder aufgebaut und erweitert. Bis heute bildet er zusammen mit einer modernen Werft das wirtschaftliche Rückgrat der Stadt.

Weiße Stadt am Meer

- Viele Architekten, die am Aufbau von Gdynia mitgewirkt haben, waren von den Ideen des Bauhauses beeinflusst und versuchten, hier ihre Ideen von einer modernen Stadt zu verwirklichen. Fenster in Form von Bullaugen, abgerundete Ecken oder prägnante Kaminsimse ließen manche der neuen Bauten wie gestrandete Ozeanriesen wirken und Gdynia wurde berühmt als »weiße Stadt am Meer«. Trotz späterer Veränderungen ist dieser besondere Baustil heute noch zu erkennen. Die besten Beispiele finden sich entlang der al. 10-go Lutego und in der parallel zur Küste verlaufenden ul. Świętojańska.

Sehenswertes in Gdynia

Die al. 10-go Lutego führt vom Bahnhof hinunter zur breiten **Südmole** (Molo Południowe), dem **wichtigsten Treffpunkt** in Gdynia. Hier legen Ausflugsschiffe und Fähren an, auf Fischkuttern und in den Tavernen kann man gebratenen Fisch kaufen und abends finden Konzerte im Partyzelt »Pokład« statt. An der Spitze der Mole erinnert ein 1976 enthülltes Denkmal an den Seemann und Schriftsteller **Joseph Conrad** (1857 – 1924), der als Józef Teodor Nałęcz Konrad Korzeniowski im damals besetzten Polen geboren wurde.

◄ Museumsschiffe

Das 1909 in Hamburg gebaute Segelschulschiff **»Dar Pomorza«** (»Geschenk Pommerns«) war 1929 mit Spenden der Bevölkerung Pommerns gekauft und der Meeresakademie in Gdynia übergeben worden. Der Dreimaster war in 51 Jahren auf 102 Schulfahrten unterwegs. Heute liegt die leuchtend weiße Fregatte als Museumsschiff an der Südmole (Besichtigung: Juli u. Aug. tgl. 9.00 – 18.00, Sept. u. Okt. tgl. 10.00 – 16.00 Uhr). Seine Nachfolgerin, die 1982 in Gdynia

GDYNIA ERLEBEN

AUSKUNFT

Tourist Information
pl. Konstytucji 1 (Hauptbahnhof)
PL 81-354 Gdynia
Tel./Fax 058 / 721 24 66
www.gdynia.pl
Zweigstelle: von Mai bis Sept. an der Spitze der Südmole

URLAUB AKTIV

Zahlreiche Wracks aus verschiedenen Jahrhunderten ruhen auf dem Grund der Danziger Bucht; einige befinden sich in nur geringer Tiefe und sind beliebte Ziele für Taucher. Tauchgänge organisiert das Centrum Nurkowania Ticada (ul. Chwaszczyńska 70, Tel. 058 / 628 48 46, www.ticada.pl).

SHOPPING

Viele kleine Boutiquen gibt es in der ul. Świętojanska und in Einkaufszentren wie dem »Batory« in der al. 10-go Lutego 11.

AUSGEHEN

Legendär sind die zahlreichen Künstlerkneipen in Gdynia, u. a. das »Cyganiera« in der ul. 3 Maja 27 und das »Tygiel« in der ul. Abrahama 86. Das »Pokład« ist eine originelle Taverne mit angeschlossenem Veranstaltungszelt für Konzerte, Kleinkunst und Disco an der Südmole. Der Club »Ucho« in der ul. Św. Piotra 2 ist v. a. bei jüngeren Leuten sehr beliebt.

ESSEN

▸ Erschwinglich

Da Vinci
ul. Świętojańska 15
Tel. 058 / 620 07 14
Das sizilianische Restaurant verwöhnt seine Gäste mit einer großen Auswahl an feinen mediterranen Speisen und guten Weinen.

Rodizio el Toro
ul. Mickiewicza 1
Tel. / Fax 058 / 621 77 73
Brasilianische Grillspezialitäten bis zum Abwinken (Festpreis) auf dem Kamienna Góra mit tollem Blick auf den Hafen.

Taj Mahal
ul. Przebendowskich 16 a
Tel. 058 / 664 92 11
Das indische Lokal in Orłowo ist bekannt für seine hervorragenden Gerichte aus dem Tandoor-Ofen.

ÜBERNACHTEN

▸ Luxus

Nadmorski
ul. Ejsmonda 2
PL 81-409 Gdynia
Tel. 058 / 699 33 33
www.nadmorski.pl
86 Z., 4 App. Am Strand von Redłowo gelegenes Hotel mit mehreren Restaurants, Wellnessbereich und einem Beautycenter.

▸ Komfortabel

Willa Lubicz
ul. Orłowska 43
PL 81-522 Gdynia
Tel. 058 / 668 47 40
www.willalubicz.pl
Kleines, stilvolles Hotel mit 17 gut ausgestatteten Zimmern in einer funktionalistischen Villa aus den 1930er-Jahren im Vorort Orłowo.

▸ Günstig

Antares
ul. Komandorska 59
PL 81-232 Gdynia
Tel. 058 / 623 36 39
www.hotelantares.pl
56 Z. Unweit vom Hauptbahnhof gelegenes modernes Mittelklassehotel.

Auf Souvenirsuche gegenüber dem Museumsschiff »Dar Pomorza«.

gebaute **»Dar Młodzieży«**, macht von Zeit zu Zeit ebenfalls an der Südmole fest. Gleich neben der »Dar Pomorza« liegt mit dem Zerstörer **»Błyskawica«** ein weiteres Museumsschiff vor Anker. Das in England gebaute Kriegsschiff fuhr seit 1937 unter polnischer Flagge und beteiligte sich an den Seeschlachten des Zweiten Weltkriegs (Besichtigung: Sommer tgl. 10.00 – 17.00 Uhr).

◄ Ozeanografisches Museum

Das Ozeanografische Museum am der Südseite der Mole gilt als **größtes Meeresaquarium Polens** und bietet einen faszinierenden Einblick in die Geheimnisse der Weltmeere. Zu sehen sind u. a. Haie und Piranhas, aber auch Sammlungen von Fossilien (Akwarium Gdyńskie, Öffnungszeiten: Mitte April – Ende Mai tgl. 9.00 – 19.00, Juni – Aug. bis 20.00, Sept. – Mitte April 10.00 – 17.00 Uhr).

Stadtmuseum

Unweit der Südmole, am Bulwar Nadmorski, wurde im Herbst 2007 ein gemeinsamer Neubau für das kleine Stadtmuseum und das Museum der Kriegsmarine eröffnet. Zu sehen sind Austellungen zur Regional- und Stadtgeschichte, zur Geschichte der polnischen Marine und der Küstenregion (Öffnungszeiten: Di. – So. 10.00 – 17.00 Uhr).

Steinberg

Ein Spaziergang auf den 52 m hohen Steinberg (Kamienna Góra) eröffnet ein weites Panorama auf Stadt und Hafen. In der Zwischenkriegszeit war der bewaldete Berg eine bevorzugte Wohngegend

! Baedeker TIPP

Musicaltempel

Viele weltberühmte Musicals wie beispielsweise »Jesus Christ Superstar« oder »Chicago« gehören zum umfangreichen Repertoire des 1957 gegründeten Teatr Musyczny. Mit 500 Aufführungen ist »Anatevka« die erfolgreichste Produktion, »Les Miserables« brachten es immerhin auf etwa 200 Vorstellungen. Mit rund 2000 Sitzplätzen ist das nahe der Südmole gelegene Theater außerdem eine der größten Bühnen Polens. Auch die Sommer-Jazz-Tage im Juli und andere Großveranstaltungen finden regelmäßig dort statt (pl. Grunwaldzki 1, www.teatrmuzyczny.gdynia.pl).

wohlhabender Polen, heute befindet sich hier das **Meteorologische Institut**. Ein Denkmal auf dem Gipfel erinnert an Henryk Sienkiewicz, Polens ersten Literaturnobelpreisträger (»Quo vadis«).

Von der Südmole führt eine neu angelegte Promenade südwärts zu dem langen Strand von Redłowo (Redlau) und vorbei an der beeindruckenden Steilküste zum zweiten großen Stadtstrand in Orłowo (Adlerhorst). Dort finden im Sommer auf einer Freilichtbühne neben der 135 Meter langen Mole und dem kleinen Fischerhafen Aufführungen des städtischen Theaters statt.

Żeromski-Haus In dem kleinen Fischerhaus an der ul. Orłowska 6, unweit der Südmole, wohnte zeitweilig der polnische Schriftsteller Stefan Żeromski (1864 – 1925). Das Haus bewahrt einige Erinnerungsstücke an den Schriftsteller und wird außerdem gerne für Wechselausstellungen und Lesungen genutzt (Öffnungszeiten: Sa. 11.00 – 14.00, So. 12.00 bis 16.00 Uhr).

Umgebung von Gdynia

Wejherowo Rund 20 km nordwestlich von Gdynia liegt das 1643 von dem Wojewoden von Malbork, Jakub Wejher, gegründete Wejherowo (Neustadt). Bekannt ist die nach dem Ortsgründer benannte Stadt auch als **»kaschubisches Jerusalem«**. Hier stiftete Wejher zwei Kirchen und ließ am Ortsrand einen Kalvarienberg anlegen. Ab 1649 entstanden insgesamt 26 Kapellen im barocken und manieristischen Stil als Stationen auf dem Leidensweg Christi. Unter jeder der Kapellen soll eine Handvoll Erde aus Jerusalem vergraben worden sein. Der Kalvarienberg mit dem rund 4 km lange Kreuzweg ist jedes Jahr das Ziel von Tausenden von Wallfahrern.

Etliche interessante Exponate und Dokumente zur Geschichte und Kultur der Kaschuben stellt das in der ul. Zamkowa untergebrachte **Kaschubisch-Pommersche Museum** vor (Muzeum Piśmiennictwa i Muzyki Kaszubsko-Pomorskiej, Öffnungszeiten: Mo. – Fr. 8.00 bis 15.00 Uhr).

Kakteengarten Kakteenfans zieht es nach Rumia, ca. 10 km südöstlich von Wejherowo. Dort präsentiert die Familie Hinc in der ul. Partyzantów 2 ihren herrlichen, mit 6500 Pflanzen bestückten Kakteengarten (Öffnungszeiten: Mo. – Sa. 10.00 – 16.00 Uhr).

★ Giżycko · Lötzen

Q 2

Wojewodschaft: Warmińsko-Mazurskie **Höhe:** 120 m ü.d.M.
Einwohnerzahl: 29 800

Das auf einer Landenge zwischen Niegocin- und Kisajno-See gelegene Giżycko ist Masurens »Sommerhauptstadt«. Das Städtchen ist zwar nicht gerade eine Schönheit, doch bietet es mit seinen zahlreichen Unterkünften und Wassersportzentren ein gute touristische Infrastruktur.

Geschichte

Durch die Lage auf der Landenge zwischen dem Jezioro Niegocin (Löwenthinsee) und dem Jezioro Kisajno (Kissainsee) hatte Giżycko immer große strategische Bedeutung. Die Burg der Pruzzen wurde im 14. Jh. vom Deutschen Orden eingenommen und zerstört; die Deutschordensburg entstand um 1390. Im Jahr 1612 erhielt die Siedlung das Stadtrecht. Durch den Bau der Feste Boyen Mitte des 19. Jh.s entwickelte sich Lötzen zur Garnisonsstadt.
Gegen Ende des 19. Jh.s begann man den touristischen Wert Giżyckos zu entdecken und es entstanden zahlreiche Hotels, Freizeit- und Erholungsanlagen, ein Strandbad und der Segelhafen. Im Zweiten Weltkrieg wurde das Städtchen fast völlig zerstört.

! *Baedeker* TIPP

Masurens goldene Seele

Eine ganz besondere masurische Spezialität wird seit altersher aus Wodka und Honig zubereitet. Der »Meschkinnes«, den Polen als »Krupnik«, den Deutschen als »Bärenfang« bekannt, ist ein hochprozentiger Honigschnaps, an dessen berauschender Wirkung sich schon die pruzzische Urbevölkerung erfreute. Im Sommer genießt man ihn gut gekühlt, im Winter wird er heiß getrunken.

Sehenswertes in Giżycko

Stadtzentrum

Das Stadtzentrum rund um die ul. Warszawska wurde nach den Zerstörungen des Zweiten Weltkrieges teilweise wieder aufgebaut. Am pl. Grunwaldzki steht die 1827 nach einem Entwurf von Karl Friedrich Schinkel erbaute evangelische Pfarrkirche. In der schlichten dreischiffige Basilika finden in den Sommermonaten Gottesdienste in deutscher Sprache für die Touristen statt. Ein Genuss sind die Konzerte, die hier jeden Sommersonntag beim »Internationalen Festival der Orgel- und Kammermusik« gegeben werden.

Hafen

Nur wenige Gehminuten sind es vom pl. Grunwaldzki zum Hafen von Giżycko. Hier starten die Schiffe der Masurischen Segelflotte zu Rundfahrten auf den umliegenden Seen und zu Linienfahrten nach Węgorzewo und ►Mikołajki. Die kleine Promenade ist im Sommer ein belebter Anziehungspunkt für Touristen.

Segleridylle im Hafen

Die kleine Brücke über den Łuczański-Kanal entstand 1889 und ist eine der beiden in Europa noch existierenden **Schwenkbrücken**. Zu festgelegten Zeiten wird das Bauwerk mittels einer handbetriebenen Umsetzung zur Seite geschwenkt, sodass Schiffe die Durchfahrt zum Jezioro Niegocin passieren können.

Von der im 14. Jh. gebauten **Burg des Deutschen Ordens** auf der anderen Seite der Brücke blieb nur der – öffentlich nicht zugängliche – Hauptflügel erhalten. Er wurde 1560 um die Renaissancegiebel erweitert und im 17. Jh. barock umgestaltet. Bis 1945 war hier der Sitz der Kommandantur der Festung Boyen untergebracht.

Die **Hauptattraktion** Giżyckos ist die am westlichen Rand der Stadt gelegene **Feste Boyen**. Die Festungsanlage mit sechs Bastionen wurde 1844 bis 1859 erbaut und ist benannt nach dem damaligen preußischen Kriegsminister Hermann von Boyen.
Das über einen Quadratkilometer große Gelände wurde stetig militärtechnischen Innovationen angepasst und galt als uneinnehmbar. Während des Ersten Weltkrieges wurde die Festung zweimal erfolglos von der Russischen Armee belagert. Gegen Ende des Zweiten Weltkriegs überließen die Deutschen die Festung der Roten Armee. Später diente das riesige Areal recht prosaisch als Getreidelager und Hühnerfarm.
Man betritt das von einem rund 2 km langen Befestigungsring umgebene Gelände durch das massive **Lötzener Tor**. Über dem inneren Tor ist ein Porträtmedaillon des Generalfeldmarschalls von Boyen angebracht. Im ersten Gebäude auf der linken Seite befindet sich neben einer Jugendherberge das **Museum der Festung**. In einer ständigen Ausstellung wird die Erstehung der Anlage und die Geschichte der Stadt erzählt.
Die Besucher der Festung können nach Belieben über die kilometerlangen Wälle und durch die unterirdischen Räume streifen. Dazu empfiehlt es sich allerdings, feste Schuhe anzuziehen und auf alle Fälle eine Taschenlampe mitzunehmen. Auch sollte man aus Sicherheitsgründen die gekennzeichneten Wege nicht verlassen (Twierdza Boyen, ul. Turystyczna 1, Öffnungszeiten: tgl. ab 9.00 Uhr bis zur Dämmerung).

GIŻYCKO ERLEBEN

AUSKUNFT

Tourist Information
ul. Warszawska 7
PL 11-500 Giżycko
Tel. 087 / 428 52 65
www.gizycko.turystyka.pl

AUSFLÜGE

Vom Hafen am Jezioro Niegocin südlich der Altstadt legen die Schiffe der »Żegluga Mazurska« für Fahrten über die Großen Masurischen Seen ab.

EVENTS

Im Sommer finden zahlreiche Konzerte auf der Freilichtbühne bei der Feste Boyen statt, u. a. ein dreitägiges Shanty-Festival im Juli.

URLAUB AKTIV

In Giżycko und Umgebung gibt es zahlreiche Charterfirmen für Segelboote. Auf deutsche Skipper eingestellt ist z. B. »Mazur Wind« in Wilkasy südwestlich von Giżycko (ul. Klonowa 19, Tel. 087 / 428 01 72, www.mazurwind.pl).

ESSEN

► Erschwinglich

Karczma Stary Młyn
Upałty 2
Tel. 087 / 429 27 18
Die denkmalgeschützte Mühle aus dem 19. Jh. liegt rund 6 km östlich von Giżycko am Jezioro Upalckie Duże. Zum üppigen masurischen Essen wird hier auch gerne Met gereicht.

Siwa Czapla
ul. Nadbrzeżna 11
Bar und Restaurant »Zum Graureiher« liegen am Ufer des Jezioro Niegocin. Die Küche bietet regionale und internationale Gerichte. Eine Spezialität sind Crêpes mit Spinatfüllung in Ruccola-Sahnesoße.

Tawerna
ul. Braci Ejsmontów 2
Tel. 087 / 427 18 43
Die urige Taverne am Seglerhafen von Węgorzewo bietet eine gute Auswahl an Fischgerichten.

ÜBERNACHTEN

► Komfortabel

Cesarski
pl. Grunwaldzki 8,PL 11-500 Giżycko
Tel. 05 08 / 10 43 28, www.anitatour.pl
13 Z. Neben der evangelischen Kirche entstand im 19. Jh. das Hotel »Kaiserhof«. Das Mitte der 1990er-Jahre eröffnete Hotel »Cesarski« sieht sich in dessen Tradition und bietet neben modernisierten Zimmern auch eine Kaisersuite an, in der einst Kaiser Friedrich III. logierte.

Wodnik
ul. 3 Maja 2,PL 11-500 Giżycko
Tel. 087 / 428 38 71, www.cmazur.pl
Das etwas gesichtslose Hotel im Stadtzentrum bietet 67 gut ausgestattete Zimmer und ein Restaurant, das seine Gäste mit frischem Fisch verwöhnt.

► Günstig

Helena
Jeziorowskie 31
PL 11-612 Kruklanki
Tel. 087 / 421 73 33
www.owhelena.com.pl
Wenige Kilometer nordöstlich von Giżycko am Jezioro Gołdopiwo gelegenes, recht ansprechendes Ferienzentrum mit 40 Zimmern, 11 Ferienwohnungen, eigenem Strand und Tennisplatz.

Hügel des heiligen Bruno

Unweit der Feste Boyen erhebt sich der sogenannte »Hügel des heiligen Bruno« (Wzgórze św. Brunona). Hier soll der Legende nach der Magdeburger Erzbischof und Missionar **Bruno von Querfurt**, im Jahr 1009 auf einer Missionsreise von heidnischen Pruzzen erschlagen worden sein.

Umgebung von Giżycko

Kruklanki

Rund 15 km nordöstlich von Giżycko liegt inmitten einer hügeligen Moränenlandschaft Kruklanki (Kruglanken). Rund um die beiden Seen Jezioro Gołdopiwo und Jezioro Kruklin hat sich der Ort in den letzten Jahren zu einem Zentrum des Agrotourismus entwickelt.

Puszcza Borecka

Östlich von Kruklanki beginnt das 230 km^2 große Waldgebiet der Puszcza Borecka (Borkener Heide). In den 1950er-Jahren wurden hier Wisente, das größte europäische Landsäugetier, das in Polen bereits ausgestorben gewesen war, ausgewildert. Heute zählt die Herde rund 60 Tiere. Wer das mächtige, aber sehr scheue Waldtier in freier Wildbahn nicht zu Gesicht bekommt, kann es im **Wisent-Schaugehege** der ehemaligen Aufzuchtstation rund 11 km östlich von Kruklanki nahe der Forststation Wolisko bewundern.

! *Baedeker* TIPP

Indianer in der Puszcza Borecka

Indianer in Polen? – Ja, ganz in der Nähe vom Wisentgehege in Wolisko gibt es ein ganzjährig bewohntes Tipi-Dorf. Seit 2003 wird hier inmitten der masurischen Wälder versucht, das traditionelle Leben der nordamerikanischen Ureinwohner authentisch nachzustellen. Ein Rundgang durch das Indianerdorf dauert ca. eine halbe Stunde (Wioska Indianin, Bogdan Zdanowicz, Wolisko, www.wioskaindian.republika.pl, Besichtigungszeiten: Sommer tgl. 10.00 – 18.00 Uhr).

Auf einer malerischen Halbinsel zwischen dem Jezioro Mamry und dem Jezioro Dargin, rund 20 km nördlich von Giżycko, liegt Sztynort (Steinort), der ehemalige Sitz der Familie von Lehndorff, einer der einst einflussreichsten ostpreußischen Adelsfamilien. Der letzte Besitzer des Gutes, **Heinrich Graf von Lehndorff**, wurde 1944 als Widerstandskämpfer nach dem misslungenen Attentat auf Adolf Hitler hingerichtet.

Das 1689 bis 1695 im barocken Stil erbaute Schloss wurde im 19. Jahrhundert um die beiden Seitenflügel und die Ecktürme erweitert. Erhalten sind auch noch einige Wirtschaftsgebäude, Stallungen und Speicher. Das Anwesen ist umgeben von einer zwar schönen, aber immer mehr verwildernden Parkanlage mit dem **Mausoleum der Familie von Lehndorff** und einem 1812 erbauten klassizistischen Teehäuschen. Zu dem Anwesen führt eine schöne alte Eichenallee, die im 17. Jahrhundert angepflanzt wurde. Das Schloss steht schon lange leer und befindet sich daher in einem sehr schlechtem Zustand. Immerhin gibt es ernsthafte Pläne, es zu restaurieren und in ein Hotel umzuwandeln.

Traditionelle Handwerkskunst ist im Museumsdorf zu bewundern.

Węgorzewo

Węgorzewo (Angerburg) liegt unweit des Jezioro Mamry (Mauersee), rund 22 km nördlich von Giżycko. Von hier sind es nur wenige Kilometer bis zur Grenze mit der russischen Enklave Kaliningrad.

◄ St. Peter und Paul

Am östlichen Rand des Stadtzentrums steht die gotische Pfarrkirche St. Peter und Paul (Kościół Św. Piotra i Pawła). Die Hallenkirche wurde 1605 bis 1611 errichtet, die Querflügel und das oberste Geschoss des Turms wurden im 18. Jh. ergänzt. Sehenswert sind neben dem spätgotischen Hochaltar und der reich verzierten Kanzel aus dem 17. Jh. die Grabplatten der Amtshauptleute zu Dohna und von Creytzen, die links und rechts des Altarraumes angebracht sind.

◄ Museum für Volkskunst

Dem Leben der masurischen Bevölkerung und der Neuankömmlinge aus den polnischen Ostgebieten widmet sich das Museum für Volkskunst in der ul. Portowa 5. Die kleine Anlage mit einem Museumsdorf betreibt eine **Keramik- und Webwerkstatt**, eine **Kunstblumenmanufaktur** und eine **Schmiede**. Hier kann man sich selbst im Töpfern, Weben und Schmieden versuchen. Wechselnde Ausstellungen befassen sich mit traditionellem Handwerk aus der ganzen Welt (Muzeum Kultury Ludowej, Öffnungszeiten: Mo. – Fr. 8.00 – 18.00, Sa. u. So. 10.00 – 15.00, während der Saison bis 18.00 Uhr).

◄ Schloss

Das Ende des 14. Jh.s erbaute Ordensschloss wurde während des Zweiten Weltkrieges fast vollständig zerstört und erst in den 1970er-Jahren wieder aufgebaut. Das am südlichen Ende der Altstadt gelegene dreiflügelige Bauwerk ist für Besucher nicht zugänglich.

Gołdap

R 2

Wojewodschaft: Warmińsko-Mazurskie **Höhe:** 155 m ü.d.M.
Einwohnerzahl: 13 700

Unmittelbar an der Grenze zum Kaliningrader Gebiet liegt Gołdap, der einzige Kurort der Wojewodschaft und Ausgangspunkt zur Erkundung der nahen Puszcza Romincka.

Geschichte Gołdap wurde 1565 gegründet, um die Grenzgebiete des Herzogtums Preußen zu sichern. Bereits fünf Jahre später erhielt der Ort die Stadtrechte. Gegen Ende des 19. Jahrhunderts entdeckte der preußische Adel die Rominter Heide als ergiebiges Jagdrevier; Kaiser Wilhelm II. machte die hügelige Landschaft 1885 zu seinem privaten Jagdgebiet.

Im Zweiten Weltkrieg wurde Gołdap fast völlig zerstört. Bis Ende der 1980er-Jahre hatte die Stadt mit der Randlage zum Kaliningrader Gebiet zu kämpfen, konnte aber nach Öffnung der Grenzen vom Handel profitieren. Im Jahr 2000 wurde Gołdap, das sich der besten Luft Polens rühmt, zum Kurort erhoben.

Sehenswertes in Gołdap

St. Marien Gołdap wurde nach dem Zweiten Weltkrieg nur teilweise wieder aufgebaut. Den alten Marktplatz umgeben niedrige Neubauten, zur Jahrtausendwende hat man die parkähnliche Grünfläche in der Mitte des Platzes neu gestaltet. Die einzige Sehenswürdigkeit des Ortes ist die Pfarrkirche **St. Marien** (Kościół Naszej Marii Pannej). Das Backsteingebäude entstand Ende des 16. Jahrhunderts, wurde 1945 stark

GOŁDAP ERLEBEN

AUSKUNFT

Tourist Information
pl. Zwycięstwa 16
PL 19-500 Gołdap
Tel. 087 / 615 20 90
www.goldap.pl

ESSEN / ÜBERNACHTEN

► **Erschwinglich / Komfortabel**
Zajazd Jurand
ul. Stadionowa 3
PL 19-500 Gołdap
Tel. 087 / 615 49 35
www.jurand.goldap.net
Die in der Nähe des Gołdap-Sees gelegene Pension mit 21 Zimmern bietet gute regionale Küche.

► **Preiswert / Günstig**
Centrum Ekologiczne »Puszcza Romincka«
Galwiecie 50, PL 19-500 Gołdap
Tel. 06 03 / 12 36 25
www.puszczaromincka.org.pl
12 Betten. Das vor 100 Jahren erbaute Haus inmitten der stillen Puszcza Romincka bietet einigen Komfort für wenig Geld.

zerstört und Anfang der 1980er-Jahre wieder aufgebaut. Überbleibsel des ehemaligen Hochaltars wurden in die Wand des Chorraumes eingearbeitet.

Umgebung von Gołdap

Puszcza Romincka

Die Gegend um Gołdap lockt mit tiefen Wäldern und klaren Seen. Vom polnischen Teil der Puszcza Romincka (Rominter Heide) wurden ca. 14 000 ha als Landschaftspark ausgewiesen; ein weitaus größerer Teil der Rominter Heide liegt auf russischem Gebiet. Seit 1890 hatte Kaiser Wilhelm II. hier sein Jagdrevier. An seine Jagderlebnisse erinnern fünf sog. **Kaisersteine**. Auf einem ist z. B. vermerkt, dass Seine Majestät »einen kapitalen Hirsch von 24 Enden« erlegt haben.

Pikna Góra

Gut drei Kilometer südlich von Gołdap liegt **Nordpolens größtes Wintersportzentrum**. Der fast 300 m hohe Berg Piękna Góra (Schöner Berg) bietet fünf Abfahrtpisten mit einer Gesamtlänge von etwa zwei Kilometern.

Stańczyki

Mit 36 m Höhe und 150 m Länge sind die Viadukte bei Stańczyki (Staatshausen), 21 km östlich von Gołdap, die größten in ganz Polen. Die in den Jahren 1910 bis 1926 entstandenen Brücken werden heute allerdings nicht mehr genutzt.

Rapa

Rund 28 km westlich von Gołdap am Rand der Skaliski-Wälder steht ein ungewöhnliches Grabmal. In Rapa (Kleinangerapp) ließ der Gutsbesitzer **Friedrich Wilhelm von Fahrenheid** 1811 für sich und seine Familie ein Mausoleum in Form einer knapp 16 m hohen und 10 m breiten Pyramide erbauen. In dem Pyramidengrab wurden die Leichname der Familienmitglieder mumifiziert; durch ein kleines Fenster kann man in die geöffneten Särge blicken.

Kamień Pomorski · Cammin

B 3

Wojewodschaft: Zachodnio-Pomorskie **Höhe:** 10 m ü.d.M.
Einwohnerzahl: 9700

Bekannt geworden ist der Kurort am Camminer Haff vor allem durch das Internationale Festival der Orgel- und Kammermusik, das im Sommer in der Kathedrale veranstaltet wird.

Geschichte

Erstmals erwähnt wurde die Stadt im Jahr 1124, als Bischof Otto von Bamberg auf seiner ersten Missionsreise hier Station machte. 1175 wurde das Bistum Cammin gegründet; in dieser Zeit begann auch der Bau des Doms. Im Jahr 1274 erhielt Cammin das Stadtrecht. 1321 verkauften die Greifenherzöge die Stadt an den Camminer

Bischof. Nach dem Dreißigjährigen Kriegs fiel Cammin an Brandenburg. 1882 begann der Kurbetrieb. Die im März 1945 stark zerstörte Stadt wurde später nur teilweise restauriert.

Sehenswertes in Kamień Pomorski

Kathedrale An der Stelle, an der Otto von Bamberg 1124 die ersten Slawen taufte, wurde ein halbes Jahrhundert später der Grundstein für ein Gotteshaus gelegt – nachdem der Bischofssitz von Wollin nach Cammin verlegt worden war.

Die dreischiffige Kathedrale (Katedra) entstand auf dem Grundriss eines lateinischen Kreuzes. Das Gewölbe des Hauptschiffes wird von zwölf Pfeilern getragen, die die Apostel symbolisieren. 1385 war das Gebäude fertiggestellt. Der gedrungen wirkende Turm entstand nach einem Umbau im Jahr 1934.

Ein gotisches Triptychon aus dem Jahr 1500 schmückt den Hauptaltar; es zeigt in der Mitte Mariä Himmelfahrt. Sehenswert ist auch das

Herrliche alte Bäume umgeben die Johanneskathedrale.

KAMIEŃ POMORSKI ERLEBEN

AUSKUNFT

Uzdrowisko Kamień Pomorski
ul. Szpitalna 9
PL 72-400 Kamień Pomorski
Tel. 091 / 382 50 43
www.uzdrowisko.sisco.pl
(Auskünfte zum Kurangebot);
www.kamienpomorski.pl

ESSEN / ÜBERNACHTEN

► Erschwinglich / Komfortabel

Pod Muzami
ul. Gryfitów 1
72-400 Kamień Pomorski
Tel. 091 / 382 22 40
www.podmuzami.pl
Altpolnische Küche in einem hübschen Fachwerkhaus aus dem 18. Jh. am Marktplatz. Angeboten werden auch einige gute Gästezimmer.

► Preiswert / Günstig

Staromiejski
ul. Rybacka 3
PL 72-400 Kamień Pomorski
Tel. 091 / 382 26 44
www.hotel-staromiejski.pl
Direkt am Haff gelegenes Mittelklassehotel mit 36 Zimmern und einem netten Restaurant.

EVENT

Im Rahmem des »Internationalen Festivals der Orgel- und Kammermusik« gibt es von Ende Juni bis Anfang September jeden Freitag ab 19.00 Uhr ein Konzert im Dom.
(Informationen über das Programm und Karten unter Tel. 091 / 382 05 41).

aus dem 15. Jh. stammende Chorgestühl. Die Attraktion des Doms ist aber die 1669 von Michael Berigel aus Stettin gebaute **Barockorgel**. Sie verfügt über 3300 Pfeifen und steht während der Sommermonate im Mittelpunkt des »Internationalen Festivals der Orgel- und Kammermusik«.

Oase der Ruhe

Der Kreuzgang (Anfang 14. Jh.) mit seinen exotischen Pflanzen ist bis heute eine Oase der Ruhe. In der Mitte steht ein Taufbecken aus dem 12. Jh., das an die ersten Taufen durch Otto von Bamberg an dieser Stelle erinnert.

Rathaus

Das gotische Rathaus am Stary Rynek (Alten Markt) datiert aus dem frühen 14. Jahrhundert, die südliche Giebelwand mit ihren schönen Maßverzierungen entstand im 16. Jahrhundert. Unter dem Laubengang der Ostseite fanden früher öffentliche Gerichtsverhandlungen statt.

Mittelalterliche Stadtbefestigung

Fragmente der mittelalterlichen Stadtbefestigung sieht man noch am Ufer des Camminer Haffs. Erhalten blieb auch das **Wolliner Stadttor**, in dem ein kleines **Mineralienmuseum** eingerichtet worden ist (Muzeum Kamienia, ul. Słowackiego 1, Öffnungszeiten: Di. – Sa. 10.00 bis 18.00, So. bis 16.00 Uhr).

Umgebung von Kamień Pomorski

Dziwnów Das Ostseebad Dziwnów (Dievenow) am anderen Ufer des Haffs ist von Cammin aus mit der Fähre zu erreichen (Landweg ca. 8 km). Eine Zugbrücke über den Fluss Dziwna verbindet hier die Insel ►Wollin mit dem Festland. In den Sommermonaten sind die rund 20 000 Übernachtungsplätze in der Gemeinde häufig ausgebucht.

Kętrzyn · Rastenburg

P 2

Wojewodschaft: Warmińsko-Mazurskie **Höhe:** 100 m ü.d.M.
Einwohnerzahl: 28 300

Kętrzyn liegt eingebettet in die anmutige Landschaft der Masurischen Seenplatte am Flüsschen Guber. In der Nähe des Städtchens können die berühmte Barockkirche Heiligelinde und die Ruinen des im Januar 1945 gesprengten sog. »Führerhauptquartiers Wolfsschanze« besichtigt werden.

Geschichte An der Stelle der pruzzischen Siedlung Rast errichtete der Deutsche Orden 1329 eine Grenzbefestigung. Der im Schatten der Burg entstandene Ort Rastenburg erhielt 1357 das Stadtrecht. In den nächsten Jahrhunderten erlebte die Stadt einen starken Aufschwung; im 17. Jh. galt sie als eine der reichsten Städte Preußens. Epidemien, Kriege und Brände bereiteten dem allerdings ein Ende. Die preußische Verwaltungsreform machte Rastenburg 1818 zur Kreisstadt. Nach ihrem Einmarsch im Januar 1945 brannten sowjetischen Soldaten das Zentrum Rastenburgs nieder. 1946 beschlossen die Behörden, den Namen der Stadt zu Ehren des masurischen Historikers **Wojciech Kętrzyński** von Rastembork in Kętrzyn zu ändern.

Sehenswertes in Kętrzyn

Altstadt Die Altstadt wurde nach dem Zweiten Weltkrieg weitestgehend wieder hergestellt. Von der einst mächtigen Stadtmauer aus dem 14. Jh. mit ihren beiden Toren und 13 Türmen sind noch Teile erhalten, darunter der **Bahrenturm** in der Südwestecke mit einem Durchmesser von ca. sieben Metern.

Rathaus ► Am Rand der Altstadt entstand 1885/1886 das neue Rathaus. Mit seinem Türmchen und den säulenbestandenen Rundbogenfenstern ist es ein schönes Beispiel für die Neorenaissance im ehemaligen Ostpreußen. Neben der Stadtverwaltung findet man hier das Büro der Touristeninformation.

Burg Die Ordensburg wurde vermutlich in den Jahren 1360 bis 1370 errichtet. Das ursprünglich dreiflügelige gotische Bauwerk wurde

KĘTRZYN ERLEBEN

AUSKUNFT

Tourist Information
pl. Piłsudskiego 1, PL 11-400 Kętrzyn
Tel. 089 / 751 47 65
www.ketrzyn.com.pl

ESSEN

► Erschwinglich

Zajazd Pod Zamkiem
ul. Struga 2, Tel. 089 / 752 31 17
Restaurant mit großem Sommergarten direkt neben der Burg

ÜBERNACHTEN

► Komfortabel

Koch
Rynkowa 16, PL 11-400 Kętrzyn
Tel. 089 / 752 20 58
www.masuren2.de
48 Z. Das zentral gelegene Mittelklassehotel organisiert u. a. mehrtägige Rad-, Kajak- und Segeltouren.

Księżycowy Dworek
PL 11-400 Gierłoż k. Kętrzyna
Tel. 089 / 752 42 77
www.ksiezycowydworek.pl
Das ehemalige Landgut der Familie von Knyphausen am Jezioro Siercze wartet mit 19 stilvoll eingerichteten Zimmern auf.

Zamek Reszel
ul. Podzamcze 3
PL 11-440 Reszel
Tel. 089 / 755 01 09
www.zamek-reszel.pl
Die rustikalen Möbel der 21 Gästezimmer hat Bolesław Marshall, Bildhauer und langjähriger Besitzer des Hotels, selbst angefertigt. Das Restaurant im gotischen Gewölbe serviert variantenreiche Spezialitäten aus der Region.

► Günstig

Hotel w Świętej Lipce
Święta Lipka 16
PL 11-440 Reszel
Tel. 089 / 755 37 37
www.swietalipka.pl
Die modern gestaltete Unterkunft mit 30 Zimmern liegt unweit vom Marienheiligtum in Święta Lipka.

mehrfach umgebaut und mit einer Wehrmauer umgeben. Nachdem sowjetische Truppen das Gebäude im Januar 1945 in Brand gesteckt hatten, wurde es 1962 bis 1967 nach Plänen aus dem 19. Jh. wieder aufgebaut. Heute beherbergt es die Stadtbibliothek sowie das **Stadtmuseum** mit ständigen Ausstellungen zur Geschichte der Stadt, dem Leben Wojciech Kętrzyńskis und den Burgen der Region (Öffnungszeiten: 15. Juni – 15. Sept. Mo. – Fr. 9.00 – 18.00, Sa. u. So. bis 17.00, sonst Sa. – Mo. 9.00 – 15.00, Di. – Fr. bis 16.00 Uhr).

St. Georgskirche

Die Wehrkirche St. Georg (Kościół Św. Jerzego) wurde 1357 gebaut und in den südwestlichen Teil der Stadtmauer integriert. Die Seitenschiffe und Kristallgewölbe der ursprünglich einschiffigen gotischen Backsteinkirche stammen aus dem 16. Jahrhundert. Der neogotische Hochaltar im linken Seitenschiff enthält ein Gemälde aus dem Jahr 1609, das die Auferstehung Christi darstellt.

St. Johannes-kirche Gleich neben dem Glockenturm der St. Georgskirche steht die etwas unscheinbare evangelische Kirche St. Johannes (Kościół Św. Jana) mit spätbarocker Kanzel und Altar. Sie wurde früher »polnische Kirche« genannt, da sie ursprünglich der polnischsprachigen Bevölkerung als Gotteshaus diente.

Ehemalige Synagoge ► Das unscheinbare Fachwerkhaus mit den schönen Rundbogenfenstern, das man zwischen Georgskirche und Ordensburg entdeckt, diente bis 1918 als Synagoge und wurde später von verschiedenen Glaubensgemeinschaften genutzt.

Freimaurerloge Der einstige Sitz der Freimaurerloge **»Drei Tore des Tempels«** in der ul. Mickiewicza 1 wurde 1864/1865 im neogotischen Stil errichtet. Das 1945 stark zerstörte Gebäude mit vier stilisierten Ecktürmchen wurde erst in den 1980er-Jahren wieder aufgebaut. Heute residiert hier die Arno-Holz-Gesellschaft für deutsch-polnische Verständigung. Der nach dem in Rastenburg geborenen naturalistischen Schriftsteller **Arno Holz** (1863 – 1929) benannte Verein engagiert sich in der Kultur- und Bildungsarbeit.

Umgebung von Kętrzyn

✶ Wolfsschanze Unweit von Kętrzyn liegt der kleine Ort Gierłoż (Görlitz). Hier, in den dichten Wäldern ca. 8 km nordöstlich der Kreisstadt, ließ Adolf Hitler das größte seiner sog. »Führerhauptquartiere« bauen. Der Komplex, der ab 1940 nahe der damaligen Grenze zur Sowjetunion

Überreste des »Führerbunkers« in der Wolfsschanze

errichtet wurde, sollte als Basis für Hitlers Überfall auf den ehemaligen Verbündeten dienen. Bis 1944 entstanden auf dem 2,5 km^2 großen Gelände unter strengster Geheimhaltung rund 100 Gebäude, Versorgungs- und Bunkeranlagen sowie ein Bahnhof.
Das Gelände war in mehrere Sicherheitszonen eingeteilt und mit einem 50 bis 150 m breiten Minengürtel und mehreren Stacheldrahtverhauen gesichert. Über den Gebäuden waren Netze gespannt, die Wände in Tarnfarben gestrichen. Insgesamt verbrachte Hitler über

Wolfsschanze Orientierung

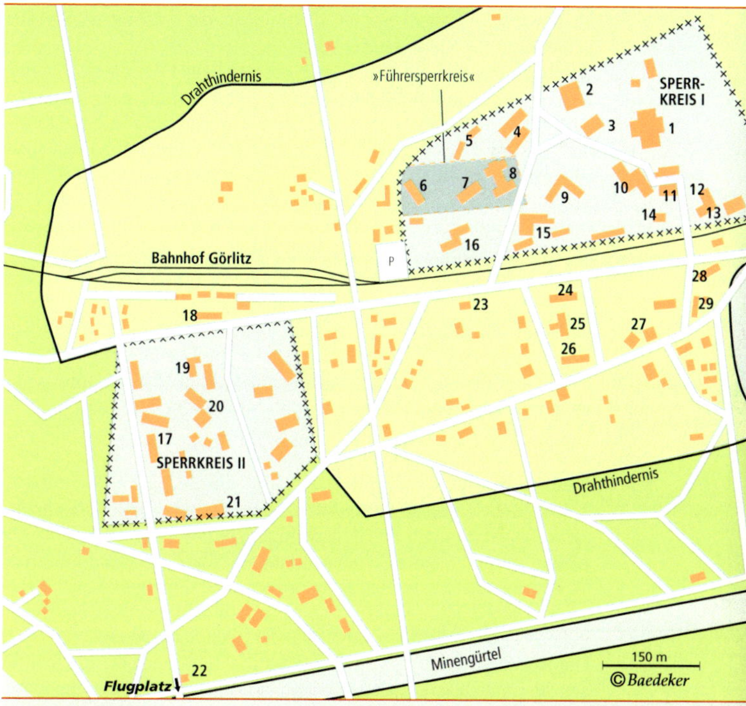

1 Hitlers Bunker
2 Bormanns Bunker
3 Bormanns Haus
4 Reichssicherheitsdienst, Stenografen und Poststelle
5 Reichssicherheitsdienst und SS-Begleitkommando
6 SS-Begleitkommando (heute Hotel und Restaurant)
7 Lagebaracke (Ort des Attentats vom 20. Juli 1944)
8 Gästebunker
9 Persönliche Adjutanten
10 Adjutantur der Wehrmacht
11 Chef des OKW (Keitel)
12 Görings Haus
13 Görings Bunker
14 Chef Wehrmacht Führungsstab (Jodl)
15 Kino, Garagen, Fahrerunterkünfte
16 Reichspressechef
17 Gebäude des Wehrmachtführungsstabes
18 Wache I
19 Kasino Wehrmacht Führungsstab (früheres Kurhaus)
20 Kommandant FHQ
21 Nachrichtenbunker
22 Wache Süd
23 Wache II
24 Verbindungsstab Außenministerium
25 Organisation Todt
26 Führerbegleitbataillon
27 Allgemeiner Luftschutzbunker
28 Verbindungsstab Luftwaffe
29 Verbindungsstab Marine
P Parkplatz und Kasse

800 Tage in der Anlage, die nach seinem Pseudonym »Herr Wolf« als Wolfsschanze (Wilczy Szaniec) bezeichnet wurde.
Am Mittag des 20. Juli 1944 ereignete sich hier das wohl spektakulärste Attentat auf Adolf Hitler. Während einer Lagebesprechung explodierte in der sog. Lagebaracke eine Bombe, die der Oberst des Generalstabes, **Claus Schenk Graf von Stauffenberg**, in einer Aktentasche unter dem Tisch deponiert hatte. Doch Hitler überlebte den Anschlag nur leicht verletzt, die Hauptverantwortlichen wurden noch am selben Abend im Berliner Oberkommando der Wehrmacht hingerichtet. In Folge des Attentates kam es zu über 700 Verhaftungen und 150 Hinrichtungen. Bei der Ruine der Lagebaracke erinnert eine bronzene Gedenktafel an das missglückte Attentat und an den Widerstand um Graf Stauffenberg.
Nachdem das Hauptquartier im November 1944 nach Berlin verlegt worden war, wurden im Januar 1945 die meisten Bunker gesprengt. Die Überreste der »Wolfsschanze« waren wegen der rund 80 000 Minen, die auf dem gesamten Gelände verteilt waren, lange Zeit nicht zugänglich. Heute gibt es ein Informationszentrum mit Hotel und Restaurant im ehemaligen Quartier des SS-Begleitkommandos. Führungen dauern durchschnittlich 2 Std. und werden auch in deutscher Sprache angeboten (Info-Tel. 089 / 752 44 29, Öffnungszeiten: tgl. 9.00 Uhr bis zur Dämmerung).

Mamerki In Mamerki (Mauerwald) blieben die 30 Bunker des ehemaligen Oberkommandos der Heeresleitung erhalten. Das Gelände liegt rund 25 km östlich von Kętrzyn und kann besichtigt werden (Infos unter www.mamerki.com, Öffnungszeiten: Mai – Okt. tgl. 8.00 – 20.00 Uhr).

Reszel Rund 17 km westlich von Kętrzyn liegt die ehemalige Bischofsstadt Reszel (Rößel), die im Gegensatz zu den meisten Städten im ehemaligen Ostpreußen den Zweiten Weltkrieg unbeschadet überstand. Die Altstadt mit ihrer gotischen, barocken und klassizistischen Bebauung ist weitestgehend erhalten. Dazu zählen auch eine gotische Spitzbogenbrücke, die das Tal der Sajna überspannt, ein gotischer Fachwerkspeicher links der Brücke und Teile der alten Stadtmauer.

Burg ► Die zweiflügelige Burg von Reszel wurde 1350 bis 1401 als Sitz für den bischöflichen Vogt erbaut. Die Nord- und Westseite des Burghofes sind von Wehrmauern umgeben. Dominiert wird die Anlage vom eindrucksvollen Bergfried. Im 19. Jh. wurde die Burg der evangelischen Gemeinde von Rößel übereignet, die den Südflügel zu einer Kirche umgestalten ließ. Heute beherbergt die Burg Künstlerateliers, eine landesweit bekannte Galerie, ein Museum sowie ein Hotel mit Restaurant (Öffnungszeiten: Di. – So. 10.00 – 17.00 Uhr).

St. Peter und Paul ► Eine wunderbare Aussicht über die Stadt und ihre Umgebung hat man vom 51 m hohen Turm der Pfarrkirche St. Peter und Paul (Kościół Św. Piotra i Pawła). Die gotische Hallenkirche stammt aus der zweiten Hälfte des 14. Jh.s und wurde mehrfach umgestaltet.

Von der Originalausstattung, die 1806 einem Brand zum Opfer fiel, sind lediglich ein mittelalterliches Weihwasserbecken sowie das Tabernakel von 1767 erhalten geblieben.

Übrigens hat die letzte Hexenverbrennung in Europa im Jahr 1811 in Reszel stattgefunden. Die Schäferin Barbara Zdunk wurde beschuldigt, für den großen Stadtbrand von 1806 verantwortlich gewesen zu sein. Nach jahrelangem Prozess wurde sie schließlich zum Tod auf dem Scheiterhaufen verurteilt.

◄ Hexenprozess

★★ Święta Lipka

Acht Kilometer östlich von Reszel liegt der von Wäldern und Seen umgebene Ort Święta Lipka (Heiligelinde) mit einem der **schönsten sakralen Barockbauten im nördlichen Polen**. Im Zuge der Gegenreformation ließen Mönche des Jesuitenordens hier von 1687 bis 1694 eine der prachtvollsten katholischen Kirchen im protestantischen Masuren bauen, die heute jährlich von ca. 1,5 Mio. Besuchern bewundert wird. Bis 1712 wurde der barocke Kreuzgang mit vier Eckkapellen sowie den angrenzenden Wohn- und Wirtschaftsgebäuden ergänzt. Kirche und Kreuzgang sind mit wundervollen barocken Fresken ausgestattet, die 1722 bis 1737 vom Heilsberger Maler Mathias Meyer geschaffen wurden.

Die rechteckige Kirche ist in drei Schiffe gegliedert. Über den Seitenschiffen erheben sich zweigeschossige Galerien, die durch Scheinpilaster mit korinthischen Kapitellen getrennt sind. Der bis an die Decke reichende dreigeschossige Hochaltar aus schwarzem Holz birgt in seinem unteren Teil ein Marienbild des belgischen Malers Bartholomäus Pens von 1640, das 1719 mit einem Silberkleid versehen wurde.

Das mit Abstand schönste und **wertvollste Stück der Ausstattung** ist die Orgel aus der Werkstatt des Königsberger Orgelmachers Johann Mosengel. Das 1719 bis 1721 gebaute Instrument verfügt über 40 Register mit insgesamt 3960 Pfeifen. Während eines Konzertes oder einer der regelmäßigen Vorführungen des Orgelwerks kann man beobachten, wie sich die Figurenteile der Orgel bewegen: Goldene Engel spielen auf himmlischen Instrumenten, Sterne drehen sich und der Erzengel Gabriel geht vor Maria auf die Knie.

Eine Schönheit in jeder Hinsicht: die Orgel von Heiligelinde

★ Kołobrzeg · Kolberg

D 2

Wojewodschaft: Zachodnio-Pomorskie **Höhe:** 0 – 10 m ü.d.M.
Einwohnerzahl: 45 000

Die Stadt an der Mündung der Persante ist mit ihrem breiten Sandstrand, der quirligen Uferpromenade und den modernen Kureinrichtungen einer der beliebtesten Badeorte an der Ostseeküste.

Geschichte Die im 12. Jh. an der Stelle des heutigen Kołobrzeg gegründete deutsche Siedlung erhielt 1255 das Stadtrecht und trat im 14. Jh. der Hanse bei. Der Dreißigjährige Krieg brachte schwere Zerstörungen und einen wirtschaftlichen Niedergang; 1653 fiel Kolberg an Brandenburg. Nach der Schlacht bei Jena und Auerstedt im Oktober 1806, die mit der Niederlage Preußens endete, belagerten Napoleons Truppen die Stadt, die ihnen sechs Monate lang standhielt. Diese Geschichte diente als Vorlage für den nationalsozialistischen Propagandafilm **»Kolberg«** (► Baedeker Special S. 202). 1945 wurde Kolberg fast völlig zerstört. Einziger Rest der ehemals mächtigen Stadtbefestigung ist der Pulverturm in der schmalen Altstadtgasse ul. Dubois.

i Stadt des Salzes

- Schon die slawischen Siedler beherrschten die Kunst des Salzsiedens. Im Jahr 1300 gründete sich die Gilde der Salzsieder in Kolberg, zuvor hatten nur Kirchen und Klöster das Recht zur Salzgewinnung. 1450 arbeiteten 36 Siedehütten auf der Kolberger Salzinsel (Wyspa Solna). Seit 1860 nutzt man die heilende Wirkung der Sole für den Kurbetrieb.

Sehenswertes in Kołobrzeg

Leuchtturm Am rechten Ufer der Parsęta-Mündung erhebt sich der 26 m hohe Leuchtturm. Er wurde Mitte des 19. Jh. auf einem ehemaligen Festungswehr errichtet (Öffnungszeiten: tgl. 10.00 – 18.00 Uhr).
Westlich der Flussmündung legen die Ausflugsschiffe und Fähren an, eine Promenade führt zur 220 m langen Mole. Direkt dahinter beginnt das Kurviertel mit einigen hübsch sanierten Villen und den meist in den 1970er-Jahren erbauten großen Sanatorien.

Salzdenkmal An die Geschichte der »Salzstadt« erinnert das im Jahr 2000 fertig gestellte Salzdenkmal auf der Salzinsel am linken Ufer der Persante. Dazu gehören auch ein kleines Gradierwerk, ein Springbrunnen und eine Trinkhalle.

Altstadt Das Areal der Altstadt mit ihren zahlreichen Geschäften und Restaurants wurde in den 1990er-Jahren neu bebaut. Die Häuser selbst sind modern, bei den Straßenverläufen, Traufhöhen und Grundstücksgrößen orientierte man sich jedoch an der früheren Bebauung.

KOŁOBRZEG ERLEBEN

AUSKUNFT

Tourist Information
ul. Dworcowa 1
PL 78-100 Kołobrzeg
Tel. / Fax 094 / 352 79 39
www.turystyka.kolobrzeg.eu

STRÄNDE

Neben dem 6 km langen und sehr feinsandigen Strand in Kołobrzeg stehen Urlaubern auch die Strände der westlich gelegenen Nachbargemeinde Dźwirzyno und des östlich gelegenen Badeorts Ustronie Morskie zur Verfügung.

URLAUB AKTIV

Kołobrzeg ist ein idealer Ausgangspunkt für Hochseeangler; ganzjährig werden Tagestouren angeboten (Infos: Ferienanlage Molabeach, ul. Sulkowskiego 7, PL 78-100 Kołobrzeg, Tel. 094 / 352 33 76, molabeach@-web.de).

SHOPPING

In der nach dem Zweiten Weltkrieg wieder aufgebauten Altstadt entdeckt man hübsche kleine Läden und Geschäfte für einen gemütlichen Bummel.

AUSGEHEN

Ein stilvoller Pub mit Livemusik ist »Fiddler's Green Tawerna« in der Altstadt (ul. Dubois 16c).

ESSEN

► Erschwinglich

Domek Kata
ul. Ratuszowa 1
Tel. 094 / 354 66 35
Im ehemaligen Henkerhaus beim Rathaus werden auf drei Etagen phantasievoll angerichtete Fisch- und Grillspezialitäten serviert.

taaakaryba
ul. Bałtycka 1
Tel. 094 / 351 62 94
Das Fischrestaurant ist im gleichnamigen kleinen Hotel in der Nähe des Jachthafens untergebracht.

ÜBERNACHTEN

► Komfortabel

Erania
Malechowo 4
PL 78-111 Ustronie Morskie
Tel. 094 / 351 99 77
www.erania.pl
31 Z. u. App.
Stilvolles Spa-Hotel mit Reiterhof unweit von Ustronie Morskie.

New Skanpol
ul. Dworcowa 10
PL 78-100 Kołobrzeg
Tel 094 / 352 82 11
www.newskanpol.pl
155 Z.
Das im Zentrum gelegene Wellnesshotel verfügt über eines der besten Restaurants der Stadt.

Pałac Budzistowo
ul. Pałacowa 19
PL 78-100 Kołobrzeg
Tel. 094 / 354 72 12
www.palacbudzistowo.pti.pl
12 Z. Um 1870 erbautes Schloss im Ortsteil Budzistowo. Gleich daneben gibt es einen Reiterhof.

► Günstig

Hansa
ul. Jedności Narodowej 57
PL 78-100 Kołobrzeg
Tel. 094 / 351 61 11
www.hotelhansa.inkolberg.de
Kleines, freundliches Hotel im Westen der Stadt mit 22 gemütlichen Zimmern.

»KOLBERG«

Anfang 1943 wuchsen die Zweifel am »Endsieg«. Hunderttausende deutscher Soldaten waren nach der verlorenen Schlacht von Stalingrad in Gefangenschaft geraten, und immer häufiger wurden deutsche Städte das Ziel alliierter Luftangriffe. Es galt, das deutsche Volk zum Durchhalten zu bewegen und alle Kräfte zu mobilisieren, um den Krieg doch noch gewinnen zu können.

Propagandaminister Joseph Goebbels lancierte am 1. Juni 1943 das teuerste und aufwendigste Werk der deutschen Filmgeschichte: »Kolberg« sollte zeigen, dass »eine in Heimat und Front gemeinsame Politik« stärker ist als der mächtigste Gegner. Mit den Dreharbeiten wurde **Veit Harlan** beauftragt, der den Ruf genoss, **»des Teufels Regisseur«** zu sein. Er lieferte, was Goebbels forderte und wonach sich das deutsche Publikum sehnte. Mit Streifen wie »Der Herrscher« hatte er sich schon 1937 für die deutsche Volksgemeinschaft stark gemacht und 1940 im antisemitischen »Jud Süß« der nationalsozialistischen Vernichtungspolitik zugearbeitet.

Nun durfte er zeigen, dass sich das Durchhalten im Krieg lohnt, auch wenn der Feind auftrumpft und die Situation aussichtslos scheint.

»Motivation« fürs Volk

Der Film basiert auf einer Episode aus den Napoleonischen Kriegen: Ein preußischer General will die Stadt Kolberg den Franzosen übergeben, da ihm angesichts der feindlichen Übermacht jeder Widerstand sinnlos erscheint. Doch Bürgeradjutant Nettelbeck rügt den Kleinmut seines Vorgesetzten und möchte, dass bis zum letzten Mann weiter gekämpft wird. Unterstützt wird er vom Bürgermädchen Maria, das sich bis zur preußischen Königin durchschlägt und diese um eine Intervention bittet. Schließlich haben die Bürger Erfolg, der »feige General« wird durch den unerschrockenen Gneisenau ersetzt. Mit vereinter Kraft gelingt es, die Franzosen zurückzuschlagen, die Kolberger feiern einen kaum noch für möglich gehaltenen Sieg.

Zehntausende Wehrmachtssoldaten mussten als Statisten für den Durchhalteschinken »Kolberg« herhalten (Szenenfoto zur Uraufführung in Berlin am 30. Januar 1945).

Immer wieder legte Harlan den Akteuren Zitate von Hitler und Goebbels in den Mund: »Volk, steh auf, und Sturm brich los!« Dieser Ausruf des Propagandaministers aus dessen berüchtigter »Sportpalastrede« 1943 – ein Vers aus den antinapoleonischen Freiheitsliedern von Theodor Körner! – sollte sich ins Bewusstsein der Zuschauer einkerben. Der Film sollte die Deutschen zum Kampf »bis zum letzten Blutstropfen« anspornen und zugleich die Hoffnung auf ein gutes Ende wach halten.

»Für zwei Mio. RM Grauen«

Harlan brauchte 18 Monate, um den 8 Mio. teuren Film zu drehen. Über **18 000 Wehrmachtssoldaten** wurden von der Front abgezogen, um **als Statisten** mitzuspielen – mehr als die Gesamtzahl der an der historischen Schlacht beteiligten Soldaten. Die beliebtesten Schauspieler jener Zeit übernahmen die Hauptrollen: Heinrich George spielte Nettelbeck, Horst Caspar General von Gneisenau und Kristina Söderbaum, Harlans Ehefrau, die Maria. Goebbels griff mehrfach in die Handlung ein. In einem Interview gestand der Regisseur, er habe zuletzt noch »für zwei Mio. RM Grauen« herausschneiden müssen, weil Goebbels befürchtete, eine zu realistische Kriegsdarstellung könnte die Zuschauer verschrecken und die Botschaft des Films unterlaufen.

Große Wirkung zeigte der Durchhalteschinken nicht: Als er am 30. Januar 1945 in Berlin und in der Atlantikfestung La Rochelle aufgeführt wurde, hatten sich in Pommern bereits Flüchtlingstrecks in Marsch gesetzt. Goebbels übermittelte dem Festungskommandanten: »Möge der Film Ihnen und Ihren Soldaten als ein Dokument der unerschütterlichen Standhaftigkeit ... erscheinen, das ..., eins geworden mit der kämpfenden Front, gewillt ist, es den großen Vorbildern ... gleichzutun.«

Um dem geschaffenen Mythos gerecht zu werden, wurde Kolberg zur Festung erklärt: Trotz feindlicher Übermacht kam eine Kapitulation nicht in Frage. Als am 18. März 1945 die Rote Armee einmarschierte, lag Kolberg in Schutt und Asche – Tausende von Menschen waren in den letzten Kriegswochen gestorben.

Entlang Kolbergs Promenade findet sicher jeder einen Platz am Strand.

St. Marien ▶

Mittelpunkt des alten Stadtzentrums ist der mächtige gotische Dom St. Marien (Bazylika Mariacka). Die bis 1321 entstandene dreischiffige Kirche wurde bis Ende des 15. Jh. um zwei weitere Seitenschiffe ergänzt. Markant ist die Westfassade, die sich wie mächtiger Riegel vor die Kirchenschiffe legt. Von der ehemals reichen Ausstattung blieben nur einige wertvolle Stücke erhalten, darunter die Schlieffenkrone im Mittelschiff, ein bemalter und ungewöhnlich aufwendig verzierter Holzleuchter aus dem Jahr 1523, das bronzene Taufbecken von 1355 sowie das Chorgestühl der Ratsherren von 1420.

Altstädtisches Rathaus ▶

Das nahe gelegene Altstädtische Rathaus (Ratusz Staromiejski) entstand 1829 bis 1832 nach Entwürfen von Karl Friedrich Schinkel im neogotischen Stil. Ein Teil des zweigeschossigen Baus wird heute als »Galerie für zeitgenössische Kunst« genutzt (Öffnungszeiten: Di. bis So. 10.00 – 18.00, im Winterhalbjahr bis 17.00 Uhr).

Pałac Brunszwickich

Im sogenannten Pałac Brunszwickich (Braunschweiger Haus), einem Anfang des 18. Jh.s für die Familie von Braunschweig errichteten klassizistischen Bau, präsentiert das Kolberger **Heimatmuseum** Exponate zur Geschichte der Stadt sowie eine originelle Sammlung von Messgeräten (ul. Armii Krajowej 13, Öffnungszeiten: Di. – So. 10.00 bis 16.00, Do. – 17.00 Uhr).

Eine Zweigstelle bildet das **Polnische Waffenmuseum** (Muzeum Oręża Polskiego), untergebracht in dem spätgotischen Patrizierhaus in der ul. Emilii Gierczak 5. Ausgestellt wird dort u. a. die Chiffriermaschine »Enigma«, deren Code von polnischen Wissenschaftlern während des Zweiten Weltkriegs entschlüsselt wurde (Öffnungszeiten wie Heimatmuseum).

Umgebung von Kołobrzeg

Trzebiatów

Das kleine, attraktive Städtchen Trzebiatów (Treptow) liegt etwa 30 km südwestlich von Kołobrzeg am Ufer der Rega. Schon von Weitem sieht man das Wahrzeichen der Stadt, den 90 m hohen Turm der **Marienkirche** (Kosciól Mariacki). Von der Aussichtsplattform des Turms bietet sich ein herrlicher, weiter Blick bis zur 10 km entfernten Ostsee. Das Gotteshaus wurde 1303 – 1370 als dreischiffige gotische Hallenkirche erbaut und u. a. mit einem sehenswerten Sterngewölbe und kunstvoll geschnitztem Chorgestühl aus der Zeit der Renaissance ausgestattet.
Das 1180 erbaute Prämonstratenserkloster wurde nach der Reformation in ein **Schloss** umgewandelt, dessen heutige Form auf das Jahr 1750 zurückgeht. Zu dieser Zeit diente das Schloss als Sommerresidenz der Württembergischen Herzöge. Das zweiflügelige Schloss beherbergt u. a. eine kleine Galerie, die dem Maler **Lyonel Feininger** (1871 - 1956) gewidmet ist. Der deutsch-amerikanische Künstler verbrachte in den 1920er-Jahren den Sommer meist im nahen Ostseebad Mrzeżyno.
Von dem ruhigen Trzebiatów sind es nur wenige Kilometer zu den quirligen Ferienorten Mrzeżyno (Deep), Rewal (Rewahl), Trzęsacz (Hoff) und Niechorze (Horst).

! *Baedeker* TIPP

Auf schmalen Gleisen entlang der Küste

Die Badeorte Pogorzelica, Niechorze, Rewal und Trzęsacz verbindet im Sommer eine historische Schmalspurbahn. Täglich geht es in die Kreisstadt Gryfice (Greifenberg), ca. 18 km südlich von Trzebiatów. Dort sind im Eisenbahnmuseum zahlreiche alte Dampfloks, Waggons und Draisinen bestaunen (Muzeum Kolejnictwa, ul. Błonie 2, Öffnungszeiten: tgl. 8.00 – 16.00 Uhr).

Koszalin · Köslin

E 2

Wojewodschaft: Zachodnio-Pomorskie **Höhe:** 30 – 137 m ü.d.M.
Einwohnerzahl: 108 000

Die günstige Lage zwischen der Ostseeküste und den ausgedehnten Wäldern im Süden macht Koszalin für Einwohner und Gäste attraktiv. Rund 40 Prozent des Stadtgebiets nehmen Grünflächen, Parks und Wälder ein.

Geschichte

Im Jahr 1214 wurde der Ort erstmals urkundlich erwähnt. 1248 gelangte Köslin in den Besitz der Camminer Bischöfe und erhielt bereits 1266 das Stadtrecht. Im 14. Jahrhunder trat Köslin der Hanse bei und avancierte 1582 zur Residenzstadt der Greifenherzöge, die hier eine Burg errichteten. Die im Dreißigjährigen Krieg stark zerstörte Stadt kam 1653 zu Brandenburg, später zu Preußen. Nach

KOSZALIN ERLEBEN

AUSKUNFT

Tourist Information
ul. Dworcowa 11
PL 75-015 Koszalin
Tel. 094 / 346 24 40
www.it-pomorze.pl

EVENTS

Ende Juni lassen sich Musikliebhaber beim »Internationalen Festival der Orgelmusik« in der Marienkirche vom Klang der Domorgel begeistern. Im Oktober strömen Musikfans zum »Hanse-Jazz-Festival«.

URLAUB AKTIV

Die wildreichen Wälder südlich von Koszalin sind auch bei ausländischen Jägern sehr beliebt. Deutsche und polnische Jagdreiseveranstalter organisieren dort Aufenthalte, u. a. die in Koszalin ansässige Firma »Pommernjagd« (Infos unter www.pommern jagd.pl).

ESSEN

► Erschwinglich

Buongiorno
ul. Zwycięstwa 32, Tel. 094 / 348 98 98
Eine gute Adresse für italienische Gerichte. Das Gebäude beherbergt auch das gemütliche »Café Lalka« mit einer beeindruckenden Puppensammlung und den Pub »Captain Nemo«.

Karczma Rycerska
ul. Grunwaldzka 1
Tel. 094 / 348 91 24
In dem mittelalterlich-rustikal eingerichteten Kellergewölbe werden altpolnische Spezialitäten und ungefiltertes Bier der Marke »Brok« serviert.

ÜBERNACHTEN

► Komfortabel

Gromada
ul. Zwycięstwa 20
PL 75-035 Koszalin
Tel. / Fax 094 / 342 79 11
www.gromada.koszalin.pl
70 Z., 4 App. Im Zentrum der Stadt gelegenes Mittelklassehotel mit Restaurant, Sauna und Nightclub.

Motel Trawa
Stare Bielice 7a, PL 76-039 Koszalin
Tel. 094 / 316 32 15
www.trawamotel.pl
50 Betten. Am westlichen Stadtrand gelegenes sehr gepflegtes Haus mit Restaurant, einem Tennisplatz und einem Hallenbad.

dem Zweiten Weltkrieg war die heutige Kreisstadt Koszalin bis zur Verwaltungsreform 1999 Hauptstadt der gleichnamigen Wojewodschaft.

Sehenswertes in Koszalin

Marienkirche Vom alten Köslin blieb nach den Zerstörungen des Zweiten Weltkriegs und Umbauten in den 1970er-Jahren nicht mehr viel erhalten. Bedeutendstes Bauwerk der Stadt ist die Marienkirche (Kościół N.P. Marii). Der Dom entstand Anfang des 14. Jh.s als dreischiffiger Bau mit sehr schönem Sternengewölbe. Die Orgel ist für ihren reinen

Auch die Marienkirche ist ein bezauberndes Beispiel für eine Backsteinkirche.

Klang berühmt und lockt im Sommer beim »Internationalen Festival der Orgelmusik« Tausende Musikfans an. Von der Aussichtsplattform des mächtigen quadratischen Turms reicht der Blick bis zur Ostsee.

Henkershaus

Ganz in der Nähe der Marienkirche und des Marktplatzes entdeckt man das im 15. Jh. erbaute einstige »Henkerhaus«. Heute dient es als Spielstätte des »Teatr Dialog« (ul. Grodzka 3).

Gertrudenkapelle

In der ul. Modrzejewskiej, südlich des Stadtzentrums, steht die gotische Gertrudenkapelle, eine im Jahr 1383 entstandene ehemalige Friedhofskapelle.

Bezirksmuseum

Eine alte Mühle und das benachbarte Müllerhaus, beide im 19. Jh. gebaut, bilden den Sitz des Bezirksmuseums. Zu sehen sind Exponate aus der Geschichte der Stadt, eine große Sammlung von Münzen und Medaillen sowie in Wechselausstellungen zeitgenössische Kunst (Muzeum w Koszalinie, ul. Młyńska 37, Öffnungszeiten: tgl. außer Mo. 10.00 – 17.00, im Winter bis 16.00 Uhr).

◀ Fischerhof

Zum Kösliner Bezirksmuseum gehört der benachbarte Fischerhof, ein 1869 gebautes, reetgedecktes Fachwerkhaus mit einer Ausstellung zur Jamunder Kultur. Das ca. 6 km nördlich von Koszalin am gleichnamigen See gelegene Dorf Jamno (Jamund) war auf drei Seiten von tiefen Mooren eingeschlossen und bis zum Bau einer Verbindungsstraße nach Köslin nur in kalten Wintern oder trockenen Sommern gut zu erreichen. In der weitgehenden Isolation bildete sich eine eigene Volkskultur heraus. Das Museum zeigt Jamunder Trachten, kunstvoll geschnitzte Möbel und andere Alltagsgegenstände aus dem Ort, auf dem Hof werden auch Jamunder Hochzeiten inszeniert.

Radiomuseum Radio- und Technikfans bietet das Radiomuseum in der ul. Piłsudskiego 49 reiches »Anschauungsmaterial«: Mit Plakaten, Büchern und Fotos rund ums Radio über alte Radiogeräte bis zu vollständigen alten Studioeinrichtungen wird hier die Entwicklung des Mediums Radio dargestellt (Öffnungszeiten: Mi. – Sa. 11.00 – 16.00 Uhr).

Umgebung von Koszalin

Mielno Mielno (Großmöllen), etwa 8 km nördlich von Koszalin, zählt zu den bekanntesten polnischen Ostseebädern. Der Ort liegt auf einer sandigen Nehrung zwischen Ostsee und dem Jezioro Jamno (Jamunder See) und verfügt über kilometerlange, breite Sandstrände.

✶ Krynica Morska · Kahlberg

L 2

Wojewodschaft: Pomorskie **Höhe:** 0 – 48 m ü.d.M.
Einwohnerzahl: 1300

Mit seiner beeindruckenden Dünenlandschaft entwickelte sich das Fischerdorf auf der Frischen Nehrung schon im 19. Jahrhundert zu einem beliebten Ferienort.

Geschichte Die 1350 erstmals urkundlich erwähnte Fischersiedlung entwickelte sich mit Eröffnung der ersten Dampfschifffahrtslinie über das Frische Haff im Jahr 1840 rasch zu einem beliebten Badeort.
Seit Ende der 1960er-Jahre boomt in Krynica Morska der Tourismus. Auch wurden einige alte Pensionen für neue Wochenendhäuser geopfert. Heute empfängt eine der kleinsten Städte Polens in den Sommermonaten rund 100 000 Gäste.

Sehenswertes in Krynica Morska

Ortszentrum Im Zentrum des kleinen Badeortes blieben einige schöne Villen und Pensionen aus dem frühen 20. Jh. erhalten. Der 1895 auf einer 29 m hohen Düne erbaute Leuchtturm wurde 1951 erneuert. Von der Aussichtsplattform des 26 m hohen Turms reicht der Blick über das Frische Haff bis in den russischen Teil der Nehrung. Die rund 20 km östlich von Krynica gelegene Grenze ist bislang nicht passierbar.

KRYNICA MORSKA ERLEBEN

AUSKUNFT

Tourist Information
ul. Żeromskiego 6
PL 82-120 Krynica Morska
Tel. 055 / 247 64 44
www.krynicamorska.pl

ESSEN

► Erschwinglich
Karczma Rybna
ul. Świerczewskiego 19
Tel. 055 / 247 60 97
Rustikal eingerichtete Fischerhütte mit großem Sommergarten. Auf der originellen Speisekarte findet sich unter anderem die »Rache Lenins«: russische Piroggen.

ÜBERNACHTEN

► Komfortabel
Kahlberg
ul. Bosmańska 1
PL 82-120 Krynica Morska
Tel. 055 / 247 60 17
www.kahlberg.mierzeja.pl
Gut geführtes Mittelklassehotel mit 28 Zimmern, Sauna, Fitnessbereich sowie einem Restaurant.

► Günstig
Willa Warta
ul. Teleexpressu 17
PL 82-100 Krynica Morska
Tel. 055 / 245 08 40
www.willawarta.mierzeja.com
Sanierte Gründerzeitvilla im Ortszentrum mit zehn einfach eingerichteten Zimmern.

AUSFLÜGE

Eine Schmalspurbahn verkehrt in den Sommermonaten mehrmals täglich entlang der Bernsteinküste von Mikoszewo im Westen bis Sztutowo im Osten (Fahrtzeit: ca. 1 Std.). Eine zweite Strecke führt von Stegna nach Nowy Dwór Gdański.

◄ Dünen

Östlich von Krynica erstreckt sich eine beeindruckende Landschaft mit den bewaldeten Dünen. Die höchste Düne, der **»Kamelbuckel«** (»Wielbłądzi Garb«), misst immerhin 48,5 Meter.

Umgebung von Krynica Morska

Kąty Rybackie

Das Fischerdorf Kąty Rybackie (Bodenwinkel), ca. 16 km westlich von Krynica, markiert den Beginn der Frischen Nehrung. Ein wenige Hundert Meter breiter, überwiegend von Mischwald bedeckter Streifen trennt das Frische Haff von der Ostsee. Nördlich von Kąty Rybackie erstreckt sich am schilfgesäumten Seeufer ein Vogelschutzgebiet, in dem vor allem Kormorane und Graureiher heimisch sind.

Sztutowo

Sztutowo (Stutthof), etwa 22 km westlich von Krynica, wirkt auf den ersten Blick wie ein ganz gewöhnlicher Ferienort, in dem zahlreiche Touristen ihren Sommerurlaub verbringen. Doch Stutthof war auch ein Ort des Grauens: In dem Konzentrationslager, das bereits einen Tag nach dem Überfall Deutschlands auf Polen hier entstand, wur-

Dieses Bernsteinkästchen zeigt, welch wunderschöne Dinge man aus dem uralten Harz herstellen kann.

DAS GOLD DER OSTSEE

Bei den alten Ägyptern, Griechen und Römern war Schmuck aus Bernstein hoch begehrt. Über die Bernsteinroute gelangten die »Tränen der Götter« von der Ostsee über die Alpen bis zum Mittelmeer. Bis heute ist die Region um Danzig ein Zentrum der Bernsteinverarbeitung.

Der baltische Bernstein ist vor rund **50 Millionen Jahren** entstanden. Damals bedeckten Kiefernwälder das Gebiet der Ostseeküste. Durch Klimaveränderungen versanken die Wälder in Sümpfen, das Harz der Bäume trocknete ein und verhärtete. Das ansteigende Meer spülte den Bernstein aus dem Boden und durch die Strömung gelangten große Mengen zur heutigen Bernsteinküste zwischen Gdańsk und der russischen Enklave Kaliningrad.

Kostbar und begehrt

In der Antike war Bernstein ein begehrtes Gut. Zu Zeiten von Kaiser Nero war eine kleine Bernsteinstatue mehr wert als ein Sklave. Im Mittelalter sicherte sich der Deutsche Orden das alleinige Recht zum Handel mit Bernstein und gründete darauf seinen Reichtum.

Bis heute regt die abenteuerliche Geschichte des **Bernsteinzimmers** die Fantasie an. Deutsche Truppen raubten es aus dem Petersburger Katharinenpalast, seitdem gilt der wertvolle Schatz als verschwunden. 2003 wurde ein rekonstruiertes Bernsteinzimmer eingeweiht.

Schon immer maß man dem Bernstein heilende und schützende Wirkung bei. Die Steine sollten gegen Fieber wirken, Dämonen vertreiben oder die Potenz fördern. Zermahlener Bernstein wurde bei Nieren- oder Gallenleiden eingesetzt, Bernsteinöl gegen Rheuma. Weil es entzündungshemmend wirken soll, legen noch heute esoterisch orientierte Mütter ihren Babys Bernsteinketten um den Hals.

Qualitätskriterien

Die **Farbe** des Bernsteins reicht von hellgelb bis zu rotbraun und ist abhängig von der Bodenbeschaffenheit und dem Druck, unter dem das Material entstand. Erst beim Schleifen erhält der Bernstein seinen Glanz. Dann ist auch erst erkennbar, ob es im Inneren des Steins wertvolle **Inklusen** gibt. Das sind Insekten oder Pflanzenteile, die vor Jahrmillionen im erstarrenden Harz eingeschlossen und konserviert wurden. Sie sind übrigens auch eine wertvolle Erkenntnisquelle für die Archäobiologie.

Wirtschaftsfaktor

Bis ins 19. Jh. hinein wurde Bernstein hauptsächlich am Strand gefunden. Gegen Ende dieses Jahrhunderts begann der industrielle Abbau im **Tagebau**. Große Mengen von Rohbernstein stammen heute aus Tagebauten in der russischen Enklave Königsberg und in Polen.

Rund 20 000 Menschen sind allein in der Wojewodschaft Pommern mit der Verarbeitung und dem Verkauf von Bernstein beschäftigt. In Danzig und in den Ferienorten ringsum bieten viele Geschäfte und fliegende Händler Schmuck aus Bernstein an. In Danzig finden auch jedes Jahr die weltgrößten Bernsteinmessen »Amberif« (März) und »Ambermart« (In der Regel Anfang September) statt.

In Gdańsk entstand das neue **Bernsteinmuseum** im ehemaligen Stockturm an der ul. Długa (►S. 164). Eine schöne Ausstellung von Bernsteinschmuck bietet auch das Museum der Marienburg in Malbork (►S. 226).

Zwischen Jantar und Stegna wurde früher Bernstein aus dem Meer gefischt. Mit Netzen, die an langen Stangen befestigt waren, suchte man den Meeresboden ab. Heute macht man daraus ein touristisches Ereignis. Im Juli finden in Jantar die **Weltmeisterschaften im Bernsteinfischen** statt. Neben originellen sportlichen Wettkämpfen erwartet die Besucher auch ein musikalisches Programm. In Stegna gibt es auch ein kleines privates Bernstein-Museum (Muzeum Bursztynu, ul. Gdańskiej 64, Tel. 055 / 247 42 09; Öffnungszeiten: im Sommerhalbjahr tgl. 10.00 – 19.00 Uhr).

den bis 1945 rund 65 000 Häftlinge ermordet. Ehemalige Wachhäuser und Häftlingsbaracken, die Gaskammer und das Krematorium blieben erhalten; eine Ausstellung informiert über den Terror der Nazis und die Geschichte des Lagers (Öffnungszeiten: Sommer tgl. 8.00 – 18.00, im Winterhalbjahr bis 15.00 Uhr).

Stegna Im Zentrum des Ferienorts Stegna (Steegen), ca. 25 km westlich von Krynica, lohnt sich ein Besuch der 1783 gebauten kleinen Fachwerkkirche. Die barocke Orgel ist für ihren guten Klang bekannt; viele Urlauber besuchen hier die Sommerkonzerte.

★★ Łeba · Leba

K 1

Wojewodschaft: Pomorskie
Einwohnerzahl: 3800
Höhe: 0 – 8 m ü.d.M.

Das ehemalige Fischerdorf auf einer Landzunge zwischen Ostsee und Łebsko-See hat sich mit seinen herrlich weiten Sandstränden in einen viel besuchten modernen Badeort verwandelt. Von hier aus ist es auch nicht weit zur »polnischen Sahara«, dem Slowinzischen Nationalpark, mit über 40 m hohen Wanderdünen.

Geschichte Das schon im 10. Jh. besiedelte Gebiet an der Mündung des Flusses Łeba befand sich ab 1309 unter der Herrschaft des Deutschen Ordens und gehörte 1466 bis 1722 zu Polen, dann zu Preußen. Immer wieder hatte der Ort mit Überschwemmungen zu kämpfen, bis die Bewohner zwischen 1558 und 1570 ihre Häuser auf das höhere Ostufer des Flusses verlegten. Seit Ende des 19. Jh.s entwickelte sich der Fischerort immer mehr zur beliebten Sommerfrische und ist heute mit über 40 000 Übernachtungsplätzen eines der größten Ferienzentren des Landes.

i »Künstlerdorf« Łeba

- Viele Jahre lang war der expressionistische Maler Max Pechstein (1881 – 1955) mit Łeba verbunden. Von den Nationalsozialisten mit Malverbot belegt, verbrachte er die letzten Kriegsjahre überwiegend in Pommern. In zahlreichen Zeichnungen und Aquarellen hielt er die zauberhafte Landschaft und das Leben der Fischer fest. Sein »Brücke«-Kollege Karl Schmidt-Rottluff und andere Künstler wie George Grosz, Willy Jaeckel oder Ivo Hauptmann entdeckten in der Zwischenkriegszeit ebenfalls das malerische Fischerdorf für sich.

Sehenswertes in Łeba

In der ul. Kościuszki und im Bereich des Hafens prägen kleine Fischerhäuser aus dem 19. Jh. das Bild des Städtchens. Das älteste Gebäude im Zentrum Łebas ist die im Jahr 1683 gebaute Fischerkirche (Kościół Rybacki); ihren Turm erhielt sie 1763. Neben dem Altar hängt ein Bild der Muttergottes (1945) des expressionistischen Malers **Max Pechstein**.

ŁEBA ERLEBEN

AUSKUNFT

Tourist Information
ul. 11 Listopada 5a, PL 84-360 Łeba
Tel. 059 / 866 16 23, www.leba.pl

SHOPPING

Zum Bummeln laden Boutiquen und Schmuckgeschäfte in der von Gründerzeitbauten gesäumten ul. Staromiejska der Kreisstadt Lębork ein.

AUSGEHEN

An der ul. Nadmorska bieten mehrere Restaurants im Sommer Livemusik zum Tanz unter freiem Himmel; außerdem gibt es dort auch einige Diskotheken.

ESSEN

▶ Erschwinglich

Łebska Chata
ul. Nadmorska 7, Tel. 059 / 866 52 52
Kaum ein Ostseebad ohne rustikale Berghütte im Tatra-Stil. Die in Łeba bietet u. a. polnische und kaschubische Gerichte.

Zamek Soplica
ul. Jeziorna 2, Nowęcin
Tel. 059 / 866 16 15
www.soplica.com.pl
Das Restaurant des Schlosshotels im 3 km östlich gelegenen Nowęcin serviert polnische und österreichische Spezialitäten. Zur Verfügung stehen auch 26 gut ausgestattete Zimmer.

ÜBERNACHTEN

▶ Luxus

Neptun
ul. Sosnowa 1
PL 84-360 Łeba
Tel. 059 / 866 14 32
www.neptunhotel.pl
23 Z., 9 App. Das direkt am Strand gelegene Hotel ist in einem 1906 gebauten schlossähnlichen Gebäude untergebracht.

▶ Komfortabel

Pałac w Sasinie
ul Pałacowa 31, PL 84-211 Sasino
Tel. 058 / 676 33 13
www.palacsasino.com.pl
Unweit vom Leuchtturm Stilo, ca. 10 km östlich von Łeba, in einem Palais von 1862 untergebrachtes stimmungsvolles Hotel mit Gartenrestaurant.

Villa Verdi
ul. Westerplatte 20, PL 84-360 Łeba
Tel. 059 / 866 43 30, www.villaverdi.pl
Die zentral, aber ruhig gelegene Pension verfügt über 19 gut ausgestattete Zimmer.

Umgebung von Łeba

★★ **Slowinzischer Nationalpark**

Der Slowinzische Nationalpark (Słowiński Park Narodowy) wurde 1967 gegründet und zehn Jahre später von der UNESCO zum **Welt-Biosphärenreservat** ernannt.
Der Park erstreckt sich hinter dem 33 km langen Küstenabschnitt zwischen Łeba und Rowy (Rowe). Sand, der beständig aus dem Meer herausgespült wird, trennte dort einige seichte Buchten vom Meer ab und ließ so vor etwa 5000 Jahren große Seen entstehen. Mit 71 km²

Zum Dünenwandern geht's auf die Wanderdünen der »polnischen Sahara«.

ist der **Łebsko-See** das drittgrößte Binnengewässer Polens. An den sumpfigen Ufern der Seen haben mehr als 250 Vogelarten ihre Nistplätze. Der einst dicht bewaldete Landstreifen zwischen den Seen und dem Meer wurde vor rund 900 Jahren abgeholzt. Seitdem gibt es für die Sanddünen keine natürlichen Hindernisse mehr; sie wandern Jahr für Jahr ein paar Meter weiter landeinwärts. Mit 42 m Höhe ist die **Lontzkedüne** (Łącka Góra) eine der höchsten der »polnischen Sahara«.

Die Dünenlandschaft bildet das Herzstück des Nationalparks. Sie ist am besten von **Rąbka** (Rumbke) aus, etwa 3 km westlich von Łeba gelegen, zu erreichen. Von der ul. Nadmorska in Łeba fahren Elektrobusse dorthin. Vom Parkplatz in Rąbka kann man den rund 6 km langen Weg zum Nationalpark zu Fuß oder mit dem Fahrrad fortsetzen. Oder man lässt sich ebenfalls mit einem Elektrobus weiterkutschieren. In der Sommersaison ist der Eintritt in den Park gebührenpflichtig.

Etwa auf halber Strecke zwischen dem Nationalpark und Łeba liegt ein ehemaliges **Raketenversuchsgelände** der Wehrmacht. Dort wurden ab 1941 Fernraketen des Typs »Rheinbote« und die Flugabwehrrakete »Rheintochter« getestet. Eine in einem ehemaligen Bunker untergebrachte Ausstellung informiert darüber.

Naturkundemuseum ▶

Wer sich näher für die reichhaltige Tier- und Pflanzenwelt des Parks interessiert, sollte das Naturkundemuseum der Parkverwaltung in

Für Jung und Alt interessant: Wie waren die Slowinzen technisch ausgestattet?

Smołdzino (Schmolsin), zwischen Łeba-See und Garder See, besuchen (Muzeum Przyrodnicze, ul. Bohaterów Warszawy 1, Öffnungszeiten: So. – Fr. 8.00 – 16.00, Sa. 9.00 – 15.00 Uhr).

Kluki

In dem kleinen Dorf am Westufer des Lebsko-Sees dokumentiert ein Freilichtmuseum, das **Slowinzische Dorfmuseum**, die Kultur und die Lebensweise der Slowinzen, einer einstmals hier beheimateten slawischen Volksgruppe (Muzeum wsi slowińskiej, Öffnungszeiten: Sommer tgl. 9.00 – 18.00, Mo. und im Winterhalbjahr bis 15.00 Uhr).

Lębork

Die rund 40 000 Einwohner zählende Kreisstadt Lębork (Lauenburg) liegt etwa 28 km südlich von Łeba. Teile der mittelalterlichen Stadtbefestigung mit zwei Basteien blieben erhalten. Sehenswert ist außerdem die gotische Jakobskirche (Kościół Św. Jakuba) aus dem 14. Jahrhundert. In der mehrfach umgebauten Backsteinburg der Ordensritter tagt heute das Bezirksgericht. Das benachbarte Müllerhaus entstand 1806 und wird inzwischen als Bibliothek genutzt.
Das **Museum** von Lębork zeigt regionalgeschichtliche Exponate und wechselnde Kunstausstellungen. In dem Haus wurde **Paul Nipkow** (1860 – 1940) geboren, der mit der nach ihm benannten »Nipkowschen Scheibe« einen wichtigen Beitrag zur Entwicklung des Fernsehens leistete (ul. Młynarska 14, Öffnungszeiten: Di. – Fr. 10.00 bis 16.00, Sa. bis 15.00, So. 9.00 – 14.00 Uhr).

★ Lidzbark Warmiński · Heilsberg

02

Wojewodschaft: Warmińsko-Mazurskie **Höhe:** 67 m ü.d.M.
Einwohnerzahl: 16 500

Lidzbark Warmiński war über Jahrhunderte das Zentrum des Ermlandes. Mit ihrer mächtigen, im 14. Jh. errichteten Burg galt die Bischofsstadt an der Łyna (Alle) vor dem Zweiten Weltkrieg als eine der schönsten Städte Ostpreußens.

Geschichte Im Jahr 1240 ließ der Deutsche Orden an der Stelle der pruzzischen Siedlung **Lecbarg** eine Festung bauen, die im 14. Jh. zum Sitz des ermländischen Fürstbischofs ausgebaut wurde. Die ermländischen Bischöfe residierten hier bis zur Ersten Polnischen Teilung. Der Letzte von ihnen, der Humanist **Ignacy Krasicki**, war zugleich einer der bekanntesten polnischen Dichter und Publizisten. Auch Nikolaus Kopernikus (► Berühmte Persönlichkeiten) lebte – als Ratgeber und

LIDZBARK WARMIŃSKI ERLEBEN

AUSKUNFT

Tourist Information
ul. Orła Białego 7
PL 11-100 Lidzbark Warmiński
Tel. 089 / 767 16 83
www.lidzbark.com

ESSEN

► Erschwinglich
Happy End
ul. Konstytucji 3 Maja 18
Tel. 089 / 767 58 21
Gepflegtes Restaurant in der Nähe des Hohen Tors mit polnischer und internationaler Küche.

ÜBERNACHTEN

► Komfortabel
Bartis
pl. Konstytucji 3 Maja 5
PL 11-200 Bartoszyce
Tel. 089 / 762 17 50
www.bartis.torkarsson.pl
29 Z.
Das gepflegte Hotel liegt direkt am Marktplatz und lockt mit einem kleinem Wellnessbereich und einem stilvoll eingerichteten Restaurant.

► Günstig
Pod Kłobukiem
ul. Olsztynska 4
PL 11-100 Lidzbark Warmiński
Tel. 089 / 767 32 92
www.klobukhotel.pl
34 Z.,
4 Ferienwohnungen
Die moderne Hotelanlage verfügt über ein Restaurant und ein Freibad.

URLAUB AKTIV

Wer das Glück der Erde auf dem Pferderücken vermutet, den lockt der wunderschöne Reiterhof »Dom Trakeński«, 7 km östlich von Lidzbark Warmiński. Hier kann man sich aber auch im Bogenschießen unterrichten lassen oder im Spätsommer und Herbst auf Pilzsuche gehen (Kierwiny 48, PL 11-106 Kiwity, Tel. 060 179 09 79, www.m-sport.pl).

Leibarzt seines Onkels, des Bischofs Ludwig von Watzgenrode – einige Zeit auf der Heilsberger Bischofsburg. 1772 kam Heilsberg zu Preußen. Die im Zweiten Weltkrieg stark zerstörte Stadt ist heute Sitz einer Kreisverwaltung.

Sehenswertes in Lidzbark Warmiński

✱ **Bischofsburg**

Die ehemalige Bischofsburg gehört zu den interessantesten Sehenswürdigkeiten des Ermlands und ist heute als Museum zugänglich. Die von dicken Wehrmauern umgebene Anlage umfasst das 1348 bis 1400 erbaute **gotische Hauptschloss** und die **barocke Vorburg** aus dem 16. Jahrhundert. Das auf einem quadratischen Grundriss errichtete Hauptschloss wird von vier Türmen flankiert. Neben den bischöflichen Gemächern und Arbeitsräumen sind vor allem der Große Remter und die Burgkapelle sehenswert. Der Große Remter mit seinem wunderbaren Sterngewölbe zeigt neben Fragmenten der ursprünglichen Wandmalereien auch eine Sammlung mittelalterlicher sakraler Skulpturen.
Der Innenhof wird von einem zweigeschossigen Kreuzgang eingefasst. Durch ein marmornes Portal im oberen Geschoss gelangt man in die Kapelle, deren prachtvolle Rokokoausstattung Mitte des 18. Jh.s entstand. Außerdem wird im Obergeschoss zeitgenössische polnische Malerei ausgestellt (pl. Zamkowy 1, Öffnungszeiten: Di. – So. 9.00 – 18.00 Uhr).

Hohes Tor

Die Altstadt von Lidzbark Warmiński wurde im Zweiten Weltkrieg teilweise zerstört, die mittelalterliche Straßenanlage blieb jedoch weitgehend erhalten. Der nordwestliche Eingang führt durch das im 14. Jh. errichtete Hohe Tor (Wysoka Brama). Das wuchtige Bauwerk hat als einziges der ehemaligen drei Stadttore die Zeiten nahezu unbeschadet überstanden. Es gilt als eine der größten Wehranlagen auf polnischem Boden und dient heute als einfache Herberge.

Ehemalige evangelische Kirche

Vom preußischen König Friedrich Wilhelm III. gestiftet, war die evangelische Kirche das erste protestantische Gotteshaus im katholischen Bistum Ermland. Die 1821 bis 1823 nach Plänen von **Karl Friedrich Schinkel** erbaute hölzerne Kirche wurde nach dem Zweiten Weltkrieg der neu entstandenen orthodoxen Gemeinde übergeben. Die Basilika mit ihren beiden neoromanischen Türmen ist nur während der orthodoxen Gottesdienste zugänglich.

St. Peter und Paul

Die gotische Pfarrkirche St. Peter und Paul (Kościół Parafialny), eine dreischiffige Hallenkirche mit Sterngewölbe, wurde in der zweiten Hälfte des 14. Jh.s an der Stelle eines hölzernen Vorgängerbaus errichtet und in den folgenden Jahrhunderten vor allem um barocke Bauelemente erweitert. Besonders sehenswert sind die zahlreichen barocken Altäre sowie die kunstvoll gearbeiteten Epitaphe der reichen Bürger und Würdenträger Heilsbergs.

Umgebung von Lidzbark Warmiński

Dobre Miasto Das 22 km südlich von Lidzbark Warmiński an der Łyna gelegene Städtchen Dobre Miasto (Guttstadt) war 1347 bis 1811 Sitz eines Kollegiatsstiftes. Weithin sichtbar ist der Turm der gotischen **Erlöser- und Allerheiligenkirche** (Kościół Najświętszego Zbawiciela i Wszystkich Świętych), die im 14. Jh. zusammen mit dem Kollegiatsstift gebaut wurde. Das Hauptschiff der **zweitgrößten Kirche des Ermlandes** ist in sieben Joche mit Sternengewölbe untergliedert. Von der Ausstattung sind ein gotischer Marienaltar aus der Mitte des 15. Jh.s und der spätbarocke Hauptaltar noch gut erhalten.

Storchenturm ► Der Storchenturm (Baszta Bociana), ein Überbleibsel der alten Stadtbefestigung und benannt nach den Nistplätzen auf seiner Spitze, wurde in den 1970er-Jahren restauriert und beherbergt das stadtgeschichtliche **Museum**. Neben alten Ansichten, Plänen und Handschriften werden während der Sommersaison auch Ausstellungen zeitgenössischer Kunst gezeigt (Muzeum Baszta Bociana, ul. Sowińskiego, Öffnungszeiten: Sa. u. So. 12.00 – 16.00 Uhr).

Bartoszyce Bartoszyce (Bartenstein) liegt etwa 21 km nördlich von Lidzbark Warmiński. An der Kreuzung ul. Marii Curie-Skłodowskiej und ul. Bohaterów Warszawskich stehen die ältesten Sehenswürdigkeiten des Orts, die etwa 1000 Jahre alten **»steinernen Frauenzimmer«.** Die beiden roh behauenen Steinfiguren, im Volksmund »Bartek« und »Gustobald« genannt, sind kultische Relikte der pruzzischen Urbevölkerung. Gut erhalten ist das **Heilsberger Tor** (Brama Lidzbarska), ein schönes Beispiel der nordeuropäischen Backsteingotik. Als Teil der mittelalterlichen Stadtbefestigung diente es bis 1881 als Gefängnis.

Die Ende des 14. Jh. errichtete **Johanneskirche** (Kościół Jana Ewangelisty) am pl. Wolności gilt als das älteste erhaltene Bauwerk von Bartoszyce. Sehenswert sind eine spätgotische Kreuzigungsgruppe sowie der nach 1945 aus Teilen der Altäre von Dönhofstädt und Tilsit zusammengesetzte Hauptaltar.

! *Baedeker* TIPP

Landgut mit edlen Pferden

Rund 8 km südlich von Bartoszyce liegt das im 16. Jh. erbaute Landgut Galiny (Gallingen), das als Gestüt – vor allem werden Trakehner gezüchtet – und Ferienreiterhof genutzt wird. Unter dem Dach des großen Vorwerks entstanden 25 außergewöhnlich schöne Gästezimmer sowie ein stimmungsvolles Restaurant (Pensjonat Galiny, PL 11-214 Galiny, Tel. 089 / 761 21 67, www.palac-galiny.pl).

Żywkowo Etwa 40 km nördlich von Lidzbark Warmiński liegt das Dörfchen Żywkowo (Natangen). Auf 40 Bewohner kommen im Sommer rund 150 Störche. Erste Anlaufstelle für die zahlreichen Besucher des Storchendorfs ist Aleksander Tymiec, umtriebiger Gastwirt und einziger Zimmervermieter, Chef eines kleinen Museums und Ortschronist (ul. Chopina 25).

★ Łomża

R 4

Wojewodschaft: Podlaskie
Einwohnerzahl: 63 800
Höhe: 95 m ü.d.M.

Über dem idyllischen Tal der Narew liegt eine der ältesten Städte der Region, deren Altstadt von klassizistischen Bürgerhäusern beherrscht wird.

Geschichte

Łomża ist eine der ältesten Städte der Wojewodschaft Podlachien. Der Ort, der kulturgeschichtlich zur Region Masowien gehört, existiert immerhin schon seit dem Ende des 9. Jahrhunderts. Doch erst im Jahr 1418 erhielt Łomża das Stadtrecht. An der Kreuzung der wichtigsten Flusshandelsrouten zwischen West- und Osteuropa gelegen, entwickelte sich die Stadt an der Narew seit dem 15. Jahrhundert zu einem wichtigen Handelszentrum. Nach den Zerstörungen im Zweiten Weltkrieg wurden die wichtigen Baudenkmäler der Stadt rekonstruiert. Bis zur großen Verwaltungsreform 1999 war Łomża die Hauptstadt der gleichnamigen Wojewodschaft, heute fungiert es als Kreisstadt.

ŁOMŻA ERLEBEN

AUSKUNFT

PTTK-Büro
ul. Wojska Polskiego 1
PL 18-400 Łomża
Tel. 086 / 216 47 18
www.lomza.pl

ÜBERNACHTEN

► Komfortabel

Gromada
ul. Rządowa 1a
PL 18-400 Łomża
Tel. 086 / 216 54 51
www.hotele.gromada.pl
74 Z.
Äußerlich nicht gerade eine Perle, zeigt sich das im Stadtzentrum gelegene Hotel innen sehr gepflegt.

► Günstig

Zbyszko
ul. Obrońców Nowogrodu 2
PL 18-414 Nowogród
Tel. 086 / 217 55 18
www.zbyszko.com
120 Betten
Modern eingerichtetes Hotel mit zugehörigem Restaurant im malerischen Narewtal.

ESSEN

► Preiswert

Diavolo
pl. Niepodległości 3
Tel. 086 / 216 66 19
In der Nähe des Stadtzentrums gelegene Pizzeria mit großer Auswahl und freundlichem Service.

Retro
ul. Nowogrodzka 157
Tel. 086 / 246 23 59
www.retro.4lomza.pl
In dem gemütlichen Restaurant am Rand der Altstadt wird polnische Küche serviert.

16
SĄD
OKRĘGOWY

Sehenswertes in Łomża

Stadtzentrum Das historische Stadtzentrum wurde bis Mitte der 1970er-Jahre wieder aufgebaut. Hier finden sich zahlreiche klassizistische Bürgerhäuser. Zu den Schmuckstücken gehört das eklektizistische Gerichtsgebäude in der ul. Dworna 16.

✶ Erzengel-Michael-Kirche Die spätgotische Erzengel-Michael-Kirche (Kościół Św. Michała Archanioła) in der ul. Dworna, unweit vom Rynek, stammt aus dem frühen 16. Jh. und wurde Ende des 17. Jh.s im barocken Stil umgebaut. Sie dient dem Bischof von Łomża seit 1925 als **Kathedrale**. Stern- und Zellengewölbe zieren die dreischiffigen Backsteinkirche. Neben zahlreichen Grabmälern finden sich im Seitenaltar die zwei Heiligenfiguren Peters und Pauls aus dem 16. Jahrhundert.

Kapuzinerkloster Das nördlich vom Rynek gelegene Kapuzinerkloster entstand 1770 bis 1789. Der dreiflügelige spätbarocke Bau mit Klosterkirche und Wirtschaftsgebäuden ist auch heute noch Sitz des Ordens. Die einschiffige Klosterkirche wurde 1798 geweiht und birgt einige interessante Gemälde.

Benediktinerinnenkloster Das Benediktinerinnenkloster stammt aus dem 17. Jahrhundert. Der an der ul. Dworna gelegene Komplex im Stil der Neorenaissance wurde im Zweiten Weltkrieg zerstört und in den 1950er-Jahren nach Originalplänen wieder aufgebaut. Den Altar schmückt ein barockes Bild der Maria Schnee aus dem frühen 17. Jh., das die Benediktinerschwestern aus ihrem Mutterkloster in Thorn hierher überführten.

Mariä-Himmelfahrt-Kirche Die 1877 erbaute ehemalige orthodoxe Kirche von Łomża wurde 1919 als Mariä-Himmelfahrt-Kirche (Kościół Wniebowzięcia Naszej Marii Pannej) zur katholischen Pfarrkirche geweiht. Zahlreiche Originalfresken mit orthodoxen Heiligenmotiven wurden in den letzten Jahren durch aufwendige Restaurierungsarbeiten freigelegt.

Umgebung von Łomża

✶ Nowogród Größter Anziehungspunkt von Nowogród, 14 km nordwestlich von Łomża gelegen, ist das **Museumsdorf Skansen Kurpiowski**. Auf 4,5 ha gibt es dort 20 historische Gebäude mit über 3000 Exponaten zur Geschichte der Region und zum Leben ihrer Bewohner, der Kurpen, zu besichtigen. Dazu gehören mehrere typische Bauernhöfe, ein Adelsgut und Wirtschaftsgebäude (ul. Zamkowa 25, Öffnungszeiten: Mo. – Fr. 9.00 – 17.00, Sa. u. So. ab 10.00 Uhr).

Jedwabne Das Städtchen Jedwabne, 20 km nordöstlich von Łomża, erlangte traurige Berühmtheit, als der polnischstämmige amerikanische His-

← *Das Gerichtsgebäude mag eklektizistisch sein, schön ist es aber doch.*

toriker **Jan Tomasz Gross** in seinem 2001 veröffentlichten Buch »Sąsiedzi« (»Nachbarn«) die Beteiligung der polnischen Bevölkerung an der Vernichtung der jüdischen Einwohner der Stadt während der deutschen Besatzung thematisierte. Seitdem wird eine erbitterte Diskussion um die polnische Mitverantwortung geführt. Polens damaliger Präsident Aleksander Kwaśniewski entschuldigte sich offiziell für die Beteiligung polnischer Bürger an dem Massaker; in dem Ort selber erinnert ein Gedenkstein an die Ereignisse. Die meisten Einwohner von Jedwabne verschließen sich indes den Fragen und der Suche nach jüdischen Spuren. Wer die Stadt besuchen möchte, sollte sich dessen bewusst sein.

★★ Malbork · Marienburg

L 2

Wojewodschaft: Pomorskie **Höhe:** 6 – 30 m ü.d.M.
Einwohnerzahl: 38 800

Rund 700 000 Touristen zieht es jedes Jahr in das mitten im Weichselschwemmland gelegene Industriestädtchen Malbork. Sie besuchen die berühmte gotische Marienburg, den größten Backsteinbau Europas und einstige Machtzentrale des Deutschen Ordens.

MALBORK ERLEBEN

AUSKUNFT

Tourist Information
ul. Piastowska 15, PL 82-200 Malbork
Tel. 055 / 273 49 90, www.malbork.pl
(nur in der Sommersaison geöffnet)

EVENTS

Alljährlich im Juli wird die Marienburg eine Woche lange von Freizeitrittern »belagert«. Geboten werden u. a. Märkte, Pferdeschauen, Turniere und Konzerte. Im August abendliche Opernkonzerte unter freiem Himmel (Infos unter www.zamek.malbork.pl).

ESSEN

▸ Erschwinglich

Piwnica
ul. Starościńska 1, Tel. 055 / 273 36 68
Das zweigeschossige urige Kellerrestaurant ist Teil der Burg, kann aber ohne Eintrittskarte von der Westseite des Baus aus besucht werden.

ÜBERNACHTEN

▸ Komfortabel

Zamek
ul. Starościńska 14, PL 82-200 Malbork, Tel. 055 / 272 33 67
www.zamek.malbork.pl
41 Z. In der Vorburg gelegenes Mittelklassehotel mit drei Restaurants.

▸ Günstig

Zbyszko
ul. Kościuszki 43, PL 82-200 Malbork
Tel. 055 / 272 26 40
www.hotel.malbork.pl
29 Z. Einfaches Hotel mit Restaurant im Stadtzentrum.

Geschichte

Im Jahr 1270 begannen die Kreuzritter mit dem Bau einer Festung am östlichen Ufer des Flusses Nogat. Nach ihren Bauherren, den Brüdern vom Deutschen Haus St. Marien, wurde sie Marienburg genannt. Ursprünglich nur als Sitz des Komturs geplant, wurde die Marienburg zur **Machtzentrale des Deutschen Ordens**, nachdem Hochmeister Siegfried von Feuchtwangen 1309 den Hauptsitz des Ordens von Venedig hierher verlegte. Während des Baus der Festung war außerhalb der Burgmauern eine Siedlung entstanden, die 1286 das Stadtrecht erhielt.

Nach der Niederlage gegen das polnisch-litauische Heer in der Schlacht von Tannenberg 1410 (► S. 260) musste der amtierende Hochmeister des Ordens, Heinrich von Plauen 1411 im **»Frieden von Thorn«** Ordensgebiete an Polen abtreten und hohe Kriegsentschädigungen zahlen. Im Jahr 1457 fiel die Marienburg schließlich an Polen und diente als Residenz der polnischen Könige. Nach der Ersten Polnischen Teilung 1772 gehörte sie zu Preußen und wurde in eine Kaserne umgewandelt. Ab 1817 begann man mit der schrittweisen Restaurierung der Anlage.

Im Zweiten Weltkrieg schwer zerstört, begann 1961 der Wiederaufbau der größten gotischen Burg Europas. 1997 nahm die UNESCO die restaurierte Anlage in ihre Liste des **Weltkulturerbes** auf.

Sehenswertes in Malbork

Altstädtisches Rathaus

Im Zentrum der heutigen Kreisstadt blieben nur wenige mittelalterliche Bauten erhalten. Das gotische Altstädtische Rathaus (Ratusz Staromiejski) entstand 1365 bis 1380. Das in den 1950er-Jahren wieder aufgebaute zweigeschossige Gebäude in der ul. Stare Miasto wird heute u. a. als **Kunstgalerie** genutzt.

St.-Johannes-Kirche

Die südlich an die Ordensburg grenzende, Johannes dem Täufer geweihte Kirche (Kościół Św. Jana Chrzciciela) wurde in der zweiten Hälfte des 15. Jh.s gebaut, der Glockenturm 1523 angefügt. Im Inneren des dreischiffigen Gotteshauses lohnt sich ein Blick auf die spätgotische Skulptur des gekreuzigten Jesu in der Vorhalle.

★★ Deutschordensburg

Dreigeteilte Burganlage

Die Ordensritterburg gliedert sich in drei Teile: die **Vorburg** mit den ehemaligen Wirtschaftsgebäuden, das **Mittelschloss** mit dem **Palast der Hochmeister** sowie das **Hochschloss**, das ehemalige Machtzentrum der Kreuzritter.

Vorburg

Der Weg zu der Schlossanlage führt durch die im Norden gelegene Vorburg. Dort befanden sich einst Ställe, Speicher und Werkstätten sowie Wohnungen für die Bediensteten. Heute werden hier u. a. Eintrittskarten und Souvenirs verkauft; in einem Teil des Gebäudes sind das Schlosshotel und ein Restaurant untergebracht.

HOCHMEISTERPALAST

★★ **Als im Jahr 1398 – genau 20 Jahre nach Grundsteinlegung – der Bau des Hochmeisterpalastes abgeschlossen wurde, bedeutete dies auch das Ende der über 120 Jahre dauernden Bauarbeiten an der Marienburg. Damit war der Burgkomplex der drittgrößte in Europa – nach dem Prager Hradschin und dem Kreml in Moskau. Mit dieser gewaltigen Anlage demonstrierte der Deutsche Orden seine Macht und setzte sich mit dem Bauwerk zugleich ein Denkmal für die Ewigkeit.**

Muzeum Zamkowe w Malborku
ul. Starociska 1
PL-82-200 Malbork
Tel. 055 / 647 08 00

Öffnungszeiten:
15.05. – 15.09. tgl. 9.00 – 20.00, Ausstellungen und Innenräume bis 19.00; sonst tgl. 10.00 bis 17.00, Ausstellungen und Innenräume bis 15.00 Uhr. Montags und an einigen Feiertagen können nur das Burggelände und einige Innenräume besichtigt werden.
Für die Besichtigung sind mindestens drei Stunden einzuplanen. Führungen gibt es auch in deutscher Sprache. Infos: www.zamek.malbork.pl

① Sommerremter
In dem Raum, der durch spätgotische Doppelfenster erhellt wird, empfingen die Hochmeister im Sommer ihre Gäste oder feierten Feste. Als »Remter« bezeichnete man die Speisesäle in Burgen und Schlössern.

② Stützpfeiler im Sommerremter
Der gesamte Saal wird nur durch diesen Pfeiler gestützt. Angeblich soll einmal auf diesen Pfeiler mit jener Steinkugel gezielt worden sein, die in die Wand über dem Kamin eingemauert wurde.

③ Winterremter
Der Winterremter war – wie der Sommerremter – in erster Linie zu Repräsentationszwecken eingerichtet worden. Zwar war er weniger prachtvoll ausgestattet wie der Sommerremter, doch dafür konnte dieser Raum beheizt werden.

Seit 1226 besaß der Orden das Münzrecht; hier eine Münze aus der Zeit um 1490.

Eine »trutzige Feste« am Ufer des Nogat: die gotische Marienburg

Diese martialischen Herren, Skulpturen bedeutender Hochmeister des Ordens, stehen am südwestlichen Ende des Vorhofes.

Jährlich erkunden mehrere Hunderttausend Besucher den 800 m langen Burgkomplex.

Zu den Ordensinsignien gehörte auch diese Schwerterkette.

Mittelschloss

Vom Vorhof führt der Weg auf einer überdachten Holzbrücke in das aus drei Flügeln bestehende Mittelschloss. Eine Zugbrücke, mit Eisen beschlagene Tore und schwere Fallgitter dienten dem Schutz vor Angreifern. Die Gebäude des Mittelschlosses gruppieren sich um einen großen, rechtwinkligen Hof. Am südwestlichen Ende des Vorhofes entdeckt man vier steinerne Figuren von bedeutenden Hochmeistern des Ordens.

Nordflügel ► Der nördliche Flügel beherbergte früher die Wohn- und Arbeitsräume des Großkomturs sowie ein Spital. Heute befinden sich dort die Büros und Arbeitsräume des Schlossmuseums.

Ostflügel ► Im östlichen Flügel, dessen Hoffassade durch Spitzbogenarkaden gegliedert ist, waren einst die Gäste des Ordens untergebracht. Heute wird dieser Teil des Mittelschlosses für **Ausstellungen** genutzt: Im Erdgeschoss wird die kostbare Marienburger **Bernsteinsammlung** gezeigt; in den übrigen Räumen sieht man u. a. wertvolles Porzellan, Stilmöbel und eine große Waffensammlung.

Westflügel ► Im westlichen Flügel liegen die repräsentativsten Räume des Schlosses. Die niedrigen Bauten des heute als Schlossbuchhandlung genutzen Bades und der Kanzlei umschließen mit dem dahinterliegenden Großen Remter einen kleinen Innenhof. Der Große Remter ist der größte Saal der Ordensburg; drei schlanke Säulen tragen das schmückende Sternengewölbe.

Palast der Hochmeister

An den Westflügel des Mittelschlosses schließt sich, durch eine kleine Kapelle getrennt, der Ende des 14. Jh.s erbaute Hochmeisterpalast an. Das äußerlich ebenso wehrhafte wie repräsentative Gebäude, vermutlich von Nikolaus Fellenstein entworfen, gilt als ein Meisterwerk profaner gotischer Backsteinarchitektur. Besonders beeindrucken die beiden Speisesäle des Palastes, **Sommer- und Winterremter**, mit ihren großen, ursprünglich bunt verglasten Fenstern und den feinen, auf grazilen Säulen ruhenden Sterngewölben.

Im Untergeschoss des Hochmeisterpalastes lagen einst die Räume der Kanzlei. Heute werden hier Dokumente, Siegel und Münzen aus der Zeit des Ordensstaates ausgestellt.

Hochschloss

Südlich vom Mittelschloss erhebt sich das Hochschloss, dessen Hof von zweigeschossigen Kreuzgängen mit Spitzbogenfenstern umgeben ist. Die Kreuzgänge dienten der Meditation und der Kommunikation. Vom ersten Stock des Kreuzganges aus sind u. a. der **Kapitelsaal** und die Marienkirche, beide im Nordflügel des Hochschlosses, zu erreichen. Unter dem von drei Pfeilern getragenen Sterngewölbe des Kapitelsaales wurden die wichtigsten Entscheidungen des Ordensstaates getroffen; hier wurden auch die Hochmeister des Ordens gewählt.

Nach Osten schließt sich die **Marienkirche** an den Kapitelsaal an. Der Eingang erfolgt vom Kreuzgang durch die dekorative **Goldene Pforte**. Das gegen Ende des Zweiten Weltkriegs fast komplett zerstörte Gotteshaus wurde zwar wieder hergestellt und kann besichtigt

Deutschordensburg Orientierung

werden, doch der Kirchenraum ist noch eine Ruine. Zu sehen sind unter anderem Reste des mittelalterlichen Chorgestühls, Fragmente des 1687 aus Holz geschnitzten barocken Hochaltars und Teile des Prunksitzes des Hochmeisters. Geplant ist, 2008 mit der vollständigen Restaurierung des Baus zu beginnen, für die etwa zehn Jahre veranschlagt werden.

Von der südwestlichen Ecke des Hochschlosses führt ein etwa 60 m langer Gang zu dem sinnigerweise auf Arkaden über dem Wasser errichteten **Dansker** – einer recht großen Abortanlage in der Form eines Wehrturmes. Im West- und Südflügel des Schlosses lagen die Wohn- und Repräsentationsräume wichtiger Würdenträger des Ordens. Im Erdgeschoss waren Wirtschaftsräume wie Lagerräume, eine Küche und eine Backstube untergebracht.

Zwischen Hoch- und Mittelschloss führt eine Holztreppe in östlicher Richtung zu den weitläufigen Schlossterrassen. Von dort gelangt man in die kleine **St.-Annenkapelle**, in deren Krypta seit 1341 insgesamt 13 Ordenshochmeister ihre letzte Ruhestätte fanden. Erhalten blieben aber lediglich die Grabplatten von Dietrich von Altenburg, Heinrich Dusemer und Heinrich von Plauen.

! *Baedeker* TIPP

Belagerung der Marienburg

Jedes Jahr in der zweiten Julihälfte wird noch einmal die Belagerung der Marienburg aus dem Jahr 1410 nachgestellt. Freizeitritter messen sich bei Turnieren mit Armbrust und Bogen. Der nächtliche Sturm auf die Burg geht in ein großes Feuerwerk über. Während des mehrtägigen Festes werden außerdem mittelalterliche Handwerkskünste vorgeführt, Konzerte gegeben und Ritterturniere ausgefochten (nähere Infos unter www.zamek.malbork.pl).

Umgebung von Malbork

Kwidzin Rund 25 km weiter südlich liegt das Industriestädtchen Kwidzyn (Marienwerder) im Tal der unteren Weichsel. Sehenswert ist der im 14. Jh. über dem rechten Liwa-Ufer entstandene **Burgkomplex für das Domkapitel**, eine quadratische, von Ecktürmen gefasste Vierflügelanlage. Erhalten sind der Nord- und Westflügel der Burg und der mächtige Dansker in Form eines frei stehenden und durch einen Gang mit der Burg verbundenen Turms.

Das Burgmuseum umfasst neben kunstgewerblichen und volkskundlichen Sammlungen auch Exponate zur Geschichte der Burg; gezeigt werden u. a. spätmittelalterliche Folterwerkzeuge (Öffnungszeiten: Mai – Sept. Di. – So. 9.00 – 17.00, übrige Monate bis 15.00 Uhr).

Integriert in den Burgkomplex ist die 1344 bis 1355 erbaute **Kathedrale**. Auf acht Pfeilern ruht ihr schönes Sterngewölbe. In der Unterkirche der Kathedrale sieht man noch die kleine Zelle, in die sich die 1976 heilig gesprochene Dorothea von Montau um 1393 als sog. Reklusin einmauern ließ.

Międzyzdroje · Misdroy

A 3

Wojewodschaft: Zachodnio-Pomorskie **Höhe:** 0 – 52 m ü.d.M.
Einwohnerzahl: 5900

Jedes Jahr Anfang Juli verwandelt sich der größte Ferienort der Insel Wolin für ein paar Tage in das »polnische Cannes«. Hier haben an der »Promenade der Stars« die bekanntesten Schauspieler Polens ihre Handabdrücke in Bronze hinterlassen.

Geschichte Misdroy wurde 1554 erstmals urkundlich erwähnt. 1835 begann hier der Badebetrieb und innerhalb weniger Jahrzehnte entstand aus dem unbedeutenden Fischerdorf eines der bekanntesten Ostseebäder. Das Kurbad gehört seit 1945 zu Polen und besitzt seit 1947 Stadtrecht.

Sehenswertes in Międzyzdroje

Promenade, Seebrücke Entlang der 2 km langen Promenade gibt es eine Reihe von prächtigen Villen aus dem späten 19. Jh., die in den vergangenen Jahren saniert wurden. Die Seebrücke wurde nach dem Zweiten Weltkrieg wieder aufgebaut und 2005 auf 400 Meter Länge erweitert. Von hier starten Ausflugsdampfer nach ►Świnoujście und weiter zu den deutschen Seebädern auf der Insel Usedom.

✶ Wolin-Nationalpark Die Hauptattraktion von Międzyzdroje ist der 1960 gegründete, rund 11 000 ha große Woliński Park Narodowy. Er umfasst etwa ein Drittel der Inselfläche, eine vorwiegend mit Buchen- und Mischwäldern

MIĘDZYZDROJE ERLEBEN

AUSKUNFT

Tourist Information
ul. Bohaterów Warszawy 20
PL 72-500 Międzyzdroje
Tel. 091 / 328 27 78
www.miedzyzdroje.pl

AUSGEHEN

Unter der Mole von Międzyzdroje tobt nicht nur abends das Leben – die Disco »Paradise« hat während der Saison rund um die Uhr geöffnet.

ESSEN

▶ Erschwinglich
Cinema Café
Promenada Gwiazd 4
Pizza, Fleisch- und Fischgerichte in guter Qualität direkt an der Promenade.

ÜBERNACHTEN

▶ Luxus
Amber Baltic
ul. Promenada Gwiazd 1
PL 72-500 Międzyzdroje
Tel. 091 / 328 10 00
www.hotel-amber-baltic.pl
191 Z. u. Suiten. Das »Amber Baltic« bietet u. a. einen großen Wellnessbereich und einen Shuttle-Bus zum hoteleigenen Golfplatz.

▶ Komfortabel
Villa Stella Maris
ul. Bohaterów Warszawy 13
Pl 72-500 Miedzyzdroje
Tel. 091 / 328 04 81
www.villa-stella-maris.de
Die wunderschöne Villa vom Anfang des 20. Jh.s verfügt über 15 gut ausgestattete Zimmer, z. T. mit Meerblick.

▶ Günstig
Hotelschiff Hansa
Tel. 091 / 328 10 00
www.hotel-amber-baltic.pl
62 Kabinen. Die »Filiale« des Hotels »Amber Baltic« verkehrte einst auf russischen Flüssen, jetzt liegt das Schiff am Ufer des Wicko-Sees, rund 3 km von Międzyzdroje entfernt. An Bord gibt es auch ein Restaurant und eine Bar.

EVENTS

Anfang Juli trifft sich in Międzyzdroje die Filmprominenz des Landes, am Strand werden auf riesigen Leinwänden die neuesten polnischen Filme gezeigt und bis spät in die Nacht gefeiert. Im August gibt's beim dreitägigen Wikingerfestival im Städtchen Wolin Turniere und Bootswettfahren.

bewachsene Moränenlandschaft. Ferner sind Teile der Küstengewässer und des Haffs geschützt. Die südlich von Międzyzdroje beginnende, bis zu 90 m hohe Steilküste zählt zum Bereich des Nationalparks, ebenso der beim Dorf Lubin gelegene Jezioro Turkowskie (Türkissee), eine nach seinem türkisgrünen Wasser benannte Kreidegrube. Im Nationalpark wurden etwa 200 verschiedene Vogelarten gezählt, dazu gehört auch der Seeadler. Eine Attraktion ist das etwa 2 km von Międzyzdroje entfernte **Wisentreservat**. Hier werden seit 1976 diese größten europäischen Säugetiere gezüchtet (Öffnungszeiten: Sommer Di. – So. 10.00 – 18.00, Winter Di. – Sa. 8.00 – 16.00 Uhr).

Fischeralltag in der Nähe des Seebades Międzyzdroje

Naturkunde-museum Über die Entstehung der Insel, ihre Flora und Fauna sowie über die Geschichte des Nationalparks informiert das Naturkundemuseum der Nationalparkverwaltung (Muzeum Przyrodnicze, ul. Niepodległości 3, Öffnungszeiten: Sommer Di. – So. 9.00 – 17.00, Winter Di. bis Sa. 9.00 – 15.00 Uhr).

Umgebung von Międzyzdroje

Wolin Das Städtchen Wolin (Wollin), Namensgeberin der Insel, liegt etwa 23 km südöstlich von Międzyzdroje. Im 10. Jh. zählte Wolin zu den größten und reichsten Städten Europas. Viele vermuten hier das sagenhafte **Vineta**, das nach einer verheerenden Sturmflut im Meer versank. Tatsächlich endete mit der Eroberung und Zerstörung der Stadt durch die Dänen im Jahr 1173 die glanzvolle Zeit von Wolin.

Wikingerfestival ▶ Anfang August fühlt man sich in Wolin ins 10. Jh. zurückversetzt: Wilde Kerle mit Zottelmähne und in Kettenhemden landen mit ihren mittelalterlichen Booten am Ufer der Dziwna und veranstalten Turniere und Schiffswettfahrten. Danach gibt's einen tüchtigen Schluck Met. Beim dreitägigen Wikinger-Festival können Besucher Speisen aus der damaligen Zeit probieren und mittelalterlicher Musik lauschen.

Im Bereich des früheren Hafens gibt es archäologische Grabungsstätten und eine kleine Werft, in der Wikingerschiffe nachgebaut werden. Das **Regionalmuseum** zeigt wertvolle Funde aus der großen Zeit von Wolin (ul. Zamkowa 24, Öffnungszeiten: Di. – So. 9.00 – 16.00, Sa. bis 14.00 Uhr).

★★ Mierzeja Helska · Halbinsel Hel

J/K 1

Wojewodschaft: Pomorskie **Höhe:** 0 – 20 m ü.d.M.

Der Himmel ist zuweilen voller Drachen – dann tummeln sich Hunderte Kitesurfer zu beiden Seiten der schmalen Halbinsel Hel, die für diesen Trendsport ideale Voraussetzungen bietet. Eine Attraktion für kleine und große Besucher ist die Robbenstation in dem kleinen Städtchen Hel.

Beliebte Sommerfrische

Die von dichten Kiefernwäldern bewachsene, 34 km lange und an manchen Stellen nur 200 m breite Halbinsel, eine im Lauf von Jahrhunderten durch Versandung aus einzelnen Inselchen zusammengewachsene Nehrung, ist berühmt für seine hübschen Fischerdörfer und die langen, von Dünen gesäumten Sandstrände, die zu einem erfrischenden Bad in der Ostsee einladen und sich bei Wind- und Kitesurfern großer Beliebtheit erfreuen. Die Bewohner der Halbinsel, Nachkommen der Kaschuben, leben in erster Linie vom Fischfang und vom Tourismus.

Sehenswertes auf der Halbinsel Hel

Władysławowo

Die Halbinsel Hel beginnt bei Władysławowo (Großendorf). Die rund 14 800 Einwohner zählende Stadt verfügt über den **größten Fischereihafen Polens**. Das in den 1950er-Jahren im Stil des Sozialistischen Realismus gebaute **Fischerhaus** (Dom Rybaka) diente ursprünglich als Unterkunft für Fischer, wird aber jetzt als Sitz der Stadtverwaltung genutzt. Vom Turm dieses Gebäudes bietet sich die beste Aussicht auf die Halbinsel Hel.
Originell ist die im Stadtteil Cetniewo von 1961 bis 1970 gebaute Kirche Mariä Himmelfahrt (Kościół pw. Wniebowzięca NMP). Eine 1933 fertiggestellte kleine neogotische Ziegelkirche war für die Zahl der Gläubigen zu klein geworden. Deshalb wurde ihr ein moderner Neubau mit einem riesigen Satteldach übergestülpt. Die alte Kirche wurde so zum Chorraum des neuen Baus umfunktioniert.

i Die letzte Hexe

- Im Dorf Chałupy wurde der Legende nach 1836 zum letzten Mal in Polen eine Frau wegen angeblicher Hexerei ertränkt. Ein Kurpfuscher namens Jan Kamiński sollte den leberkranken Fischer Jan Kąkol heilen. Als seine Künste versagten, erklärte er ihn kurzerhand für verhext. Verantwortlich dafür sei Krystyna Ceynowa, die einmal öffentlich an den Fähigkeiten Kamińskis gezweifelt hatte. Daraufhin wurde sie von den Dorfbewohnern in der Bucht ertränkt.

Rozewie

Der 1821 entstandene Leuchtturm von Rozewie, etwa 7 km westlich von Władysławowo gelegen, wurde später auf knapp 33 m aufgestockt. Der seit 1933 nach dem Dichter **Stefan Żeromski** benannte

MIERZEJA HELSKA ERLEBEN

AUSKUNFT

Tourist Information
ul. Ks. Stefańskiego 5
PL 84-140 Jastarnia
Tel. 058 / 675 23 40, www.jastarnia.pl

ANFAHRT

Hel ist vom Festland aus mit Bus und Bahn zu erreichen. Im Sommer ist die Fahrt mit dem Auto aus Gründen des Umweltschutzes nur bis Jurata erlaubt. Von Gdańsk, Sopot und Gdynia aus fahren häufig Schiffe nach Hel und Jastarnia (Dauer: 2 bis 2,5 Std.).

URLAUB AKTIV

Die Halbinsel Hel gehört zu Europas besten Revieren für Surfer und Kitesurfer. Am Strand von Chałupy gibt es mehrere Campingplätze, auf denen die Ausrüstung verliehen und Unterricht angeboten wird.

AUSGEHEN

Insbesondere in Jurata und in Jastrzębia Góra wird im Sommer in zahlreichen Freiluftlokalen Tanzmusik geboten; außerdem gibt es dort mehrere Discos.

ESSEN

► Erschwinglich

Kredens
ul. Kaszubska 1
PL 84-120 Jastrzębia Góra
Tel. 058 / 674 95 81
»Ableger« eines bekannten Warschauer Restaurants direkt an der Promeniermeile mit ansprechender Speise- und Weinkarte.

Maszoperia
ul. Wiejska 110, PL 84-150 Hel
Tel. 059 / 675 02 97
Das in einer alten Fischerhütte untergebrachte stimmungsvolle Lokal ist berühmt für seine leckeren Fischspezialitäten.

Victor
ul. Bałtycka 33
PL 84-104 Jastrzębia Góra
Tel. 058 / 674 95 74
Das stilvolle Restaurant in der gleichnamigen Pension bietet von seiner Terrasse den besten Sonnenuntergangsblick.

ÜBERNACHTEN

► Luxus

Dom Zdrojowy
ul. Kościuszki 2, PL 84-140 Jastarnia
Tel. 058 / 679 91 82
www.zdrojowy.com.pl
35 Z., 27 App. Direkt am Meer gelegenes Kurhotel mit großem Wellnessbereich.

► Komfortabel

Astor
ul. Rozewska 38
PL 84-120 Jastrzębia Góra
Tel. 058 / 771 51 50, www.astorhotel.pl
113 Z. Bei deutschen Urlaubern beliebtes Sporthotel mit Swimmingpool, Sauna und Tennisplätzen.

Pekin
ul. Niepodległości 14
PL 84-120 Władysławowo
Tel. 058 / 674 88 88
www.hotel-pekin.com.pl
36 Z, 6 App. Im chinesischen Stil gebautes und eingerichtetes Hotel. Chinesisches Restaurant.

► Günstig

Willa Jasna
ul. Bałtycka 24
PL 84-120 Jastrzębia Góra
Tel. 058 / 674 96 98, www.jasna.com.pl
Schmucke alte Villa mit 14 Zimmern.

Turm beherbergt eine interessante kleine Austellung über Leuchttürme an der polnischen Küste (Öffnungszeiten: tgl. 9.00 – 16.00 Uhr).

Jastrzębia Góra

Jastrzębia Góra (Habichtsberg), rund 10 km westlich von Władysławowo gelegen, ist der größte Ferienort an der kaschubischen Küste. Er entstand 1920 nach der Neugründung Polens. Viele Künstler und Politiker aus Warschau ließen sich damals oberhalb der 67 m hohen Steilküste ihre Ferienresidenzen bauen. Die oft stürmische See hat sich im Lauf der Jahrzehnte immer weiter vorgearbeitet, sodass einige der Villen heute gefährlich nahe am Abgrund stehen.

◄ Nördlichster Punkt Polens

Jastrzębia Góra ist übrigens der nördlichste Punkt Polens. 2001 ergaben satellitengestützte Messungen, dass die Nordspitze des Ortes 300 Meter näher am Nordpol liegt als das nahe gelegene Kap von Rozewie, das bis dahin diesen Titel trug. Am Vermessungspunkt, etwa 300 m westlich der Promenade, wurde ein Findling aufgestellt.

Jastarnia

Der Ferienort Jastarnia (Heisternest), etwa 20 km östlich von Władysławowo, entwickelte sich vom Fischerdorf zum größten Familienbad der Halbinsel. Die 1930 gebaute neobarocke Kirche der Geburt der Jungfrau Maria (Kościół p.w. Nawiedzenia Najświętszej Maryi Panny) besitzt eine originelle Kanzel in Form eines Fischerbootes. In der nahe gelegenen, 1881 gebauten **»Fischerhütte«** sind Fischereigerätschaften aus 500 Jahren ausgestellt (Chata rybacka, ul. Rynkowa 10, Öffnungszeiten: Sommer Di. – So. 10.00 bis 18.00 Uhr).

◄ Fischereimuseum

Unweit des Fischereihafens kann man in einem kleinen privaten Fischereimuseum eine traditionelle Fischerstube und eine Bootsbauwerkstatt besichtigen (Muzeum Pod Strzechą, ul. Mickiewicza 31, Öffnungszeiten: Sommer tgl. 10.00 – 18.00 Uhr).

Jurata

Wenige Kilometer weiter liegt Jurata, entstanden in den Zwischenkriegsjahren als mondäner Ferienort für die polnische Elite. Der nach dem Namen einer litauischen Seegöttin benannte Ort ist bis heute einer der beliebtesten Plätze des Warschauer Geldadels. In der ul. Świętopełka 13 hatte auch der Historien- und Schlachtenmaler **Wojciech Kossak** (1857 – 1942) sein Atelier.

Hel

Das 700 Jahre alte Städtchen Hel (Hela) liegt am Ende der Halbinsel und zählt rund 4100 Einwohner. Durch das Zentrum führt die ul. Wiejska, eine verkehrsberuhigte Straße, die zu beiden Seiten von zahlreichen kaschubischen Fischerhäusern aus dem 18. und 19. Jh. gesäumt wird.

◄ St. Peter und Paul

Ältestes Bauwerk Hels ist die gotische Kirche St. Peter und Paul. Das auf dem Grundriss eines Kreuzes errichtete Gotteshaus wurde 1417 erstmals erwähnt und erhielt um 1861 seine heutige Form. Seit 1971 beherbergt die Kirche, die bereits seit 1937 nicht mehr für Gottesdienste genutzt wird, ein **Fischereimuseum** (Muzeum Rybołówstwa, ul. Bulwar Nadmorski 2, Öffnungszeiten: Sommer tgl. 9.00 – 18.00, sonst bis 16.00 Uhr).

Strandleben vor der Peter- und Paul-Kirche mit dem Fischereimuseum in Hel.

Robbenstation ▶ Gegenüber vom Hafen richtete die Danziger Universität 1992 eine Robbenstation ein. Graurobben waren einst in den hiesigen Gewässern heimisch, wurden aber bis Ende des Zweiten Weltkrieges ausgerottet und sollen jetzt wieder angesiedelt werden. Viele Schaulustige versammeln sich jeden Tag, um beim Füttern der Tiere zuzuschauen. Zu der Station gehört auch ein kleines Museum (Öffnungszeiten: tgl. 9.30 – 20.00 Uhr).

Leuchtturm ▶ Der am Ortsrand aufragende Leuchtturm ersetzte 1942 einen Vorgängerbau. 197 Stufen führen zur Aussichtsplattform des 41 m hohen Turms (Öffnungszeiten: Mai – Sept. tgl. 10.00 – 14.00 und 15.00 bis 19.00 Uhr).

★ Mikołajki · Nikolaiken

Q 3

Wojewodschaft: Warmińsko-Mazurskie **Höhe:** 122 m ü.d.M.
Einwohnerzahl: 3800

Das zwischen zwei Seen gelegene Städtchen entwickelte sich vom einfachen Fischerdorf zu einem der bekanntesten Ferienorte der Masurischen Seenplatte. Bereits 1888 eröffnete hier das erste Hotel der Region. Heute gilt Mikołajki als »Mekka des Segelsports.«

Die Region rund um das heutige Mikołajki wurde im Mittelalter vom Stamm der Galinder besiedelt. 1726 erhob der preußische König **Friedrich Wilhelm I.** die um die St.-Nicolauskirche entstandene Fischersiedlung zur Stadt. Er ließ Kanäle anlegen, damit Holz aus der Johannisburger Heide über den Śniardwy- und Mamry-See in Richtung Norden transportiert werden konnte. Damit sicherte er der Bevölkerung in und um Mikołajki einen bescheidenen Wohlstand. Heute haben Fischerei und Flößerei ausgedient, stattdessen setzt man im **»Masurischen Venedig«** auf den Tourismus.

i Stinthengst – König der Maränen

- Der Sage nach machte einst ein riesiger Fisch, der eine goldene Krone trug, die Gewässer von Nikolaiken unsicher. Man nannte ihn den Stinthengst oder König der Maränen. Er zerstörte die Netze der Fischer und kippte ihre Boote um, sodass einige ums Leben kamen und Armut sich ausbreitete. Schließlich gelang es den Fischern, den Stinthengst in einem metallenen Netz zu fangen. Als sie ihn töten wollten, drohte er, dann würden alle Fische im See sterben. So ließ man ihn am Leben, band ihn aber zur Sicherheit an einer Kette fest. Noch heute schwimmt der etwa 2 m lange Maränenkönig unter der Fußgängerbrücke, die den Jezioro Mikołajskie überspannt.

Sehenswertes in Mikołajki

Stadtzentrum

Viel Geld wurde in den letzten Jahren in die Verschönerung des Städtchens investiert: Längs der Uferpromenade reihen sich Fachwerkhäuser mit mächtigem Satteldach; Freitreppen führen zum Hauptplatz, dem pl. Wolności, hinauf, der von Bürgerhäusern gesäumt wird, in denen sich Bernsteinläden, Bars und Cafés eingerichtet haben. In der Mitte des Marktplatzes plätschert ein Brunnen mit der Figur des **»Stinthengsts«**, Mikołajkis Wahrzeichen.

Dreifaltigkeitskirche

Der Turm der evangelischen Dreifaltigkeitskirche (Kościół pw. Świętej Trójcy) bestimmt das Stadtbild. Sie wurde 1841/1842 nach Plänen von Karl Friedrich Schinkel im neoromanischen Stil erbaut; der Turm aus hellem Backstein wurde 1880 ergänzt. Mit einer Kassettendecke, dem Tonnengewölbe und den von leichten dorischen Säulen getragenen Emporen erinnert der Kirchenraum an einen antiken Tempel. Besonders schön ist die Jugendstilmalerei über dem Altar.

Museum der polnischen Reformation 🕑

Gleich neben der Dreifaltigkeitskirche zeigt das Museum der polnischen Reformation verschiedenste Handschriften und Drucke, davon viele im Original, die die Geschichte der evangelischen Kirche in Polen illustrieren (Muzeum Reformacji Polskiej, pl. Kościelny 4, Öffnungszeiten: Mo. – Sa. 9.00 – 16.30, So. 12.00 – 16.30 Uhr).

Umgebung von Mikołajki

★ Iznota

Fährt man die kleine, staubige Straße von Mikołajki am Jezioro Bełdany entlang in Richtung Süden, so stößt man nach rund 6 km beim Weiler Iznota (Isnothen) auf ein eigentümliches Anwesen. Ein hoher

MIKOŁAJKI ERLEBEN

AUSKUNFT

Tourist Information
pl. Wolności 3
PL 11-730 Mikołajki
Tel. 087 / 421 68 50
www.mikolajki.pl

AUSFLÜGE

Von Mikołajki aus fahren regelmäßig die Schiffe der Żegluga Mazurska über die Großen Masurischen Seen.
Touren auf der Krutynia bietet der Verband der Bootsstaker »Perkun« an; für Gruppen werden auch nächtliche Lampionfahrten organisiert (Krutyń 4, PL 11-710 Piecki, Tel. 089 / 742 14 30, www.masuren-perkun.de).

URLAUB AKTIV

Etwa 20 km südwestlich von Mikołajki liegt der sehr gepflegte kleine Ort Gałkowo. Dort lädt das Gestüt und Reitzentrum »Ferenstein« mit seinen 80 Pferden zu Ausritten und Kutschfahrten in die Umgebung ein. Das zugehörige Restaurant »U Targowiczzan«, eingerichtet in einem alten Holzhaus, serviert masurische Küche (Stadnina, Gałkowo 45, PL 12-210 Ukta, Tel. 087 / 425 70 73, www.masuren-perkun.de/galkowo.html).

ESSEN

▸ Erschwinglich

Porto Café
pl. Wolności 7
Tel. 604 279 263
In dem Café am Marktplatz bekommt man leckere regionale Gerichte.

Sielawa
pl. Wolności 13
Das »Sielawa« liegt neben der Anlegestelle der Weißen Flotte am Jezioro Mikołajskie und bietet polnische Spezialitäten.

ÜBERNACHTEN

▸ Komfortabel

Amax
al. Spacerowa 7
PL 11-730 Mikołajki
Tel. 087 / 421 90 00
www.hotel-amax.pl
Das am Ufer des Jezioro Mikołajskie gelegene hübsche kleine Hotel verfügt über 16 Zimmer, Swimmingpool und Sauna.

Gołębiewski
ul. Mrągowska 34
PL 11-730 Mikołajki
Tel. 087 / 429 07 00
www.golebiewski.pl
652 Z., 13 App.
Gigantisches Hotel, direkt am Ufer des Jezioro Tałty gelegen, mit großem Aqua-Park, Wellnessbereich und eigenem Anleger.

Nidzki
ul. Nadbrzeżna
PL 12-220 Ruciane-Nida
Tel. 087 / 423 64 01
www.hotel.nidzki.ta.pl
33 Z.
Am Rand des Ferienorts gelegen. Auch gekrönte Häupter wissen, wo es schön ist: Den traumhaften Blick auf den Jezioro Nidzkie genoss schon der spanische König Juan Carlos.

▸ Günstig

Folwark Łuknajno
Łuknajno 2
PL 11-730 Mikołajki
Tel. 087 / 421 68 62
www.folwark.mazury.info
In einem über 100 Jahre alten Landhaus am Seeufer wurden zehn gemütliche Gästezimmer und ein kleines Restaurant eingerichtet.

Palisadenzaun, flankiert von meterhohen Holzfiguren, kündet von **Galindia**, dem **»Masurischen Eden«**. Der Arzt und Psychiater Cezary Kubacki hat sich hier in den 1970er-Jahren seinen Traum vom alternativen Leben erfüllt. Was mit einem kleinen Haus im Grünen begann, ist inzwischen zu einem großen Freizeitpark gewachsen. Über das weitläufige Gelände verstreute, überlebensgroße Holzskulpturen illustrieren Geschichten und Sagen der pruzzischen Galinder, die die Gegend besiedelten, bis sie im Mittelalter von Deutschordensrittern und Masowiern ausgerottet wurden. Das Haupthaus ist einer altpruzzischen Burg mit Palisadenzaun nachempfunden. Rustikal sind auch die Gästezimmer, doch Bad und TV fehlen keineswegs; »Galindia« ist oft ausgebucht (www.galindia.com.pl).

Jezioro Łuknajno

Rund 5 km östlich von Mikołajki liegt der Jezioro Łuknajno (Luknainer See). Das 680 ha große Gewässer wurde 1976 von der UNESCO zum **Biosphärenreservat** erklärt. Der von einem dichten Schilfgürtel umgebene flache See mit einer maximalen Tiefe von 3 m ist ein idealer Lebensraum für viele Wasservögel, u. a. für die größte Höckerschwankolonie Europas.

Popielno

Rund 8 km südlich von Mikołajki, direkt am Ufer des Spirdingsees, wurde auf einem alten Landgut in Popielno eine Forschungsstation der Polnischen Akademie der Wissenschaften eingerichtet. Hier werden seltene Tierarten gezüchtet, u. a. der Tarpan, das polnische

Die Tarpanpferde sind zwar scheu, aber manchmal hat man Glück und trifft auf eine Herde.

Mit »Steuerhund« geht's auf große Krutynia-Fahrt.

Waldpferd. Mit etwas Glück trifft man die scheuen Tiere hier in freier Wildbahn an. Zu der Anlage gehört ein nur während der Sommersaison geöffnetes Museum, dessen Ausstellungen in erster Linie den in Popielno gezüchteten Wildtieren und der Geschichte der Forschungsstation gewidmet ist (www.popielno.pl).

★ **Krutyń** Inmitten der urwüchsigen Landschaft des Krutyniatals, rund 20 km südlich von Mikołajki, liegt unweit vom Jezioro Mokre (Muckersee) der kleine Ort Krutyń (Krutinnen) an einem der schönsten Abschnitte der Kajakroute auf der Krutynia (► S. 121). Krutyń ist hervorragend auf Besucher eingestellt und verfügt über zahlreiche Bootsverleihe, Restaurants und Pensionen. Beliebt sind Fahrten mit dem Stakboot über die Krutynia zum Jezioro Mokre. Die Verwaltung des Anfang der 1970er-Jahre eingerichteten Masurischen Landschaftsparkes betreibt in einer ehemaligen Scheune ein kleines **naturkundliches Museum** (Mazurski Park Krajobrazowy, Öffnungszeiten: Sommer tgl. 8.00 – 15.00, sonst Mo. – Fr. 8.00 – 15.00 Uhr).

Ruciane-Nida Der Urlaubsort Ruciane-Nida liegt knapp 20 km südlich von Mikołajki zwischen dem Jezioro Bełdany (Beldahnsee) und dem Jezioro Nidzkie (Niedersee). Die recht unterschiedlichen Ortsteile, das Dorf

Nida und die ehemalige Arbeitersiedlung Ruciane, liegen gut 2 km voneinander entfernt. In Ruciane gibt es einen kleinen Segelhafen sowie eine Anlegestelle der Masurischen Flotte.

Wojnowo

Etwa 8 km westlich von Ruciane liegt der kleine Ort Wojnowo (Eckertsdorf). Er wurde 1832 als eine von 11 Siedlungen für die Angehörigen der **Philiponen** gegründet. Diese sog. Altgläubigen sind eine orthodoxe Glaubensgemeinschaft, die das Große Moskauer Konzil von 1666/1667 mit seinen Neuerungen der Liturgie und Kirchenordnung nicht anerkannten und aufgrund dessen in den folgenden Jahrhunderten verfolgt wurden. Im 19. Jh. entschloss sich eine Gruppe von Philiponen, nach Preußen zu übersiedeln, wo man den Neuankömmlingen mit religiöser Toleranz begegnete.
Wichtigste Sehenswürdigkeit des Ortes ist das **Kloster** am Jezioro Duś (Dusssee). 1847 wurde die Anlage an der Stelle einer Einsiedlerklause erbaut und beherbergte rund 80 Mönche und Nonnen. Nachdem in den 1880er-Jahren viele Altgläubige zur modernen Orthodoxie übergetreten waren, wurde das Kloster in ein Nonnenkloster umgewandelt. Von den rund 80 Nonnen, die sich der Glaubenspflege, Landwirtschaft und Betreuung alter und behinderter Menschen widmeten, blieben nach dem Zweiten Weltkrieg nur noch wenige hier. Die letzte von ihnen starb im Frühjahr 2006.
Die Klosterkirche, die gleichzeitig auch als Wohnhaus für die Nonnen diente, überstand die Kriege des 20. Jh.s fast unbeschadet. Den Altarraum schmücken Ikonen, Kruzifixe und Tafelmalereien aus dem 19. Jh., von der Decke hängt ein silberner Kronleuchter.
Im ehemaligen Wohngebäude neben der Klosterkirche hat Krzysztof Ludwikowski, dessen Familie das Anwesen seit den 1960er-Jahren gehört, eine kleine Pension eingerichtet. Der gläubige Katholik hat es sich zur Aufgabe gemacht, das Andenken an die russischen Glaubensflüchtlinge aufrecht zu erhalten.

Pisz

Das Städtchen Pisz (Johannisburg) liegt etwa 26 km von Mikołajki entfernt am südlichen Ende der Masurischen Seenplatte bei der Puszcza Piska (Johannisburger Heide), einem der größten Waldgebiete Polens. Am nahe gelegenen Jezioro Roś (Roschsee) hat sich die Warschauer Polit- und Medienprominenz ihre Zweitwohnsitze gebaut, weswegen der See auch »Warschauer See« genannt wird.
Pisz wurde im Zweiten Weltkrieg erheblich zerstört, allein der **Marktplatz** (Plac Daszyńskiego) mit seinen niedrigen Bürgerhäusern aus dem 19. Jh. und dem neogotischen Rathaus sowie einige barocke und klassizistische Gebäude in den angrenzenden Straßen blieben verschont. Erhalten blieb auch die gegenüber dem Marktplatz in der ul. Armii Krajowej gelegene **Johanneskirche** (Kościół Św. Jana). Das 1843 erbaute Gotteshaus ist die **größte Fachwerkkirche Masurens**, der gemauerte Turm stammt noch vom Vorgängerbau und wurde 1737 errichtet. Die Kirche schmücken vor allem barocke Kunstwerke, der Altar stammt aus der Zeit der Renaissance.

★ Morąg · Mohrungen

M 3

Wojewodschaft: Warmińsko-Mazurskie **Höhe:** 133 m ü.d.M.
Einwohnerzahl: 14 500

Im Herzen des Oberlandes liegt die Geburtstadt von Johann Gottfried Herder, des großen Philosophen der Weimarer Klassik, mit einer nahezu originalgetreu rekonstruierten Altstadt.

Geschichte Im Jahr 1280 errichtete der Deutsche Orden auf einer Halbinsel im Schertingsee (Jezioro Skiertąg) an der Stelle einer pruzzischen Burg eine Festung. In unmittelbarer Umgebung entstand eine kleine Siedlung, die 1327 das Stadtrecht erhielt. Wegen der Namensgleichheit geht man davon aus, dass die Stadtgründer aus dem Ort Morungen im Harz kamen. Die ehemals preußische Kreisstadt gehört heute zum Landkreis Ostróda.

Sehenswertes in Morąg

Altstadt Die historische Altstadt wurde Mitte der 1990er-Jahre originalgetreu restauriert. Im Zentrum liegt der Marktplatz mit dem 1360 bis 1380 errichteten gotischen Rathaus, das heute Sitz der Touristeninforma-

MORĄG ERLEBEN

AUSKUNFT

Tourist Information
pl. Jana Pawła II 1,
PL 14-300 Morąg
Tel. 089 / 757 38 26
www.morag.pl

ESSEN / ÜBERNACHTEN

► Fein & teuer/Luxus

Młyn Klękotki
Klękotki
PL 14-407 Godkowo
Tel. 055 / 249 00 00
www.hotelmlynklekotki.pl
42 Z. Die Wassermühle aus dem 17. Jh., knapp 20 km nördlich von Morąg, wurde in ein Luxusrefugium mit Sport- und Wellnessangeboten verwandelt. Das Hotelrestaurant serviert regionale Gerichte.

► Erschwinglich/Komfortabel

Morąg
ul. Żeromskiego 38
PL 14-300 Morąg
Tel. 089 / 757 89 00
www.hotelmorag.pl
49 Z. Im Restaurant des modernen Hotels, 100 m vom Jezioro Skiertąg entfernt, gibt es schmackhafte polnische Küche.

► Preiswert/Günstig

Gościniec Herder
ul. Sierakowakiego 9
PL 14-300 Morąg
Tel. 089 / 757 46 10
www.gosciniec-herder.pl
Das kleine Gasthaus am Markt bietet 4 stilvoll eingerichtete Zimmer und kostenfreien Internetzugang.

tion ist. Vor dem Bauwerk stehen zwei belgische Kanonen, die man während des deutsch-französischen Krieges 1870/1871 erobert hat.

Die wichtigste Sehenswürdigkeit Morągs ist das Dohna-Schlösschen. **Achatius zu Dohna** ließ 1562 im Schatten der Stadtmauer ein Wohnhaus bauen, das nach einem Brand Anfang des 18. Jh.s zu einem repräsentativen Schlösschen ausgebaut wurde. Letzter deutscher Besitzer war **Graf Heinrich zu Dohna-Schlobitten**, der für seine Beteiligung am Attentat auf Hitler 1944 hingerichtet wurde.

✶ **Dohna-Schlösschen**

Das Gebäude beherbergt heute das Johann-Gottfried-Herder-Museum, das Leben und Schaffen des bedeutenden Philosophen und Schriftstellers zeigt. Ein weiterer Teil des Ausstellung ist der niederländischen Porträt- und Landschaftsmalerei des 17. Jahrhunderts gewidmet (Muzeum Herdera, ul. Dąbrowskiego 54, Öffnungszeiten: Di. – So. 9.00 – 17.00 Uhr).

◄ Herder-Museum

Südlich vom Marktplatz, umgeben von Resten der alten Stadtmauer, steht die gotische Pfarrkirche St. Peter und Paul (Kościół Św. Piotra i Pawła). Das dreischiffige Gotteshaus wurde 1305 bis 1312 erbaut. Neben dem barocken Hochaltar mit Holzschnitzereien des Nürnberger Meisters Gellert kann man im Chorraum restaurierte Wandmalereien aus dem 14. Jh. bewundern.

St. Peter und Paul

In der ul. Zamkowa stand das Geburtshaus Herders. Das spätbarocke Bürgerhaus wurde im Zweiten Weltkrieg zerstört und durch ein historisierendes Wohnhaus ersetzt. Eine Gedenktafel erinnert an den »großen deutschen Philosophen und Freund der Slawen«. Gegenüber steht das Herderdenkmal, eine Kopie der 1945 verschwundenen Büste von 1857.

Geburtshaus Herders

Von der ehemaligen Deutschordensburg aus dem 14. Jh. blieb nur der im Stil der Renaissance und des Barocks umgearbeitete Hauptflügel erhalten. Er diente bis ins 20. Jh. als Gericht, Gefängnis und Schule. Seit 2001 befindet sich die Burg in Privatbesitz und soll zur Pension und Kulturbegegnungsstätte ausgebaut werden.

Ordensburg

Umgebung von Morąg

Pasłęk (Preußisch Holland) hat seinen deutschen Namen von den niederländischen Siedlern, die bereits im 13. Jh. hier angesiedelt wurden, um das sumpfige Gelände trockenzulegen. Das 27 km nordwestlich von Morąg gelegene Städtchen besitzt eine gut erhaltene mittelalterliche Befestigung. Durch das um 1330 errichtete gotische **Steintor** betritt man die malerisch über dem Tal der Wąska (Weeske) gelegene Altstadt.

Pasłęk

Die barock ausgestattete Pfarrkirche St. Bartholomäus (Kościół Św. Bartłomieja) mit ihrem versetzt stehenden, massiven Turm stammt aus dem 14. Jahrhundert. In die Nordwand sind in Erinnerung an

◄ St. Bartholomäus

die erfolglose Belagerung der Stadt durch die Schweden 1659 zwei Kanonenkugeln eingelassen. Direkt daneben steht das gotische Rathaus, eines der ältesten im ehemaligen Ostpreußen. Das kleine Gebäude wurde im 14. Jh. um eine Vorlaube mit Spitzbögen und Sterngewölbe erweitert, der barocke Schmuckgiebel 1650 ergänzt.

Gotisches Rathaus ►

Burg ► Die Ordensburg am pl. Świętego Wojciecha wurde 1318 bis 1340 errichtet. Der Westflügel ist heute Sitz des Stadtratsamtes. Die beiden anderen Flügel dienen als Bibliothek, Kulturhaus, Kino und Café.

Orneta Rund 28 km nordöstlich von Morąg liegt Orneta. Den quadratischen Marktplatz säumen Laubenhäuser aus dem 17./18. Jahrhundert. In seiner Mitte steht das gotische Rathaus von 1373. Es wurde um 1800 klassizistisch umgebaut und beherbergt neben dem Stadtrat und der Touristeninformation auch ein Café im Kellergewölbe.

St. Johann ► Die dreischiffige Pfarrkirche St. Johann (Kościół Św. Jana) wurde 1338 bis 1378 erbaut. Die Außenwand des massiven gotischen Baus ziert ein Fries aus Schmuckkacheln mit männlichen und weiblichen Figuren, eine Reihe von drachenartigen Wasserspeiern aus Kupfer ragt über die Seitenwände hinaus. Auffallend an der Ausstattung sind die vielen teils prächtigen Altäre. Die wertvollsten sind der Rosenkranzaltar von 1761 und der Altar der Marienbruderschaft aus schwarzem Marmor und Alabaster von 1646. Sehr gut erhalten sind auch die gotischen Wand- und Deckenmalereien, die Szenen aus Bibel und Heiligenleben darstellen.

Die Stadtmauer von Pasłęk macht heute eher einen freundlichen Eindruck.

Pieniędzo

Das von den Werbisten eingerichtete Ethnografische Museum in Pieniędzo, 44 km nordwestlich von Morąg, präsentiert zahlreiche Exponate, die der Orden auf seinen Missionsreisen zusammengetragen hat. So finden sich afrikanische Masken neben Kleidung aus Lateinamerika oder indianischen Kultgegenständen (Muzeum Misyjno-Etnograficzne Księży Werbistów, Kolonia 19, Öffnungszeiten: April bis Okt. Mo. – Sa. 8.00 – 17.00, So. ab 11.00, Nov. – März Mo. – Sa. 9.00 – 15.00, So. ab 12.00 Uhr).

Mrągowo · Sensburg

P 3

Wojewodschaft: Warmińsko-Mazurskie **Höhe:** 131 m ü.d.M.
Einwohnerzahl: 21 800

Jedes Jahr verwandelt sich der zwischen zwei Seen gelegene Ferienort in das »Nashville Polens«, wenn Anfang August ein großes Countryfestival Fans aus dem In- und Ausland anlockt.

Geschichte

Im Jahr 1397 erstmals als Siedlung unterhalb einer 50 Jahre zuvor erbauten Ordensburg erwähnt, erhielt Sensburg 1409 das Stadtrecht. Die Ernennung zur Kreisstadt 1818, die Anbindung an das preußische Schienennetz 1897 und die Eröffnung einer Garnison bewirkten einen wirtschaftlichen Aufschwung. Den Zweiten Weltkrieg überstand die Stadt so gut wie unbeschädigt. 1947 wurde Sensburg nach dem slawisch-masurischen Pfarrer und Sprachforscher **Krzyzstof Mrongowiusz** benannt. Heute ist die Stadt eines der größten Ferienzentren in der Wojewodschaft.

Sehenswertes in Mrągowo

Stadtzentrum

Die Innenstadt blieb in ihrer Form aus dem 19. Jh. erhalten; die Promenade zum Jezioro Czos (Schoss-See) gibt es allerdings erst seit wenigen Jahren. Das alte Rathaus wurde 1825 auf dem Marktplatz gegenüber dem See erbaut. Der kleine, schmucklose Bau mit barockem Uhrentürmchen beherbergt das **Heimatmuseum**. Neben Exponaten zur Geschichte der Region widmet sich eine Ausstellung im Bosnische Wache genannten Fachwerkanbau dem Leben und Schaffen des Schriftstellers **Ernst Wiechert**, der im nahen Pieresławek zur Welt kam (Muzeum w Mrągowie, ul. Ratuszowa 5, Öffnungszeiten: Di. bis So. 9.00 – 16.00 Uhr).

St. Johanneskirche

In der ul. Kościelna steht die evangelische St. Johanneskirche (Kościół Św. Jana). Der barocke Sakralbau wurde 1734 an der Stelle einer gotischen Kirche aus dem 15. Jh. errichtet. Nachdem das Gebäude 1945 ausbrannte, wurde es Ende der 1950er-Jahre mit moderner Ausstattung wieder aufgebaut.

MRĄGOWO ERLEBEN

AUSKUNFT

Tourist Information
ul. Warszawska 26
PL 11-700 Mrągowo
Tel. 089 / 741 30 63
www.mragowo.pl

EVENT

»Piknik Country«, das größte polnische Country-Festival, findet jedes Jahr an einem Wochenende Anfang August in Mrągowo statt.

ÜBERNACHTEN

► Komfortabel

Zamek Ryn
pl. Wolności 2, PL 11-520 Ryn
Tel. 087 / 420 71 31, www.hotelryn.pl
143 Z. Im 2006 eröffneten Schlosshotel nächtigt man in stilvollen Appartements, die nach den Rittern und Komturen des Deutschen Ordens benannt wurden. Besonders schön ist der Wellnessbereich im Kellergewölbe.

► Günstig

Pałac Sorkwity
ul. Zamkowa 15
PL 11-731 Sorkwity
Tel. 089 / 742 81 89
www.hotelpalacsorkwity.pl
Das in einem Schloss untergebrachte Hotel im westlich von Mrągowo gelegenen Sorkwity bietet insgesamt 37 Zimmer. Das Restaurant im ehemaligen Kutschhaus serviert regionale Küche.

ESSEN

► Erschwinglich

Stara Chata
ul. Warszawska 9b
Tel. 089 / 741 45 02
www.restauracja-starachata.pl
Angenehmes Restaurant in der Innenstadt. Im historischen Gebäude aus dem 18. Jh. bekommt man eine große Auswahl an feinen Fisch- und Wildspezialitäten.

Umgebung von Mrągowo

✶ Sorkwity Auf einer Landenge zwischen Jezioro Lampackie (Lampasksee) und Jezioro Giełąd (Gehlandsee), rund 11 km westlich von Mrągowo, liegt das Dorf Sorkwity (Sorquitten), das bereits im 19. Jh. zu einem beliebten Ausflugsort avancierte. In Sorkwity beginnt der schönste Abschnitt der Krutynia-Kajakroute (►S. 121).
Das 1788 am Ufer des Jezioro Lampackie gebaute Schloss wurde 1855 im Stil der englischen Neogotik umgebaut. Heute wird das imposante Bauwerk aus rotem Backstein und mit zinnenbewehrten Türmen als Hotel genutzt (►s. o.).

Piersławek Umgeben von dunklen Kiefernwäldern steht rund 12 km östlich von Mrągowo das Forsthaus von Piersławek (Kleinort). Der Schriftsteller **Ernst Wiechert** (1887 – 1950) verbrachte hier den größten Teil seiner Kindheit. Wie ein roter Faden ziehen sich Natur- und Landschaftsbilder Masurens durch Wiecherts Romane. Und so erscheint auch das kleine Forsthaus, das sich seit 100 Jahren kaum verändert hat,

Angleridylle in der Umgebung von Sorkwity

wie einer seiner Geschichten entsprungen. In dem kleinen Wiechert-Museum sind zahlreiche Erstdrucke, Fotografien und Dokumente ausgestellt, die das Leben des Schriftstellers beleuchten (Izba Pamięci Ernsta Wiecherta, ul. Leśna 5, 11-710 Piecki, Öffnungszeiten: Di. bis So. 9.00 – 17.00 Uhr).

Ryn

Etwa 20 km nordöstlich von Mrągowo liegt Ryn (Rhein). Das gut 3000 Einwohner zählende Städtchen entstand Anfang des 15. Jh.s im Schatten einer **Ordensburg**. Aufgrund seiner Lage zwischen zwei Seen hat sich Ryn zu einem kleinen Zentrum für Segelsportler entwickelt. Die Burg wurde 1377 an der Stelle einer pruzzischen Festung oberhalb des Rheinsees errichtet. Den Zweiten Weltkrieg überstand die vierflügelige Anlage unbeschädigt; sie diente bis in die 1990er-Jahre als Bibliothek und Behördensitz. Nach umfangreichen Renovierungsarbeiten öffnete 2006 das Hotel »Zamek Ryn« (► S. 244) in dem historischen Gemäuer seine Pforten.

Sądry

Krystyna und Dietmar Dickti haben ihr 200 Jahre altes Bauernhaus in Sądry (Zondern) in ein masurisches Museum verwandelt. In der ehemaligen Scheune werden alte landwirtschaftliche Geräte gezeigt, im Bauernhaus die Möbel und Haushaltsgegenstände ihrer Vorfahren. Weil es sich herumgesprochen hat, dass Krystyna leckeren Hefekuchen backt und bis zu 150 Gäste bewirtet, machen auch viele deutsche Busgruppen Station in dem kleinen Dorf zwischen Mrągowo und Ryn (Pensjonat Christel, Sądry 3, PL 11-700 Mrągowo, Tel. 089 / 741 40 11, Öffnungszeiten: tgl. 10.00 – 18.00 Uhr).

Myślibórz · Soldin

B 5

Wojewodschaft: Zachodnio-Pomorskie **Höhe:** 65 m ü.d.M.
Einwohnerzahl: 12 400

Das seenreiche Gebiet rund um Myślibórz, gleich hinter der deutsch-polnischen Grenze gelegen, hat sich in den letzten Jahren zu einem beliebten Naherholungsgebiet entwickelt.

Geschichte Im Jahr 1234 gelangten der Soldiner See und sein Umland in den Besitz des Templerordens, der hier einen Wirtschaftshof errichtete. 1261 ging der Besitz an die Brandenburgischen Markgrafen über, die

MYŚLIBÓRZ ERLEBEN

AUSKUNFT

Tourist-Information
Rynek 15, PL 74-300 Myślibórz
Tel./Fax 095 / 747 91 63
www.mysliborz.pl

ESSEN

► Preiswert

Rycerska
pl. Konstytucji 3 Maja
PL 74-500 Chojna
Tel. 091 / 414 14 00
Stilvolles Lokal mit internationaler Küche im historischen Gewölbekeller des Alten Rathauses von Chojna.

Wielkopolanka
ul. Rynek 4, PL 74-320 Barlinek
Tel. 095 / 746 61 60
Direkt am Marktplatz von Barlinek gibt es polnische Gerichte und jede Menge Pizza.

ÜBERNACHTEN

► Komfortabel

Alma
ul. Strzelecka 6, PL 74-320 Barlinek
Tel. 095 / 746 35 53
www.hotelalma.com.pl
50 Z. Das etwas klotzige Komforthotel liegt direkt am Seeufer und hat ein Restaurant, einen netten Sommergarten und einen Wellnessbereich.

► Günstig

Adria
ul. Lipowa 8, PL 74-300 Myślibórz
Tel. 095 / 747 02 71
19 Z. Hübsche Villa am Altstadtrand mit Restaurant und Sommergarten.

URLAUB AKTIV

In Moryń, etwa 40 km südwestlich von Myślibórz, bieten zwei beliebte Reiterhöfe Unterricht, Ausritte und Unterkunft an: das Gestüt »Bielin« (Stadnina Koni Bielin, Bielin 1, Pl 74-503 Moryń, Tel. 091 / 414 60 78, www.stadnina.pl) und der unter deutscher Leitung stehende Reiterhof »Podkowa« (Ośrodek Jeździecki Podkowa, Skotnica 1, PL 74-503 Moryń, Tel. in Deutschland 030 / 42 80 55 73, www.reiterhof-podkowa.de).

EVENTS

Beim Keramik-Jahrmarkt in Barlinek am 1. Mai präsentieren Künstler aus ganz Polen ihre Werke.
Jedes Jahr im August treten eine Woche lang Theaterensembles auf den schönsten Plätzen Barlineks auf.

1270 eine Stadt gründeten. Bis Mitte des 16. Jh.s war Soldin das Verwaltungszentrum der Neumark, seit dem frühen 19. Jh. Kreisstadt in Brandenburg. Heute ist Myślibórz ebenfalls Sitz der Kreisverwaltung.

Sehenswertes in Myślibórz

Stadtzentrum

Das Stadtzentrum liegt unmittelbar am über 600 ha großen Jezioro Myśliborskie (Soldiner See), um den ein 30 km langer Radweg führt. Unweit der Seepromenade erwartet das **Regionalmuseum** seine Besucher. Es fand in der ehemaligen Heiliggeistkapelle aus dem frühen 15. Jh. Platz. Gezeigt werden u. a. Fundstücke aus der slawischen Zeit (Muzeum Pojezierza Myśliborskiego, ul. Boh. Warszawy 74; Öffnungszeiten: Di. – Fr. 10.00 bis 17.00, Sa. u. So. bis 14.00 Uhr). Das spätbarocke Rathaus am fast quadratischen Rynek wurde 1771 gebaut. Das ehemalige Dominikanerkloster (Klasztor Podominikański) an der ul. Klasztorna stammt aus dem 13. Jh.; es wird heute als Kulturhaus und Stadtbibliothek genutzt. Fragmente der mittelalterlichen Stadtmauer mit vier Stadttoren und zwei Basteien blieben erhalten. Nahe dem Stadtzentrum liegt das **Strandbad** mit einem Steg zu einer kleinen Insel und dem Seglerhafen.

! *Baedeker* TIPP

Mondänes Klosterleben

In den 700 Jahre alten Gemäuern des Zisterzienserklosters in Cedynia (Zehden), etwa 50 km südwestlich von Myślibórz, öffnete 2005 ein komfortables Hotel mit 22 Zimmern. Die Gäste werden u. a. im Sommergarten mit polnischen Spezialitäten aus der Klosterküche verwöhnt (Klasztor Cedynia, ul. M. Konopnickiej, PL 74-520 Cedynia, Tel. 091 / 414 45 31, www.klosterzehden.de).

Umgebung von Myślibórz

Trzcińsko Zdrój

Das mittelalterliche Zentrum der Kleinstadt Trzcińsko Zdrój (Bad Schönfließ), ca. 22 km nordwestlich von Myślibórz, ist fast vollständig von einer **Stadtmauer** mit den beiden Stadttoren Brama Myśliborska und Brama Chojeńska umgeben. Schmuckstück ist das im 13. Jahrhundert errichtete und mit spätgotischen Giebelverzierungen geschmückte **Rathaus**. Die ebenfalls im 13. Jh. entstandene dreischiffige Marienkirche (Kościół Mariacki) besitzt ein wunderschönes Sterngewölbe.

Chojna

Die 1244 erstmals urkundlich erwähnte Stadt Chojna (Königsberg), ca. 32 km nordwestlich von Myślibórz, verfügt über einige bemerkenswerte Baudenkmäler. Der Stadtkern ist teilweise noch von einer mittelalterlichen **Stadtmauer** umgeben. Die gegen Ende des Zweiten Weltkriegs zerstörte Pfarrkirche **St. Marien** (Kościół Mariacki) wird seit 1989 als deutsch-polnisches Gemeinschaftswerk wieder aufgebaut. Der Bau der im Stil der norddeutschen Backsteingotik errichteten dreischiffigen Hallenkirche wurde 1389 vom Stettiner Baumeister

Das gotische Rathaus von Chojna besitzt einen schönen Schmuckgiebel.

Heinrich Brunsberg begonnen und konnte erst 1489 fertiggestellt werden. Erst 1854 bis 1861 wurde der 102 m hohe Turm angefügt. Das gegenüberliegende **gotische Rathaus** mit seinem reich verzierten Schmuckgiebel dient heute als Sitz des Kulturzentrums.

Barlinek

Als **»Perle der Neumark«** war das Städtchen Barlinek (Berlinchen) früher bekannt. Die ca. 25 km östlich von Myślibórz gelegene Kleinstadt schmiegt sich an den 272 ha großen Jezioro Barlineckie; am Seeufer gibt es Hotels, Erholungszentren, Campingplätze und eine historische Badeanstalt. Wahrzeichen ist der 1912 auf dem Rynek errichtete **Gänseliesel-Brunnen** (Fontanna Gęsiarka): Die Brunnenfigur zeigt ein Mädchen, das von einem Gänserich angegriffen wird.

Das **Regionalmuseum** in der ul. Niepodległości zeigt neben archäologischen und ethnografischen Sammlungen auch Erinnerungsstücke an den berühmtesten Sohn der Stadt: Der bislang einzige offizielle deutsche Schachweltmeister, **Emanuel Lasker** wurde 1868 im heutigen Barlinek geboren. Er trug den Titel von 1894 bis 1921 und damit länger als jeder andere. Als Sohn jüdischer Eltern musste der auch mit Albert Einstein bekannte Philosoph und Mathematiker 1933 emigrieren, er starb 1941 in New York (Muzeum Regionalne, Öffnungszeiten: Di. – Fr. 8.00 – 18.00, Sa. u. So. ab 14.00 Uhr).

✶ Olsztyn · Allenstein

N/O 3

Wojewodschaft: Warmińsko-Mazurskie **Höhe:** 90 – 156 m ü.d.M.
Einwohnerzahl: 174 000

Die Hauptstadt der Wojewodschaft Ermland-Masuren liegt eingebettet in eine wunderschöne Seenlandschaft und besitzt eine kleine, reizvolle Altstadt. Den großen Freizeitwert der Region schätzen auch die rund 20 000 Studenten, die das Bild der Stadt mitprägen.

Geschichte

Im Schutz einer Burg des ermländischen Domkapitels entstand die 1348 erstmals urkundlich erwähnte Siedlung Allenstein, die 1353 das Stadtrecht erhielt. Zwischen 1516 und 1521 lebte **Nikolaus Kopernikus** (► Berühmte Persönlichkeiten) als Verwalter des Domkapitels auf der Allensteiner Burg. Mit der Ersten Polnischen Teilung 1772 kam Allenstein zu Preußen und wurde Anfang des 19. Jh.s Kreisstadt. Zu Beginn des 20. Jh.s entwickelte sich Allenstein zu einem lokalen Zentrum polnischer patriotischer Bewegungen. Dort entstanden polnische Schulen, Vereine, Betriebe und Zeitungen. Ungeachtet dieses starken Engagements votierten die Allensteiner während des Plebiszits 1920 mehrheitlich für den Verbleib bei Deutschland.
Im Januar 1945 setzten sowjetische Truppen kurz nach der Einnahme Allensteins die Stadt in Brand, über 40 Prozent der Bebauung wurde zerstört. Seit in den 1950er-Jahren hier gezielt Industriebetriebe angesiedelt wurden, erlebte Allenstein einen gewaltigen Aufschwung. Heute ist Olsztyn eine der wenigen Städte im Norden Polens mit hoher Wachstums- und Zuzugsrate. Davon profitiert auch das kulturelle Leben der Stadt. Neben den Theatern, der Philharmonie und den Museen der Stadt sind zahlreiche Galerien und Kulturvereine entstanden. Seit 1999 besitzt Olsztyn auch eine Universität, die aus der ehemaligen pädagogischen und der agrartechnischen Hochschule hervorgegangen ist.

Sehenswertes in Olsztyn

Altstadt, Hohes Tor

Die Altstadt wurde nach den Kriegszerstörungen teilweise originalgetreu, teilweise im historisierenden Stil rekonstruiert. Das Hohe Tor (Wysoka Brama) ist das einzige der drei Stadttore, das erhalten geblieben ist. Der um 1378 erbaute Turm mit quadratischem Grundriss fungierte unter anderem als Waffenkammer und Gefängnis.

Fischmarkt

Westlich vom Hohen Tor liegt der Fischmarkt (Targ Rybny). Der Platz wurde 1945 vollkommen zerstört und erst zum Stadtjubiläum 2003 neu bebaut. Die schmalen Häuser, die den Platz an drei Seiten säumen, beherbergen Boutiquen, Galerien und Cafés.
Der aus roten Ziegeln bis 1990 wieder aufgebaute ehemalige Speicher am Fischmarkt war von 1885 bis 1939 Sitz der »Gazeta Olsztyńska«,

OLSZTYN ERLEBEN

AUSKUNFT

Tourist Information
ul. Staromiejska 1
(neben dem Hohen Tor)
PL 10-017 Olsztyn
Tel. 089 / 535 35 66
www.olsztyn.com.pl und
www.warmia-mazury-rot.pl

EVENTS

Im Sommer werden auf dem Marktplatz und im nahen Amphitheater zahlreiche Konzerte veranstaltet. Zu den kulturellen Höhepunkten gehört im Juli das dreitägige Festival »Allensteiner Blues-Nächte«.

SHOPPING

Interessante Boutiquen haben sich rund um den Rynek Staromiejski angesiedelt. An der ul. Grunwaldzka findet jeden Di. und Fr. ein großer Wochen- und Flohmarkt statt.

AUSGEHEN

Abendliche Treffpunkte sind die Bars und Cafés rund um den Altstädtischen Markt und den Fischmarkt. Regelmäßige Jazzkonzerte gibt's im »Bohema Jazz Club« (Targ Rybny 15).

ESSEN

► **Erschwinglich**

① *Przystań*
ul. Żeglarska 2
Tel. 089 / 523 77 79
Rund um einen ehemaligen Bootsschuppen am Jezioro Ukiel entstand das beliebte Restaurant. Im maritim gestalteten Gastraum und auf der großen Terrasse werden fantasievoll angerichtete Speisen serviert.

② *Różana Café*
ul. Targ Rybny 14
Tel. 089 / 523 50 39
Rosen sind Programm in dem Restaurant am Fischmarkt, z. B. beim gebeizten Wildbret in Rosen-Moosbeerensoße.

③ *Staromiejska*
Stare Miasto 4
Tel. 089 / 527 58 83
Einfache, aber gute polnische Küche direkt am Altstadtmarkt.

④ *Zakątki Europy*
ul. Żołnierska 13a
Tel. 089 / 527 42 78
Die Menükarte des im Hotel Relaks untergebrachten Lokals bietet einen Ausflug in alle Ecken Europas.

ÜBERNACHTEN

► **Komfortabel**

① *Kopernik*
ul. Warszawska 37
PL 10-083 Olsztyn
Tel. 089 / 522 99 29
www.kopernik.olsztyn.pl
Gediegenes Mittelklassehotel mit 62 Zimmern südlich der Altstadt.

② *Park*
ul. Warszawska 119
PL 10-701 Olsztyn
Tel. 089 / 524 06 04
www.hotelepark.pl
Am Stadtrand gelegenes Komforthotel mit 100 Zimmern. Das Hotelrestaurant serviert internationale Küche.

③ *Villa Pallas*
ul. Żołnierska 4
PL 10-557 Olsztyn
Tel. 089 / 535 01 15
www.villapallas.pl
32 Z. Repräsentatives Haus aus der ersten Hälfte des 20. Jh.s unweit der Altstadt. Mit Fitness-Center, Sauna und Restaurant.

④ *Warmiński*
ul. Kołobrzeska 1
PL 10-442 Olsztyn
Tel. 089 / 522 14 00
www.hotel-warminski.com.pl
Im Zentrum gelegenes Hotel mit 133 komfortabel eingerichteten Zimmern.

► **Günstig**
⑤ *Relaks*
ul. Żołnierska 13a, PL 10-557 Olsztyn
Tel. 089 / 527 73 36
www.osir.olsztyn.pl
In der Nähe des Observatoriums, 68 einfache Zimmer.

der polnischsprachigen Zeitung von Allenstein. Seit 1992 ist hier eine **Dependance des Ermländisch-Masurischen Museums** untergebracht mit Exponaten zur Geschichte von Stadt und Region (Öffnungszeiten: Juni – Sept. Di. – So. 9.00 – 17.00, Okt. – Mai Di. – So. bis 16.00 Uhr).

Rynek Staromiejski

Vom Hohen Tor führt die als Fußgängerzone gestaltete Einkaufsstraße ul. Staromiejska direkt zum Altstädtischen Marktplatz, der von barocken Bürgerhäusern mit Laubengängen umgeben ist. In der Mitte des Platzes steht das **Alte Rathaus**, heute Sitz der Wojewodschaftsbibliothek. Die zwei Flügel des 1623/1624 im barocken Stil umgebauten gotischen Gebäudes sind durch überdachte Säulengänge verbunden. Der Eingangsbereich wird als Galerie und für Wechselausstellungen genutzt. Das Haus Stare Miasto 11 an der Südostseite des Marktplatzes gilt als das **älteste Gebäude der Stadt**. Das sogenannte **Bürgermeisterhaus** soll aus der Zeit der Stadtgründung stammen. Als einziges Gebäude am Platz besitzt es einen original erhaltenen Laubengang mit gotischen Spitzbögen.
An der Nordseite des Altstadtmarktes erhebt sich der 40 m hohe Turm der Evangelischen Kirche von Allenstein. Der neogotische Bau wurde 1877 eingeweiht. Neben der Kirche sitzt seit 2003 ein Mann mit wallendem Haar auf einer Bank. In Bronze gegossen, blickt **Nikolaus Kopernikus** (► Berühmte Persönlichkeiten) in Richtung nahen Burg am Ufer der Alle, in der er mehrere Jahre verbracht hatte. Bereits 1916 wurde in der unterhalb der Burg gelegenen kleinen Grünanlage ein Denkmal für den berühmten Astronomen enthüllt.
Nahe dem Rynek Staromiejski wurde der vor allem durch den Einsteinturm in Potsdam berühmt gewordene Architekt **Erich Mendelsohn** (1887 – 1953) geboren. Eine Gedenktafel am Haus ul. Św. Barbary 1 erinnert an Allensteins bekanntesten Baumeister.

! *Baedeker* TIPP

Hotel als Showroom

»Galery 69« ist ein ungewöhnliches Designhotel, ca. 6 km südlich von Olsztyn. Die zehn Zimmer dienen als Showroom für die von dem Besitzerpaar aus hellem Holz gestalteten originellen Möbel. Zum Interieur passt die leichte Küche des Hotelrestaurants (Galery 69, Dorotowo 38, PL 11-034 Stawiguda, Tel. 089 / 513 64 80, www.studio69.pl).

Olsztyn *Orientierung*

Essen
① Przystań
② Różana Café
③ Staromiejska
④ Zakątki Europy

Übernachten
① Kopernik
② Park
③ Villa Pallas
④ Warmiński
⑤ Relaks

★ **Burg**

Die Burg (Zamek) überstand den Zweiten Weltkrieg nahezu unbeschadet. Mit dem Bau der Anlage begann man wahrscheinlich schon Mitte der 1340er-Jahre. Der Südflügel mit dem mächtigen Bergfried und einer Kapelle kam erst im 15. Jh. hinzu. Der barocke Ostflügel wurde um 1758 als neuer Verwaltungssitz gebaut.

Ermländisch-Masurisches Museum ►

Heute ist die Burg Hauptsitz des Ermländisch-Masurischen Museums mit Exponaten zur Geschichte, Kunst und Kultur dieser Region. Ein wichtiger Teil der Ausstellung ist Kopernikus (►Berühmte Persönlichkeiten) gewidmet, der hier auch seine astronomischen Studien betrieb. Der von einem Kristallgewölbe bedeckte Verwaltersaal im Hauptgeschoss des Nordflügels wird als **Kopernikus-Kemenate**

Das Heitmannhaus zählt zu den neueren architektonischen Perlen der Stadt.

bezeichnet. Ein Diagramm zur Messung der Tagundnachtgleiche auf der Wand im Kreuzgang soll von Kopernikus persönlich stammen. Im Burghof begegnet man den sog. »Steinweibern«, drei mittelalterlichen pruzzischen Skulpturen (Muzeum Warmii i Mazur w Olsztynie, Öffnungszeiten: Juni – Sept. Di. – So. 9.00 – 17.00, Okt. – Mai Di. bis So. 10.00 – 16.00 Uhr).

Jakobi-Kirche

Unterhalb des Altstadtmarktes steht in der ul. Stanisława Staszica die Jakobi-Kirche (Kościół Św. Jakuba). Die dreischiffige gotische Hallenkirche wurde Ende des 14. Jh. errichtet und ist seit 1972 **Konkathedrale** des Bistums Ermland. Der mächtige achtgeschossige Turm wurde im 16. Jh. an der Stelle eines hölzernen Vorgängerbaus errichtet; die Netz- und Wabengewölbe entstanden ebenfalls erst im 16. Jahrhundert. Die ursprüngliche Ausstattung wurde während der napoleonischen Kriege fast gänzlich vernichtet. Die ältesten erhaltenen Ausstattungsstücke sind zwei Holzfiguren des hl. Jakobus und des hl. Andreas aus dem 15. Jahrhundert. Ebenfalls erhalten blieb ein spätgotischer Marienaltar aus dem 16. Jh. im linken Kirchenschiff.

Neues Rathaus Das Neue Rathaus am pl. Jana Pawła II. wurde 1912 bis 1915 im Stil der Neorenaissance über einem alten Friedhof errichtet. Von dem Turm bietet sich ein prächtiger Ausblick über Olsztyn und Umgebung.

Heitmannhaus, Villa Fortuna Nordöstlich der Altstadt finden sich zwischen eher gesichtslosen modernen Bauten einige architektonische Perlen aus der Zeit um 1900. Zu ihnen gehören u. a. das im sezessionistischen Stil gebaute Heitmannhaus in der ul. Dąbrowszczaków 3 und die wenige Schritte entfernte Villa Fortuna (Nr. 10).

Kopernikus-Haus Das sog. Kopernikus-Haus in der ul. Partyzantów 3 ist Sitz der Allensteiner Gesellschaft der Deutschen Minderheit. Das Jugendstilgebäude wurde 1905 errichtet und diente bis 1945 als Finanzamt. 1996 erwarb die Deutsche Minderheit das Haus und brachte dort neben einem Kindergarten und einer Bibliothek auch die Redaktion der deutschsprachigen »Allensteiner Nachrichten« unter.

St. Andreasberg Auf dem St. Andreasberg östlich der Altstadt, an der ul. Żołnierska 13, wurde in einem alten Wasserturm das **Observatorium** von Olsztyn eingerichtet. In den Nächten kann man sich hier den Sternenhimmel über Polen zeigen lassen, tagsüber die Wanderung der Sonnenflecken beobachten. Ganz in der Nähe, in der al. Piłsudskiego 38, findet man das 1979 zum 500. Geburtstag von Kopernikus eröffnete **Planetarium**.

Umgebung von Olsztyn

Gietrzwałd Rund 19 km westlich von Olsztyn liegt Gietrzwałd (Dietrichswalde). Das Mariensanktuarium des Dorfes ist ein wichtiger Wallfahrtsort. Bereits im 15. Jahrhundert entstand mit der Errichtung einer einfachen, der Muttergottes geweihten Landkirche ein örtlicher Marienkult. Im 16. Jahrhundert war hier ein Marienbildnis angebracht, dem wundertätige Kräfte zugesprochen wurden. Besondere Bedeutung erlangte Dietrichswalde dann im Jahr 1877, als zwei junge Mädchen behaupteten, ihnen würde die Jungfrau Maria erscheinen. Diese Marienerscheinungen wurden durch die katholische Kirche offiziell bestätigt, ebenso wie die Segnung einer nahe gelegenen Quelle durch Maria persönlich. Seitdem pilgern jährlich Hunderttausende Gläubige hierher.

! *Baedeker* TIPP

Gastfreundschaft auf Ermländisch

Die so genannte »Karczma Warmińska« (»Ermländische Schenke«) in Gietrzwałd ist für ihre einzigartige Atmosphäre weithin bekannt. Im Schatten des Mariensanktuariums werden feine Spezialitäten der regionalen Küche kredenzt. Im diesem rustikalen Ambiente finden das ganze Jahr über Konzerte, Themenabende und Tanzveranstaltungen statt, man kann Kunsthandwerkern bei der Arbeit zuschauen und am Lagerfeuer Lieder singen (weitere Infos unter www.karczma.pl).

Ein Folkloreabend in der »Ermländischen Schenke« ist ein besonderes Erlebnis.

★★ **Olsztynek**

Etwa 28 km südwestlich von Olsztyn liegt Olsztynek (Hohenstein). Im Bereich seiner nördlichen Altstadt sind Teile der mittelalterlichen Stadtbefestigung mit einer Gesamtlänge von etwa einem Kilometer erhalten.

★★ ◀ Museumsdorf

Größte Attraktion ist das **Muzeum budownictwa ludowego** nördlich der Altstadt. Die Geschichte des 60 ha großen Freilichtmuseums reicht bis ins Königsberg der vorigen Jahrhundertwende zurück. Dort hatte der ostpreußische Provinzialkonservator Richard Dethlefsen nach skandinavischem Vorbild ein Museumsdorf mit Gebäuden und Exponaten aus Preußisch-Litauen gegründet. 1938 wurde das Dorf nach Hohenstein verlagert, um einen weiteren Anziehungspunkt für die Touristen zu schaffen, die das Hindenburg-Mausoleum im nahen Tannenberg besuchten.

Nach dem Zweiten Weltkrieg wurde das Museum um etliche Gebäude ergänzt. In den vier Hauptbereichen Weichselland, Ermland, Masuren und Preußisch-Litauen wird versucht, ein authentisches Bild von der kulturellen und ethnischen Vielfalt der Bevölkerung zu zeichnen, die das ehemalige Ostpreußen über Jahrhunderte prägte. Besonders sehenswert sind die Masurischen Bauernhäuser, drei Vorlaubenhäuser aus dem Weichselland und eine hölzerne Dorfkirche, die aus den Resten verschiedener masurischer Kirchen zusammengesetzt wurde (ul. Sportowa 21, Öffnungszeiten: April u. Okt. Di. – So. 9.00 – 15.00, Mai tgl. 9.00 – 17.00, Juni – Aug. Mo. – Fr. 9.00 bis 17.00, Sa. u. So. bis 18.00, Sept. Di. – So. 9.00 – 16.00 Uhr).

Ordensburg ► Die mehrfach zerstörte und umgebaute Ordensburg am Nordrand der Altstadt wurde 1350 bis 1366 als vierflügelige Festungsanlage erbaut. Seit 1848 als Gymnasium und Lehrerseminar genutzt, ist die sehr schön restaurierte Burg seit 1977 Sitz einer Berufsschule.

Ehemalige evanglische Pfarrkirche ► Am Marktplatz steht die ehemalige evangelische Pfarrkirche von Olsztynek. Das gotische Gotteshaus aus der Mitte des 14. Jh.s wurde nach dem Zweiten Weltkrieg durch einen Brand stark zerstört und in den 1970er-Jahren wieder aufgebaut. Seitdem wird es als **Zweigstelle des Museumsdorfes** genutzt. Zu sehen sind Ausstellungen zu ethnografisch-historischen Themen.

Altes Pfarrhaus ► Gleich hinter der Kirche steht das alte Pfarrhaus aus dem 16. Jh., das nach seinem bekanntesten Bewohner heute **Mrongovius-Haus** (Dom Mrongowiusza) genannt wird. Christoph Coelestin Mongrovius wurde 1764 in Hohenstein geboren, war hier 1790 – 1797 als Pfarrer tätig und setzte sich sehr für das Polentum in Masuren ein. Das Erdgeschoss ist dem Leben und Werk des Pfarrers gewidmet, im ersten Stock informiert eine Ausstellung über das größte ostpreußische Kriegsgefangenenlager des Zweiten Weltkriegs: StaLag I Hohenstein (Rynek 2, Öffnungszeiten: Mai – Sept. Di. – So. 9.00 – 17.00, Okt. bis April Di. – So. 9.00 – 16.00 Uhr).

Nidzica

Burg ► Das etwa 50 km südlich von Olsztyn gelegene Städtchen Nidzica (Neidenburg) kann mit einer der größten und am besten erhaltenen Deutschordensburgen des Landes aufwarten, die auf einem Hügel oberhalb der Altstadt thront. Zwischen 1370 und 1400 erbaut, wurde die Festung während der napoleonischen Kriege stark zerstört und verfiel zusehends. Um 1830 restauriert, diente die Burg fortan als Amtsgericht und Gefängnis; heute wird sie als Kulturzentrum, **Heimatmuseum** und Hotel genutzt (Muzeum Ziemi Nidzickiej, ul. Zamkowa 2, Öffnungszeiten: tgl. 9.00 – 18.00 Uhr).

Den rekonstruierten Marktplatz der Altstadt, säumen einige gotische und barocke Bürgerhäuser. In seiner Mitte erhebt sich das Rathaus. Das ursprüngliche gotische Bauwerk fiel im 17. Jh. einem Brand zum Opfer, wurde schließlich abgetragen und 1842 im neoklassizistischen Stil wieder aufgebaut. Dort findet man u. a. die Touristeninformation.

? WUSSTEN SIE SCHON ...?

- ... dass Neidenburg die Geburtstadt von Walter Kollodzieyski (1878 – 1940) ist? Berühmtheit erlangte der später als Walter Kollo bekannte Komponist durch zahlreiche Operetten und seine Berliner Lieder, z. B. »Nach meene Beene is ja janz Berlin verrückt«, die er in den 1920er-Jahren für Claire Waldoff schrieb.

St. Adalbert-Kirche ► Die St.-Adalbert-Kirche (Kościół Św. Wojciecha) in der ul. Młynarska, das **älteste Gebäude der Stadt**, wurde im 13. Jh. in die Stadtmauer hineingebaut. Ein Teil der mittelalterlichen Stadtbefestigungsanlage ist heute noch zwischen Kirche und Pfarramt erhalten. Das gotische Gotteshaus wurde zuletzt im 18. Jh. im Stil der Neorenaissance erneuert.

Ostróda · Osterode

M 3

Wojewodschaft: Warmińsko-Mazurskie **Höhe:** 95 – 120 m ü.d.M.
Einwohnerzahl: 33 600

Die Stadt am Jezioro Drwęckie im Westen Masurens ist ein lebhafter Ferienort mit einer gut ausgebauten touristischen Infrastruktur. Eines der schönsten Urlaubserlebnisse ist eine Fahrt auf dem berühmten Oberlandkanal.

Geschichte

Um 1270 entstand auf einer Insel in der Drwęca (Drewenz) eine hölzerne Ordensfestung, in deren Schatten sich schnell eine Siedlung entwickelte. 1329 erhielt der Ort das Stadtrecht. Osterode führte in den folgenden Jahrhunderten ein eher unbedeutendes Dasein als Amts- und Kreisstadt. Der Bau des Oberlandkanals bescherte einen kurzzeitigen Aufschwung. Die reizvolle Lage zwischen 15 größeren und kleineren Seen und ausgedehnten Wäldern brachte Osterode den Beinamen **Perle des Oberlandes** ein. Die Stadt entwickelte sich schon im frühen 20. Jh. zu einem beliebten Ausflugsziel.

OSTRÓDA ERLEBEN

AUSKUNFT

Tourist Information
ul. Mickiewicza 9a
PL 14-100 Ostróda
Tel. 089 / 646 38 71
www.ostroda.pl

EVENT

Rasta-Locken sieht man im August häufiger in Ostróda, denn alljährlich findet dort ein großes Reggae-Festival statt.

ESSEN

► Erschwinglich

Columb
ul. Mickiewicza 138
Tel. 089 / 646 40 96
An der Seepromenade gelegenes gepflegtes Restaurant mit einer großen, schönen Sommerterrasse.

Oberża
Młyn Idzbarski 2, Tel. 089 / 646 03 55
Uriges Gasthaus in einer alten Mühle, ca. 3 km südlich von Ostróda.

ÜBERNACHTEN

► Komfortabel

Zamek Karnity
Karnity 10
PL 14-140 Miłomłyn
Tel. 089 / 647 34 65
www.karnity.pl
58 Z. Das neogotische Schlosshotel liegt zwischen Iława und Ostróda an einem kleinen See. Zu dem Anwesen gehört unter anderem auch ein kleiner Zoo.

► Günstig

Promenada
ul. Mickiewicza 3
PL 14-100 Ostróda
Tel. 089 / 642 81 00
www.hotelpromenada.pl
25 Z. Zentral gelegenes Hotel mit eigenem Restaurant.

MIT DEM SCHIFF ÜBER LAND

Fahrten mit einem Schiff oder über Schienen kann man überall auf der Welt erleben. Aber Schiffe, die auf Schienen fahren, gibt es nur in Nordpolen. Der im 19. Jh. gebaute Oberlandkanal (Kanał Ostródzko-Elbląski) gilt bis heute als ein technisches Meisterwerk.

Frühmorgens im Hafen der Kleinstadt Ostróda. Der Kapitän der »Łabędź« ruft die Namen der Fahrgäste auf und hakt sie ab. Kurz danach legt der kleine Dampfer ab. Die Passagiere machen es sich auf dem Sonnendeck bequem. Elf Stunden Fahrt liegen vor ihnen.

Mit etwa acht Kilometer pro Stunde geht es über schmale Rinnenseen und den noch schmaleren Oberlandkanal. Pferde am Ufer und eine Entenfamilie wecken die Aufmerksamkeit der Gäste. Der Kapitän macht es sich bequem, während sein Stellvertreter lässig das Steuerrad bedient und der Bootsmann sich die Zeit mit Angeln vertreibt.

Geneigte Ebene

Nach der Hälfte der Fahrt kommt plötzlich Unruhe auf – der Bootsmann hat die Angel zur Seite gelegt, der Kapitän ist wieder auf seinem Posten. Das Schiff nähert sich Buczyniec (Buchwald). Dort beginnt ein Schauspiel, das auch von zahlreichen Schaulustigen am Ufer verfolgt wird: Die Fahrt auf Schienen über eine geneigte Ebene.

Das Schiff gleitet auf eine unter Wasser befindliche Plattform, wird an beiden Seitenwänden fest vertaut, dann setzt sich ein Räderwerk in Bewegung. Ein dickes Stahlseil zieht den auf Schienen laufenden »Schiffstransporter« eine Anhöhe hinauf, Meter für Meter kommt das triefende Schiff aus dem Wasser. Huckepack erreicht das Schiff den Gipfel und fährt auf der anderen Seite langsam den Abhang hinunter. Unten gleitet die Plattform sanft ins Wasser, die Taue werden gelöst und die »Łabędź« kann ihre Fahrt selbstständig fortsetzen.

Sie sehen schon richtig! Der Kahn macht eine Landpartie. Sie können übrigens mitfahren.

Auch Zuschauen macht Spaß!

Technisches Meisterwerk

Während die Passagiere die Berg- und Talfahrt über Schienen genießen, können die Schaulustigen am Ufer verfolgen, wie der Mechanismus funktioniert: Wasser aus dem Kanal wird auf ein acht Meter hohes Wasserrad geleitet, dessen Schaufeln je eine Tonne davon aufnehmen können. Das Wasserrad bewegt ein Endlosseil, das die Plattformen in Bewegung setzt.

Insgesamt fünf solcher geneigter Ebenen gibt es am Kanal. Auf einer Strecke von zehn Kilometern gleichen sie einen Höhenunterschied von fast hundert Metern aus.

Die Idee zu dieser einzigartigen Fortbewegungsmethode hatte der Königsberger Ingenieur **Georg Steenke**. Der Kanal wurde 1848 – 1860 gebaut, um den Westen Masurens an die Ostsee anzubinden. Ursprünglich war eine Erweiterung bis zu den Großen Masurischen Seen vorgesehen, doch es blieb bei kurzen Abzweigen von Ostróda nach Iława und Stare Jabłonki. Der Kanal wurde auch nur kurze Zeit für Lasttransporte genutzt und dient heute lediglich dem Ausflugverkehr.

Schließlich erreicht die »Łabędź« den Jezioro Drużno. Ein Teppich von Seerosen bedeckt das flache Gewässer; in den Schilfgürteln haben mehr als 200 verschiedene Vogelarten ihr Revier.

Die Sonne ist bereits dem Horizont nahe, als die »Łabędź« in den Elbląg-Fluss einfährt. Schon von weitem ist der hohe Turm der Nikolaikirche zu sehen. Punkt 19.00 Uhr macht das Schiff im Hafen von Elbląg fest. Ein Teil der Gäste übernachtet hier, die anderen werden per Bus wieder zu ihren Ausgangspunkten zurückgebracht.

Die Schiffe der Gesellschaft Zegługa Ostródzka-Elbląska verkehren von Anfang Mai bis Ende September täglich in beide Richtungen zwischen Elbląg und Ostróda. Start ist um 8.00 Uhr, in den Sommermonaten ist eine rechtzeitige Reservierung empfehlenswert (Infos: www.zegluga.com.pl).

Sehenswertes in Ostróda

Neuer Markt Das Zentrum des dreieckigen Neuen Marktes (Nowy Rynek) bildet der 1907 installierte ehemals so genannte Drei-Kaiser-Brunnen. Ursprünglich zierte ihn ein Obelisk, den die Deutschen 1945 im Pausensee (Jezioro Pauzeńskie) versenkten. Dort entdeckte man ihn 1991. Zum EU-Beitritt Polens am 1. Mai 2004 wurde der Brunnen in seiner alten Form erneut eingeweiht und trägt jetzt die Bezeichnung **Pomnik Jedności Europejskiej** (Denkmal der Europäischen Einheit)

Schloss Das gotische Ordensschloss wurde 1349 – 1370 auf fast quadratischem Grundriss erbaut. Nach einem Brand im Jahr 1788 wurde der Bau wieder hergestellt, aber nach dem Einmarsch der Roten Armee 1945 ging die Burg erneut in Flammen auf. Der Wiederaufbau begann Mitte der 1970er-Jahre. Vor allem im Sommer dient die Anlage regelmäßig als Kulisse für Open-Air-Veranstaltungen. 2000 öffnete dort das **Städtische Museum** seine Pforten. Die Ausstellung ist der Geschichte von Stadt und Region seit der Frühzeit gewidmet (Öffnungszeiten: Di. – Fr. 9.00 – 16.00, Sa. u. So. 10.00 – 14.00 Uhr).

Dominik-Savio-Kirche Die gotische Dominik-Savio-Kirche (Kościół Św. Dominika Savio) am pl. Tysiąclecia wurde im 14. Jh. als Stadtkirche erbaut. Von der ursprünglichen Ausstattung des bis 1980 wieder errichteten Hallenbaus blieb nur ein steinernes Taufbecken aus dem 14. Jh. erhalten.

Bismarck-Turm Im **Stadtpark** an der ul. 3 Maja steht der erste im ehemaligen Ostpreußen gebaute Bismarck-Turm aus dem Jahr 1902. Im Gegensatz zu den meisten anderen deutschen Bauwerken und Denkmälern aus der Kaiserzeit ließ die polnische Nachkriegsregierung den 21 m hohen Turm nicht abtragen. Er wurde Anfang der 1970er-Jahre renoviert und ist für Besucher geöffnet.

Promenade Ein beliebter Ort zum Flanieren ist die Promenade am Jezioro Drwęckie. Neben der L-förmigen, 80 m langen Mole starten die Schiffe der Ostróda-Elbląg-Reederei zu ihrer Fahrt über den 1825 bis 1844 gebauten Oberlandkanal (►Baedeker Special S. 258).

Umgebung von Ostróda

*** Grunwald** Auf den Feldern zwischen den kleinen Dörfern Grunwald (Grünfelde) und Stębark (Tannenberg), rund 25 km südlich von Ostróda, fand 1410 **eine der größten Schlachten des Spätmittelalters** statt. Am 15. Juli schlug das vereinigte polnisch-litauische Heer unter Führung von König Władysław Jagiełło und seinem Vetter, dem litauischen Großfürst Witold, die Streitkräfte des Deutschen Ordens unter Hochmeister Ulrich von Jungingen (► S. 223). Die Niederlage leitete den Zerfall des Ordensstaates ein. Heute wird jedes Jahr Mitte Juli diese historische Schlacht vor vielen Besuchern nachgestellt.

Die nachgestellte Schlacht von Tannenberg zieht Zehntausende Besucher an.

Ein zum 550. Jahrestag 1960 am damaligen Schlachtfeld enthülltes Denkmal zeigt auf einer granitenen Säule die überdimensionalen Köpfe zweier Ritter, die die beiden verbündeten Mächte Polen und Litauen symbolisieren. Das **Museum** von Grunwald dokumentiert den Schlachtverlauf. Im Kinosaal werden Ausschnitte aus dem berühmten Historienfilm »Krzyżacy« (»Die Kreuzritter«) von Aleksander Ford nach einem Roman von Henryk Sienkiewicz gezeigt (Muzeum Bitwy Grunwaldzkiej w Stębarku, Stębark 1, Öffnungszeiten: Mai – Mitte Okt. 8.00 – 18.00 Uhr).

Iława

Etwa 32 km westlich von Ostróda baut das rund 23 000 Einwohner zählende Ferienzentrum Iława (Deutsch-Eylau) seine touristische Infrastruktur immer weiter aus. Der 1226 erstmals urkundlich erwähnte Ort liegt malerisch an der Südspitze des Jezioro Jeziorak (Geserichsees), der mit 27 km als längster See Polens gilt. Die **Verklärungskirche** (Kościół Przemienienia Pańskiego) ist das älteste erhaltene Bauwerk der im Zweiten Weltkrieg stark zerstörten Stadt. Die in der ersten Hälfte des 14. Jh. erbaute gotische Kirche wurde 1550 um einen 27 m hohen Kirchturm im Renaissancestil erweitert. Die Ausstattung wird vom spätbarocken Flügelalter bestimmt. Sehenswert ist auch das **neobarocke Rathaus** in der ul. Niepodległości. Der repräsentative dreiflügelige Bau entstand 1910 bis 1912 und beherbergt u. a. die Touristeninformation.

Szymbark

Wenige Kilometer nordwestlich von Iława liegt das Dörfchen Szymbark (Schönberg). Im 14. Jh. ließ der Deutsche Orden am Nordufer des Jezioro Szymbarskie auf den Resten einer alten pruzzischen Burg ein Schloss als Sommersitz für den Bischof von Pomesanien erbauen. Die 75 m × 92 m große Anlage war die zweitgrößte Ordensburg nach der Marienburg (► Malbork). Nach der Flucht der hier stationierten SS-Einheiten übernahmen 1945 sowjetische Truppen die Burganlage und brannten Wohngebäude nieder. Noch erhalten sind Reste der Festungsmauern und der Wohngebäude sowie der Glockenturm mit dem Haupttor. Umgeben ist das Gelände von einem breiten Grünstreifen und einem verwilderten Park am Ufer des Sees.

★★ Pojezierze Mazurskie · Masurische Seenplatte

L – T 3

Wojewodschaft: Warmińsko-Mazurskie

Höhe: 65 – 309 m ü.d.M.

»Land der tausend Seen« wird Masuren häufig genannt, obwohl diese Bezeichnung eher untertrieben ist: Mehr als 3000 Seen gibt es im Nordosten Polens. Auch als »grüne Lunge Europas« wird die von endlosen Wäldern bedeckte Region bezeichnet. Ihr Herzstück ist das Gebiet der Großen Masurischen Seen mit den beiden größten Ferienzentren ►Giżycko und ►Mikołajki.

Waldreiche Seenlandschaft

Masuren liegt im Nordosten Polens und umfasst die Verwaltungsgebiete der Wojewodschaften Warmia-Mazury und Podlaskie. Dieser südliche Teil des Baltischen Höhenrückens, eine hügelige Moränenlandschaft steigt in der Dylewska Góra (Kernsdorfer Höhe) bis zu 312 m und im Wzgórze Szeskie (Seesker Berg) bis zu 309 m an und senkt sich im mittleren Teil zur Masurischen Seenplatte ab. Ausgedehnte Waldgebiete wie die Puszcza Piska (Johannisburger Heide) und viele größere und kleinere Seen, die durch Flüsse und Kanäle verbunden sind, bestimmen das Landschaftsbild. Die etwa 3000 Seen Masurens bedecken rund 15 Prozent der Region. Ihr Zentrum bilden die Großen Masurischen Seen, deren größter der Jezioro Śniardwy (Spirdingsee) ist. Der Spirdingsee wird auch **»Masurisches Meer«** genannt und gilt mit einer Fläche von 114 km² als größtes Binnengewässer Polens.

► MASURISCHE SEENPLATTE

AUSKUNFT

Tourist Information
ul. Warszawska 7
PL 11-500 Giżycko
Tel. 087 / 428 52 65
www.gizycko.turystyka.pl

Flora und Fauna

Aufgrund der bis heute vergleichsweise spärlichen Besiedlung des Gebiets überlebten hier viele Tier- und Pflanzenarten, die in anderen Teilen Europas bedroht oder bereits ausgestorben sind. Elche und Luchse sind hier genauso heimisch wie der seltene Schwarzstorch oder das im 20. Jh. neu ausgewilderte Wisent. Die Masurischen Seen sind Heimat vieler Fischarten und eine wichtige Station auf der Wanderroute der Kraniche, die man hier im Frühjahr und Herbst beobachten kann. Um Flora und Fauna zu bewahren, stehen große Teil der Region unter besonderem Schutz. Bereits 1977 wurde eine 55 km² große Fläche rund um den Jezioro Śniardwy zum **Masurischen Landschaftspark** (Mazurski Park Krajobrazowy) erklärt.

Die herrliche Masurische Seenplatte wird oft auch als »grüne Lunge Europas« bezeichnet. Endlose grüne Wälder und tiefblaue Seen wechseln einander ab.

Geschichte

Älteste Spuren menschlicher Besiedlung stammen aus dem 5. Jt. v. Chr. Seit dem Ende des 1. Jt. n Chr. gab es Versuche, die hier lebenden heidnischen Pruzzen zu missionieren. 1225 rief Konrad von Masowien die Ordensritter gegen die Pruzzen zu Hilfe. In ihrem Gefolge kamen erste deutsche Siedler. Seit dem 155. Jh. strömten immer mehr Siedler aus Masowien in die Region und Masurisch entwickelte sich zur vorherrschenden Sprache.
Mit der Umwandlung des Ordensstaates wurde Masuren 1525 ein Teil des Herzogtums Preußen, später ein Teil der Provinz Ostpreußen. Noch 1875 sprachen zwei Drittel der Bewohner Masurisch oder Polnisch. 1910 hingegen bezeichneten fast 60 Prozent Deutsch als ihre Muttersprache Nach dem Ersten Weltkrieg, unter dem Masuren schwer zu leiden hatte, sprach sich in einer Volksabstimmung die große Mehrheit für den Verbleib bei Deutschland aus. Nach dem Zweiten Weltkrieg kam Masuren zu Polen. die meisten deutschstämmigen Bewohner mussten das Land verlassen, in die verwaisten Häuser und Höfe zogen überwiegend Vertrieben aus den ehemals polnischen Ostgebieten.

Tourismus

Schon im späten 19. Jh. entdeckte man den Erholungswert dieser ärmsten Region Ostpreußens, in der man vor allem vom Fischfang und von der Holz- und Landwirtschaft lebte. Heute sind die im Ge-

! Baedeker TIPP

Schwimmendes Hotel

Am »Masurischen Meer« liegt die Classic Lady, ein Kreuzfahrtschiff mit 16 Außenkabinen, die jeweils mit eigenem Bad ausgestattet sind. Sie gehört dem deutschen Reiseveranstalter DNV-Tours: Tagsüber erkundet man die Landschaft per Rad, zum Schlafen kehrt man abends zum Schiff zurück (Infos: DNV-Tours, Heubergstr. 21, D-70806 Kornwestheim, Tel. 07154 / 13 18 30, www.dnv-tours.de).

biet der Großen Masurischen Seen gelegenen Städte wie ► Giżycko und ►Mikołajki ganz auf den Tourismus ausgerichtet.

Seit einigen Jahren gibt es einen regelrechten Run von deutschen Urlaubern, die hier eines der letzten großen Naturparadiese erleben möchten. Doch auch die Bewohner von Warschau und anderen polnischen Großstädten entdecken Masuren für sich. Sehr beliebt sind Rad-, Kajak- und Segeltouren. Im Winter entdecken Eissegler und Snowkiter die oft monatelang zugefrorenen Seen. Der zunehmende Tourismus bleibt jedoch nicht ohne Folgen. Immer häufiger entstehen Neubauten, die auf regionale Besonderheiten keine Rücksicht nehmen, werden Seeufer privatisiert und eingezäunt oder Alleebäume zum Ausbau der Straßen gefällt. Doch noch überwiegt die Idylle.

★ Pojezierze Pomorskie · Pommersche Seenplatte

B–J 5–2

Wojewodschaft: Zachodnio-Pomorskie **Höhe:** 64 – 224 m ü.d.M.

Die Pommersche Seenplatte – rund 200 große und zahllose kleine Seen, eingebettet in eine bewaldete Moränenlandschaft – zählt zu jenen Gebieten des Landes, die erst allmählich als Urlaubsregion entdeckt werden.

Ferienregion für Aktivurlauber

Die zwischen sanften Hügeln gelegene Seenplatte entstand während der letzten Eiszeit vor rund 12 000 Jahren. Größter See ist mit einer Fläche von 1872 ha und einer Uferlänge von 76 km der Jezioro Drawsko (Dratzigsee) im Zentrum der Region. Zugleich ist er mit 83 m der zweittiefste See in Polen.

Zum Schutz von Pflanzen- und Tierwelt wurde 1979 rund um den Dratzigsee der **Drawski-Landschaftspark** (Drawski Park Krajobrazowy) gegründet, der eine Fläche von rund 41 000 ha umfasst.

Insgesamt ist die touristische Infrastruktur noch vergleichsweise schwach entwickelt. Es gibt nur wenige Hotels mit gehobenem Standard und selbst in größeren Ferienorten ist das gastronomische Angebot eher bescheiden. Doch wer auf besondern Komfort keinen allzu großen Wert legt, findet gute Erholungsmöglichkeiten in zahlreichen Ferienheimen, auf Campingplätzen direkt am Seeufer und auf

Ferienbauernhöfen. Vor allem ist die Pommersche Seenplatte bei Aktivurlaubern beliebt. Es gibt dort viele Möglichkeiten, Wassersport zu treiben, sowie zahlreiche Rad-, Wander- und Reitwege.

Drawsko Pomorskie

Westliches Tor zur Seenplatte ist die Kreisstadt Drawsko Pomorskie (Dramburg, 11 000 Einw.) am Oberlauf der Drawa (Drage). Wichtigstes Baudenkmal ist die im 15. Jh. errichtete spätgotische **Marienkirche** (Kościół pw. Zmartwychwstania Pańskiego). Das Salzmagazin direkt daneben, ein Ziegel-Fachwerkbau aus dem 19. Jahrhundert, soll nach der Sanierung wieder als Museum genutzt werden.
Der weltberühmte Bauhaus-Architekt **Walter Gropius** (1883 – 1969) hinterließ seine Spuren auch in und um Drawsko Pomorski. Im 4 km westlich gelegenen Dorf Jankowo baute er für seinen Onkel 1906 bis 1909 mehrere Landarbeiterhäuser und einen gemauerten Speicher. Diese Erstlingswerke haben allerdings noch wenig von der späteren Bauhaus-Ästhetik. Gropius entwarf 1914 auch das zweigeschossige Bankgebäude in der ul. Piłsudskiego in Drawsko Pomorskie, in dem heute die PKO-Bank residiert.

Czaplinek

Am südlichen Ufer des Jezioro Drawsko liegt die reizvolle Kleinstadt Czaplinek (Tempelburg). Der deutsche Name geht zurück auf die Ritter des Templer-Ordens, die hier 1286 eine Burg bauten. Auf dem Gelände der 1378 zerstörten Burg entstand bald darauf die kleine **Dreifaltigkeitskirche** (Kościół Św. Trójcy) im romanisch-gotischen Stil. Das älteste Bauwerk Czaplineks besitzt einen sehenswerten Barockaltar mit einem von sechs Säulen getragenen, vergoldeten Baldachin. Am nahe gelegenen Rynek entstand 1829/1830 die klassizistische **Heiligkreuzkirche** (Kościół Św. Krzyża) nach Entwürfen von Karl Friedrich Schinkel; die Wandmalereien stammen aus dem Jahr 1954. Wie auf einem Flohmarkt fühlt man sich im kleinen **Heimatmuseum** am Rynek, das vollgepackt ist mit allerlei Nippes aus Kellern und von Dachböden (Izba Muzealna, Öffnungszeiten: Di. – So. 10.00 – 18.00 Uhr).

► POMMERSCHE SEENPLATTE

AUSKUNFT

Tourist Information
ul. Rynek 1
PL 78-550 Czaplinek
Tel./Fax 094 / 375 52 37
www.pojezierzedrawskie.pl

Stare Drawsko

Stare Drawsko (Alt-Draheim) liegt etwa 6 km nördlich von Czaplinek auf einer Landzunge zwischen dem Jezioro Drawsko und dem Jezioro Żerdno. Die um 1360 von den Johannitern errichtete Burg wurde 1759 zerstört. Innerhalb der Ruinen versucht ein Museum, aus nachgebauten kleineren Burggebäuden den einstigen Burgenalltag zu vermitteln. Im Burghof finden hin und wieder auch Ritterturniere statt (Öffnungszeiten: Sommer tgl. 10.00 – 18.00 Uhr).

Kleines Päuschen beim Nachmittagsspaziergang am Ufer des Vilmsees

Insel Bielawa ▶ Rund 500 m Luftlinie sind es von Starea Drawsko zur Insel Bielawa auf dem Jezioro Drawsko. Mit einer Fläche von 80 ha ist sie die fünftgrößte Insel Polens. Ein Naturpfad führt in etwa eineinhalb Stunden über das bis vor wenigen Jahren noch dauerhaft bewohnte Eiland. Zu erreichen ist Bielawa mit dem Ruderboot von Stare Drawsko aus oder mit dem kleinen Ausflugsschiff »Europa«, das an den Wochenenden von Czaplinek aus in See sticht.

Szczecinek Im Osten der Pommerschen Seenplatte liegt der Ferienort Szczecinek (Neustettin), mit rund 40 000 Einwohnern die größte Stadt der Region, nahe beim Vilm- und beim Streitzigsee (Jezioro Trzesiecko).
Das **Regionalmuseum** im alten gotischen Turm der Nikolaikirche (Kościół św. Mikołaja) aus dem 16. Jahrhundert zeigt Exponate zu Stadtgeschichte und Volkskunde. Die Kirche selbst wurde 1909 abgerissen (ul. Ks. Elżbiety 6; Öffnungszeiten: Di.–So. 10.00 bis 16.00 Uhr). Sehenswert sind auch das neugotische **Rathaus** von 1852 am pl. Wolności und in der ul. 3 Maja die 1905 bis 1908 errichtete neugotische **Marienkirche** mit einem 78 m hohen Turm.
Die ältesten Teile des ehemaligen **Schlosses der Pommerschen Herzöge** am Ufer des Jezioro Trzesiecko stammen aus dem 14. Jahrhundert. Der Bau wurde zu preußischen Zeiten als Fabrikgebäude und später als Hospital genutzt, war nach 1945 zeitweilig Ferienheim der Armee und steht zurzeit leer.

Bialy Bór

In Biały Bór (Baldenburg) am Ostrand der Pommerschen Seenplatte liegt eines der bekanntesten polnischen Gestüte. Dort trainiert u. a. die polnische Nationalmannschaft. Auf dem parkähnlichen Gelände gibt es auch Unterkunftsmöglichkeiten. Die Gäste können Reitunterricht nehmen und eigene Pferde unterstellen (Infos: www.hubertus.pensjon.pl).

Borne Sulinowo

Knapp 20 km südwestlich von Szczecinek trifft man auf eine der ungewöhnlichsten Städte Polens. Borne Sulinowo (Groß Born) entstand erst 1993 nach dem Abzug der Roten Armee.
Auf dem bereits 1919 angelegten Truppenübungsplatz rund um die Siedlung Groß Born am Jezioro Pile (Pilburger See) bereiteten sich die Panzertruppen des Generals Heinz Guderian 1939 auf den Feldzug nach Polen vor. Später übte hier das Korps von Generalfeldmarschall Erwin Rommel für den Afrika-Einsatz.
Nach dem Zweiten Weltkrieg ging die militärische Nutzung des Geländes nahtlos weiter: Die Rote Armee übernahm die Militäranlage. Streng abgeschirmt von der polnischen Bevölkerung lebten dort 15 000 sowjetische Soldaten. Auf offiziellen Landkarten allerdings war Borne Sulinowo als Waldfläche markiert. Nach dem Abzug der russischen Soldaten wurde am 5. Juni 1993 offiziell die neue Stadt Borne Sulinowo gegründet. In der ehemaligen russischen Kommandantur an der al. Niepodległości residiert jetzt die Stadtverwaltung der 4000 Einwohner zählenden Gemeinde. Der Ort mit seinen 55 Seen entwickelt sich immer mehr zu einem Ferienzentrum; der einstige Truppenübungsplatz hingegen verwandelt sich allmählich in eine der größten Heidelandschaften Europas.

Połczyn Zdrój

Schon 1688 entdeckte man die Heilwirkung einer Quelle in Połczyn Zdrój (Bad Polzin), das sich im 19. Jh. zu einem der bekanntesten Kurorte Pommerns entwickelte. Die meisten Kurhäuser und die Trinkhalle »Joasia« liegen in dem 80 ha großen **Kurpark**. Ein Teil des Parks wurde 1836 bis 1839 im französischen Stil mit Alleen und herrlichen Blumenbeeten angelegt. 1903 entstand der größere Teil im Stil eines englischen Landschaftsgartens. Das große Amphitheater im Kurpark bietet mehr als 2000 Besuchern Platz.
Unweit vom Kurzentrum liegt der von alten Bürgerhäusern gesäumte Marktplatz, der pl. Wolnośći. Die nahe gelegene Kirche der Heiligen Jungfrau (Kościół pw. Niepokalanego Poczęcia NMP) wurde Mitte des 14. Jh.s errichtet. Am Rand der Altstadt erhebt sich das um 1290 erbaute **Schloss**, das bis ins 19. Jh. mehrfach verändert wurde. Im gotischen Stil sind nur noch die Kellerräume enthalten. Das Gebäude beherbergt heute die städtische Bibliothek.

◄ Umgebung

Der knapp 10 000 Einwohner zählende Kurort ist eingebettet in eine wald- und seenreiche Landschaft. Zu den attraktivsten Naherholungsgebieten zählt das ca. 11 km südlich gelegenene **Dolina Pięciu Jezior** (Tal der fünf Seen). Die Drawa, die in der Nähe entspringt, bildet hier fünf malererische Binnenseen.

Puck · Putzig

J 1

Wojewodschaft: Pomorskie
Einwohnerzahl: 11 300
Höhe: 0 – 20 m ü.d.M.

Die ruhige Kleinstadt ist jedes Jahr am 29. Juni das Ziel einer farbenprächtigen Pilgerfahrt über die Putziger Bucht. Mit ihren bunt geschmückten Booten kommen die Fischer von der Halbinsel Hel, um den Segen des Danziger Erzbischofs zu empfangen.

Geschichte Im Jahr 1348 erhielt die Fischersiedlung Putzig das Stadtrecht; 1567 entstand hier der Hafen für die neue polnische Kriegsflotte. Durch die Erste Polnische Teilung kam Putzig 1772 zu Preußen und wurde 1878 Kreisstadt. Nach dem Ersten Weltkrieg kam die Stadt zu Polen und war bis zum Bau des Hafens im 30 km entfernten Gdynia in den 1920er-Jahren der einzige polnische Ostseehafen, der heute aber nur noch von Fischern und Freizeitkapitänen angesteuert wird.

Sehenswertes in Puck

Altstadt Der Stadtkern rund um den pl. Wolności, den ehemaligen Hauptmarkt, blieb in ihrer Struktur bis heute erhalten. Die meisten Altstadtgebäude stammen aus dem 18. und 19. Jh.; das klassizistische Rathaus entstand 1865.

PUCK ERLEBEN

AUSKUNFT

Tourist Information
pl. Wolności 2, PL 84-100 Puck
Tel. 058 / 673 24 03, www.puck.pl

AUSGEHEN

Am kleinen Sandstrand von Puck erwarten im Sommer Strandbars die Gäste bis spät in die Nacht.

ESSEN

► Erschwinglich

Bursztynia 33
ul. Lipowa, Tel. 058 / 673 07 77
Der hölzerne Rundbau mit zauberhaftem Panoramablick am Ende der Mole zählt zu den gastronomischen Highlights an der kaschubischen Küste.

ÜBERNACHTEN

► Komfortabel

Zamek Jan III Sobieski
Rzucewo 6, PL 84-100 Puck
Tel. 058 / 673 88 05
www.zameksobieski.pl
23 Z., 6 App. Ruhiges, 6 km südlich von Puck am Strand von Rzucewo gelegenes Schlosshotel mit Reitmöglichkeiten, Tennisplätzen und Sauna.

► Günstig

Willa Śmiesznotka
ul. Hallera 21
PL 84-100 Puck
Tel. 058 / 673 09 75
7 Z. Die »Villa Kunterbunt« ist eine freundliche Familienpension unter deutscher Leitung.

Am pl. Wolności zeigt eine Dependance des Museums des Putziger Landes u. a. Teile der frühmittelalterlichen Hafenanlagen. Seinen Hauptsitz hat das Museum im Fachwerkbau in der ul. Wałowa 8, der 1757 als städtisches Krankenhaus entstand. Ausgestellt werden hauptsächlich kulturhistorische Exponate aus der Region. In dem Fachwerkgebäude direkt daneben war früher eine Schmiede untergebracht, deren Einrichtung aus dem 19. Jh. erhalten blieb (Öffnungszeiten: Di. – Fr. 10.00 – 16.00, Sa. u. So. bis 15.00 Uhr).

◄ Museum des Putziger Landes

St. Peter und Paul

Bedeutendstes Bauwerk der Stadt ist die in der Nähe des Hafens gelegene dreischiffige Pfarrkirche St. Peter und Paul (Kościół Św. Piotra i Pawła) aus dem 14. Jahrhundert. Das gotische Sternengewölbe über dem Chor wurde erst Mitte des 17. Jh.s eingefügt. Prunkstück ist der barocke Altar in der Wejherkapelle.

Umgebung von Puck

Krokowa

Krokowa (Krockow) ist etwa 15 km nordwestlich von Puck entfernt. Die Hauptattraktion des Bauerndorfes ist das im Zentrum gelegene **Schloss**. Die damalige Besitzerin Margarethe Luise von Krockow ließ das im 14. Jh. entstandene dreiflügelige Gebäude um 1782 im barocken Stil umbauen und den italienischen Garten anlegen.

Prachtvolle Altäre und viel Backstein kennzeichnen St. Peter und Paul in Puck.

Bootsprozession

- Am Tag der Heiligen Peter und Paul, dem 29. Juni, startet im Fischerdorf Kuźnica auf der Halbinsel Hel, in Hel und Władysławowo eine farbenfrohe Prozession übers Meer. Ziel der friedlichen Armada ist Puck am anderen Ufer der Bucht. Auf halbem Wege kommen die Pucker Fischer dazu. Der Danziger Erzbischof segnet die Boote, und man betet für jene Fischer, die ihr Leben auf dem Meer ließen.

Das Schloss beherbergt ein Hotel und ein Restaurant sowie eine kleine Ausstellung zur Geschichte der Familie von Krockow. Besonders sehenswert ist die um 1700 bemalte Holzdecke des Restaurants, die 1993 bei Sanierungsarbeiten entdeckt wurde.

Das **Regionalmuseum**, neben dem Schloss gelegen, entstand 1999 in Zusammenarbeit mit dem Westpreußischen Landesmuseum in Münster und widmet sich der Kulturgeschichte der Region(Öffnungszeiten: Sommer tgl. 10.00 – 18.00, sonst Di. – So. 10.00 – 16.30 Uhr).

Żarnowiec Żarnowiec (Zarnowitz) liegt 9 km westlich von Krokowa am Nordufer des gleichnamigen Sees. Dort gründeten Zisterzienser 1215 ein Kloster, das seit dem 16. Jh. von Bernhardinerinnen betrieben wird. Die im 14. Jh. erbaute, barock ausgestattete Klosterkirche besitzt ein schönes Sternengewölbe.

Anfang der 1980er-Jahre wollte man am westlichen Ufer des Zarnowitzer Sees ein Atomkraftwerk bauen. Nach Protesten aus der Bevölkerung und auch aus finanziellen Gründen wurde der Bau des AKWs aber aufgegeben. Stehengeblieben sind nur die monumentalen Ruinen einer Wohnstadt für die Belegschaft am Rand des Dörfchens Nadole (Nadolle).

Dębki Dębki (Dembeck), ca. 10 km nördlich von Krokowa, ist ein beliebter Ferienort mit einem der wenigen FKK-Strände Polens. Mit immer größeren Villen versuchen sich Warschauer Neureiche dort gegenseitig zu übertreffen. An das einstige Fischerdorf erinnert noch eine mit Stroh gedeckte Lehmhütte aus dem späten 18. Jahrhundert.

★★ Puszcza Białowieska · Urwald von Białowieża

U 5

Wojewodschaft: Podlaskie **Höhe:** 155 – 177 m ü.d.M.

Jahrhundertealte Eichen und Ahornriesen, Weißbuchen und Linden und dazu eine faszinierende Tierwelt – ein Streifzug durch den letzten Urwald Europas im Südosten der Wojewodschaft Podlachien ist ein eindrucksvolles Naturerlebnis. Bester Ausgangspunkt für Ausflüge ist die Parkverwaltung, die auch Informationen bereithält.

PUSZCZA BIAŁOWIESKA ERLEBEN

AUSKUNFT

Tourist Information
ul. 3 Maja 45
PL 17-200 Hajnówka
Tel. 085 / 682 43 81
www.hajnowka.pl

Białowieski Park Narodowy
Informationszentrum
Park Pałacowy 11
PL 17-230 Białowieża
Tel. 085 / 681 23 06
www.bpn.com.pl

★★ **UNESCO-Welterbe**

Bereits Anfang der 1920er-Jahre wurden große Teile des nie durch menschliche Eingriffe umgestalteten Waldes unter Schutz gestellt. Dieses Areal bildete den Anfang des **Białowieski-Nationalparks**, der 1932 gegründet und 1979 in die Liste des Welterbes der UNESCO aufgenommen wurde. Seit 1945 ist der Nationalpark durch eine Grenze getrennt. Der flächenmäßig größere Teil gehört heute zu Weißrussland; das streng geschützte Gebiet auf polnischer Seite umfasst rund 10 500 ha. Seit 1992 ist der Park auch Teil eines grenzüberschreitenden polnisch-weißrussischen **Biosphärenreservates**.
Zum Nationalpark gehört ein kleiner Zoo und ein Naturkundemuseum, angesiedelt bei der Parkverwaltung in Białowieża, dem Ausgangspunkt für Ausflüge in das Schutzgebiet.

Flora

Im Urwald von Białowieża haben sich verschiedenartige Pflanzengemeinschaften herausgebildet. Am stärksten verbreitet ist der Eichen-Hainbuchen-Linden-Wald mit einem Anteil an Ahorn, Fichte, Esche und Ulme, Bäumen, die auf fruchtbaren Böden wachsen. Eine große Fläche nehmen Mischwälder aus Kiefer, Eiche und Fichte ein.
Große Sandbodenflächen sind von Kiefern-Fichten-Wald bewachsen. In abflusslosen Mulden findet man Sumpfwälder mit Schwarzerlen, in sumpfigen Flusstälern Bruchwald aus Erlen und Eschen mit einem Anteil an Fichten und Ulmen.
In der Puszcza Białowieska zählt man über 4000 Pflanzenarten, darunter 26 Baumarten wie Hainbuche, Stieleiche, Schwarzerle, Moorbirke, Kleinblättrige Linde und Esche, außerdem gibt es etwa 1500 Pilz- und 250 Moosarten und über 200 Arten von Flechten.

Fauna

Der Wald ist Lebensraum für über 60 Arten von Säugetieren, rund 230 Vogelarten und etlichen Kriechtier-, Amphibien- und Fischarten. Außer Birk- und Rebhuhn, Eule und Auerhahn leben hier weiße und schwarze Störche, Reiher und Kraniche.
Noch imposanter ist die Liste der Säugetiere: Luchse und Dachse, Wölfe und Bären haben hier einen geschützten Lebensraum gefunden. **»König des Waldes«** ist der **Wisent**, das größte Landsäugetier Europas. Nach dem Ersten Weltkrieg sah es so aus, als müsse er zu den ausgestorbenen Spezies gerechnet werden. Nachdem 1919 der

In grünes Licht getaucht: Europas letzter Urwald

letzte Wisent der Puszcza Białowieska erlegt wurde, gab es in den europäischen Zoos nur noch zwölf fortpflanzungsfähige Tiere. Der Urwald wurde unter Schutz gestellt und ein Zuchtprogramm für die Wisente aufgelegt. Schließlich konnten 1952 erstmals wieder gezüchtete Wisente im Wald ausgesetzt werden; fünf Jahre später wurde das erste Kalb in freier Wildbahn geboren. In der Folge vermehrten sich die Wisente so emsig, dass sie in andere polnische Wälder übersiedelt werden mussten, um eine »Überbelegung« der Puszcza Białowieska zu vermeiden.

Ein Teil der Zuchtstation dient als Schaureservat. Neben Wisenten kann man dort Elche, Hirsche, Wölfe und das polnische Steppenpferd Tarpan bewundern (an der Hauptstraße von Hajnówka nach Białowieża, Öffnungszeiten: Di. – So. 9.00 – 17.00 Uhr).

Umgebung der Puszcza Białowieska

Hajnówka Auf dem Weg zum Nationalpark lohnt ein Zwischenstopp in der am westlichen Rand der Puszcza Białowieska gelegenen Kreisstadt. Ein Museum in der ul. 3 Maja widmet sich in erster Linie der ländlichen Kultur der weißrussischen Bevölkerung. Hier präsentieren auch lokale Künstler und Kunsthandwerker ihre Arbeiten (Muzeum Zabytków Kultury Białoruskiej, Öffnungszeiten: Di. – So. 10.00 – 17.00 Uhr).

Futuristisch mutet die neue orthodoxe **Dreifaltigkeitskirche** (Sobór Św. Trójcy) in der ul. Dziewiałowskiego an. Die Arbeiten an dem eindrucksvollen Bauwerk dauerten über 20 Jahre und waren zu Beginn der 1990er-Jahre beendet. Bereits seit 1982 fanden hier Treffen orthodoxer Kirchenchöre aus Polen statt, aus denen sich in den 1990er-Jahren das **Internationale Festival der orthodoxen Kirchenmusik** entwickelte, zu dem jährlich über 50 Chöre und Kirchenmusikensembles aus der ganzen Welt kommen und seit 2002 um den Titel der besten Interpreten orthodoxer Kirchenmusik wetteifern.

> **!** *Baedeker* TIPP
>
> **Mit der Holzbahn durch den Urwald**
>
> Bis Ende der 1980er-Jahre wurde die während des Ersten Weltkrieges gebaute Schmalspurbahn für den Transport von Holz genutzt. Heute fahren Touristen von Hajnówka aus mit der Dampflok durch den Urwald von Białowieża nach Topiło (Fahrtdauer: 4 Std.), Postołowo (2 Std.) und Lipiny (2 Std.).

Białowieża

In dem unweit der weißrussischen Grenze gelegenen »Urwalddorf« Białowieża ist die Verwaltung des Białowieski-Nationalparks angesiedelt. Białowieża wurde im 17. Jh. als Vorwerk zum Jagdhof des litauischen Großfürsten gegründet. Später frönten hier polnische Könige und russische Zaren der Jagd.

◄ Palastpark

Der 50 ha große Palastpark wurde Ende des 19. Jh.s angelegt. An der Stelle des Zarenpalastes, der 1944 von deutschen Truppen gesprengt wurde, steht heute das **Informationszentrum des Nationalparks** mit einem **naturkundlichen Museum**, durch das stündlich Führungen veranstaltet werden (Muzeum Przyrodniczo-Leśne, Park Pałacowy 5, Öffnungszeiten: Di. – So. 9.00 – 16.00 Uhr).

◄ St. Michael

Die 1895 gebaute orthodoxe St. Michaels-Kirche (Cerkiew Świętego Michała Cudotwórca) liegt direkt vor dem Palastpark. Ausgestattet ist das rote Backsteingebäude mit zwei achteckigen Türmen mit der einzigen **Ikonostase aus chinesischem Porzellan** in ganz Polen.

★ Słupsk · Stolp

G 2

Wojewodschaft: Pomorskie
Höhe: 20 – 40 m ü.d.M.
Einwohnerzahl: 98 000

Ein 3000 Jahre altes Bernstein-»Glücksbärchen« und die Werke des expressionistischen Malers Stanisław Ignacy Witkiewicz sind der ganz besondere Stolz der Stadt.

Geschichte

Die im 9. Jh. aus einer Wehrburg am Ufer der Słupia entstandene Siedlung gehörte seit 1236 zu Pomerellen und erhielt 1265 das Stadtrecht. Wenige Jahre später gelangte Stolp in den Besitz der Brandenburgischen Markgrafen und erhielt 1310 erneut die Stadtrechte ver-

SŁUPSK ERLEBEN

AUSKUNFT

Tourist Information
ul. Sienkiewicza 19
PL 76-200 Słupsk
Tel./Fax 059 / 842 43 26,
www.slupsk.pl

EVENTS

Die dicksten Fische an der Angel haben die Teilnehmer am »Internationalen Angelwettbewerb im Lachsforellenfischen« im Januar.
Jeden November spielen bekannte Musiker aus dem In- und Ausland beim »Komeda Jazzfestival« (Infos: www.komedajazzfestival.slupsk.pl).

ESSEN

► **Erschwinglich**
Anna de Croy
ul. Dominikańska 5
Tel. 059 / 848 16 50
Edles Restaurant im Kellergewölbe des Schlosses, spezialisiert auf altpolnische Gerichte.

Karczma pod Kluką
ul. Kaszubska 22
Tel. 0 59 / 842 34 69
An der Straße Richtung Łeba gelegenes rustikales Gasthaus mit Garten und kaschubischer Küche.

ÜBERNACHTEN

► **Günstig**
Atena
ul. Kilińskiego 7
PL 76-200 Słupsk
Tel./Fax 059 / 842 88 14
www.hotelatena.ta.pl
21 Z. Renoviertes Haus am Rand der Altstadt mit Restaurant und Bar.

Staromiejski
ul. Jedności Narodowej 4
PL 76-200 Słupsk
Tel. 059 / 842 84 64
www.przymorze.com.pl
41 Z. Traditionsreiches Hotel mit gut ausgestatteten Zimmern im Stadtzentrum.

liehen. 1316 erwarb der pommersche Herzog **Wartisław IV.** die Stadt. Nach dem Dreißigjährigen Krieg kam Stolp wieder zu Brandenburg, wurde später preußisch und entwickelte sich zu einem wichtigen Wirtschaftszentrum. Nach der Besetzung der Stadt durch die Rote Armee im März 1945 gingen große Teile des Stadtzentrums in Flammen auf. Von 1975 bis zur Verwaltungsreform 1999 war Słupsk Hauptstadt einer eigenen Wojewodschaft und ist seitdem Kreisstadt.

Sehenswertes in Słupsk

Neues Rathaus Am pl. Zwycięstwa entstand 1898 bis 1901 das repräsentative Neue Rathaus im neogotischen Stil. Von der Aussichtsplattform des 56 m hohen Rathausturmes bietet sich ein herrlicher Panoramablick über die Stadt. Auf dem Weg hinauf über 180 Stufen passiert man eine kleine Ausstellung mit Aufnahmen aus dem alten Stolp. Zu sehen ist dort auch die Kopie des **»Glücksbärchens«**, eines rund 3000 Jahre alten Amuletts aus Bernstein, das vermutlich einem Bärenjäger Glück

Einst Teil einer mächtigen Verteidigungsanlage, heute museales Prachtstück: das Neue Tor von Słupsk

bei der Jagd bringen sollte. Das Original, 1887 in einem Sumpf bei Stolp gefunden, wird im Kunsthistorischen Museum von Stralsund ausgestellt.

Neues Tor

Vom Rathaus führt der Weg durch das gegenüberliegende Neue Tor (Nowa Brama) in die Altstadt. Es war 1385 als drittes Stadttor erbaut worden und beherbergt heute im Durchgang einen kleinen Laden für Kunstgewerbe.

Marienkirche

Durch die ul. Nowobramska gelangt man zur im 15. Jh. errichteten Marienkirche (Kościół Najświetszej Marii), ehemals Gotteshaus der deutschen Bevölkerung der Stadt. 1859 wurde bei Renovierungsarbeiten der gotische Charakter der dreischiffigen Kirche wieder hergestellt. Sehenswert sind die gotische Kreuzigungsgruppe sowie die manieristische Kanzel aus dem Jahre 1606.

Hexenbastei

Die Verlängerung der ul. Nowobramska führt zum Ufer der Słupia (Stolpe) und zu der mittelalterlichen Stadtmauer mit der 1410 bis 1415 entstandenen Hexenbastei (Baszta Czarownic). Hier hielt man Frauen gefangen, die der Hexerei verdächtigt wurden. 1701 wurde die letzte Insassin des Gefängnisturms hingerichtet. Heute beherbergt das Gebäude eine Galerie (Bałtycka Galeria Sztuki, ul. Francesco Nullo, Öffnungszeiten: Sommer tgl. 11.00 – 19.00, Winter Di. – So. 10.00 – 18.00 Uhr).

Schloss

Westlich vom Ufer der Stolpe liegt an der ul. Zamkowa der bedeutendste Gebäudekomplex der Stadt, der aus dem Schloss, der alten Schlossmühle und der ehemaligen Dominikanerkirche besteht.

Das Schloss der Pommerschen Herzöge (Zamek Książąt Pomorskich) entstand ab 1505 als Residenz von **Boguslaus X.** und wurde 1580 bis 1587 im Renaissancestil umgebaut. Das nach den Zerstörungen des Zweiten Weltkriegs wieder hergestellte Schloss ist heute Sitz des **Mittelpommerschen Museums**. Ausgestellt werden unter anderem kunstgewerbliche Exponate, pommersche Malerei aus dem 16. bis 19. Jahrhundert und Schätze aus dem Besitz der Pommerschen Herzöge. Besondere Bedeutung hat die rund 250 Werke umfassende Sammlung von Arbeiten des Expressionisten **Stanisław Ignacy Witkiewicz** (1885 – 1939), einem der wichtigsten Vertreter der polnischen Kunst vor dem Zweiten Weltkrieg (Öffnungszeiten: Mo. 10.00 – 15.00, Di. – Sa. bis 17.00, So. bis 18.00 Uhr).

i »Jedem Bürger sein Telefon«

- Als Heinrich Stephan (1831 – 1897) eine Lehre in der Post seiner Heimatstadt Stolp begann, konnte niemand ahnen, dass er einmal das gesamte Postwesen revolutionieren würde. Ihm sind u. a. die Postkarte und der Ausbau des Fernsprechnetzes nach dem Motto »Jedem Bürger sein Telefon« zu verdanken. Er initiierte auch die Bildung eines Weltpostvereins, der einheitliche Standards im Postverkehr festlegte. Im Hauptpostamt an der ul. Łukasiewicza findet sich eine Gedenktafel.

Schlossmühle ►

Die Schlossmühle (Młyn Zamkowy) entstand um 1310 am linken Ufer der Stolpe. Der durch ein Wasserrad betriebene Mühlstein wurde 1929 durch eine Turbine ersetzt. In den 1960er-Jahren erhielt die Mühle wieder ihr ursprüngliches Aussehen zurück und präsentiert heute eine ethnografische Ausstellung. Das benachbarte Mühlentor (Brama Młyńska) wurde 1325 bis 1329 erbaut.

★ Richterspeicher ►

Ein Blickfang ist der Richterspeicher (Spichlarz Richtera) hinter dem Mühlentor. Das Fachwerkhaus wurde 1780 erbaut, 1991 wegen Baufälligkeit abgerissen und etwa 1000 m vom ursprünglichen Standort entfernt 1998 neu aufgebaut. Es beherbergt heute eine Teestube mit einer großen Auswahl an Teesorten und wird zeitweilig für Ausstellungen genutzt.

Dominikanerkirche ►

Die ab Mitte des 14. Jh.s entstandene einschiffige gotische Dominikanerkirche (Kościół Podominikański) wurde 1525 von Protestanten niedergebrannt und 1602 als Schlosskirche wieder aufgebaut. Sehenswert sind die Kanzel und der Altar aus der Zeit der Renaissance und die barocke Orgel.

Umgebung von Słupsk

Ustka

An der Mündung der Słupia (Stolpe) in die Ostsee, 18 km nordwestlich von Słupsk, liegt das Seebad Ustka (Stolpmünde), ein beliebter Ferien- und Kurort mit wunderschönen feinsandigen Stränden. Von den beiden Molen der Hafenstadt legen im Sommer regelmäßig Fähren zur Insel Bornholm ab. Von hier stechen auch »Piratenschiffe«

mit Feriengästen zu einem Tagesausflug in See, denen man vom 1892 errichteten, 21 Meter hohen **Leuchtturm** aus hinterherwinken kann (Öffnungszeiten: tgl. 9.00 – 13.00, 15.00 – 19.00 Uhr).
In einem der drei im 19. Jahrhundert erbauten Speicher am Hafen sammelt die Baltische Galerie zeitgenössische Kunst (ul. Gen. Zaruskiego 1a, Öffnungszeiten: tgl. 10.00 bis 18.00 Uhr). Hinter dem Hafen, im **»Kapitänswinkel«** (Zaułek Kapitański) rund um den pl. Kościelna, stehen einige prächtige alte Villen. In der ul. Kosynierów und der ul. Sprzymierzenców blieben noch zahlreiche Fischerkaten aus dem 19. Jahrhundert erhalten. Das originelle **Brotmuseum** in der ul. Marynarki Polskiej 49 zeigt Backutensilien und Bäckereigerätschaften aus vier Jahrhunderten (Muzeum Chłeba, Öffnungszeiten: Mo. – Fr. 10.00 – 16.00 Uhr). Einige Häuser weiter präsentiert das **Heimatmuseum** interessante Exponate und Fotos zur Stadtgeschichte (Muzeum Ziemi Usteckiej, Öffnungszeiten: Di. – Sa. 10.00 – 18.00 Uhr)

> ! *Baedeker* TIPP
>
> **Refugium im Charlottental**
> Im Charlottental (Dolina Charlotty), ca. 17 km südlich von Ustka, eröffnete eines der schönsten Restaurants in Nordpolen. Das traditionelle Fachwerkhaus liegt an einem kleinen See mit Badestrand und serviert polnische Gerichte und gute Weine. Man kann auch in luxuriösen Apartments am Seeufer übernachten (Dolina Charlotty, Strzelinko 14, PL 76-200 Słupsk, Tel. 059 / 847 29 80, www.dolinacharlotty.pl).

★★ Sopot · Zoppot

K 2

Wojewodschaft: Pomorskie
Einwohnerzahl: 40 500
Höhe: 0 – 60 m ü.d.M.

Das »Rimini des Nordens« zog in den 1920er-Jahren die Schönen und Reichen an; man traf sich auf der Promenade, im Casino, zum Pferderennen oder in der Waldoper. Heute knüpft der beliebte Kur- und Badeort mit der längsten Seebrücke Europas wieder an diese glanzvollen Zeiten an.

Geschichte

Erstmals erwähnt wurde Zoppot im Jahr 1283. Damals schenkte der Pomerellenherzog **Mestwin II.** das Fischerdorf dem Zisterzienserkloster von Oliwa (▶Gdańsk), in deren Besitz es bis 1772 blieb.
Jean Georg Haffner, ein Arzt in Napoleons Armee, war von Zoppot so angetan, dass er den Militärdienst quittierte und 1823 mit dem Bau einer Badeanstalt begann. Seither zieht der Ort mit seinen langen Sandstränden entlang der Danziger Bucht, den Promenaden, den Badeanstalten in den Strandparks und den vielen Freizeitmöglichkeiten alljährlich zahlreiche Urlauber an. 1901 erhielt Zoppot Stadtrecht. Zwischen 1920 und 1945 gehörte es zur Freien Stadt Danzig; seit dem Ende des Zweiten Weltkriegs ist es polnisch.

SOPOT ERLEBEN

AUSKUNFT

Tourist Information
ul. Dworcowa 4
PL 81-704 Sopot
Tel. 058 / 550 37 83
www.sopot.pl

AUSGEHEN

Sopot bietet das attraktivste Nachtleben in der Dreistadt. Rund um die Fußgängerzone ul. Bohaterów Monte Cassino und zu beiden Seiten der Seebrücke finden sich zahlreiche Klubs und Diskotheken. Sehr beliebt sind z. B. der in leuchtendem Orange gehaltene dreigeschossige Klub »Mandarynka« in der ul. Bema 6 und das »SPATiF«, der legendäre Klub des Bildhauerverbandes in der ul. Boh. Monte Cassino 52.

EVENT

Jedes Jahr im August treten beim »Sopot Festival« in der Waldoper nationale und internationale Stars der Pop- und Rockszene auf.

URLAUB AKTIV

Bekannt ist Sopot auch als Tennis-Hochburg. Der Sopoter Tennisclub im Strandviertel veranstaltet jedes Jahr im August auf seinen 15 Plätzen die »Polish Open«.

ESSEN

► Erschwinglich

Tawerna Rybacki
al. Wojska Polskiego 26
Tel. 058 / 551 47 74
Das Fischrestaurant an der Promenade ist bekannt für seinen freundlichen Service und eine große Auswahl an Weinen.

Zhong Hua
al. Wojska Polskiego 1
Tel. 058 / 550 20 20
Original chinesische Küche im ebenso stimmungsvollen Hotel an der Strandpromenade.

► Preiswert

Bar Przystań
al. Wojska Polskiego 11
Tel. 058 / 550 02 41
Direkt am kleinen Fischerhafen liegt das größte und beliebteste Fischlokal von Sopot.

ÜBERNACHTEN

► Luxus

Sofitel Grand Hotel
ul. Powstanców Warszawy 12–14
PL 81-718 Sopot
Tel. 058 / 551 00 41, www.orbis.pl
127 Z, 8 App. Das traditionsreiche 5-Sterne-Hotel liegt direkt am Strand neben der Mole und verfügt u. a. über ein Art-déco-Restaurant.

► Komfortabel

Opera
ul. Moniuszki 10
PL 81-829 Sopot
Tel. 058 / 555 56 00
www.hotelopera.pl
22 Z. Angenehmes, ruhiges Haus am Stadtrand in der Nähe der Waldoper.

► Günstig

Maryla
ul. Sępia 22
PL 81-713 Sopot
Tel. 058 / 551 00 34
www.hotel.sopot.pl
40 Betten
Nahe dem Aquapark gelegene Unterkunft in einer hübschen alten Villa.

Ob wirklich alles, was der Souvenirstand an Sopots berühmter Seebrücke feilbietet, aus der Ostsee stammt?

Sehenswertes in Sopot

Strand

Im Bereich des mehr als 4 km langen, sichelförmigen Strandes entstanden zu Beginn des 20. Jh.s viele prachtvolle Villen im Stil der Bäderarchitektur mit hölzernen Vorbauten. Viele blieben bis heute bestehen, werden nach und nach saniert und manche davon als Ferienwohnungen oder Pensionen genutzt.

★★ ◄ Seebrücke

Die mit 511,50 Metern **längste hölzerne Seebrücke Europas**, fertiggestellt 1928, ist die größte Attraktion und zugleich markantes Zentrum des Kurorts und zählt an schönen Sommertagen Zehntausende von Besuchern (Gebühr). Hier legen auch die Ausflugsdampfer aus Gdańsk und Gdynia an.

◄ Nordpark

Nördlich der Seebrücke beginnt der Nordpark (Park Północny). Wo bis zum Zweiten Weltkrieg ein mondänes Kurhaus stand, will man mit einem Neubau an diese Tradition anknüpfen. Die wenig ansehnlichen Nachkriegsbauten wurden 2006 abgerissen. Lediglich eine vom ursprünglichen Kurhaus übernommene Rotunde blieb stehen und soll auch das neue Kurzentrum schmücken. In dem modernen Neubau werden bis Herbst 2008 auf sechs Etagen Wellnessbereiche, ein Konferenzzentrum und eine Galerie entstehen.

Höchst eigenwillige Architektur in der Fußgängerzone: das »betrunkenen Haus«.

Südbad ► Das direkt am Strand gelegene ehemalige Südbad (Łazienki Południowe) wurde 1907 als Badeanstalt für Frauen gebaut. Seit einigen Jahren beherbergt es das chinesische Hotel und Restaurant »Zhong Hua« (►S. 278).

Stadtmuseum Das Stadtmuseum ist untergebracht in der 1904 gebauten Villa des Fabrikanten Ernst Claaszen in der ul. J. Poniatowskiego 8, ebenfalls direkt am Strand. In dem repräsentativen Gebäude illustrieren Exponate, Dokumente und Fotos die Entwicklung Sopots zu einem der beliebtesten Ferienorte des Landes (Muzeum Sopot, Öffnungszeiten: Di. – Fr. 10.00 – 16.00, Sa. u. So. 11.00 – 17.00 Uhr).

ul. Bohaterów Monte Cassino An der Mole beginnt Sopots berühmteste Straße, die ul. Bohaterów Monte Cassino, kurz **»Monciak«** genannt. Zahlreiche Geschäfte, Cafés und Restaurants säumen die als Fußgängerzone ausgewiesene Flaniermeile. Mit dem **»betrunkenen Haus«** (Nr. 50) – so genannt wegen seiner höchst eigenwilligen Architektur mit wellenförmig verlaufendem Dach und kunstvoll verzogenen Türen und Fenstern – erhielt die Straße vor wenigen Jahren ein neues Aushängeschild. Untergebracht sind in dem Gebäude mehrere Restaurants, Cafés und Geschäfte.

Herrenhaus der Familie Sierakowski Unweit der Fußgängerzone liegt in der ul. Czyżewskiego das 200 Jahre alte **Dworek Sierakowskich**, das Herrenhaus der Familie Sierakowski, das von der »Gesellschaft der Freunde von Sopot« als Galerie genutzt wird. Hier werden auch jeden Donnerstagabend bei freiem Eintritt klassische Konzerte gegeben.

Waldoper

Die Verlängerung der Monciak führt bergauf zur Waldoper (Opera Leśna). Diese Freiluftarena mit mehr als 4000 Plätzen entstand im Jahr 1909 und war zunächst für die Aufführung von Wagner-Opern gedacht. Sopot wurde dadurch als »Klein Bayreuth« bekannt. Heute treten hier bei den Sommerfestivals im August weltbekannte Rock- und Popstars auf.

Pferderennbahn

Seit 1898 rühmt sich Sopot der weltweit einzigen Pferderennbahn mit Meerblick. Dort spürt man seit einigen Jahren wieder einen Hauch von Ascot, wenn im Sommer internationale Reitturniere veranstaltet werden. Das 40 ha große »Hipodrom« an der ul. Polna wird auch für Großveranstaltungen mit Zehntausenden von Besuchern genutzt.

Kinski-Geburtshaus

Unweit des Bahnhofs in der ul. Kociuszki 10, wurde am 18.10.1926 Nikolaus Günther Nakszyski geboren, der dort bis 1930 lebte und später als **Klaus Kinski** weltberühmt wurde. Seit einigen Jahren gibt es in Kinskis Geburtshaus die beliebte Bar und Galeri »Kinski« mit Erinnerungen an den exzentrischen Schauspieler (Öffnungszeiten: tgl. 10.00 – 24.00 Uhr)

Große Burg

Auf einer bewaldeten Anhöhe in der Nähe des Aquaparks wurden Reste einer aus Holz errichteten slawischen Burg aus dem 9./10. Jh. entdeckt. Die Exponate der Fundstelle werden im Archäologischen Museum in ►Gdańsk ausgestellt, vor Ort entstand mit dem Freilichtmuseum »Große Burg« eine Nachbildung der mittelalterlichen Siedlung (Skansen Archeologiczny Grodzisko, ul. Haffnera 63, Öffnungszeiten: tgl. 10.00 – 18.00 Uhr).

✶ Stargard Szczeciński · Stargard

C 4

Wojewodschaft: Zachodnio-Pomorskie **Höhe:** 20 – 40 m ü.d.M.
Einwohnerzahl: 71 200

Erstmals 1140 erwähnt, gehört Stargard zu den ältesten Städten Pommerns. Das mittelalterliche Zentrum der einstigen Hansestadt ist noch zu großen Teilen von einer Stadtmauer mit Wehrtürmen umgeben.

Geschichte

Die slawische Siedlung, gegründet im 8. Jahrhundert, erhielt 1243 das Stadtrecht. Über den Fluss Ina (Ihna) hatte die Stadt einen Zugang zur Ostsee, wurde zu einem wichtigen Handelszentrum und trat 1363 der Hanse bei. Unter **Bogisław VIII.** wurde Stargard Residenzstadt und gehörte seit 1648 zu Brandenburg. Anfang 1945 fast ganz zerstört, wurden nach dem Zweiten Weltkrieg Teile der Altstadt wieder aufgebaut.

Vor der mächtigen Marienkirche wirken die bunten Häuschen recht putzig.

Sehenswertes in Stargard Szczeciński

Mittelalterliche Stadtbefestigung

Die mittelalterliche **Stadtmauer** maß ursprünglich 2260 Meter und wurde auf einer Länge von rund 1040 Metern rekonstruiert. Hinter den mächtigen Wällen und Festungsgräben umgibt eine breite Parkanlage das historische Zentrum.

Pyritzer Tor ▶ Das Pyritzer Tor (Brama Pyrzycka) an der ul. Mieszka ist das älteste der vier noch erhaltenen Stadttore. Der aus Feldstein errichtete, 6 m hohe untere Teil stammt aus dem späten 13. Jahrhundert. Die Bastei wurde Mitte des 15. Jh.s auf vier Stockwerke erhöht und erhielt im oberen Geschoss einen überdeckten Gang mit Schießscharten.

Mühlentor ▶ Das Mühlentor (Brama Młyńska) an der ul. Portowa, auch Hafentor genannt, wurde Anfang des 15. Jh.s mit zwei Stockwerken über einem Nebenarm der Ina errichtet. Das Tor, von zwei achteckigen Türmen flankiert, diente als Zollkontor für Frachtschiffe und als Warenbörse.

Pfarrkirche St. Marien

Die mächtige Pfarrkirche St. Marien (Kolegiata Najświętszej Marii Panny) am Altstädtischen Markt (Rynek Staromiejski) gehört zu den wertvollsten gotischen Backsteinkirchen in Nordpolen. Sie wurde 1292 bis 1350 erbaut und Anfang des 15. Jh.s von dem Stettiner

STARGARD SZCZECIŃSKI ERLEBEN

AUSKUNFT

Tourist Information
Rynek Staromiejski 4
PL 73-110 Stargard Szczeciński
Tel./Fax 091 / 578 54 66
www.cit.stargard.com.pl

ESSEN / ÜBERNACHTEN

▸ Erschwinglich / Komfortabel

Mały Młyn
ul. Gdańska 5
PL 73-110 Stargard Szczeciński
Tel./Fax 091 / 578 65 55
www.malymlyn.com.pl
20 Z. Das gepflegte Restaurant in einer alten Mühle von 1894 mit schönem Innenhof und Weinkeller bietet gute altpolnische Gerichte.

▸ Preiswert / Günstig

PTTK-Hotel
ul. Kuśnierzy 5
PL 73-110 Stargard Szczeciński
Tel. 091 / 578 31 91
14 Z.
Einfaches Haus in einem zentral und ruhig gelegenen Altbau.

AUSGEHEN

Art-Café
ul. Mieszka 1
Tel. 091 / 578 03 32
In dem gotischen Gewölbekeller unter der Bibliothek gibt es freitags Karaoke, samstags Disco und gelegentlich auch Livemusik.

Baumeister **Heinrich Brunsberg** im Stil der norddeutschen Backsteingotik umgebaut. Der 84 m hohe Nordturm entstand im 16. Jh. und erhielt 1723 eine barocke Haube. Die im Krieg zerstörte Basilika wurde bis 1962 wieder aufgebaut. Von der historischen Inneneinrichtung blieb nur die 1683 entstandene Kanzel im Renaissancestil erhalten. An die Kirche schmiegen sich drei aus dem 14. bis 19. Jahrhundert stammende Pfarrhäuser an.

Hauptwache

Die barocke Hauptwache neben der Marienkirche, 1720 entstanden, war einst Sitz der Wachmannschaft der Stargarder Garnison und beherbergt heute die Sammlungen des **Regionalmuseums** (Muzeum Stargard, Öffnungszeiten: Di. – So. 10.00 – 18.00, Sa. bis 14.00 Uhr).

Rathaus

Das sich anschließende, um 1250 entstandene Rathaus erhielt bei einem Umbau in der zweiten Hälfte des 16. Jh.s seine spätgotische Form. Den repräsentativen Schmuckgiebel ziert ein filigran gearbeitetes Netzwerk.

Jezioro Miedwie

Der 7 km westlich von Stargard gelegene Jezioro Miedwie (Madüsee) ist mit einer Fläche von 36,7 km² der fünftgrößte in Polen, seine tiefste Stelle misst 42 m. Das klare Gewässer dient der Trinkwasserversorgung von Szczecin, ist aber auch ein beliebtes Naherholungs-, Wassersport- und Ferienzentrum. Bekannt ist er für seine Madüsee-Maränen, ein sehr leckerer Speisefisch.

★ Suwałki

S 2

Wojewodschaft: Podlaskie
Einwohnerzahl: 69 100
Höhe: 170 m ü.d.M.

Suwałki liegt abseits der quirligen Touristenhochburgen östlich der Masurischen Seenplatte; ein idealer Ort für Leute, die Ruhe und Entspannung suchen und die Ausflüge in die nahen Naturparadiese genießen.

Die Stadt inmitten der **Suwalker Seenplatte** (Pojezierze Suwalskie), dem touristisch und wirtschaftlich noch wenig erschlossenen äußersten Nordosten Polens, entstand im 17. Jh. aus einer Siedlung, die

SUWAŁKI ERLEBEN

AUSKUNFT

Tourist Information
ul. Kościuszki 45, PL 16-400 Suwałki
Tel. 087 / 566 79 47
www.suwalki-turystyka.info.pl

SHOPPING

Im Zentrum von Suwałki lädt die Fußgängerzone in der ul. Chłodna mit Cafés und Boutiquen zum Bummeln ein. Die ul. Kościuszki nahe dem Marktplatzes bietet ebenfalls gute Einkaufsmöglichkeiten.

ÜBERNACHTEN

► **Günstig**

Dom Nauczyciela
ul. Kosciuszki 120, PL 16-400 Suwalki
Tel. 087 / 566 69 00
www.domnauczyciela.suwalki.pl
28 Z. Neben hübsch eingerichteten Zimmern gibt es hier auch ein gutes Restaurant. Spezialität: Fischgerichte.

Dom Pracy Twórczej w Wigrach
PL 16-412 Stary Folwark
www.wigry.org, Tel. 087 / 563 70 00
Die Einsiedeleien der Mönche und das Königshaus von Kloster Wigry dienen als Pension. Restaurant und Café empfangen ihre Gäste mit regionalen Spezialitäten.

Hańcza
ul. Wojska Polskiego 2
PL 16-400 Suwałki
Tel.: 087 / 566 66 33
www.hotelhancza.com
200 Betten.
Einfaches Hotel südlich des Zentrums an der Czarna Hańcza mit eigenem Sport- und Erholungskomplex, 25-m-Becken im Hallenbad und Zugang zum nahen Stadtsee.

ESSEN

► **Erschwinglich**

Na Starówce
ul. Chłodna 2
Tel. 087 / 563 24 24
Das im Herzen der Altstadt gelegene Restaurant bietet eine große Auswahl an regionalen Gerichten.

► **Preiswert**

Rozmarino
ul. Kościuszki 75
Tel. 087 / 566 59 04
Beliebte Pizzeria im Zentrum des Städtchens.

Kamaldulensermönche aus dem nahe gelegenen Wigry gründeten. Im Jahr 1720 erhielt Suwałki das Stadtrecht. Nach dem Wiener Kongress 1815 fiel die Stadt an das russische Zarenreich und wurde zur Garnison ausgebaut.
Im Jahr 1920 wurde die Region der neu geschaffenen polnischen Wojewodschaft Białystok zugeschlagen. Die im Zweiten Weltkrieg stark zerstörte heutige Kreisstadt lebt v. a. von der Holzindustrie.

Sehenswertes in Suwałki

Stadtzentrum

Das klassizistische Stadtzentrum rund um die ul. Kościuszki entstand in der ersten Hälfte des 19. Jahrhunderts. Hier, an der Hauptschlagader von Suwałki, finden sich die wichtigsten Sehenswürdigkeiten, die meisten Restaurants und Geschäfte. In den letzten Jahren wurden viele Gebäude liebevoll restauriert, darunter auch das 1844 gebaute **klassizistische Rathaus**. Mit seiner lichten Fensterfront und dem **Uhrturm** an der südlichen Ecke des Marktplatzes bildet es einen markanten Punkt im Stadtbild.

Klassizismus und Neorenaissance standen Pate beim Bau des Alexanderdoms.

Herz-Jesu-Kirche

Auf dem Marktplatz, dem pl. Józefa Piłsudzkiego, erhebt sich gegenüber dem Rathaus die Herz-Jesu-Kirche (Kościół Najświętszego Serca Jezusa). Nach einem Entwurf von **Enrico Marconi** wurde sie 1838 bis 1840 für die orthodoxe Gemeinde der Stadt erbaut. Später wurde die Kirche um einen zweigeschossigen Glockenturm ergänzt und erhielt eine Vorhalle nach antikem Vorbild. Das Gotteshaus wird heute von der katholischen Gemeinde genutzt.

✶ Alexanderdom

Eines der schönsten Gebäude der Stadt liegt ebenfalls am Marktplatz: Der Alexanderdom (Kościół Świętego Aleksandra) wurde 1820 bis 1829 von dem polnischen Architekten **Christian Aigner** als klassizistische Kathedrale für den neuen Bischofssitz errichtet. Mehrere Umbauten gaben dem Dom seine heutige Form im Stil der Neorenaissance. Die Hauptfassade wird von einem nach antikem Vorbild errichteten und von zwei Türmen flankierten Säulenportikus bestimmt. Zwei pseudodorische Säulenreihen im Kirchenraum trennen das Hauptschiff mit Tonnengewölbe von den lichten Seitenschiffen.

Kreismuseum

In einer alten Stadtvilla zeigt das Kreismuseum seine naturkundlichen und archäologischen Sammlungen. Sehenswert ist auch die Galerie polnischer Malerei um 1900 mit einer einzigartigen Sammlung der Werke des polnischen Malers **Alfred Wierusz-Kowalski**. Im Jahr 1849 in Suwałki geboren, studierte er an der Münchener Kunstakademie, wo er bis zu seinem Tod 1915 lehrte (Muzeum Okręgowe, ul. Kościuszki 81, Öffnungszeiten: Mo. – Fr. 8.00 – 16.00, Sa. u. So. 9.00 bis 17.00 Uhr).

Konopnicka-Museum

In der ul. Kościuszki 31 wurde am 23. Mai 1842 die Schrift-stellerin **Maria Konopnicka** geboren. Berühmt wurde sie vor allem durch ihre patriotischen Gedichte und Kindergeschichten. Ihr Leben und Werk dokumentiert eine Ausstellung in ihrem Geburtshaus (Muzeum im. Marii Konopnickiej, Öffnungszeiten: Mo. – Fr. 9.00 – 16.00, Sa. u. So. 9.00 – 17.00 Uhr).

Umgebung von Suwałki

✶ Puńsk

Direkt an der litauischen Grenze, 23 km nordöstlich von Suwałki, liegt Puńsk, die »heimliche Hauptstadt« der litauischen Minderheit in Polen. Das **Ethnografische Museum** im Litauischen Kulturhaus zeigt über 2000 Exponate der ländlichen Kultur der litauischen Bevölkerung (Muzeum etnograficzne, ul. Mickiewicza 56, Öffnungszeiten: Mo. – Fr. 8.00 – 16.00, Sa. 8.00 – 14.00 Uhr).

Museumsdorf ►

Einen Einblick in die Vergangenheit der Region bietet das kleine, am Stadtrand in Richtung Sejny gelegene Museumsdorf mit litauischen Bauernhäusern aus dem 19. und frühen 20. Jahrhundert. Jeden Sommer findet hier das überregionale Festival »Theater in der Scheune« statt, bei dem v. a. litauische Stücke aufgeführt werden (Skansen w Puńsku, Öffnungszeiten: Di. – So. 10.00 – 18.00 Uhr).

Das Freilichtmuseum in Puńsk widmet sich der Kultur der litauischen Minderheit der Region.

Sejny

Das Bild der Stadt Sejny, rund 30 km östlich von Suwałki, wird bestimmt vom Ensemble des ehemaligen Dominikanerklosters aus dem frühen 17. Jh., einem der wenigen Renaissancebauten im Nordosten Polens. Der wehrhafte Konvent wurde auf quadratischem Grundriss erbaut, an den Ecken erheben sich bastionsartig hervorspringende Türme mit zwiebelförmigen Kuppeln. Gegenwärtig befinden sich die Räume des Klosters in einem desolaten Zustand. Geplant ist ein Ausbau der Gebäude als Hotel und Museum. Derzeit kümmert sich eine städtische Initiative um die Instandsetzung der Anlage, die man täglich von 10.00 bis 17.00 Uhr besichtigen kann.

Die »Madonna von Sejny« in der Klosterkirche, eine der wenigen erhaltenen gotischen Schreinmadonnen, stammt aus einer Danziger Werkstatt des 14. Jahrhunderts. An katholischen Feiertagen werden die beiden unter den Armen verborgenen Seitenflügel der 1,60 m hohen Skultpur geöffnet. Sie zeigen eine auf einem Thron sitzende Gottesfigur, umringt von 27 weiteren Figuren, u. a. zwei Ordensritter.

◀ Mariä-Heimsuchungs-Kirche

In weitaus besserem Zustand präsentiert sich die Mariä-Heimsuchungs-Kirche (Kościół Nawiedzenia Najświętszej Maryi Pannej). Die dreischiffige Klosterkirche wurde 1610 bis 1619 ebenfalls im Stil der späten Renaissance erbaut. 1710 erfolgte der Umbau nach barockem Muster mit dem von zwei Türmen flankierten Hauptportal.

◀ Weiße Synagoge

Die Weiße Synagoge (Biała Synagoga) in der ul. Piłsudskiego entstand 1865 an der Stelle eines hölzernen Vorgängerbaus. Das Gebäude mit neogotischen und neoklassizistischen Elementen diente nach 1939 zeitweilig als Lagerhalle. Anfang der 1980er-Jahre instandgesetzt, wird der einstige Sakralbau für Veranstaltungen, Konzerte und Ausstellungen genutzt.

MULTIKULTURELLES PODLACHIEN

Keine andere Region Polens wurde von Menschen so unterschiedlicher Kulturen, Religionen und Sprachen geprägt wie Podlachien: Polen, Litauer, Deutsche, Russen, Juden, Orthodoxe, Katholiken und Muslime schufen eine besondere kulturelle Vielfalt, die bis heute erkennbar ist.

Gleichzeitig ist Podlachien die am geringsten besiedelte Wojewodschaft Polens mit durchschnittlich nur 59 Einwohnern pro Quadratkilometer. In Białystok wohnen knapp 300 000 Menschen, doch schon die nächsten Städte sind deutlich kleiner.

Tataren: Land als Sold

Ursprünglich im späten Mittelalter von der Krim nach Litauen gewandert, dienten die muslimischen Tatarenüber Jahrhunderte in der Armee der polnisch-litauischen Könige. Ihre Einheiten zählten mit zu den tapfersten, was ihnen einigen Ruhm und nach der erfolgreichen Schlacht im Jahr 1683 gegen die Türken vor Wien sogar **polnische Adelstitel** einbrachte. Als Entschädigung für ausstehenden Sold schenkte ihnen König Jan III. Sobieski Land im Osten von Podlachien, wo ihre rund 5000 Nachfahren heute noch leben. Infolgedessen hat in den kleinen Orten Kruszyniany und Bohoniki, aber auch in Białystok selbst der Islam seit Jahrhunderten einen gleichberechtigten Platz neben den anderen Religionen.

Litauische Minderheit

Der Norden der Wojewodschaft ist das Gebiet der litauischen Minderheit, die hier in einigen Gemeinden sogar die Mehrheit stellt. Die Suwalszczyzna, die Gegend rund um das regionale Zentrum **Suwałki**, gehörte früher zu Litauen und kam erst 1920 nach dem polnisch-litauischen Krieg zu Polen.

Die hölzernen Häuser in den Dörfern sind bunt bemalt. An den Gebäuden begegnet man vielen zweisprachigen litauisch-polnischen Aufschriften und im Bus, beim Einkaufen, im Café und auf der Straße hört man häufig das litauische Idiom.

Der Glaube spielt nach wie vor auch eine große Rolle bei den nationalen Minderheiten in Polen.

Weißrussische Wurzeln

Auch der Süden der Wojewodschaft, die Gegend um **Drohiczyn, Hajnówka und Białowiea**, hat seine regional spezifische Kultur. Das Belarussische oder das Kresypolnische, wie die Mischformen aus Polnisch und Ostslawisch/Litauisch genannt werden, sind hier oft im Alltag zu hören, denn die weißrussische Minderheit zählt mit rund 200 000 Mitgliedern zu den zahlenmäßig stärksten nationalen Minderheiten Polens. Ebenso wie die Litauer sind sie sehr traditionsbewusst. Untrennbar mit ihnen verbunden ist der orthodoxe Glaube, auch wenn es einige Katholiken und Unierte unter ihnen und andererseits durchaus auch orthodoxe Polen gibt. In Podlachien sollte man einmal einen orthodoxen Gottesdienst besuchen. Vor allem die gesungene Liturgie verleiht den orthodoxen Messen durch ihre ständigen Wiederholungen einen fast meditativen Charakter.

Deutsche Spuren

Von vielen anderen einstigen Bewohnern sind heute nur noch Spuren zu finden. Von den evangelischen Deutschen etwa, die im 19. Jh. hier vor allem infolge der Industrialisierung siedelten. Erhalten geblieben sind einige Friedhöfe, beispielsweise der evangelische Friedhof von **Supral**, und etliche Fabrikanlagen, etwa die der Industriellenfamilie Moes in **Choroszcz**.

Von der Kulturvielfalt zur Kunstsprache

Aschkenasische Juden lebten bereits seit dem 14. Jh. in der Region um **Grodno**. Podlasie war einst eines der größten Zentren der europäischen Juden. In vielen Orten stellten sie mehr als die Hälfte der Einwohner, auch in Bi ałystok. Einer von ihnen war der Arzt Ludwik Zamenhof. Geprägt durch die vielsprachige Welt seiner Kindheit, wollte er ein Kommunikationsmittel schaffen, das unabhängig von der jeweiligen Muttersprache einfach und schnell erlernbar wäre – und entwickelte die Kunstsprache **Esperanto**.

★★ Wigry-See

Rund 6 km östlich von Suwałki beginnt der 15 000 ha große **Wigry-Nationalpark** (Wigierski Park Narodowy). 1989 gegründet, lässt sich das v. a. bei Hobbyornithologen beliebte Ausflugsziel auf insgesamt 190 km Rad- und Wanderwegen erkunden. Seinen Namen hat der Park vom Wigry-See (Jezioro Wigry), der am Ende der letzten Eiszeit vor rund 12 000 Jahren entstand.

Kamaldulenserkloster ► Auf einer malerischen Halbinsel im Wigry-See liegt eine der **schönsten barocken Klosteranlagen** im Nordosten des Landes. Im Jahr 1667 schenkte König Jan Kazimierz dem Kamaldulenserorden den See nebst umliegenden Wäldern und Ortschaften. Wenige Jahre später entstand der Klosterkomplex in seiner spätbarocken Form mit 17 Einsiedeleien, Refektorium, Uhrenturm, Pförtnerloge, Gästehäusern und dem sogenannten Königshaus (► S. 284). Gegen ein geringes Entgelt kann man hier die Zimmer besichtigen, in denen Papst Johannes Paul II. während seines Aufenthaltes 1999 logierte.

Klosterkirche ► Die Klosterkirche wurde 1694 bis 1745 nach Plänen des italienischen Architekten **Pietro Putini** erbaut. Mit seinen beiden Türmen dominiert das mächtige, auf einer kleinen Anhöhe gelegene Bauwerk den gesamten Komplex. Die beiden Seitenschiffe der Basilika sind vom Hauptschiff durch Mauerbögen abgetrennt. Bemerkenswert sind die kunstvoll verzierten Altäre. An der Nordwand der Krypta ist ein **Totentanz** aus dem 17. Jh. erhalten geblieben.

Jezioro Hacza ► Durch die Czarna Hańcza ist der Wigry-See mit dem im Suwałki-Landschaftspark(Suwałski Park Krajobrazowy) gelegenen Jezioro Hańcza (Hańcza-See) verbunden. Der mit 113 Metern **tiefste See Polens** ist mit seiner steilen Uferzone eines der beliebtesten Ziele des Landes für Tauchsportler.

Święta Góra Grabarka · Heiliger Berg Grabarka

T 6

Wojewodschaft: Podlaskie **Höhe:** 167 m ü.d.M.

Tausende von Kreuzen schmücken den Berg Grabarka, das wichtigste orthodoxe Heiligtum Polens. Seit dem 18. Jh. pilgern jedes Jahr Mitte August Zehntausende Gläubige zur Kapelle auf dem Berg, und viele lassen dort ein Bußerkreuz zurück.

Legende der Ikone des Spas Izbavnik

Die Ursprünge des Heiligtums lassen sich auf die Ikone des Spas Izbavnik (Christerlöser) zurückführen, die im 13. Jh. in der nahen Stadt Mielnik aufbewahrt wurde. Während eines Tatarenüberfalls auf die Stadt 1258 wurde die Ikone in die umliegenden Wälder ge-

Ein Ruderer genießt die Stille des Wigry-Sees →

Fürbitte-Kreuze in Grabarka

bracht, um sie vor den herannahenden Reiterhorden zu schützen. Doch die Ikone ging verloren. Als im Jahr 1710 eine Choleraepidemie in der Gegend wütete, erinnerte sich ein Bürger aus Siematycze an die verlorene Ikone und schlug vor, dass jeder ein Kreuz zimmern und es auf den Berg Grabarka bringen solle. Dort verbrachten die Einwohner der Stadt mehrere Tage mit Gebeten und tranken aus einer Quelle, der man wundertätige Kräfte nachsagte. Als schließlich niemand mehr an der Seuche erkrankte, stifteten die Überlebenden eine Kapelle, die der Transfiguration Christi geweiht wurde.

Bis zur zwangsweisen Aufhebung der Kirchenunion durch die russischen Behörden im Jahr 1846 war Grabarka ein uniertes, griechisch-katholisches Heiligtum. Bei dem bedeutendsten orthodoxen Heiligtum Polens wurde 1947 das **Kloster der heiligen Marta und Maria** eingerichtet, das sich der Pflege der Anlage widmet. Die Klosterkirche Maria von der sorgenvollen Freude (Cerkiew Marii Wszystkich Strapionych Radość) schmücken einige interessante Ikonen aus dem 19. Jahrhundert. Den Heiligen Berg Grabarka kann man ganzjährig von 10.00 bis 17.00 Uhr besuchen.

Kirche der Transfiguration Christi Die hölzerne Kirche der Transfiguration Christi (Cerkiew Przemieniania Pańskiego), die im Jahr 1886 aus dem benachbarten Mielnik hierher überführt wurde, fiel 1990 einem Brand zum Opfer. In der neu errichteten Holzkirche kann man noch zwei gerettete Ikonen aus dem Vorgängerbau bewundern. Mehr als 7000 Büßerkreuze, die zum Teil schon mehrere Jahrhunderte hier stehen, umgeben die Kirche. Sie haben den Brand so gut wie unbeschadet überstanden.

Wallfahrt An den jährlichen Wallfahrten Mitte August beteiligen sich Zehntausende Gläubige. Erste Station ist das mit kunstvollen Deckenmalereien verzierten Brunnenhäuschen am Fuß des Bergs. Das Wasser der heiligen Quelle soll vor Krankheiten schützen. Die Tücher, mit denen die Pilger sich reinigen, sollen das Böse und Kranke aufnehmen. Oben auf dem Berg umrunden die Gläubigen die hölzerne Kirche dreimal auf Knien. Singend und betend verbringen sie die ganze Nacht auf dem heiligen Berg. Viele lassen ein Kreuz mit einer persönlichen Fürbitte auf dem Berg zurück.

GRABARKA

AUSKUNFT

Tourist Information
ul. Leg. Piłsudskiego 3
PL 17-300 Siemiatycze
Tel. 085 / 655 58 56
www.siemiatycze.pl

Umgebung des Święta Góra Grabarka

Siematycze

Ca. 15 km westlich von Grabarka liegt die Kreisstadt Siematycze. An der ul. 3 Maja, unweit vom Marktplatz, erhebt sich die Mariä-Himmelfahrts-Kirche (Kościół Wniebowzięcia Naszej Marii Pannej) aus der ersten Hälfte des 17. Jh.s, die im 18. Jh. barock umgestaltet wurde. Sehenswert ist der spätbarocke Altar mit Schnitzereien des Warschauer Meisters **Bartłomiej Bernatowicz**.

Synagoge

Die zwischen 1797 und 1801 errichtete Synagoge an der ul. Pałacowa wurde im Zweiten Weltkrieg ein Opfer der Flammen und Anfang der 1960er-Jahre wieder aufgebaut. Das klassizistische Gebäude beherbergt heute ein kleines Museum, das der Geschichte der Juden gewidmet ist.

Drohiczyn

◄ Franziskanerkloster

Drohiczyn, ca. 24 km südöstlich von Grabarka am Ufer des Bug gelegen, gehört zu den ältesten Siedlungen der Wojewodschaft Podlaskie. Das ehemalige Franziskanerkloster mit der Mariä-Himmelfahrtskirche (Kościół Wniebowzięcia Najświętszej Marii Pannej) stammt aus dem 15. Jahrhundert; zu Beginn des 18. Jahrhunderts wurden Kloster und Kirche umfassend barockisiert. In den Klostergebäuden präsentiert das **Museum der Diözese** seine Sammlungen (ul. Kraszewskiego 4, Öffnungszeiten: Mo. – Sa. 10.30 – 13.00, 14.30 bis 17.30 Uhr).

Dreifaltigkeitskirche

Die Dreifaltigkeitskirche (Kościół Trójcy Przenajświętszej) an der ul. Kościelna entstand 1696 bis 1707 als Klosterkirche des Jesuitenordens. In den Klostergebäuden sind heute die Kurie des Bistums Drohiczyn und ein Priesterseminar untergebracht.

Burghügel

Südlich vom Marktplatz erhebt sich der Burghügel Drohiczyns über den Bug, der einen wunderbaren Blick über die Flussniederung bietet. An der Stelle der ehemaligen Burg steht seit 1928 ein Denkmal für die Gefallenen im Kampf um die Unabhängigkeit Polens.

Świnoujście · Swinemünde

A 3

Wojewodschaft: Zachodnio-Pomorskie **Höhe:** 0 – 5 m ü.d.M.
Einwohnerzahl: 46 700

Quirliges Leben und ein betriebsamer Hochseehafen – der EU-Beitritt Polens im Jahr 2004 brachte dem Hafen- und Kurort, der immer mehr ausländische Touristen anzieht, neuen wirtschaftlichen Aufschwung. Das Zentrum von Świnoujście liegt auf der Insel Usedom, die zwei Fähren mit der Nachbarinsel Wolin verbinden.

Geschichte Im Jahr 1181 begann der Bau von festen Häusern an der Mündung der Świna (Swine), 1230 entstand eine Fährverbindung über den Fluss. Die gesamte Insel Usedom kam am Ende des Dreißigjährigen Kriegs zu Schweden, das sie 1720 an Preußen abtrat. 1740 bis 1746 entstand ein Seehafen an der Swinemündung. Mit dem Ausbau des Hafens entwickelte sich auch der Ort. 1765 erhielt Swinemünde Stadtrechte. Nach dem Bau der Kaiserfahrt, eines Kanals zwischen Swine und Stettiner Haff im Jahr 1880, geriet der Hafen gegenüber Stettin ins Hintertreffen.
1824 wurde erstmals offiziell die Badesaison eröffnet und rasch entwickelte sich Swinemünde zum größten deutschen Ostseebad. Nachdem 1897 die ersten Solequellen entdeckt worden waren, etablierte sich der Kurbetrieb.
Seit 1850 war Swinemünde Garnisonsstadt. Die Nationalsozialisten bauten den Hafen ab 1934 zur Marinebasis aus. Bei einem amerikanischen Luftangriff kurz vor Kriegsende wurde die Stadt zum größten Teil zerstört, 23 000 Menschen kamen ums Leben.
Erst 1958, als die sowjetischen Truppen das okupierte Kurviertel geräumt hatten, wurde der Kurbetrieb erneut aufgenommen. Heute zählt die Stadt wieder zu den größten Kur- und Badeorten an der Ostsee. Im Kurviertel begann mit dem EU-Beitritt Polens ein regelrechter Bauboom.

i Erinnerungen eines Apothekersohns

- Theodor Fontane (1819 – 1898) verbrachte einen Teil seiner Kindheit in Swinemünde. Sein Vater führte von 1827 bis 1832 eine Apotheke am heutigen pl. Wolności. In seiner 1893 erschienenen Autobiografie »Meine Kinderjahre« beschreibt Fontane das Leben im damaligen Badeort. Die Apotheke existiert nicht mehr, am Nachfolgebau erinnert eine Gedenktafel an den berühmten Schriftsteller.

Sehenswertes in Świnoujście

Kurviertel Schöne, breite Sandstrände liegen zu beiden Seiten der Świna-Mündung. In dem etwa 2 km vom Stadtzentrum entfernten Kurviertel wurden in den vergangenen Jahren viele der neoklassizistischen und Jugendstil-Villen saniert. Hier befinden sich auch die drei Naturheilanstalten der Kurgesellschaft Uzdrowisko Świnoujście.

ŚWINOUJŚCIE ERLEBEN

AUSKUNFT

Tourist Information;
ul. Wybrzeże Władysława IV
PL 72-600 Świnoujście
Tel. 091 / 322 49 99
www.swinoujscie.pl

ESSEN

► Erschwinglich

Restauracja Centrala
ul. Armii Krajowej 3
Tel. 091 / 321 26 40
Traditionsreiches Restaurant und Café im Stadtzentrum mit altpolnischen Gerichten. Abends gibt's im Jazzclub gelegentlich Livemusik.

► Preiswert

Cafe Paw
ul. Żeromskiego 25
Das hübsche Promenadencafé bietet im Sommer einen Biergarten.

ÜBERNACHTEN

► Komfortabel

Delfin SPA
ul. Słowackiego 19
PL 72-600 Świnoujście
Tel./Fax 091 / 322 13 63
www.hotel-delfin.pl
30 Z. Modernes Hotel mit Kur- und Wellnessbereich und kleinem Swimmingpool im Strandviertel.

Pod Kasztanami
ul. Paderewskiego 14/1
PL 72-600 Świnoujście
Tel. 091 / 321 39 47
www.pod-kasztanami.pl
3 Z., 4 App. Jugendstil-Villa am Rand des Kurviertels. Das zugehörige Restaurant ist stilvoll mit alten Möbeln eingerichtet.

VERKEHR

Fähren
Eine kleine Autofähre verbindet den Bahnhof auf Woliner Gebiet mit dem auf Usedom gelegenen Stadtzentrum, die größere Fähre führt südlich des Stadtzentrums am Ende der Schnellstraße E 65 über die Świna. Beide Fähren verkehren rund um die Uhr in kurzen Abständen und sind kostenlos. Per Schiff gibt es regelmäßige Verbindungen zu den deutschen Badeorten auf Usedom; außerdem verkehren täglich Fähren ins südschwedische Ystad.

Grenzübergänge
Der Grenzübergang von Świnoujście zum deutschen Seebad Ahlbeck ist nur für Fußgänger und Radfahrer. Seit April 2007 steht ein Übergang nach Garz für Fußgänger, Radfahrer und Busse zur Verfügung.

◄ Kurpark

Der Weg vom Kurviertel zum Stadtzentrum führt durch den Kurpark, der nach Plänen des berühmten preußischen Gartenbaumeisters **Peter Joseph Lenné** in der ersten Hälfte des 19. Jh.s mit zahlreichen Pflanzen aus dem Mittelmeerraum angelegt wurde.

Museum für Hochseefischerei

Das um 1808 gebaute ehemalige Rathaus am pl. Rybacka 1 ist heute Sitz des Museums für Hochseefischerei. Neben Exponaten zur Stadt- und Regionalgeschichte dokumentiert das Museum u. a. anhand von Schiffsmodellen und historischen Navigations- und Fangmethoden

Die über 180 Jahre alte Mühlenbake ist das Wahrzeichen der Stadt.

die Entwicklung der Hochseefischerei (Muzeum Rybołówstwa Morskiego, Öffnungszeiten: Di. – So. 10.00 – 18.00 Uhr).
In direkter Nachbarschaft liegt die Anlegestelle der Fähre zur Nachbarinsel Wolin. Hier starten auch Schiffe nach ► Międzyzdroje und Heringsdorf; im Gebäude an der Anlegestelle ist außerdem die **Touristeninformation** untergebracht.

Leuchtturm

Im Jahr 1857 wurde am östlichen Ufer der Swine der mit 68 Metern **höchste Leuchtturm an der Ostseeküste** errichtet. Hat man die 300 Stufen zur Aussichtsplattform unter sich, genießt man einen herrlichen Panoramablick (Öffnungszeiten: tgl. 10.00 – 18.00 Uhr).

Fort Gerhard

Unweit vom Leuchtturm entstand Mitte des 19. Jh.s das Fort Gerhard (Fort Gerharda), eine der drei historischen Anlagen der ehemaligen Festung Swinemünde. Besucher werden stilecht am Schilderhäuschen von einem Wachposten in preußischer Uniform empfangen. (Öffnungszeiten: im Sommer von Sonnenauf- bis Sonnenuntergang, im Winterhalbjahr 10.00 – 17.00 Uhr).

Engelsburg, Westfort

Die beiden anderen Teile der Festung, die Engelsburg (Zamek Anioła) und das Westfort (Fort Zachodni), erheben sich am gegenüberliegenden Swine-Ufer. Der mächtige Rundbau der Engelsburg entstand 1845 bis 1858 nach dem Vorbild des Hadrian-Mausoleums in Rom (Öffnungszeiten: tgl. 9.00 – 18.00 Uhr).

Festungsmuseum ►

Im Westfort erzählt ein kleines Museum die Geschichte der Festung (Öffnungszeiten: tgl. 10.00 – 18.00 Uhr).

Mühlenbake

Zu beiden Seiten der Swinemündung entstanden 1823 zwei 1100 und 1500 Meter lange Molen, für die damalige Zeit eine ingenieurtechnische Meisterleistung. An der westlichen Spitze erhebt sich mit der Mühlenbake das Wahrzeichen der Stadt, ein in Form einer Windmühle gehaltenes Navigationszeichen.

★★ Szczecin · Stettin

B 4

Wojewodschaft: Zachodnio-Pomorskie **Höhe:** 5 – 84 m ü.d.M.
Einwohnerzahl: 411 000

Die alte Hansestadt, einst Hafen von Berlin, erhielt erst in jüngster Zeit ihr im Zweiten Weltkrieg zerstörtes Zentrum zurück. Polens wichtigste Hafenstadt präsentiert dort ein Ensemble aus rekonstruierten historischen und neuen historisierenden Gebäuden.

Geschichte

Die im 8. Jh. auf dem heutigen Schlosshügel gegründete slawische Siedlung, später zu einer befestigten Burg erweitert, stieg rasch zu einem blühenden Handelsplatz auf. Im 12. Jh. zählte sie fast 10 000 Bewohner. Anfang des 12. Jh.s setzte König Bolesław II. Schiefmund den Greifenherzog **Wartisław I.** als seinen Statthalter in Stettin ein. Die Greifen residierten dort bis 1637, als der kinderlose Herzog **Boguslaus XIV.** starb.

Im Jahr 1243 erhielt Stettin das Stadtrecht, 1278 trat die Residenzstadt der Hanse bei. Durch König **Władysław Jagiełło** mit Handelsprivilegien ausgestattet, zog die Stadt immer mehr deutsche Kaufleute an. 1630 nahmen die Schweden die Stadt ein und bauten sie zur Festung aus. In den folgenden Jahrzehnten gab es immer wieder kriegerische Auseinandersetzungen mit Brandenburg um Stettin. 1720 verkaufte Schweden die Stadt für zwei Mio. Goldtaler an Preußen. Die preußische Herrschaft war von 1806 bis 1813 unterbrochen, als Napoleons Truppen die Stadt besetzt hielten.

Mit der ersten Eisenbahnverbindung nach Berlin 1843 entwickelte sich Stettin rasch zum Seehafen der Hauptstadt. Zu Polen kam die Stadt erst wieder 1945. Anders als in Danzig wurde die alte Bausubstanz nur teilweise rekonstruiert, Lücken wurden mit einfachen Wohn- und Zweckbauten gefüllt. Bis heute dauert der Wiederaufbau des historischen Zentrums an. Seit der Verwaltungsreform 1999 ist Szczecin Hauptstadt der Wojewodschaft Zachodnio-Pomorskie (Westpommern).

i Das älteste Kino der Welt

- Das Kino »Pionier« am der al. Wojska Polskiego wurde bereits 1909 als Kino »Helios« eröffnet. 2002 wurden die Säle mit moderner Technik ausgestattet, ohne dass der Reiz des Hauses litt – bis heute kann man sich die Filme an Kaffeehaustischen anschauen. Seit 2005 findet sich das »Pionier« im Guinness-Buch der Rekorde als das älteste Kino der Welt, das bis heute in Betrieb ist (Infos unter www.kino-pionier.com.pl).

Westliches Oderufer

Bulwar Piastowski

Die wichtigsten Sehenswürdigkeiten der Stadt liegen am westlichen Ufer der Oder, an dem der Bulwar Piastowski entlangführt. Hier legen Kreuzfahrtschiffe auf ihren Ostseereisen an und kleine Barkassen

SZCZECIN ERLEBEN

AUSKUNFT

Tourist Information
al. Niepodległości 1 a
PL 70-206 Szczecin
Tel. 091 / 434 04 40
www.szczecin.pl

ul. Korsarzy 34
(im Schloss)
PL 70-540 Szczecin
Tel. 091 / 489 16 30

AUSGEHEN

① *Brama Jazz Café*
pl. Hołdu Pruskiego 1
Tel. 091 / 804 62 95
Im Königstor trifft man sich entspannt bei Jazz- und House-Musik.

② *Camarillo*
ul. Mściwoja 8
Tel. 091 / 488 34 81
Im Gewölbekeller des Alten Rathauses finden Livekonzerte, Tango-Lessons und Salsa-Abende statt.

③ *Club Grand Cru*
ul. Ks. Bogusława X 9
Tel. 091 / 488 91 91
www.grand-cru.pl
Bar, Disco und Restaurant mit mediterraner Küche – das »Grand Cru« ist Treffpunkt der Schönen und Reichen.

STADTBESICHTIGUNG

Die wichtigsten Sehenswürdigkeiten lassen sich zu Fuß erkunden. Am Hauptbahnhof beginnt eine 7 km lange Wanderroute, die durch eine rote Linie auf dem Bürgersteig gekennzeichnet ist. Die wichtigsten Objekte sind mit Infotafeln gekennzeichnet. Bei einstündigen Rundfahrten kann man Stettin vom Wasser aus erleben (Tickets an der ul. Jana z Kolna).

URLAUB AKTIV

Binowo Park
Binowo 62, PL 74-106 Stare Czarnowo
Tel. 091 / 404 15 33
www.binowopark.pl
Bei Binowo, am Rand des Landschaftsschutzgebietes Puszcza Bukowa entstand der »Binowo Park Golf Club« mit Klubhaus und Golf-Akademie.

SHOPPING

Centrum Handlowe Galaxy
Al. Wyzwolenia 18
Tel. 091 / 483 91 33
www.galaxy-centrum.pl
Einkaufsspaß, Gastronomie und Multiplex-Kino auf mehr als 90 000 m² im »Centrum Handlowe Galaxy«. Internationale Marken wie H & M und Benetton konkurrieren an 7 Tagen in der Woche mit polnischen Labels wie Reserved und Gino Rossi (al. Wyzwolenia 18, www.galaxy-centrum.pl).

ESSEN

► Fein & teuer

① *Chief*
ul. Rayskiego 16, Tel. 091 / 488 14 17
Schon seit vielen Jahren gibt es hier ausschließlich Fisch, stets lecker und variationsreich zubereitet.

► Erschwinglich

② *Bombay*
ul. Partyzantów 1
Tel. 091 / 812 11 71
1973 von der ehemaligen Miss India eröffnet, bietet das Restaurant ausgezeichnete südindische Gerichte aus dem Tandoor-Ofen.

③ *Pod Muzami*
pl. Żołnierza Polskiego 25
Tel. 091 / 434 72 09
Das Altstadt-Restaurant serviert sehr gute polnische Küche.

ÜBERNACHTEN

▸ Luxus

① *Park Hotel*
ul. Plantowa 1, PL 70-527 Szczecin
Tel. 091 / 434 00 50
www.parkhotel.szczecin.pl
32 Z. Im Park Żeromskiego gelegenes, charmantes Haus mit gediegenem Ambiente. Der Chefkoch war früher für das belgische Königshaus tätig. Neuer Spa-Bereich mit Pool/Sauna.

② *Radisson SAS*
pl. Rodła 10, PL 70-419 Szczecin
Tel. 091 / 359 55 95
www.radisson.com.pl
359 Z., 10 App. Zentral gelegen im Pazim-Businesscenter, mit Swimmingpool, Feinschmeckerlokal, Nightclub und dem höchstgelegenen Café der Stadt.

▸ Komfortabel

③ *Atrium*
Al. Wojska Polskiego 75
PL 70-481 Szczecin
Tel. 091 / 424 35 32
www.hotel-atrium.pl
30 Z. 2004 eröffnetes Mittelklassehotel im Zentrum mit italienischem Restaurant.

④ *Bończa*
ul. Anieli Krzywoń 18
PL 70-820 Szczecin
Tel. 091 / 469 35 04
www.hotel-boncza.szczecin.pl
18 Z. Im Stadtteil Dąbie über den Fluss Płonia gebautes Mittelklassehotel mit Sauna und Tennis.

⑤ *Novotel*
Al. 3 maja 31
PL 70-215 Szczecin
Tel. 091 / 480 14 00, www.orbis.pl
116 Z. Neues Hotel im Zentrum mit Swimmingpool und Sauna.

▸ Günstig

⑥ *Campanile*
ul. Wyszyńskiego 30
PL 70-203 Szczecin
Tel. 091 / 481 77 00
www.campanile.com.pl
85 Z. Modernes Businesshotel gegenüber der Johannis-Kathedrale.

starten zu Hafenrundfahrten. Um 1240 ließ Herzog Barnim I. die Johanniskirche (Kościół Św. Jana) für die Franziskaner errichten. Ihre heutige Form erhielt die dreischiffige Hallenkirche in der zweiten Hälfte des 14. Jahrhunderts.

★ Altstädter Rathaus

Herzstück der Altstadt ist der Rynek Sienny (Heumarkt) mit dem Altstädter Rathaus, das sich in einem originellen Stilmix präsentiert. Es wurde um 1450 von **Heinrich Brunsberg** im gotischen Stil erbaut. Im Jahr 1677 während der Belagerung der Stadt durch brandenburgische Truppen stark zerstört, wurde es beim Wiederaufbau barockisiert. Nach den Zerstörungen des Zweiten Weltkriegs beließ man den barocken Südgiebel und fügte der Nordseite einen Ziergiebel im spätgotischen Stil mit fünf schlanken Türmchen an.

◂ Stadtmuseum

Hier zeigt das Stadtmuseum neben einer großen Münzsammlung archäologische Fundstücke, historische Urkunden, Fotos und Dokumente zur Stadtgeschichte (Öffnungszeiten: Sommer Di. – Fr. 10.00 bis 17.00, Sa. u. So. bis 16.00, Winter Di. – So. 10.00 – 16.00 Uhr).

Herrlich bunte Fassaden säumen den Marktplatz mit dem gotischen Altstädter Rathaus.

Altstadt Rund um das Altstädter Rathaus entsteht seit den 1990er-Jahren die neue Altstadt, wobei die historischen Straßenverläufe und Grundstücksgrenzen berücksichtigt werden. Einige Gebäude besitzen wieder ihre originale Form mit barocken Schmuckgiebeln, andere stellen eine gelungene Mischung aus Alt und Neu dar. Mit zahlreichen Restaurants, Cafés und Läden entwickelt sich die neue Altstadt zunehmend zum beliebten Treffpunkt der Einheimischen und Besucher.

Döblin-Geburtshaus ▶ Wieder entstanden ist auch das Haus in der ul. Panieńska 16. Eine Gedenktafel erinnert daran, dass im Vorgängerbau der Schriftsteller **Alfred Döblin** (1878 bis 1957), Autor des berühmten Großstadtromans »Berlin Alexanderplatz«, geboren wurde.

★ **Loitzenhof** Westlich des Stary Rynek steht eines der **schönsten mittelalterlichen Bürgerhäuser** der Stadt. Der Loitzenhof (Kamienica Loitzów) an der ul. Kurkowa entstand 1547 in spätgotischer Form für die wohlhabende Bankiersfamilie Loitz. Das reich verzierte und in einem warmen Orange gehaltene Gebäude beherbergt heute eine Kunstschule. Originell sind die schrägen Fenster, die dem Verlauf der Treppe folgen.

★ **Kathedrale St. Jakobi** Die Katedra Św. Jakuba entstand im 14. Jh. an der Stelle eines 1187 errichteten Vorgängerbaus und diente lange Zeit den deutschen Einwohnern der Stadt als Gotteshaus. 1677 wurde sie von brandenburgische Truppen fast vollständig zerstört, der Wiederaufbau dauerte bis weit ins 18. Jh. hinein. Ende des 19. Jh.s wurde der Turm auf 119 m erhöht; er fiel 1944 den Bomben der Allierten zum Opfer.

Szczecin *Orientierung*

Ausgehen
① Brama Jazz Café
② Camarillo
③ Club Grand Cru

Essen
① Chief
② Bombay
③ Pod Muzami

Übernachten
① Park Hotel
② Radisson SAS
③ Atrium
④ Bończa
⑤ Novotel
⑥ Campanile

Erst nach der Bildung der Diözese Szczecin-Kamień im Jahr 1972 wurde die Ruine der Jakobikirche als Sitz des Erzbischofs rekonstruiert. Beim Wiederaufbau entdeckte man auch die 200 Jahre lang verschollene Glocke wieder – eingemauert in eine Kirchenwand. Sie erhielt ihren neuen Platz in einer Holzkonstruktion an der Nordseite. Der Turm misst heute 70 Meter.

Ausstattung ► Von der einst reichen Ausstattung ist nur wenig erhalten. Das Triptychon des Hauptaltars entstand im 15. Jh. und befand sich bis Ende des Zweiten Weltkriegs im Dom von Chojna (Königsberg). In der Taufkapelle werden die Reliquien von Otto von Bamberg bewahrt.

Wały Chrobrego

Die über dem Oderufer verlaufenden Wały Chrobrego wurden seit dem Ausgang des 19. Jhs. zu einer Prachtstraße ausgebaut, an der sich repräsentative Gebäude aneinander reihen, darunter die Marinehochschule und das in einem Neorenaissancebau von 1903 unter-gebrachte **Meeresmuseum**, eine Abteilung des Nationalmuseums, mit umfangreichen Sammlungen zur Geschichte der Seefahrt sowie archäologischen und völkerkundlichen Abteilungen (Muzeum Morskie, Öffnungszeiten: Di. – Fr. 10.00 – 17.00, Sa. u. So. bis 16.00 Uhr).

✶ Haken-terrasse ► Zur Oder hin erstreckt sich die von Pavillons gefasste Hakenterrasse – benannt nach **Hermann Haken**, dem Oberbürgermeister der Stadt von 1876 bis 1906 – mit einem schönem Blick auf Stadt und Hafen.

✶✶ Schloss der Pommerschen Herzöge

Öffnungszeiten: Di. – So. 10.00 – 18.00

An der Stelle einer frühmittelalterlichen Festung entstand ab 1346 die Residenz der Greifenherzöge. Heute ist das Schloss der Pommerschen Herzöge (Zamek Książąt Pomorskich) das wichtigste kulturelle Zentrum der Stadt mit Oper, Operette, Theater und Ausstellungsräumen, mit der Touristeninformation, Cafés und Restaurants. Außerdem dient es als Sitz des Marschalls, des Repräsentanten der Wojewodschaft. Herzog Barnim III. begann 1346 mit dem Bau der Residenz. Um 1575 erhielt sie durch den italienischen Archi-tekten **Guglielmo di Zaccaria** im Wesentlichen ihre heutige Gestalt. Die einen Innenhof umschließende Vierflügelanlage wurde 1616 bis 1619 um den sogenannten Museumsflügel erweitert, wodurch ein kleinerer Hof dazukam. Bei alliierten Luftangriffen 1944 wurde das Renaissanceschloss bis auf seine Grundmauern zerstört; in den Jahren 1958 bis 1982 erfolgte der Wiederaufbau.

i Stettiner Zarinnen

- Im Eckhaus ul. Farna 1, unweit des Schlosses, wurde am 21. April 1729 Sophie Augusta Frederika Prinzessin von Anhalt-Zerbst als Tochter des damaligen Stadtkommandanten geboren. Sie heiratete 1745 Zar Peter III. und stieg nach dessen Tod 1762 als Katharina die Große zur Herrscherin Russlands auf. Da sie maßgeblich an den Teilungen Polens beteiligt war, wurde 1949 die Gedenktafel von dem Haus entfernt. Aus Stettin stammt auch eine zweite Zarin: Maria Feodorovna. Sie wurde 1759 als Sophie Dorothea Augusta von Württemberg geboren und heiratete 1776 Zar Paul I., den Sohn Katharinas der Großen.

Kleine Regatta mit Freizeitseglern vor der Hakenterrasse

Münzhof, Westflügel

Von der ul. Korsarzy führt der Weg ins Schloss vorbei an dem 1974 errichteten Denkmal für Boguslaus X. und seine Frau Anna Jagiellonka. Durch einen Torbogen betritt man zunächst den schmalen Münzhof, der nach dem Anbau des West- bzw. Museumsflügels Anfang des 17. Jh.s entstanden war. Herzog **Philipp II.**, ein großer Kunstliebhaber, wollte in dem neuen Flügel seine Kunstschätze ausstellen. Heute sind dort die Touristeninformation und die Verwaltung des Marschallamts untergebracht.

◄ Glockenturm

Am nördlichen Ende des Hofes erhebt sich der 58 m hohe Glockenturm. Über 204 Stufen gelangt man zur Aussichtsplattform, die einen herrlichen Blick auf Stadt, Oder und Hafen bietet.

Großer Innenhof

Ein Durchgang im ebenfalls vom Marschallamt genutzten Mittelflügel führt in den rechteckigen Großen Innenhof, der in den Sommermonaten die Bühne für Konzerte und Opernaufführungen bildet.

◄ Südflügel

Ihre feste Bühne hat die Oper in dem nach Boguslaus X. benannten Südflügel. In diesem Gebäudetrakt befinden sich auch der **Hochzeitssaal** des Standesamtes sowie die **Südgalerie** (Galeria Południowa), die wechselnde Ausstellungen zeigt.

◄ Uhrturm

Dem Südflügel vorgelagert ist der Uhrenturm. Dort hängt seit 1693 ein beeindruckender Zeitmesser, der von dem Dramburger Meister **Kaspar Ritard** gefertigt wurde: Als Ziffernblatt sieht man ein Gesicht. Auf der Nase dreht sich der Stundenzeiger, im weit geöffneten Mund wird der Monatstag angezeigt. Die beiden Augen folgen dem Lauf des Stundenzeigers. Eine kleinere, von zwei Greifen gehaltene Uhr darunter zeigt die Minuten an.

Ostflügel Im Keller des nach Barnim XI. benannten Ostflügels werden die Sarkophage von sechs Greifenherzögen ausgestellt. Der Gebäudetrakt ist Teil des Schlossmuseums, der **»Galeria Gotycka«**. Dort wird auch der Stich von Matthäus Merian aus dem Jahr 1653 gezeigt, der die Grundlage für den Wiederaufbau des Schlosses nach dem Zweiten Weltkrieg bildete.

Nordflügel Seit 1965 ist im Nordflügel das moderne **»Teatr Krypta«** untergebracht, das nur 30 Zuschauern Platz bietet. In den ehemaligen herzoglichen Gemächern im ersten und zweiten Stock wird junge polnische Kunst gezeigt, außerdem gibt es in der früheren Schlosskapelle einen Konzertsaal.

Umgebung des Schlosses

Reitstall Der um 1600 gebaute ehemalige Reitstall des Schlosses in der ul. Rycerska 3 beherbergt heute Seminarräume der Stettiner Universität. Das prachtvolle Renaissanceportal an der Ostseite befand sich ursprünglich am Schloss.

St. Peter und Paul Die Geschichte der Kirche St. Peter und Paul (Kościół Św. Piotra i Pawła) reicht zurück bis ins Jahr 1124. Anlässlich einer Missionsreise des Bischofs **Otto von Bamberg** wurde hier an der Stelle eines heidnischen Tempels eine Holzkirche errichtet. Die heutige dreischiffige Hallenkirche entstand in der Mitte des 15. Jahrhunderts. Sehenswert ist ihre mit biblischen Szenen bemalte Holzdecke.

Königstor Das aus Sandstein gebaute barocke Königstor (Brama Królewska) beim pl. Żołnierza Polskiego entstand 1725 bis 1727. Mythische Figuren, ein preußischer Adler und eine Königskrone schmücken die Fassaden des Tors, das heute ein beliebtes Jazz-Café beherbergt.

Berliner Tor ► Das Pendant dazu bildet das 1724 entstandene Berliner Tor (Brama Portowa), das weiter südlich am pl. Zwycięstwa steht. Errichtet hat die beiden Tore der preußische Festungsbaumeister **Gerhard Cornelius von Walrave** (1692 – 1773). Das Berliner Tor trägt eine lateinische Inschrift, die besagt, dass der preußischen König Friedrich Wilhelm I. Stettin von den Schweden »zu einem gerechten Preis« erworben und dem preußischen Staat angliedert hat.

Professorenhäuser An der Ostseite des pl. Żołnierza Polskiego stehen die sogenannten Kamienice Profesorskie; dort wohnten die Lehrkräfte des 1550 gegründeten Marienstiftgymnasiums. Die im Kern gotischen Gebäude aus dem 14. Jh. wurden um 1740 und nochmals um 1830 umgestaltet und mit repräsentativen Fassaden zum Platz hin versehen.

Ehemals Hafen von Berlin, ist die alte Hansestadt Stettin heute Polens wichtigster Hafen.

Nationalmuseum

Der barocke Palast in der ul. Staromłyńska 27 entstand 1726/1727 nach Entwürfen des Festungsbaumeisters Gerhard von Walrave als Sitz des Pommerschen Landtags. Heute zeigt dort das Nationalmuseum (Muzeum Narodowe) Kunstwerke aus Pommern, die Sammlungen der Greifenherzöge sowie polnische Malerei vom 18. Jh. bis Anfang des 20. Jahrhunderts. In dem gegenüberliegenden Bau an der ul. Staromłyńska 1 wird die zeitgenössische Kunstsammlung des Nationalmuseums präsentiert (Öffnungszeiten: Di. – Fr. 10.00 – 17.00, Sa. u. So. 10.00 – 16.00 Uhr).

Pariser Viertel

Das Gebiet nördlich der Altstadt wurde Ende des 19. Jh.s nach Plänen des Pariser Stadtplaners **Georges-Eugène Baron Haussmann** umgestaltet. Dabei entstanden große Plätze mit sternförmig verlaufenden, breiten Straßen. Ein Großteil der meist viergeschossigen Jugendstil- und Gründerzeitbauten ist bis heute erhalten geblieben.

◀ pl. Grunwaldzki

Zentrum des Viertels ist der pl. Grunwaldzki. Auf der Grünfläche in der Mitte des großen Platzes trifft man sich im Sommer gern zum Plausch oder zum Schachspiel, unbeeindruckt vom ringsum tosenden Verkehr. Die al. Piłsudskiego führt zum pl. Rodła, wo in den 1990er-Jahren das **»Pazim Center«** mit Büros, Boutiquen, Kinos und dem Hotel »Radisson SAS« entstand.

al. Jedności Narodowej ► Der breite Mittelstreifen der al. Jedności Narodowej verwandelt sich in den Sommermonaten in eine große Freiluftgaststätte. Die Straße führt vom pl. Grunwaldzki nach Südosten zum pl. Lotników, der Anfang des 21. Jh.s umgestaltet wurde. Dort wurde 2002 die Kopie eines Reiterstandbildes des Condottiere **Bartolomeo Colleoni** aufgestellt, eine der bedeutendsten Skulpturen der Renaissance. Das Original stammt von **Andrea del Verrocchio** (1435 – 1488) und steht in Venedig. In nordwestlicher Richtung führt die al. Jedności Narodowej vorbei am Rektorat der Universität zur Philharmonie am Rand der Grünanlage **Jasne Błonia**. Der gepflegte Park trägt den Namen von Papst Johannes Paul II., der hier 1987 vor rund einer Mio. Menschen predigte.

Zentralfriedhof Der Stettiner Zentralfriedhof im Südwesten der Stadt ist mit einer Fläche von 170 ha der drittgrößte in Europa nach Wien und Hamburg. Er wurde 1900 angelegt. Durch das Haupttor im neoromanischen Stil mit einer 77 m langen Säulenhalle betritt man die parkähnlich gestaltete Anlage.

Umgebung von Szczecin

Dąbie Der im Süden Stettins gelegene Vorort Dąbie (Altdamm) war bis 1939 eine selbstständige Stadt und ist für die Stettiner ein beliebtes Wassersportzentrum. Sehenswert sind die spätgotische Marienkirche und das im Renaissancestil errichtete Jagdschloss. Südlich des Ortes breitet sich die 76 km^2 große **Puszcza Bukowa** (Buchheide) aus.

Park Krajobrazowej Doliny Dolnej Odry Der **Landschaftspark Unteres Odertal** erstreckt sich entlang der beiden Oderarme südlich von Szczecin und schließt an den »Nationalpark Unteres Odertal« auf deutscher Seite an. Die Auenlandschaft ist ein wichtiges Vogelschutzreservat.

Am Rand des Parks liegt das Städtchen **Gryfino** (Greifenhagen). Die Kirche St. Nikolai stammt aus dem 13. Jh. und besitzt eine wertvolle Ausstattung aus der Renaissancezeit.

Zalew Szczeciński Nördlich der kleinen Industriestadt Police (Pölitz), die gut 20 km im Norden von Szczecin liegt, weitet sich die Oder zum Stettiner Haff. Das beliebte **Segelrevier** erstreckt sich auf einer Fläche von 800 km^2 zu beiden Seiten der deutsch-polnischen Grenze bis zu den Inseln Usedom und Wolin. Zentrum des Wassersports ist der kleine Fischerort **Trzebież** (Ziegenhals).

In Police entstanden nach 1937 die Hydrierwerke Pölitz. Das zur IG Farben gehörende Unternehmen stellte synthetisches Benzin her. Tausende Zwangsarbeiter waren dort beschäftigt. 1944 entstand ein Außenlager des KZ Stutthoff. Der kriegswichtige Betrieb war Ziel alliierter Bombenangriffe und wurde im Februar 1945 zerstört. Bis Herbst 1946 unterstand das Gebiet der sowjetischen Militärverwaltung. Heute ist Police wieder ein wichtiger Chemiestandort.

★ Szwajcaria Kaszubska · Kaschubische Schweiz

H/J 2

Wojewodschaft: Pomorskie **Höhe:** 140 – 329 m ü.d.M.

Vor den Toren Danzigs erstreckt sich die hügelige Landschaft der Kaschubischen Schweiz mit 250 meist sehr klaren Seen. Zeugnisse der kaschubischen Kultur findet man in vielen Orten.

Das Gebiet der Kaschubischen Schweiz umfasst den Landkreis Kartuzy mit rund 100 000 Bewohnern sowie den nördlichen Teil des Nachbarkreises Kościerzyna (Berent), der rund 66 000 Einwohner zählt. Viele Bewohner in den Dörfern und Kleinstädten der Region gehören der Volksgruppe der Kaschuben an und sprechen neben der polnischen auch die kaschubische Sprache. Das gesamte Gebiet war ursprünglich Teil des Herzogtums Pomerellen, gelangte mit der Ersten Polnischen Teilung 1772 zu Preußen und nach dem Ersten Weltkrieg erneut zu Polen.

SZWAJCARIA KASZUBSKA

AUSKUNFT

Tourist Information
Rynek 2, PL 83-300 Kartuzy
Tel./Fax: 058 / 681 02 01
www.kartuzy.pl

Sehenswertes in der Szwajcaria Kaszubska

★ Kartuzy

Die Kreisstadt Kartuzy (Karthaus) gilt als **Zentrum der Kaschubischen Schweiz**. Aus Böhmen eingewanderte Karthäusermönche gründeten hier 1383 das Kloster Marienparadies, das 1826 säkularisiert wurde. Erst danach entwickelte sich der nach den Mönchen benannte Ort Kartuzy, der 1923 das Stadtrecht erhielt.

◄ Stiftskirche

Die gotische Stiftskirche (Kolegiata Kartuska), 1381 bis 1405 am Ufer des Klostersees entstanden, ist das bedeutendste Bauwerk der Region. Bemerkenswert ist das Dach in Form eines Sargdeckels, das das einschiffige Gotteshaus bei einem Umbau in den Jahren 1731 bis 1733 erhielt. Wertvollstes Ausstattungsstück ist das filigran geschnitzte barocke Chorgestühl, das 1641 bis 1671 aus Eichenholz entstand. Die Schnitzereien zeigen Apostel und Heilige sowie die Leiden Jesu. Ein weiteres Meisterwerk der Schnitzkunst ist der dreiflügelige Altar in der **Goldenen Kapelle**. Er stammt aus dem Jahr 1444 und stellt die Krönung Marias als Königin des Himmels und der Erde dar. Mittelpunkt des Mitte des 17. Jh.s im Stil der Renaissance gefertigten Hochaltars ist ein Gemälde, das die Aufnahme Marias in den Himmel darstellt. Zu beiden Seiten des Hochaltars sind die Wände mit reich verzierten Ledertapeten bedeckt. Das **Refektorium** neben der

DIE KASCHUBEN

Die Kaschubei umfasste den Küstenstreifen von den Wanderdünen bei Łeba bis zur Spitze der Halbinsel Hel und die weiter südlich gelegene wald- und seenreiche Kaschubische Schweiz. Die Kaschuben hatten nie einen eigenen Staat, gelten aber als eigenständiges slawisches Volk mit einer eigenen Sprache, die sich vom Polnischen klar unterscheidet.

Der Greifenherzog Barnim I. gab sich 1250 den Titel »Herzog der Wenden und Cassuben«. Seine Nachfahren behielten diese Bezeichnung bei. Gab es Siedlungsgebiete der Kaschuben zunächst auch im Stettiner und Kolberger Raum, so verlagerte sich ihr Zentrum im Laufe der Jahrhunderte immer weiter ostwärts.

Germanisierung

Nach dem Ende der Greifen-Dynastie im Jahr 1648 gelangte das westliche Pommern in den Besitz der Brandenburger Kurfürsten, die dort eine Politik der Germanisierung betrieben. Pomerellen, wo im frühen Mittelalter noch vergleichbar wenige Kaschuben lebten, wurde danach zu ihrem eigentlichen Kerngebiet. Als nach der ersten polnischen Teilung dieses Gebiet zu Preußen gelangte, begann auch hier die Germanisierung. Gleichzeitig entwickelte sich im Zuge der Nationalstaatsbewegung um 1848 ein kaschubischer Regionalismus. Zu den Vorkämpfern zählte der bei Putzig geborene Arzt und Schriftsteller **Florian Ceynowa** (1817 – 1881). Er sah Kaschubisch als eigene Sprache und die Kaschuben als slawisches Volk an.

Deutsche oder Polen?

Obwohl sich die meisten Kaschuben den Versuchen widersetzten, sie gegen die Polen auszuspielen, galten sie im Polen der Zwischenkriegszeit als unsichere Kantonisten. Die Verwaltungsposten im Gebiet der Kaschubei wurden in der Regel mit Polen aus anderen Regionen besetzt; wer auf seiner kaschubischen Identität beharrte, musste mit Reglementierungen rechnen.

Sprache, Musik, Trachten und nicht zuletzt traditionelle Rezepte – die kaschubische Kultur kann wieder gepflegt werden, zum Beispiel an diesem »rustikalen Abend« in Goreczyno.

Während des Zweiten Weltkriegs wurde ein Großteil der kaschubischen Intelligenz umgebracht; wer sich nicht auf der »Volksliste III« als Deutscher eintragen ließ, landete schnell in einem Konzentrationslager oder als Zwangsarbeiter in Deutschland.

Anna Bronska, die kaschubische Großmutter in der **»Blechtrommel«** von Günter Grass, bringt das Dilemma der Kaschuben auf den Punkt: »Die missen immer dableiben und Koppchen hinhalten, damit de anderen drauftäppern können, weil unserains nich richtich polnisch is und nich richtich deitsch jenug ...«.

»... weil unserains nich richtich polnisch is und nich richtich deitsch jenug ...«

Mit dem Ende des Zweiten Weltkriegs setzte sich dieses Dilemma fort: Die sowjetischen Truppen sahen in den Kaschuben Deutsche; viele von ihnen landeten in den Lagern Sibiriens. Im Polen der Nachkriegszeit blieb für die Kaschuben der Gebrauch ihrer Sprache auf den privaten Bereich beschränkt. Was über die Pflege der Volkskunst hinausging, wurde als verdächtig angesehen und vorsichtshalber unterbunden.

Die Renaissance der Sprache

Seit dem Ende des Sozialismus kehrt die kaschubische Sprache langsam in das öffentliche Leben zurück: Straßenschilder auf der Halbinsel Hel beispielsweise sind seit einigen Jahren zweisprachig, es gibt Bücher und Unterricht in kaschubischer Sprache und in Danzig seit 1997 ein **Kaschubisches Institut**, das sich der Geschichte und Kultur der Kaschuben annimmt. In der Wissenschaft überwiegt die Ansicht, dass Kaschubisch eine eigenständige Sprache und nicht nur ein Dialekt ist.

Auf rund 500 000 wird die Zahl der Kaschuben geschätzt; viele von ihnen unterhalten sich in ihrer Sprache, die sich vom Polnischen klar unterscheidet und auch mit manchen deutschen Begriffen gespickt ist. »Guten Tag« heißt auf Kaschubisch übrigens »Njech b dze pochwoloni« (sprich: Niech bondze pochwoloni).

Anglerparadies: Radaunesee bei Kartuzy

Kirche, ursprünglich durch einen Kreuzgang mit dem Gotteshaus verbunden, ist heute eine **Galerie** für zeitgenössische Kunst (Galeria Refektarz, Öffnungszeiten: Di. – Fr. 10.00 – 16.00, Sa. und So. bis 18.00 Uhr).

Kaschubisches Museum ▶ Das Muzeum Kaszubskie in der ul. Kościerska 1 gibt mit alten Gebrauchsgegenständen und Kunsthandwerk, mit traditionellen Musikinstrumenten und Spielzeug einen Einblick in die kaschubische Kultur (Öffnungszeiten: Di. – Sa. 8.00 – 16.00, So. ab 10.00 Uhr).

Żukowo Das **Prämonstratenserinnenkloster** in der Kleinstadt Żukowo (Zuckau), ca. 12 km östlich von Kartuzy, stammt aus dem 13. Jahrhundert. Sehenswert ist der Schreinaltar der Klosterkirche, der im 16. Jh. in Antwerpen gefertigt wurde. Das **Pfarrmuseum** zeigt liturgische Gewänder sowie kaschubische Stickereien aus der Zuckauer Schule (Muzeum Parafialne, Besichtigung nach Anmeldung in der Pfarrei unter Tel. 058 / 681 82 42).

Jeziora Radunskie Der Ring der Jeziora Radunskie (Radauneseen) westlich von Kartuzy zählt zu den landschaftlich schönsten Teilen der Kaschubischen Schweiz. Das beliebte Kajakrevier kann auf einer rund 40 km langen Route erkundet werden. Ausleihstationen gibt es in vielen Ferienorten an den Ufern der klaren Gewässer.

Chmielno

In der von drei Seen umgebenen Gemeinde Chmielno (Chmelno), 10 km westlich von Kartuzy, ist seit rund 100 Jahren die Töpferfamilie Necel ansässig, deren Arbeiten in einem kleinen privaten Museum bewundert und gekauft werden können (Muzeum Ceramiki Kaszubskiej, ul. Necla 1, Öffnungszeiten: Mo. – Sa. 10.00 – 18.00 Uhr).

Góra Wieżyca

Der Góra Wieżycza (Turmberg) liegt etwa 15 km südlich von Kartuzy oberhalb der Gemeinde Szymbark (Schönberg) und ist mit 329 m die **höchste Erhebung im Norden Polens**. Ein vor wenigen Jahren erbauter Aussichtsturm erlaubt den Blick über die Baumwipfel auf die Seenlandschaft der Umgebung. Am Westhang sind im Winter einige Skilifte in Betrieb.

Kościerzyna

Mit über 23 000 Einwohnern ist die Kreisstadt Kościerzyna (Berent) die größte Gemeinde der Kaschubischen Schweiz. Am Rynek (Marktplatz) – dort beginnt die Fußgängerzone ul. Długa mit den **besten Einkaufsmöglichkeiten in der Region** – erhebt sich das 1845 gebaute neugotische Rathaus. Im Erdgeschoss und im gotischen Kellergewölbe ist heute ein Restaurant untergebracht. Das **Museum** im ersten Stock zeigt archäologische Fundstücke und volkskundliche Exponate aus der Stadt und ihrer Umgebung (Öffnungszeiten: Mo. bis Fr. 10.00 – 17.00, Sa. 9.00 bis 14.00 Uhr).

Im **Eisenbahnmuseum** werden verschiedene alte Dampfloks, Waggons und eine Draisine ausgestellt. Von hier starten im Sommer Ausflüge mit einer Dampflok nach Gdynia (Skansen Parawozownia, ul. Przemysłowa 4, Öffnungszeiten: Mai – Sept. Di. – So. 10.00 – 18.00, sonst bis 13.00 Uhr)

> ### i Der größte Tisch der Welt
>
> - Die kleine Gemeinde Szymbark am Fuß des Turmbergs fand 2002 Eingang ins »Guinness-Buch der Rekorde«. Dafür sorgte der mit fast 37 m längste Tisch der Welt. Das gemeindeeigene, über 1000 kg schwere Möbel bietet Platz für 200 Personen. Der Tisch steht in einem kleinen Freilichtmuseum knapp 2 km außerhalb des Orts (Centrum Edukacji i Promocji Regionu, Öffnungszeiten: Mo. – Sa. 9.00 – 17.00, So. ab 10.00 Uhr).

Wdzydze Kiszewskie

Wdzydze Kiszewskie (Sanddorf) liegt etwa 16 km südlich von Kościerzyna am Jezioro Wdzydze. Villen. Einen Blick in vergangene Zeiten gewährt das Kaschubische Freilichtmuseum in dem kleinen Ferienort. Das größte kaschubische Museumsdorf (Abb. S. 312) besteht seit 1906 und besitzt neben Fachwerkbauernhäusern, Ställen und Werkstätten auch Windmühlen und eine Holzkirche (Muzeum Kaszubski Park Etno-graficzny, Öffnungszeiten: Sommer tgl. 9.00 bis 16.00, Juli u. Aug. tgl. 10.00 – 18.00, Winter tgl. bis 15.00 Uhr).

Będomin

Im Herrenhaus von Będomin (Bendomin) erinnert ein kleines Museum an Józef Wybicki (1747 – 1822), den Schöpfer der polnischen Nationalhymne. Er war Abgeordneter im polnischen Parlament und Vorsitzender des Verfassungsgerichts in dem von russischen Gnaden existierenden Königreich Polen. Nach der Zweiten Teilung Polens schrieb er 1797 das Lied »Noch ist Polen nicht verloren«, den Text der späteren Nationalhymne (Muzeum Hymnu Narodowego, Tel. 058 / 687 71 83, Öffnungszeiten: im Sommer Di. – Sa. 9.00 – 16.00, So. 10.00 – 16.00, sonst bis 15.00 Uhr).

Bytów Das Industrie- und Verwaltungsstädtchen Bytów (Bütow; 17 000 Einw.) liegt knapp 30 km westlich von Kościerzyna am Rand der Kaschubischen Seenplatte (Pojezierze Kaszubskie). Die hoch über der Stadt gelegene mächtige Burg wurde 1398 bis 1406, als die Stadt zum Herrschaftsgebiet des Deutschen Ordens gehörte, von dem Koblenzer Meister Nikolaus Fellenstein errichtet. Die Greifenherzöge nutzten sie später als Sommerresidenz. Heute beherbergt die einstige Ordensburg das Westkaschubische Museummit großen historischen und volkskundlichen Sammlungen. Das ehemalige Herzoghaus im südlichen Flügel dient als Hotel und Restaurant. In den Räumen der Ordensburg finden Konzerte, Vernissagen und Konferenzen statt und im Burghof kann man im Sommer Ritterturniere erleben (Muzeum Zachodnio-Kaszubskie, Öffnungszeiten: Sommer Mo. 10.00 bis 16.00, Di. – So. bis 18.00, Winter tgl. 10.00 – 16.00 Uhr).

Westkaschubisches Museum ►

Das Freilichtmuseum in Wdzydze Kiszewskie lässt die vergangene Welt der Kaschuben wieder lebendig werden.

Tczew · Dirschau

K 2

Wojewodschaft: Pomorskie
Einwohnerzahl: 60 100
Höhe: 5 – 30 m ü.d.M.

Die Weichselbrücken bei Tczew gelten als technische Meisterleistung und waren zum Zeitpunkt ihrer Fertigstellung die längsten in Europa. Ein kostbares handwerkliches Meisterstück ist die Gutenberg-Bibel, die in der Kathedrale von Pelplin aufbewahrt wird.

Geschichte

Im Jahr 1252 gegründet, zählt Dirschau zu den ältesten Städten Pommerns. Von 1308 bis 1466 gehörte die Stadt zum Herrschaftsgebiet des Deutschen Ordens, danach zu Polen. In der Zeit der polnischen Teilungen kam sie zu Preußen, seit 1920 gehört sie wieder zu Polen.

Sehenswertes in Tczew

Pfarrkirche

Unweit des beschaulichen Marktplatzes, des von renovierten Bürgerhäusern umgebenen pl. Gen. Hallera, erhebt sich die im 13. Jh. im Stil der Weichselgotik gebaute Pfarrkirche (Kościół farny). Die wertvollen Fresken an den Decken und Wänden wurden im 15. Jh. geschaffen, die reiche Ausstattung stammt aus der Zeit des Barock.

TCZEW ERLEBEN

AUSKUNFT

Tourist Information
ul. Wojska Polskiego 28a
PL 83-110 Tczew
Tel. 058 / 531 46 26, www.tczew.pl

ESSEN

► Erschwinglich

Hacjenda
ul. Armii Krajowej 50
Tel. 058 / 777 56 02
Das »Hacjenda« serviert internationale Küche in überaus behaglicher Atmosphäre.

► Preiswert

Pizzeria Paco
ul. Dąbrowskiego 22
Tel. 058 / 530 12 12
Gemüliche Pizzeria in der Fußgängerzone.

ÜBERNACHTEN

► Günstig

Carina
al. Solidarności 19, PL 83-110 Tczew
Tel. 058 / 531 51 88
www.hotel.tczew.pl
31 Z. Modernes Hotel mit gut ausgestatteten Zimmern, Restaurant, Bar und Billardraum in Zentrumsnähe.

Zajazd Roma
ul. Rokicka 11, PL 83-110 Tczew
Tel. 058 / 531 60 15
www.zajazdhotel.pl
Komfortable Pension mit einem Restaurant mit altpolnischer Küche.

KATHEDRALE VON PELPLIN

★★ **Das Zisterzienserkloster von Pelplin, 22 km südlich von Tczew, wurde 1258 gegründet. Die Zisterziensermönche orientierten sich beim Bau der eindrucksvollen Backstein-Kathedrale im Wesentlichen am Bauplan der Doberaner Mutterkirche. Aber nicht allein die Kirche verdient Beachtung, auch im Diözesanmuseum findet sich so mancher hochmittelalterliche Schatz, etwa die einzige Gutenbergbibel in Polen.**

① Dachreiter
Die Dachreiter anstelle eines Turms sind ein Kennzeichen der Ziesterzienserkirchen. Sie sollten ursprünglich die Schlichtheit der Kirche betonen.

② Hochaltar
Insgesamt hat die Kirche 20 Altäre, davon 3 aus Marmor, 2 aus Stuckmarmor, die anderen sind aus Holz, mit Farbe und Gold versehen. Der großartige Hochaltar birgt ein Gemälde der Himmelfahrt Mariä, das der Danziger Maler Hermann Han 1625 geschaffen hat. Mit 10 m Breite und 26 m Höhe ist der Hochaltar einer der größten Europas.

③ Schlussstein
Der Pelikan steht in der christlichen Symbolik für den Kreuzestod Christi. NIcht selten wird er dargestellt wie auf diesem Schlussstein: Der Pelikan reißt sich die Brust auf und opfert sein Blut den Jungen im Nest.

④ Chorgestühl
Auch wenn ihnen das wunderbar geschnitzte Chorgestühl vorbehalten war, so richtig bequem konnten es sich die Zisterziensermönche darin nicht machen.

Erlesene Backsteingotik – beeindruckend und einschüchternd zugleich

Der prächtige vergoldete Hochaltar zeigt in der Mitte die Himmelfahrt Mariä, umrahmt von Apostel- und Heiligenfiguren und bekrönt von Engeln.

Das wunderschön geschnitzte Chorgestühl war einst den Zisterziensermönchen vorbehalten.

Schlusssteine waren oft prächtig geschmückt mit christlichen Symbolen oder Wappen der Stifter und anderer am Bau der Kirche beteiligter Personen.

Weichselmuseum Das Muzeum Wisły entstand 1984 als Außenstelle des Danziger Meeresmuseums in einem Industriebau aus dem 19. Jh. und informiert über die Geschichte der Weichselschifffahrt. Das absolute Highlight des Museums ist ein über 3000 Jahre altes Boot (ul. 30 Stycznia 4, Öffnungszeiten: Ende Juni – Ende Okt. Di. 10.00 bis 18.00, Mi. – So. bis 16.00 Uhr).

Weichselbrücken Die Weichselbrücken am Rand des Stadtzentrums gelten als technisches Meisterwerk. Die erste Stahlbrücke über die Weichsel entstand 1850 bis 1857 und war mit 837 m die längste in Europa. Sechs mächtige Brückenpfeiler gaben der Straßenbrücke Halt. Von ihren ehemals zehn neogotischen Türmen blieben nach den schweren Zerstörungen im Zweiten Weltkrieg nur vier erhalten, auch die zwei Einfahrtstore wurden nicht wieder aufgebaut. Die Parallelbrücke für den Eisenbahnverkehr entstand 1888 bis 1891.

Umgebung von Tczew

★★ Zisterzienserkloster Pelpin Das Zisterzienserkloster von Pelplin, ca. 22 km südlich von Tczew, wurde 1258 von Mönchen aus dem Mutterkloster in Doberan gegründet. Sie blieben hier bis zur Säkularisierung des Klosters Ende des 18. Jahrhunderts.

Heute ist die gotische Kathedrale Sitz des Bischofs von Pelplin. Sie entstand als Klosterkirche ab 1276. Etwa 200 Jahre dauerte es, bis der Sakralbau fertiggestellt war. Jeweils zwei achteckige Treppentürme flankieren die beiden Fassaden der 86 m langen Basilika.

Eines der schönsten Ausstattungsstücke der Kirche ist der 26 m hohe und 10 m breite vergoldete Hauptaltar aus dem Jahr 1640, einer der größten Altäre in Europa. Sehenswert ist auch das geschnitzte gotische Chorgestühl, das ursprünglich den Zisterziensermönchen vorbehalten war. Die Barockorgel von 1673 mit einer beweglichen Christusfigur auf der Spitze wurde 2003 erneuert und erklingt auch beim **sommerlichen Orgelfestival** von Pelplin.

Da das Dach des Gotteshauses mehrfach zerstört wurde, finden sich an der Decke heute Kreuz-, Stern und Kristallgewölbe nebeneinander. Ein besonderes Kunstwerk entdeckt man im Alter des rechten Seitenschiffs: Das untere Bild mit dem Motive der Anbetung der Hirten gehört zu den ersten, in denen Maler die Technik des Hell-Dunkel-Kontrastes einsetzen. Der Danziger Maler **Hermann Hahn** schuf das Bild im Jahr 1616, einige Jahrzehnte, bevor Rembrandt diese Technik berühmt machte.

Diözesanmuseum ► Das Diözesanmuseum des Klosters besitzt eine der weltweit 48 noch vorhandenen Gutenberg-Bibeln, weitere wertvolle Drucke und sehenswerte gotische Schreinmadonnen (Muzeum Diecezjalne, Öffnungszeiten: Di. – So. 10.00 – 16.00, So. bis 17.00 Uhr).

Odysse einer Bibel ► Die 1453 gedruckte zweibändige Pelpliner Gutenbergbibel wurde vermutlich vom Kulmer Bischof Mikołaj Chrapicki erworben und den Franziskanern im schlesischen Lübau geschenkt. Nach der Sä-

kularisierung des Klosters gelangte es in die Seminarbibliothek von Pelplin. Zu Beginn des Zweiten Weltkriegs wurde das kostbare Buch nach Warschau gebracht und in einem Banksafe verwahrt. Über Paris und London gelangte es schließlich nach Kanada. 1959 kehrte die wertvolle Bibel nach Pelplin zurück.

Gniew

Gniew (Mewe), knapp 30 km südlich von Tczew gelegen, wurde 1282 der erste Besitz der Ordensritter westlich der Weichsel. Im Jahr 1297 begannen sie mit dem Bau der Burg. Vier schlanke Türmchen bilden die Begrenzungen der gewaltigen Vierflügelanlage. Der im 19. Jh. als Gefängnis genutzte Bau brannte 1921 zu großen Teilen ab. Seit 1991 wird die gotische Burg rekonstruiert, in der eine Dependance des **Archäologischen Museums** Danzig untergebracht ist (Öffnungszeiten: Mai – Okt. Di. – So. 9.00 – 17.00 Uhr).
Die einstige Ordensburg bietet außerdem Platz für einfache Unterkünfte und ein Restaurant. Bekannt ist die Burg für ihre mittelalterlichen Spektakel: Regelmäßig finden hier **Ritterturniere** statt und alljährlich im August werden unter dem Titel »Vivat Vasa« Schlachten der Polnisch-Schwedischen Kriege des 17. Jh.s nachgestellt.

★ Tykocin

S 4

Wojewodschaft: Podlaskie **Höhe:** 110 m ü.d.M.
Einwohnerzahl: 1900

Im malerischen Narewtal liegt eine der ältesten Städte Podlachiens. Ihr barocker Marktplatz, die Synagoge und einer der ältesten jüdischen Friedhöfe Polens locken Gäste aus der ganzen Welt in den kleinen Ort Tykocin.

Geschichte

Tykocin wurde 1425 von polnischen Siedlern aus Masowien gegründet. Zusammen mit ► Białystok kam die Stadt Ende des 17. Jh.s in den Besitz der Adelsfamilie Branicki. Nach der Dritten Polnischen Teilung 1795 kam Tykocin unter preußische Herrschaft; nach dem Wiener Kongress 1815 wurde es dem russischen Teilungsgebiet zugeschlagen.
Während des Zweiten Weltkrieges verlor die Stadt die Hälfte ihrer Einwohner. Im August 1941 erschossen SS-Einheiten unweit der Stadt, im Wald von Łopuchowo, 3000 jüdische Bürger aus Tykocin und Umgebung. Die überlebenden

! *Baedeker* TIPP

Hauptstadtbesuch

Rund 3 km westlich von Tykocin liegt das Dörfchen Pentowo, die »Hauptstadt der Störche«. Schon von Weitem sieht man die vielen Nester, für die der Ort 2001 zum »Europäischen Storchendorf des Jahres« gekürt wurde. Die Vogelschutzgesellschaft von Podlachien betreibt im Ort ein Informationszentrum und eine »Storchengalerie«.

TYKOCIN ERLEBEN

AUSKUNFT

Tourist Information
ul. Złota 2
PL 16-080 Tykocin
Tel. 085 / 718 16 27
www.tykocin.podlaskie.pl

Narwiański Park Narodowy
Kurowo 10
PL 18-204 Kobilyn Borzymy
www.npn.pl

ESSEN

► Preiswert

Tejsza
ul. Kozia 2
Tel. 085 / 718 77 50
www.tejsza.restauracja.w.interia.pl
Das direkt hinter dem Talmudhaus gelegene Restaurant bietet regionale und jüdische Speisen.

ÜBERNACHTEN

► Komfortabel

Dworek nad Łąkami
Kiermusy 12
PL 16-080 Tykocin
Tel. 085 / 718 70 79
www.dworek.com.pl
13 Z., 3 App. Die Hotelanlage aus nachgebauten historischen Gebäuden liegt rund 3 km nördlich von Tykocin und verfügt über einen Gasthof und einen Badesee.

► Günstig

Alumnat
ul. Poświętna 1, PL 60-080 Tykocin
Tel. 085 / 718 16 49, www.alumnat.pl
Die am Marktplatz gelegene Unterkunft wurde im 17. Jh. als Veteranenheim gebaut und umfangreich saniert. Im zugehörigen Restaurant gibt es regionale Spezialitäten.

1100 Juden kamen ins Ghetto von Białystok. Die stark zerstörte Stadt verlor 1950 das Stadtrecht und erhielt es erst wieder 1993. Seitdem wurde viel in die Wiederherstellung der einstigen Pracht investiert.

Sehenswertes in Tykocin

✶ **Große Synagoge**

Die Große Synagoge ist eines der schönsten jüdischen Gotteshäuser Polens. 1642 im Renaissancestil erbaut, wurde das Gebäude 1730 barock umgestaltet und überstand den Zweiten Weltkrieg weitgehend unbeschadet. Hier ist das **Museum der jüdischen Kultur** mit zahlreichen sakralen Gegenständen, Talmudbüchern und Thorarollen untergebracht. Seine Wände schmücken kunstvolle hebräische und aramäische Inschriften. Zum Museum gehört auch das im 18. Jh. gebaute **Talmudhaus** gegenüber der Synagoge, dessen Sammlung sich der regionalen Kunst- und Kulturgeschichte widmet (ul. Kozia 2, Öffnungszeiten: Di. – So. 10.00 – 17.00 Uhr).

Jüdischer Friedhof ►

Gut 500 m westlich der Synagoge, zwischen ul. Zachodnia und ul. Holendry, liegt einer der ältesten jüdischen Friedhöfe in Polen, dessen Geschichte bis ins Jahr 1522 zurückreicht. Die ältesten noch erhaltenen Gräber stammen aus dem 18. Jahrhundert.

Eines der schönsten jüdischen Gotteshäuser Polens: die barocke Synagoge von Tykocin

Dreifaltigkeitskirche

Der trapezförmig angelegte alte Markt von Tykocin wird von niedrigen Barockgebäuden und Holzhäusern gesäumt. Seine östliche Seite wird von der Dreifaltigkeitskirche (Kościół Trójcy Przenajświętszej) dominiert. Das prächtige spätbarocke Gotteshaus wurde 1742 bis 1750 im Stil einer römischen Basilika erbaut. Die Wandgemälde des Hauptschiffes stammen von dem mährischen Maler **Sebastian Eckstein**. Die Deckengemälde in den Haupt- und Seitenschiffen schuf 1910 bis 1912 **Władysław Drapiewski**.

Umgebung von Tykocin

Denkmal

In einem Waldstück an der Verbindungsstraße zwischen Tykocin und dem südlicher gelegenen Dorf Łopuchowo erinnert ein Denkmal an die ermordeten Juden von Tykocin. Wer dorthin gelangen möchte, sollte sich im Museum erkundigen, da es keine Hinweisschilder gibt und das Denkmal auf keiner Karte verzeichnet ist.

★ Narew-Nationalpark

Auf einer Fläche von 73 km^2 erstreckt sich der Narwiański Park Narodowy zwischen Tykocin und Białystok. Das sumpfige Auental der Narew zwischen Rzędziany im Norden und Suraż im Süden wur-

de 1985 infolge massiver Proteste der Bevölkerung gegen die voranschreitende Entwässerung des Gebietes als Landschaftspark ausgewiesen. Seit 1996 steht es als Nationalpark unter besonderem Schutz. Wegen seiner zahlreichen mäandernden Seitenarme wird der Narew auch als **»polnischer Amazonas«** bezeichnet. Das mit dichten Schilf- und Seggenpflanzen bestandene Flusslabyrinth bildet den Lebensraum für eine Vielzahl seltener Tier- und Pflanzenarten. Vor allem vom Aussterben bedrohte Vogelarten finden hier ein einzigartiges Rückzugsgebiet.
Der Park ist mit rund 250 km Wasser-, Wander- und Fahrradrouten gut erschlossen. In Kurowo und Uhowo kann man sich mit einer »Pychówka« durch die Seitenarme der Narew staken lassen.

★ Warszawa · Warschau

O/P 6

Wojewodschaft: Mazowieckie **Höhe:** 90 – 115 m ü.d.M.
Einwohnerzahl: 1 700 000

Wer via Warschau nach Nordpolen reist, sollte zumindest einen kurzen Aufenthalt dort einplanen. Polens Hauptstadt hat sich in den vergangenen Jahren so rasant gewandelt wie kaum eine mittel- oder osteuropäische Metropole. Moderne Büro- und Hoteltürme schießen überall in die Höhe und riesige Shoppingmalls und schicke Gourmettempel werben um ausländische und einheimische Gäste.

Geschichte Die um das Jahr 1300 am linken Weichselufer gegründete Siedlung wurde 1408 zur Hauptstadt des Herzogtums Masowien erhoben. 1526 gelangte das Herzogtum unter die Herrschaft des polnischen Königs. Von 1569 an war Warschau Versammlungsort des Reichstags, des Sejm. Ab 1573 fanden hier die Königswahlen statt, was zu einer kontinuierlichen Entwicklung der Stadt führte. Im Jahr 1596 verlegte **Zygmunt III.** die königliche Residenz von Krakau hierher.
Zur Zeit der polnischen Teilungen verlor Warschau an Bedeutung und wurde ab 1795 zur preußischen Provinzstadt degradiert. Von 1807 bis 1815 war sie Hauptstadt des von Napoleon geschaffenen **Herzogtums Warschau**. 1815 vom Wiener Kongress zur Hauptstadt des von Russland abhängigen Königreichs Polen, des sog. »Kongresspolen«, bestimmt, wurde Warschau nach dem Ersten Weltkrieg die Machtzentrale des neu entstandenen polnischen Staates.
Im Jahr 1939 wurde Warschau wurde von den Deutschen eingenommen; 1940 richtete die Besatzungsmacht im Stadtzentrum das jüdische Ghetto ein, in dem auf 4 km² ca. 500 000 Menschen zusammengepfercht waren. Die Deportation der jüdischen Bevölkerung begann

Ein besonderes Erlebnis ist eine frühmorgendliche Fahrt mit der Pferdekutsche durch die Altstadt Warschaus. →

APARTMENTS

WARSZAWA ERLEBEN

AUSKUNFT

Tourist Information
ul. Krakowskie Przedmieście 39
PL 00-429 Warszawa
Tel. 022 / 94 31
www.warsawtour.pl

SHOPPING

Eine beliebte Einkaufsmeile ist die ul. Nowy Świat und Umgebung. Hier reihen sich die Geschäfte aneinander und laden zum Bummeln ein. Und in der riesigen Shoppingmall »Promenada« in der ul. Ostrobramska gibt's schlicht alles, was das Herz begehrt.

AUSGEHEN

① *Między Nami*
ul. Bracka 20
Das »Unter uns« hat sich seit einigen Jahren als Künstlertreff etabliert.

② *Tygmont*
ul. Mazowiecka 6
Im »Tygmont« gibt's beinahe jeden Abend eine Jazz-Session.

ESSEN

► Fein & teuer

① *Fukier*
Rynek Starego Miasta 27
Tel. 022 / 831 10 13
Überquellende Stillleben mit Früchten und Blumen, warmes Kerzenlicht und barocke Gewölbe – im »Fukier« triumphiert die Opulenz. Dagegen entspricht die Küche nicht ganz dem, was man hier erwartet.

② *Kurt Schellers Restaurant*
ul. Wilcza 73
Tel. 022 / 584 87 71
In seinem Restaurant im Art-déco-Luxushotel »Rialto« serviert der Schweizer Meisterkoch polnische Gerichte auf zeitgemäß-leichte Art.

► Erschwinglich

③ *Fret@Porter*
ul. Freta 37
Tel. 022 / 635 37 54
Im Künstlerlokal am Neustädtischen Markt kommen auch Vegetarier auf ihre Kosten. Abends gibt's oft Pianojazz live zum Menü.

④ *Qchnia Artystyczna*
al. Ujazdowski 6
Tel. 022 / 625 76 27
Die Gerichte der »Artistischen Küche« im kunstsinnigen Schloss Ujazdowski sind optisch und geschmacklich ein Genuss.

► Preiswert

⑤ *Piwna Kompania*
ul. Podwale 25
Tel. 022 / 635 63 14
Das urige Lokal ist bekannt für gutes Bier und deftige Portionen.

ÜBERNACHTEN

► Luxus

① *Le Regina*
ul. Kościelna 12
PL 00-218 Warszawa
Tel. 022 / 531 60 00
www.leregina.com
61 Z.
Klassizistisches Palais mit schönem Wellnessbereich in der Nähe des Neustädtischen Markts.

► Komfortabel

② *Hetman*
ul. Kłopotowskiego 36
PL 03-717 Warszawa
Tel. 022 / 511 98 00
www.hotelhetman.pl
68 Z. Im östlichen Stadtteil Praga, dem neuen Kunst- und Szeneviertel, gelegenes Mittelklassehotel in einem sanierten Altbau.

③ *Westin*
al. Jana Pawła II 21
PL-00-854 Warszawa
Tel. 022 / 450 80 00
www.westin.pl
361 Z.
Exzellent geführtes Hotel in einem 20-stöckigen Glaspalast.

► **Günstig**
④ *Oki Doki*
pl. Dąbrowskiego 3
PL 00-057 Warszawa
Tel. 022 / 826 51 12
www.okidoki.pl
18 Z. Zentral gelegene Unterkunft mit gut ausgestatteten Zimmern.

1942, der verzweifelte Aufstand der verbliebenen 60 000 Ghettobewohner wurde im Mai 1943 niedergeschlagen. Am 1. August 1944 erhob sich die polnische Untergrundarmee gegen die Besatzer. Doch auch dieser Aufstand scheiterte, die Bevölkerung wurde ausgesiedelt und die Stadt systematisch zerstört.

Sehenswertes in Warschau

✶ Altstadt

Die bis 1963 wieder aufgebaute Altstadt (Stare Miasto) steht seit 1980 als **Weltkulturerbe** unter dem Schutz der UNESCO. Den Rynek Starego Miasta, den Marktplatz, umgeben farbenfrohe mehrgeschossige Bauten, die im 16. und 17. Jh. errichtet wurden.

◄ Historisches Museum

Die Häuser an der Nordseite beherbergen das Historische Museum, das die Geschichte Warschaus von den Anfängen bis in die Nachkriegszeit dokumentiert, v. a. auch den Widerstand im Zweiten Weltkrieg (Muzeum Historyczne, Rynek Starego Miasta 28, Öffnungszeiten: Di. und Do. 11.00 – 18.00, Mi. und Fr. 10.00 – 15.30, Sa. und So. 10.30 – 16.30 Uhr).

Johannes-Kathedrale

Unweit vom Rynek erhebt sich die älteste Kirche Warschaus, die Anfang des 14. Jh.s errichtete Katedra Św. Jana. In dem gotischen Sakralbau wurden die Könige Polens gekrönt; in den Krypten finden sich die Grabmäler bedeutender Persönlichkeiten, z. B. von dem Literaturnobelpreisträger Henryk Sienkiewicz (1846 – 1916).

Barbakane

Die 1548 vom italienischen Baumeister Giovanni Battista erbaute Barbakane mit ihren vier Ecktürmen war Teil der mittelalterlichen Stadtbefestigung und verbindet die Alt- und Neustadt.

✶ Königsschloss

Erster Vorläufer des Zamek Królewski war eine im 13. Jh. aus Holz und Lehm errichtete Burg der masowischen Fürsten. Das erste gemauerte Bauwerk war der etwa Mitte des 14. Jhs. gebaute Stadtturm (Wieża Grodzka), neben dem Anfang des 15. Jhs. eine Fürstenresidenz entstand.
Von 1569 bis 1572 ließ König **Zygmunt II. August** diese von Giovanno Battista Quadro in einen Renaissancepalast umbauen. Seine heutige frühbarocke Gestalt erhielt das Schloss 1598 bis 1619 unter **Zyg-**

Warszawa Orientierung

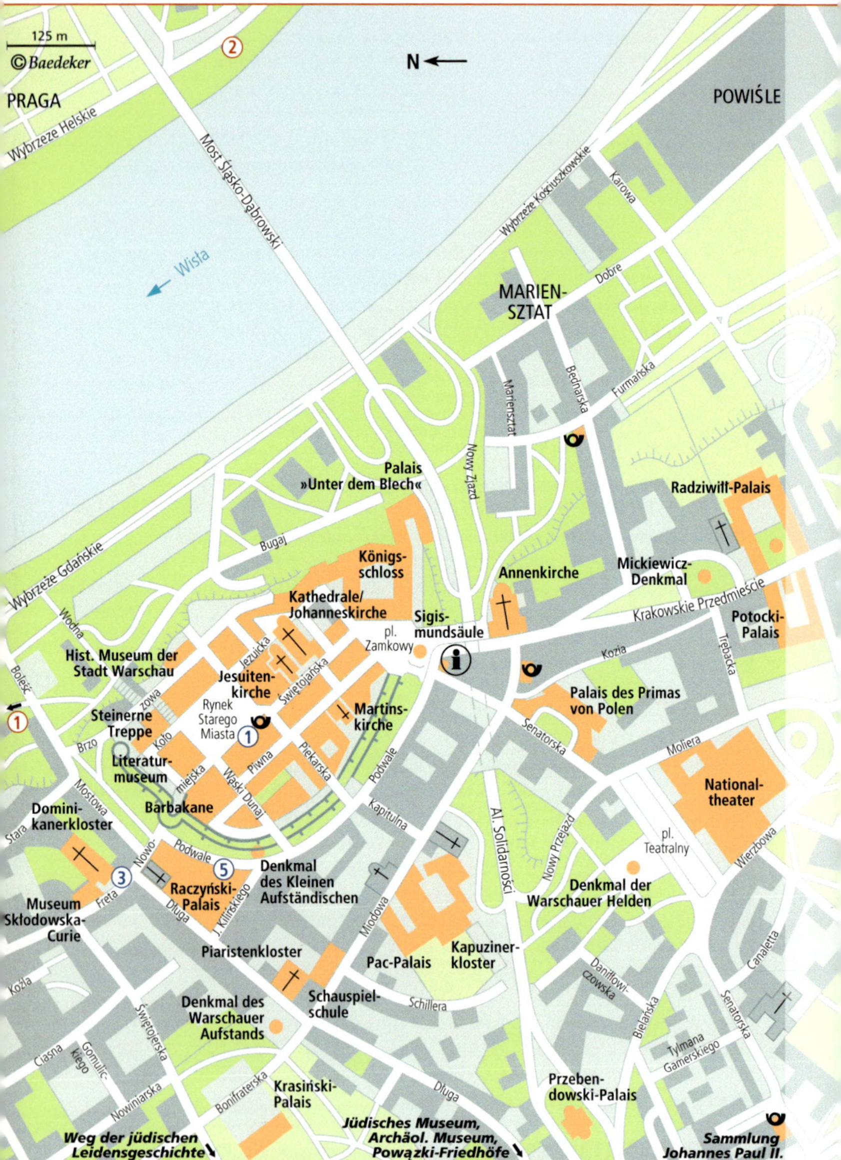

Essen
① Fukier
② Kurt Schellers Restaurant
③ Fret@Porter
④ Qchnia Artystyczna
⑤ Piwna Kompania

Ausgehen
① Między Nami
② Tygmont

Übernachten

① Le Regina
② Hetman
③ Westin
④ Oki Doki

munt III. durch Jacopo Rodondo. 1741 bis 1747 wurde der Nordostflügel im Auftrag von **August III.** von Gaetano Chiaveri und Antonio Solari im Rokokostil umgebaut.
Ein wichtiger Abschnitt in der Geschichte des Schlosses waren die Jahre 1764 bis 1795, die Herrschaftszeit von König **Stanisław August Poniatowski**. Damals wurden der Bibliotheksflügel angebaut und die Wohnräume des Königs und die Regierungssäle barock und klassizistisch ausgestaltet.
Anfang der 1970er-Jahre wurde das im Zweiten Weltkrieg völlig zerstörte Bauwerk rekonstruiert und 1984 als **»Denkmal der Geschichte und Nationalkultur«** der Öffentlichkeit zugänglich gemacht.
Im Parterre und im ersten Stock des Zamek Królewski sind Räume aus dem 15. bis 17. Jahrhundert mit Kunstwerken aus den früheren Sammlungen des Schlosses ausgestattet. Das zweite Stockwerk beherbergt ein Numismatisches Kabinett mit über 8000 Stücken und der Schau »Münzen und Medaillen in der Geschichte Polens«. In den Kellerräumen sind archäologische Exponate ausgestellt, die während der Ausgrabungen auf dem Gelände des Königsschlosses und der Altstadt gefunden wurden (pl. Zamkowy 1; Besichtigung mit Führung, Öffnungszeiten: Di. – Sa. 10.00 – 18.00, So. u. Mo. 11.00 bis 18.00 Uhr).

Sigismund-säule ►

In der Mitte des Schlossplatzes (pl. Zamkowy) erhebt sich die 22 m hohe Kolumna Zygmunta III. Im Jahr 1644 errichtet, gilt sie als ältestes weltliches Denkmal der Stadt.

★ **Königsweg**

Der über 10 km lange Königsweg (Trakt Królewski) ist bei Touristen und Warschauern gleichermaßen beliebt. Er beginnt am Schlossplatz, führt, vorbei an einigen der schönsten Baudenkmäler der Stadt, entlang der Krakowskie Przedmieście, der Nowy Świat und der al. Ujazdowskie zum Łazienki-Palast und endet im Park Wilanów.
An der ul. Krakowskie Przedmieście liegt der barocke **Pałac Radziwiłłów** aus der Mitte des 17. Jahrhunderts. Heute ist das Palais die Residenz des Staatspräsidenten. Südlich davon liegt die 1816 gegründete **Universität** mit mehren Gebäuden aus dem 18. und 19. Jahrhundert. Die gegenüberliegende **Heiligkreuzkirche** (Kościół Św. Krzyża) entstand 1679 bis 1696. In die Pfeiler des Barockbaus wurden die Urnen des Komponisten Frédéric Chopin (1810 – 1849) und des Literaturnobelpreisträgers Władysław Reymont (1867 – 1925) eingemauert.
Der zweite Abschnitt des Königswegs führt durch eine der schönsten Warschauer Straßen, die **Nowy Świat** (Neue Welt). Angelegt bereits Mitte des 17. Jh.s, war sie stets eine der belebtesten Straßen der Stadt mit eleganten Geschäften, Cafés und Restaurants. Diesen Charakter hat sie trotz der verheerenden Zerstörungen im Zweiten Weltkrieg bis heute bewahrt.

Heutzutage ist das Königsschloss Treffpunkt für Kulturinteressierte und Schnäppchenjäger. →

P
Sięgnij

Noch immer bestimmt der 230 m hohe Kulturpalast, das ungeliebte »Geschenk Stalins«, das Panorama der Weichselmetropole.

Die Nowy Świat geht über in die al. Ujazdowskie, die von zahlreichen Botschaftsgebäuden gesäumt wird. Hier liegt u. a. das 1624 als Vorstadtresidenz des Königs Zygmunt III. errichtete **Ujazdowski-Schloss**. Heute beherbergt der Palast eine der bedeutendsten Galerien des Landes für zeitgenössische Kunst (Centrum Sztuki Współczesniej, Öffnungszeiten: Di. – So. 11.00 – 19.00, Fr. bis 21.00 Uhr).
Östlich der breiten Allee erstreckt sich die bekannteste Grünanlage der Stadt, der **Łazienki-Park**. König Stanisław August Poniatowski ließ den Park 1760 im englischen Stil anlegen. Das klassizistische Sommerpalais des Königs, der sog. **»Palast auf der Insel«**, präsentiert heute eine Ausstellung mit Gemälden aus dem 17. und 18. Jahrhundert. Vor dem nahe gelegenen **Chopin-Denkmal** werden im Sommer jeden Sonntag Klavierkonzerte gegeben.
Der Königsweg endet beim Palast und Park von **Wilanów**. Das Ende des 17. Jh.s für König Jan III. Sobieski entstandene Schloss zählt zu den **schönsten Barockbauten Polens**. In dem Palast werden historisch und künstlerisch wertvolle Inneneinrichtungen samt originalem

Wand- und Deckenschmuck sowie Kunstwerke aus dem 17. bis 19. Jh. gezeigt (ul. Stanisława Kostki Potockiego 10, Öffnungszeiten: tgl. außer Di. 9.00 – 16.00, im Sommer Mi. bis 18.00, So. bis 19.00 Uhr).

Denkmal für die Helden des Ghettos

An die ehemals größte jüdische Gemeinde Europas erinnert nur noch wenig. Von ehemals 400 Gebetsstätten blieb nur die um 1900 gebaute **Nożyk-Synagoge** erhalten. Vom Ghetto sind nur noch einige Fragmente der Mauer an der ul. Sienna zu sehen. Vom ehemaligen Umschlagplatz in der ul. Stawki wurden die Ghettobewohner in die Vernichtungslager transportiert. Hier entstand 1948 ein Denkmal zur Erinnerung an die 300 000 Deportierten. Von dort führt ein Gedenkweg mit 19 einfachen Granitblöcken zum »Denkmal für die Helden des Ghettos« an der ul. Zamenhofa.

Kulturpalast

Der vor rund 50 Jahren am pl. Defilad errichtete Kulturpalast ist mit 234 m Höhe das markanteste Gebäude der Stadt. In den rund 3300 Räumen sind neben Büros auch mehrere Theater, Museen und ein großes Ausstellungs- und Konferenzzentrum untergebracht. 1952 bis 1955 im damals typischen »Zuckerbäckerstil« gebaut, war das Bauwerk, ein Geschenk der UdSSR, bei der Bevölkerung lange Zeit unbeliebt. Der Kulturpalast verfügt über eine **Aussichtsterrasse** im 30. Stock, von der aus sich ein herrlicher Blick auf Warschau eröffnet (Öffnungszeiten: tgl. 9.00 – 20.00, Fr. u. Sa. bis 23.45 Uhr).

Nationaltheater

Den pl. Teatralny dominiert der klassizistische Bau des **Teatr Wielki** (Großes Theater), dessen Opernsaal 2000 Besuchern Platz bietet. Am benachbarten pl. Piłsudskiego befindet sich das »Grabmal des Unbekannten Soldaten«. Unweit davon schuf Sir Norman Foster sein preisgekröntes **Metropolitan Center** mit Büros, Bars und zahlreichen Designer-Boutiquen.

REGISTER

VERZEICHNIS DER KARTEN & GRAFISCHEN DARSTELLUNGEN

BILDNACHWEIS

Freyer S. 9, 20, 21, 22, 27, 52, 78, 87, 120 links, 133, 143, 152, 173, 176, 180, 192, 207, 214, 230, 253, 266, 282, 296, 305, 327
Friedrich, Brigitte S. 58
HB Verlag/Hirth S. 1, 2 links u. rechts, 4, 5, 6, 13 unten, 14 unten, 18, 24, 25, 30, 36, 48, 62, 101, 113 rechts, 122, 124/124, 135, 138, 159, 168, 171 Folderklappe, 178, 183, 199, 224 unten, 238, 258, 259, 261, 269, 272, 279, 285, 287, 289, 291, 292, 310
HB Verlag/Kalmár S. 16, 161
HB Verlag/Kirchner S. 210
Karewicz, Marek A. S. 54
Klöppel S. 13 oben, 28, 55, 56, 109, 111 links u. rechts, 140, 146, 148, 166, 186, 211, 215, 220, 225 Mitte u. oben, 242, 248, 255, 314, hintere Umschlagklappe
Look/Pompe S. 74
Matthei S. 11, 51, 60, 189, 245
picture-alliance/akg-images S. 33, 34, 37, 39, 44, 171 rechts oben u. rechts unten, 224 oben, 225 unten
picture-alliance/dpa S. 53, 57, 59, 63, 65, 69, 196
picture-alliance/dpa/dpaweb S. 47, 64, 117 rechts, 128, 158
picture-alliance/obs S. 202
picture-alliance/ZB S. 81, 90
Polnisches Fremdenverkehrsamt, Berlin S. 14 oben, 98, 104, 116, 120 rechts, 149, 263, 280, 300, 303, 312, 328
Schulze/Gawin S. 7, 163, 170
transit/Busse S. 8, 321
transit/Haertrich S. 88
transit/Hirth vordere Umschlagklappe, S. 10/11, 12, 13 Mitte, 26, 67, 82, 84, 97, 108/109, 117 links, 125, 204, 225 Folderklappe, 234, 237, 275, 308, 319
transit/Kürtz S. 14 Mitte, 15, 155
transit/Schulze S. 66/67
Travelphoto S. 171 links
Travelphoto/A.Olej/K.Kobus S. 315 oben links, oben rechts, unten u. Folderklappe

Titelbild (Fischerboot am Strand der Frischen Nehrung):
Bilderberg/Michael Engler

IMPRESSUM

Ausstattung:
168 Abbildungen, 31 Karten und grafische Darstellungen, eine große Reisekarte
Text:
Klaus Klöppel und Olaf Matthei mit Beiträgen von Izabella Gawin, Dr. Dieter Schulze und Reinhard Zakrzewski
Bearbeitung:
Baedeker Redaktion
(Dieter Luippold)
Kartografie:
Franz Huber, München;
MAIRDUMONT GmbH & Co KG,
Ostfildern (Reisekarte)
3D-Illustrationen:
jangled nerves, Stuttgart
Gestalterisches Konzept:
independent Medien-Design, München
(Kathrin Schemel)

Chefredaktion:
Rainer Eisenschmid,
Baedeker Ostfildern

1. Auflage 2008

Urheberschaft:
Karl Baedeker Verlag, Ostfildern
Nutzungsrecht:
MAIRDUMONT GmbH & Co KG; Ostfildern

Printed in China
Gedruckt auf 100% chlorfrei gebleichtem Papier

BAEDEKER VERLAGSPROGRAMM

- Ägypten
- Algarve
- Allgäu
- Amsterdam
- Andalusien
- Athen
- Australien
- Australien • Osten
- Bali
- Baltikum
- Barcelona
- Belgien
- Berlin • Potsdam
- Bodensee
- Brasilien
- Bretagne
- Brüssel
- Budapest
- Bulgarien
- Burgund
- Chicago • Große Seen
- China
- Costa Blanca
- Costa Brava
- Dänemark
- Deutsche Nordseeküste
- Deutschland
- Djerba • Südtunesien
- Dominikanische Republik
- Dresden
- Dubai • Vereinigte Arabische Emirate
- Elba
- Elsass • Vogesen
- Finnland
- Florenz
- Florida
- Franken
- Frankfurt am Main
- Frankreich
- Fuerteventura
- Gardasee
- Golf von Neapel
- Gomera
- Gran Canaria
- Griechenland
- Griechische Inseln
- Großbritannien
- Hamburg
- Harz
- Hongkong • Macau
- Indien
- Irland
- Island
- Israel
- Istanbul
- Istrien • Kvarner Bucht
- Italien
- Italien • Norden
- Italien • Süden
- Italienische Adria
- Italienische Riviera
- Japan
- Jordanien
- Kalifornien
- Kanada • Osten
- Kanada • Westen
- Kanalinseln
- Kenia
- Köln
- Kopenhagen
- Korfu • Ionische Inseln
- Korsika
- Kos
- Kreta
- Kroatische Adriaküste • Dalmatien
- Kuba
- La Palma
- Lanzarote
- Lissabon
- Loire
- London
- Madeira
- Madrid

- Malediven
- Mallorca
- Malta • Gozo • Comino
- Marokko
- Mecklenburg-Vorpommern
- Menorca
- Mexiko
- Moskau
- München
- Namibia
- Neuseeland
- New York
- Niederlande
- Norwegen
- Oberbayern
- Oberitalienische Seen • Lombardei • Mailand
- Österreich
- Paris
- Peking
- Piemont
- Polen
- Polnische Ostseeküste • Masuren • Danzig
- Portugal
- Prag
- Provence • Côte d'Azur
- Rhodos
- Rom
- Rügen • Hiddensee
- Sachsen
- Salzburger Land
- St. Petersburg
- Sardinien
- Schottland
- Schwäbische Alb
- Schwarzwald
- Schweden
- Schweiz
- Sizilien
- Skandinavien
- Slowenien
- Spanien
- Spanien • Norden • Jakobsweg
- Sri Lanka
- Stuttgart
- Südafrika
- Südengland
- Südtirol
- Sylt
- Teneriffa
- Tessin
- Thailand
- Toskana
- Tschechien
- Tunesien
- Türkei
- Türkische Mittelmeerküste
- Umbrien
- Ungarn
- USA
- USA • Nordosten
- USA • Südwesten
- Usedom
- Venedig
- Vietnam
- Weimar
- Wien
- Zypern

LIEBE LESERINNEN, LIEBE LESER,

ein herzliches Dankeschön, dass Sie sich für einen Baedeker Allianz Reiseführer entschieden haben. Er wird Sie zuverlässig auf Ihrer Reise begleiten und Sie nicht im Stich lassen.
Natürlich beschreibt er die wichtigen Sehenswürdigkeiten, aber er empfiehlt auch die nettesten Kneipen und Bars, dazu Hotels für den großen und kleinen Geldbeutel, gibt Tipps für Restaurants, Shopping und für vieles mehr, was eine Reise zum Erlebnis macht. Dafür haben die Autoren Klaus Klöppel und Olaf Matthei Sorge getragen. Sie sind für Sie regelmäßig nach Nordpolen gereist und haben all ihre Erfahrungen und Kenntnisse in diesen Reiseführer gepackt.

Trotzdem: Die Erfahrung zeigt, dass Fehler und Änderungen nach Drucklegung, für die der Verlag keine Haftung übernehmen kann, nicht ausgeschlossen werden können. Für Kritik, Berichtigungen und Verbesserungsvorschläge sind wir Ihnen außerordentlich dankbar. Schreiben Sie uns, mailen Sie uns oder rufen Sie an:

► **Verlag Karl Baedeker GmbH**
Redaktion
Postfach 3162
D-73751 Ostfildern
Tel. (0711) 4502-262, Fax -343
E-Mail: info@baedeker.com

Besuchen Sie uns auch im Internet unter www. baedeker.com. Hier finden Sie jeden Monat den aktuellen Reisetipp der Redaktion und das gesamte Verlagsprogramm. Hier können Sie auch lesen, wer Karl Baedeker war und wie er seinen ersten Reiseführer geschrieben hat. Mit seinen über 175 Jahren ist der Karl Baedeker Verlag der älteste Reiseführer-Verlag der Welt.

www.baedeker.com

ZU GEWINNEN: STADTREISE NACH LONDON

Unter allen Einsendungen verlost der Verlag am Jahresende – unter Ausschluss des Rechtswegs – eine Städtekurzreise für zwei Personen nach London.
Freuen Sie sich auf ein spannendes Wochenende in London. Natürlich ist ein Baedeker Allianz Reiseführer London auch dabei!